新一代信息技术基础

主　编　游新娥　谢完成
副主编　吴湘江　曾东波
　　　　谢　轩　朱　燕
　　　　禹　云　肖子蕾
主　审　龙　伟　熊权湘

Publishing House of Electronics Industry
北京·BEIJING

内 容 简 介

全书共分为浅谈大数据、探寻云计算世界、人工智能、探寻物联网世界、身边的移动互联网五个模块，每个模块内容分为概述性介绍、基础原理讲解及深入技术分析与应用三个层次。本书紧跟现代化信息技术，涉及的知识面广、内容深入，部分知识有一定的难度，对于学生理解和掌握现代信息技术具有很高的理论和应用价值。学习和掌握本书五个模块的知识后，有利于学习和掌握其技术门类，还有利于了解和学习相关的现代信息技术，快速上手、解决实际问题、掌握相关应用或开发。

本书可作为高等职业院校计算机相关专业的教学用书，也可作为关心和学习现代信息技术人士的专业书籍，还可作为培训机构相关专业的培训教材。

未经许可，不得以任何方式复制或抄袭本书之部分或全部内容。
版权所有，侵权必究。

图书在版编目（CIP）数据

新一代信息技术基础 / 游新娥，谢完成主编. —北京：电子工业出版社，2020.9
ISBN 978-7-121-39616-8

Ⅰ. ①新… Ⅱ. ①游… ②谢… Ⅲ. ①电子计算机－高等学校－教材 Ⅳ. ①TP3

中国版本图书馆 CIP 数据核字（2020）第 178627 号

责任编辑：祁玉芹
印　　刷：中国电影出版社印刷厂
装　　订：中国电影出版社印刷厂
出版发行：电子工业出版社
　　　　　北京市海淀区万寿路 173 信箱　邮编：100036
开　　本：787×1092　1/16　印张：16.5　字数：402 千字
版　　次：2020 年 9 月第 1 版
印　　次：2023 年 9 月第 7 次印刷
定　　价：49.80 元

凡所购买电子工业出版社图书有缺损问题，请向购买书店调换。若书店售缺，请与本社发行部联系，联系及邮购电话：（010）88254888，88258888。
质量投诉请发邮件至 zlts@phei.com.cn，盗版侵权举报请发邮件至 dbqq@phei.com.cn。
本书咨询联系方式：（010）68253127。

PREFACE 前言

计算机技术是当今发展最快、应用最普及的技术，人们的工作、学习和生活已经离不开计算机。掌握计算机的基础知识，学会 Windows 操作系统及常用工具软件的安装、维护，熟练操作计算机进行 Word 文字处理、Excel 数据分析、PPT 演示文稿制作、Internet 上网查找资料，这些已经是每一个高等职业院校学生必备的信息技术基本技能。近年来，我国新一代信息技术领域的硬件、软件、内容和服务方面的创新步伐不断加快，融合化、智能化、应用化特征突出，成为我国经济增长的重要引擎。2016 年，经国务院同意，工业和信息化部、国家发展改革委正式印发了《信息产业发展指南》，并先后下发了《大数据产业发展规划（2016—2020 年）》《云计算发展三年行动计划（2017—2019 年）》《促进新一代人工智能产业发展三年行动计划（2018—2020 年）》等文件，明确大数据、云计算、人工智能、物联网等是新时期我国经济社会发展的重点领域，是建设网络强国、推动产业数字化转型升级的关键支撑。为了适应新一代信息技术产业发展需求，培养高等职业院校学生的科学素养、逻辑思维能力和探知新技术的意识，娄底职业技术学院组织专业教师编写了本书。

本书具有如下特点：

采用案例教学方式，全面而且详尽地介绍了新一代信息技术的基本知识、基础概念、关键技术、实际应用及发展趋势。本书在传授新一代信息技术知识和技能的同时，注重培养高职学生科学素养和逻辑思维能力，将相关能力训练融入教学环节中，通过对教学内容的基础性、科学性和前瞻性的研究。一方面与当前高职计算机基础及应用教育的最新要求接轨，与时俱进，积极反映本专业领域的最新科技成果，同时，突出"高职"特点，总体提升讲授内容的水平层次；另一方面依据计算机应用基础及应用公共课程的培养目标，同时考虑到本书面向的是普通高等职业院校学生，入校新生来自不同地区，计算机基础差别较大，在教材编写中注重基础概念，同时突出技术应用部分的内容，力求在内容的安排上新颖、合理，注意将相关内容比较、归纳，注意保持知识的系统性，以满足不同专业及个人兴趣爱好和就业的需要。全书做到入门容易，通俗易懂，图文并茂，便于自学。

本书设计了以下环节：

学习目标。明确提出每一个模块的知识目标、能力目标和素质目标，让学生知晓学习的主要目标。

学习导航。从学生在日常生活和工作中的疑惑入手，以设问的方式提出书中要解决的问题，激发学生学习兴趣。

案例引入。以通俗易懂的生活实例作为切入点，引入实际案例，新一代信息技术的典型应用了然于心。

学习小结。凝练每个模块的内容，以便于学生复习和巩固所学知识和技术，小结是教材"从厚到薄"的体现。

习题与思考。用于考核学生对所学内容的掌握情况。

知识拓展。信息技术精深广博，书籍内容的疏漏之处在所难免，知识拓展是补充。

本书由游新娥、谢完成主编，龙伟、熊权湘主审，吴湘江、曾东波、谢轩、朱燕、禹云、肖子蕾副主编。全书分为五个模块：模块一由吴湘江编写，主要内容是大数据的基本概念、起源、发展趋势，数据采集、预处理、存储、可视化的工作流程及应用技术，大数据技术学习指引。模块二由曾东波编写，主要介绍云计算的产生背景、发展历程，云计算的定义、特点、服务、部署模式，云计算虚拟化、分布式数据存储等关键技术及典型应用。模块三由谢轩编写，主要讲解人工智能的起源、定义、分类、发展趋势，人工智能的基础知识，人工智能自然语言处理、计算机视觉技术，以及人工智能技术在无人驾驶领域的应用。模块四由朱燕编写，主要包含物联网的起源、概念、体系结构与发展趋势，物联网的射频识别技术、传感器技术、短距离无线通信技术，以及物联网技术在智能物流和智能交通中的典型应用。模块五由禹云、肖子蕾编写，主要内容是移动互联网的发展简史、内涵要素、主要特征、社会影响，移动互联网技术，以及移动互联网在电子商务、位置服务、移动物联网等方面的应用。

本书从实际出发，结合作者多年从事计算机基础公共课程教学的经验，阐述了当前新一代信息技术基础的教学内容，希望能为广大读者提供一些帮助。

在本书的编写过程中，我们参阅了大量的相关书籍，搜集了大量的网上资源，在此向作者表示衷心感谢。

由于作者水平所限，书中如有不足之处，恳请广大读者批评指正。

编　者

2020 年 6 月

CONTENTS 目 录

模块一 浅谈大数据 ·· 1

  1.1 初识大数据 ·· 4
      1.1.1 大数据的概念 ·· 4
      1.1.2 大数据发展与典型事件 ·· 7
      1.1.3 大数据的意义 ·· 8
      1.1.4 大数据发展趋势 ··· 11
      习题与思考 ·· 12
  1.2 浅析大数据工作流程、技术与应用 ·· 12
      1.2.1 大数据工作流程 ··· 12
      1.2.2 数据采集技术 ·· 14
      1.2.3 大数据预处理技术 ·· 16
      1.2.4 数据存储处理技术 ·· 22
      1.2.5 数据分析与数据挖掘技术 ··· 25
      1.2.6 数据可视化技术 ··· 28
      1.2.7 基于大数据的行业应用 ·· 28
      1.2.8 大数据应用案例剖析 ··· 29
      习题与思考 ·· 44
  1.3 大数据技术学习指引 ·· 45
      1.3.1 岗位分析 ·· 45
      1.3.2 Hadoop 生态圈 ··· 45
      1.3.3 必备技能导航 ·· 49

1.3.4　阶段学习路线 ·· 50
　　　1.3.5　学习资源 ·· 64
　　习题与思考 ··· 67
　　学习小结 ·· 68

模块二　探寻云计算世界　　69

　2.1　初识云计算 ··· 70
　　　2.1.1　云计算产生背景 ··· 70
　　　2.1.2　云计算特点 ··· 71
　　　2.1.3　云计算的发展历程 ·· 72
　　　2.1.4　云计算定义 ··· 73
　　　2.1.5　云计算服务 ··· 74
　　　2.1.6　云计算部署模式 ··· 76
　　习题与思考 ··· 79
　2.2　辨识云计算关键技术 ·· 80
　　　2.2.1　虚拟化技术 ··· 80
　　　2.2.2　分布式数据存储技术 ··· 93
　　　2.2.3　编程模式 ·· 94
　　　2.2.4　云计算平台管理 ··· 95
　　　2.2.5　实时迁移技术 ·· 99
　　习题与思考 ··· 99
　2.3　认识云计算典型应用 ·· 99
　　　2.3.1　云计算优化现代化企业管理 ··· 100
　　　2.3.2　云计算助力电信行业转型 ·· 101
　　　2.3.3　云计算推动智慧城市建设 ·· 102
　　　2.3.4　云计算提升 IT 价值 ·· 103
　　习题与思考 ··· 104
　2.4　云计算发展趋势 ·· 105
　　　2.4.1　云计算发展现状 ··· 105
　　　2.4.2　未来云计算的发展趋势 ·· 106
　　　2.4.3　云计算职业发展方向 ··· 107
　　习题与思考 ··· 108
　2.5　云主机申请体验 ·· 108
　　学习小结 ·· 111

模块三　人工智能 ······ 112

3.1　走近人工智能 ······ 113
3.1.1　人工智能的起源 ······ 114
3.1.2　人工智能的定义 ······ 115
3.1.3　人工智能的分类 ······ 116
3.1.4　人工智能的发展趋势 ······ 118
3.1.5　人工智能与大数据、云技术及物联网的关系 ······ 120
习题与思考 ······ 121

3.2　认知人工智能 ······ 121
3.2.1　知识表示 ······ 121
3.2.2　机器感知 ······ 123
3.2.3　机器学习 ······ 127
3.2.4　专家系统 ······ 129
3.2.5　神经网络 ······ 132
习题与思考 ······ 136

3.3　熟悉人工智能 ······ 137
3.3.1　自然语言处理技术 ······ 137
3.3.2　计算机视觉技术 ······ 142
3.3.3　人工智能开发平台 ······ 145
习题与思考 ······ 148

3.4　体验人工智能 ······ 148
3.4.1　人工智能与Python ······ 148
3.4.2　无人驾驶车辆 ······ 154
习题与思考 ······ 161
学习小结 ······ 161

模块四　探寻物联网世界 ······ 162

4.1　初识物联网 ······ 164
4.1.1　物联网的概念 ······ 164
4.1.2　物联网与互联网的联系与区别 ······ 165
4.1.3　物联网的起源与发展 ······ 167
4.1.4　物联网体系结构 ······ 169
4.1.5　物联网发展趋势 ······ 172
习题与思考 ······ 173

4.2　辨识物联网关键技术……173
　　　4.2.1　RFID射频识别技术……175
　　　4.2.2　传感器技术……182
　　　4.2.3　短距离无线通信技术……188
　　　习题与思考……197
　4.3　认识物联网其他典型应用……197
　　　4.3.1　智能物流……198
　　　4.3.2　智能交通……206
　　　习题与思考……218
　　　学习小结……218

模块五　身边的移动互联网……219

　5.1　认识移动互联网……220
　　　5.1.1　移动互联网的发展简史……220
　　　5.1.2　内涵要素……222
　　　5.1.3　主要特征……223
　　　5.1.4　社会影响……225
　　　习题与思考……226
　5.2　移动互联网的技术……226
　　　5.2.1　移动互联网架构……226
　　　5.2.2　移动通信技术发展……228
　　　5.2.3　移动互联网终端技术……231
　　　5.2.4　移动互联网网络技术……233
　　　5.2.5　移动互联网应用技术……242
　　　习题与思考……245
　5.3　移动互联网的应用……245
　　　5.3.1　电子商务……245
　　　5.3.2　位置服务……248
　　　习题与思考……251
　5.4　移动互联网的发展趋势……251
　　　习题与思考……252
　　　学习小结……253

参考文献……254

模块一

浅谈大数据

学习目标：

了解大数据的概念、起源与发展，理解大数据技术对现实生活的意义，把握大数据的发展趋势。

具备对大数据的基本工作过程认知的能力和深入学习大数据技术的能力。

培养学习者的大数据意识和探究思维，提升学习者的信息素养。

学习导航：

还记得高中时候，老师经常说："学好数理化，走遍天下都不怕"。

如果用现代观念来理解上面的言语，其中的"数"可能就不再单指数学知识，而是泛指"数据"了。这里的"数据"包括了数字时代的文字、知识、观念、图表、图形、语音、影像等一切可以用数字表示的物品。这个数据的一个有效的管理、处理工具便是"大数据技术"（简称大数据），它帮助我们管理数据世界，帮助我们管理生活和学习，帮助我们决胜千里。

现在科技领域有个形象而好记的简称"ABC"，其中：A 表示 AI（Artificial Intelligence，人工智能），B 表示 BD（Big Data，大数据），C 表示 CC（Cloud Computing，云计算）。其中，大数据是其他技术的基础，也是本项目要讲述的题目。

伴随移动互联网、人工智能、云计算、物联网等技术的发展，数据呈现爆发式增长，大数据时代正在演绎着一场意义深远的数据革命，对全球经济时代的技术、业务和服务产生着巨大的影响。数据资源就像土地、劳动力、资本和技术基本生产要素一样，成为数字经济时代新型生产要素。利用各种先进的科学理论和方法（如统计分析、数据挖掘、人工智能等）分析各行各业产生的大数据资源，会产生极大的社会价值和经济价值。与此同时，大数据也给人类带来前所未有的机遇和挑战，大数据潜在的应用价值引起各国政府、企业、金融业、服务业的广泛关注。各国集中各种资源，进行核心技术开发，以求占得市场先机，取得国际竞争上的领先优势，同时得到市场的丰厚回报。

数据量大并非大数据的主要挑战。数据量大，处理难度加大，但仅仅是量的变化，只是需要更多的服务器，或需要更高速的服务器。大数据技术的难点在于，它要处理的数据变化快、类型多、需求多样、时间敏感性高，一旦产生正确的结果，其产生的价值巨大，因而才显得弥足珍贵。

根据前瞻产业研究院《2014—2018 年中国大数据产业发展前景与投资战略规划分析报告前瞻》中的数据显示，大数据市场在未来几年将继续以超过 100%的年均复合增长率增长，千亿级的大数据产业将会成为最有竞争活力的新型产业之一。作为科技发展新动能，大数据发展呈现出"产业体系不断完善、创新能力节节提升、产业基础日益强大"的发展态势。应用大数据技术在医疗、农业、制造业、金融、交通、政府部门等领域卓有贡献，未来几年将迎来井喷式发展。

因此，正值青春的我们，应抓住时下的大好机遇，学好、用好大数据，为美好的将来把握好现在。本模块旨在引领大家初识大数据，了解大数据工作流程、主要技术与特点，为今后更加专业、更加深入地把握和使用大数据技术做好相关的准备。

案例引入：

什么是大数据？让我们来看一个关于大数据时代顾客购买披萨饼的"段子"。
某披萨店的电话铃响了，客服人员拿起电话。
客服：xx 披萨店。您好，请问有什么需要我为您服务？
顾客：你好，我想要一份……

客服：先生，烦请先把您的会员卡号告诉我。

顾客：16846146***。

客服：陈先生，您好！您是住在xx路一号12楼1205室，您家电话是2646****，您公司电话是4666****，您的手机是1391234****。请问您想用哪一个电话付费？

顾客：你为什么知道我所有的电话号码？

客服：陈先生，因为我们已和CRM（客户关系管理）系统相联。

顾客：我想要一个海鲜披萨……

客服：陈先生，海鲜披萨不适合您。

顾客：为什么？

客服：您曾在"商家健康提醒"中登记信息，告知您的血压和胆固醇都偏高，要求相关商家提示。

顾客：那你们有什么可以推荐的？

客服：您可以试试我们的低脂健康披萨。

顾客：你怎么知道我会喜欢吃这种的？

客服：您上星期一在图书馆借了一本《低脂健康食谱》，并上传了自己的阅读记录。

顾客：好。那我要一个家庭特大号披萨，要付多少钱？

客服：99元，这个足够您一家六口吃了。

顾客：那可以刷卡吗？

客服：陈先生，对不起。请您付现款，因为您的信用卡已经欠款了，您现在尚欠银行4807元，而且还未包括房贷利息。

顾客：那我先去附近的提款机提款。

客服：陈先生，根据您的记录，您已经超过今日提款限额。

顾客：算了，你们直接把披萨送我家吧，家里有现金。你们多久会送到？

客服：大约30分钟。如果您不想等，可以自己骑车来。

顾客：为什么？

客服：根据我们GPS全球定位系统的车辆行驶自动跟踪系统记录。您登记有一辆车号为xxxx8的摩托车，而目前您正在xx路东段xx商场右侧骑着这辆摩托车。

顾客当即晕倒……

上面的"段子"显然是杜撰的，其中有许多侵犯甚至严重侵犯个人隐私的违法行为。除非上述信息均是经过顾客本人授权允许使用的，否则披萨店不可能得到上述顾客的个人住址和电话信息、健康信息、财务状况信息等。但是，生活正变得越来越数字化，大数据正在以这种或那种方式影响着每个人的生活，大数据时代早已到来。

1.1 初识大数据

1.1.1 大数据的概念

最早提出"大数据"时代到来的,是全球知名咨询公司麦肯锡,它曾这样描述:

"数据,已经渗透到当今每一个行业和业务职能领域,成为重要的生产因素。人们对于海量数据的挖掘和运用,预示着新一波生产率增长和消费者盈余浪潮的到来。" 图1.1.1用简单数字化的形式表述了大数据的某些特征。

图 1.1.1　大数据云图

如果上述言语讲在十年前,你可能会很困惑。但今天,你会觉得完全理所当然!大数据已经实实在在地改变了我们的生活,渗透到人们衣食住行的每一个角落。

先来看看 4 个小例子,是否发生在你身边。

1. 衣——未来的每件衣服,可能都为你量身定制

为什么在淘宝如此方便的今天,我们还要去服装店买衣服?

除了购物的现场体验感,最大的原因就是,我们很难确定衣服是否合身。

全球许多服装店在设法解决这一"难题",例如,在日本和美国,优衣库提供了超过800 种不同颜色与款式的衬衣,顾客可以选择尺码、衣领的风格,袖口的长短等,线上选择(定制)、线上支付、线下送达。如图 1.1.2 所示,服装店向顾客销售定制化的衣服将是潮流所向。

再如,中国内衣品牌 NEIWAI,在新客人第一次到店,销售人员会给顾客测量内衣尺码,以前的测量都用皮尺,隐私性、准确性都不是很好。

为了解决这个"痛点",NEIWAI 研发了数字化"3D 试衣间",顾客可以穿着内衣就测出衣服的尺码,同时根据尺码及产品系列进行针对性地产品推荐。同一顾客下次来试衣时,还能通过比较留存的数据,看到自己身材或曲线的变化。

图 1.1.2　量身定制

可以说，以大数据为支撑的"互联网+私人定制"的服装量身定制模式，正在改变我们购衣的方式。

2. 食——食品溯源及预测，让你吃得更安全舒心

在以前，如果要买绿色食品，你有时会不放心——人们的眼睛难于辨识绿色食品，怎么知道花了较多的钱，买到的就是货真价实的绿色食品？

现在，大数据带来的"食品溯源技术"就能消除你的担忧。

利用大数据平台，只需要扫描农产品自带的"二维码"，我们即可溯源查询农产品的生产地、生长环境、生产日期等等，绿色安全统统用数据说话，如图 1.1.3 所示。

图 1.1.3　食品溯源及检测

还有，每天几千万人在用的"美团"外卖，它会根据顾客以往点餐的口味数据，去预测顾客的饮食偏好，在顾客手机 APP 的首页就推荐出来，提高下单率。

有时候，点餐外卖平台甚至比顾客自己更会依据口味习惯点餐、配菜。

3. 住——城市大脑，正在升级你的居住体验

如果你自驾游去杭州，开着汽车进停车场，就会惊讶地发现：阿里巴巴协助开发的"杭

州城市大脑"（界面如图 1.1.4 所示），帮助杭州率先做了几十个"无杆停车场"，车辆进出收费实现自动计时收费。利用该应用，客户还能体验"10 秒找空房""20 秒景点入园""30 秒酒店入住"等便捷服务，节省时间、提高效率、提升城市的舒适体验。

图 1.1.4 "杭州城市大脑"界面

发现了吗，大数据，正在让一座座城市"聪明"起来。

4. 行——红绿灯实时变动，省下你的出行时间

我们的出行方式，也在不知不觉中改变着。

例如，利用滴滴打车 APP，可以做到实时监测区域内打车需求数，根据道路、天气及路线数据，精准预测你的等车时间及路程花费时间。

不仅如此，红绿灯实时变动、救护车一路绿灯……通过大数据计算，能够极大节省你的出行时间。看似街景如旧，但智能交通却已更新（如图 1.1.5）。

图 1.1.5 智能交通改变的不是街景

立足 2020 年，过去的 10 年，大数据已经悄悄地升级了我们的衣食住行。在我们还没有深入了解大数据时，它就已经无处不在了。

后续的 10 年，无论是日常生活还是职场，对其影响最深刻的关键词之中，也一定会有大数据。

通过以上生活中的小例子，不难看出，大数据时代已经到来。那么，什么是大数据呢，我们来给出一个比较专业的定义。

大数据（Big Data），在科技术语中是指，无法在一定时间范围内用常规软件工具进行获取、管理和处理的数据集合，是需要新处理模式才能具有更强的决策力、洞察发现力和流程优化能力的海量、高增长率和多样化的信息资产。

在维克托·迈尔-舍恩伯格及肯尼斯·库克耶编写的《大数据时代：生活、工作与思维的大变革》一书中表述为：大数据是指不用随机分析法（抽样调查）而是对所有数据进行分析处理。

IBM 提出大数据具有 5V 特点：Volume（大量）、Velocity（高速）、Variety（多样）、Value（低价值密度）、Veracity（真实性）。

大数据技术的战略意义不在于掌握庞大的数据信息，而在于对这些含有意义的数据进行专业化处理。换而言之，如果把大数据比作一种产业，那么这种产业实现盈利的关键在于，提高对数据的"加工能力"，通过"加工"实现数据的"增值"。

1.1.2 大数据发展与典型事件

（1）20 世纪末，是大数据的萌芽期，这时数据挖掘技术流行。随着数据挖掘理论和数据库技术的成熟，一些商业智能（BI）工具和知识管理（KM）技术开始被应用。

（2）2003—2006 年是大数据发展的突破期，社交网络的流行导致大量非结构化数据集中涌现，传统处理方法难以应对，数据处理系统、数据库架构开始发生变化。

（3）2006—2009 年，大数据形成，并行计算和分布式系统开始流行，这一段为大数据发展的成熟期。

（4）2010 年开始，随着智能手机的广泛普及和应用，数据碎片化、分布化、流媒体化等特征更加明显，移动数据急剧增长。

（5）2011 年，麦肯锡全球研究院发布《大数据：下一个创新、竞争和生产力的前沿》报告。

（6）2012 年，维克托·迈尔-舍恩伯格《大数据时代：生活、工作与思维的大变革》对大数据进行宣传推广，大数据概念开始风靡全球。

（7）2013 年 5 月，麦肯锡全球研究院发布了一份名为《颠覆性技术：技术改进生活、商业和全球经济》的研究报告，报告认为未来将有 12 种新兴技术，而大数据是这些新兴技术的基石。

（8）2015 年 4 月，中国信息通信研究院发布《大数据发展白皮书（2015 版）》，全面梳理了 2014 年全球和我国大数据发展情况；并预测，今后在政策、技术、市场等多重因素驱动下，我国的大数据集聚效应将开始显现，合作协同发展将成为常态。

（9）2016 年 12 月，中国信息通信研究院发布《大数据白皮书（2016 年）》，指出大数据是国家基础性战略资源，是21世纪的"钻石矿"。党中央、国务院高度重视大数据在经济和社会发展中的作用，提出"实施国家大数据战略"，出台了《促进大数据发展行动纲要》，全面推进大数据发展，加快建设"数据强国"。

（10）2017年，中国信息通信研究院发布了《电信大数据应用白皮书（2017年）》，聚焦电信大数据的应用发展情况，深入分析了电信大数据应用发展所涉及的技术标准、安全保障、政策条件、法律风险和商业模式等，并从行业和企业、技术和运营等不同角度，提出促进电信大数据价值应用的发展策略。电信大数据的应用发展极大地促进了大数据产业的发展。

（11）2018年，例行发布了《大数据白皮书（2018年）》《大数据发展调查报告（2018年）》等大数据调研统计数据。数据显示，我国大数据产业规模持续增长，其中大数据软硬件产品增速更高，说明我国大数据发展已经形成规模并深入到相关产业。

（12）2019年，再次发布《大数据白皮书（2019年）》，强调数据是资产，可信才具有真正的价值。

大数据的蓬勃发展，企业数字化水平不断提升，很多传统的线下业务，如转账交易、消费信贷、合同签署等业务都逐渐转变成线上操作模式，打破了时间和空间的界限，为用户提供了既方便又便捷的操作体验，但同时数据安全面临重大挑战。

大数据时代，信息技术将数据资源转化为数字资产。合理应用、科学管理数字资产，将为企业的发展带来决定性的作用。数据保全系统作为数字经济时代的基础技术设施，将助力产业数字化、社会智能化发展，有利于共创智能型社会。

1.1.3 大数据的意义

有一个管理学界流传已久的营销案例，美国零售业巨头沃尔玛在对消费者购物行为分析时发现，男性客户在购买婴儿尿布时，常常会同时买几瓶啤酒来犒劳自己，于是尝试推出了将啤酒和尿布摆在一起的促销手段。这个举措居然使尿布和啤酒的销量都大幅增加了。如今，类似"啤酒+尿布"的营销服务数据分析早已成为大数据应用的基本任务，被应用到客户分析、市场营销和广告推送等各个方面。

在数字化、智能化的时代，困扰应用开发者的一个重要问题是，如何在开发效率、覆盖范围、主要性能和成本之间找到那个微妙的平衡点。企业可以利用大数据分析在主要性能、降低成本、提高效率、市场范围等诸多因素中做出科学、系统地分析，进而进行明智的业务决策等。例如，产生如下期望的效果：

（1）及时解析故障、问题和缺陷的根源，每年可以为企业节省大量资金。

（2）为成千上万的快递车辆合理装载货物，科学规划交通路线，提高物流效率、躲避道路拥堵。

（3）分析所有SKU（Stock Keeping Unit，库存存量单位），以利润最大化为目标来定价和管理库存。

（4）根据客户的购买习惯，为其推送他可能感兴趣的产品或优惠信息。

（5）从大量客户中快速识别出潜在的或优质客户。

（6）使用点击流分析和数据挖掘来规避欺诈行为。

让我们来看看，大数据对传统行业的冲击，来得有多么迅猛。

1. 猎头行业——猎头总能跑在裁员潮前面

在 2008 年"金融危机"来临前，LinkedIn（领英，全球最大的职业社交网站）发现雷曼兄弟公司员工的访问量突然增多，但当时并没引起重视。过了不久，雷曼兄弟公司宣布倒闭，LinkedIn 才恍然大悟。

类似情况，某一国际著名公司的搜索引擎产品准备退出一个地区的市场，结果搜索引擎产品线的业务经理和高管会较长时间地"LinkedIn 在线"，图 1.1.6 是 LinkedIn 在手机上的 App 图标。

图 1.1.6　LinkedIn 在手机上的 App 图标

春江水暖鸭先知，在裁员、离职、转岗潮来临前，LinkedIn 领英大数据让"猎头"提前知晓市场"异动"，分析原因，从而精准挖人。

并且，通过 LinkedIn 大数据分析，在求职者和招聘职位之间建立有效关联，猎头们再也不用向潜在的受聘者"打陌生电话"来碰运气，而是可以通过数据搜索，找出潜在受聘者并联系他们。

2. 金融行业——信用越来越值钱

如果别人找你借钱，你最担心的是什么？应该是对方的信用和偿还能力，怕对方不按时还钱。

大数据风控可以帮助解决这个问题。在"借呗、微粒贷、小米贷款"等平台，准备贷款者需要提前登陆平台，于是他的每一笔消费、每一次给朋友发红包，都会被记录，并形成你的信用分，每个人的真实信用水平和财务状况都在数据里反映出来。相反，一旦某个失信者欠账不还、成为"老赖"，大数据会同步通知到众多服务和监管机构，老赖的生活、旅行、日常消费等处处受限。

3. 体育行业——数据教你打篮球

喜欢 NBA 的同学可能知道一个故事，勇士队曾经是联盟里的垫底球队。从 1994 年算起，18 年当中，勇士队只有一次打入季后赛，还曾连续两个赛季排名倒数第一。

在大家都对"实力奇弱"的勇士队不屑一顾时，硅谷风险投资者却大胆收购了勇士队，竟然一举开创了四年三夺 NBA 总冠军的奇迹。

问题来了，逆袭的勇士队究竟做了什么？除有了资金购买了更多优秀球员外，他们还做了一件非常特别的事，把数据建模、分析、可视化呈现等 IT 技术应用于球员身体状况数据采集、战术体系分析、对手情况统计分析等过程，应用到球队的训练和比赛之中。

勇士队雇用了许多数据分析师，包括像芝加哥大学萨米·盖尔芬德这样天才的物理学教授，在统计了历年比赛数据后，数据分析团队发现最有效的进攻是传球和准确地投篮，而不是好看的突破和扣篮。

根据这个结论，勇士队率先发明了"小球"战术，即以三分球作为主要进攻手段，结合科学配置场上球员搭配，成绩快速提升，并一步步走上冠军领奖台。数据分析改变了 NBA 球队的强弱格局，如图 1.1.7 所示。

图 1.1.7　数据分析改变了 NBA 球队的强弱格局

可以说，过去的十年里，数据分析已经在 NBA 职业联盟的各队中流行，比赛和训练方法已经改变。

以上只是简单列举了 3 个行业中的例子。但其实，成百上千个行业，或多或少正在因为数据技术的应用，产生前所未有的变革。

你可以仔细想一下，你身处的行业，或者周围亲友正在从事的工作，是否或多或少都在和数据打交道？

如果说大数据是海洋，那我们已经是海洋里的一条条鱼儿。在早已来临的大数据时代，谁能够掌握看透数据的力量，就等于掌握了通向未来财富之门的钥匙。图 1.1.8 为数据可视化的一个例子。

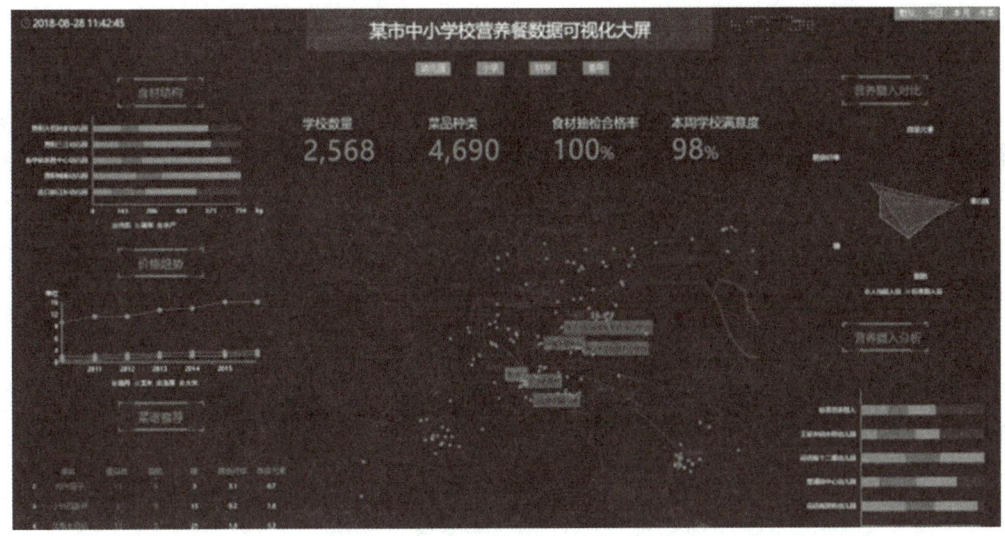

图 1.1.8　数据可视化的一个例子

不过，大数据在经济发展中的巨大意义并不代表其能取代一切对社会问题的理性思考，科学发展的逻辑不可能被淹没在海量数据中。著名经济学家路德维希·冯·米塞斯曾提醒过："就今日言，有很多人忙碌于资料之无益累积，以致对问题之说明与解决，丧失了其对特殊的经济意义的了解。"这确实是需要警惕的。

1.1.4　大数据发展趋势

趋势一：数据的资源化

所谓资源化是指，大数据成为企业和社会关注的重要战略资源，并已成为竞争对手之间争相抢夺的新焦点。因而，企业必须要提前制定大数据发展战略，抢占市场先机。

趋势二：与云计算的深度结合

大数据离不开云计算，云计算为大数据提供了弹性的、可拓展的基础设备，是大数据的理想处理平台。现在，大数据技术已与云计算深度融合、密不可分。除此之外，物联网、移动互联网的深入应用，也将助力大数据技术，让大数据发挥出更大的影响力。

趋势三：科学理论的突破

随着大数据的快速发展，就像计算机和互联网一样，大数据将变成一项重要的基础设施。助力产业互联网、机器人和人工智能等相关技术，并产生众多实用算法和基础理论，实现科学技术上的突破。

趋势四：数据科学和数据联盟的成立

未来，数据科学将成为一门专门的学科，被越来越多的人所认知。各大高校将设立专门的数据科学类专业，也会催生一批与之相关的新的就业岗位。与此同时，基于众多垂直类数据平台，将建立起跨领域的数据共享平台，形成数据联盟。这类平台将成为未来产业互联网的核心设施。

趋势五：数据泄露泛滥

未来几年数据泄露事件的增长率会居高不下，除非数据在其源头就能够得到安全保障。可以说，在未来，重要的行业或领先的企业都可能面临数据攻击，无论他们是否已经做好安全防范。而所有企业，无论规模大小，都需要重新审视当代安全问题的内涵及其重要性。企业需要从确保自身安全、产业安全及客户安全的多个角度出发，保证所有数据的"全周期安全性"。

趋势六：数据管理成为企业核心竞争力

当"数据资产是企业核心资产"的概念深入人心之后，企业对于数据管理会更加重视。将数据管理作为企业核心竞争力，战略性规划、数据资产运用将成为企业数据管理的核心工作。数据资产管理效率与主营业务收入增长率、销售收入增长率息息相关。

趋势七：数据质量是商业智能（BI）成功的关键

采用自助式商业智能工具进行大数据处理的企业将会脱颖而出。其中要面临的一个挑战是，很多数据源会带来大量低质量数据，企业需要理解原始数据与有价值数据之间的差距，从而消除低质量数据并通过商业智能获得更佳决策。

趋势八：数据生态系统复合化程度加强

大数据不仅是一项数据技术，而是一个由大量活动构件与多元参与者所构成的生态系统，是由终端设备提供商、基础设施提供商、网络服务提供商、网络数据提供商、数据服务提供商、数据服务零售商、数据服务使用者等一系列的参与者共同构建的生态系统。而今，这样一个数据生态系统的基本雏形已然形成，接下来的发展将趋向于系统内部角色的细分，也就是市场的细分；系统机制的调整，也就是商业模式的创新；系统结构的调整，就是市场中角色之间作用与关系的调整等……从而使得数据生态系统更加健康、更加强壮。

➡ 习题与思考

1. 什么是大数据？请简述大数据的意义。
2. 在大数据时代，人类社会面临的问题有哪些？

1.2 浅析大数据工作流程、技术与应用

1.2.1 大数据工作流程

大数据已经悄然改变了我们的工作与生活，那么大数据到底是怎样工作的？

图 1.2.1 简单演示了大数据的主要处理步骤，主要包括数据采集、数据存储、数据处

理、数据运用等主要环节。

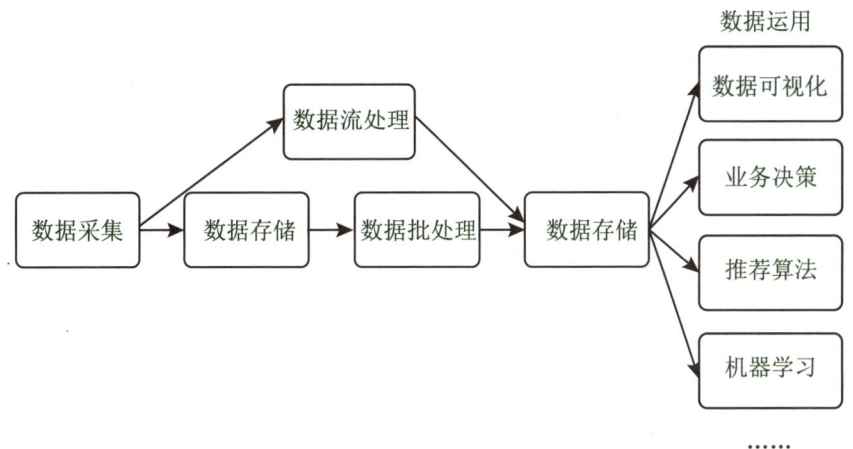

图 1.2.1　简易的大数据处理流程图

（1）数据采集

大数据处理的第一步是数据的收集或汇总。现在的中大型项目通常采用微服务架构进行分布式部署，所以数据的采集会在多台服务器上进行，且采集过程不能影响正常业务的开展。基于这种需求，就衍生了多种日志收集工具，如 Flume、Logstash、Kibana 等，它们都能通过简单的配置完成复杂的数据收集和数据聚合。

（2）数据存储

收集到数据后，数据该如何进行存储？MySQL、Oracle 等传统的关系型数据库是大家最为熟知的，它们的优点是能够快速存储结构化的数据，并支持多种访问和处理方式。但大数据的数据结构通常是半结构化（如日志数据）、甚至是非结构化的（如视频、音频数据），为了解决海量半结构化和非结构化数据的存储，衍生了 Hadoop HDFS、KFS、GFS 等分布式文件系统，它们都能够支持结构化、半结构化和非结构化数据的存储，并可横向扩展。

分布式文件系统完美地解决了海量数据存储的问题，但是一个优秀的数据存储系统必须同时考虑数据存储和访问两方面的问题，比如你希望能够对数据进行随机访问，这是传统的关系型数据库所擅长的，但却不是分布式文件系统所擅长的，那么有没有一种存储方案能够同时兼具分布式文件系统和关系型数据库的优点呢？基于这种需求，就产生了 HBase、MongoDB。

（3）数据处理

大数据处理通常分为数据批处理和数据流处理两种。

数据批处理：对一段时间内海量的离线数据进行统一的处理，对应的处理框架有 Hadoop MapReduce、Spark、Flink 等；

数据流处理：对运动中的数据进行处理，即在接收数据的同时就对其进行处理，对应的处理框架有 Storm、Spark Streaming、Flink Streaming 等。

数据批处理和数据流处理各有适用的场景，时间不敏感或者硬件资源有限时，可以采用数据批处理；时间敏感和及时性要求高就可以采用数据流处理。随着服务器硬件的价格越来越低和大家对及时性的要求越来越高，数据流处理将越来越普遍，如股票价格的实时预测和电商运营数据分析等。

（4）数据运用

这是前面数据采集、数据存储、数据处理的目的所在，是数据的具体应用之所在，也是数据核心价值体现之所在。它所涉及的领域广、种类多、形式复杂、效果巨大，具体细节见后续介绍。

在对大数据的工作流程有了一个简单的认识后，下面进一步对其中的流程环节进行介绍。

1.2.2 数据采集技术

数据采集是指从传感器、数据终端、智能设备、企业在线系统、企业离线系统、社交网络和互联网平台等获取数据的过程。包括 RFID 数据、传感器数据、用户行为数据、社交网络交互数据及移动互联网数据等各种类型的结构化、半结构化及非结构化的海量数据。

1. 数据源与数据类型

大数据主要来源于：

（1）企业系统：客户关系管理系统、企业资源计划系统、库存系统、销售系统等。

（2）机器系统：智能仪表、工业设备传感器、智能设备、视频监控系统等。

（3）互联网系统：电商系统、服务行业业务系统、电子政务系统等。

（4）社交系统：微信、QQ、微博、博客、新闻网站、朋友圈等。

在大数据体系中，将数据分为：

（1）业务数据：消费者数据、客户关系数据、库存数据、账目数据等。

（2）行业数据：交通流量数据、能耗数据、气象数据与水文数据等。

（3）内容数据：应用日志、电子文档、机器数据、语音数据、社交媒体数据等。

（4）线上行为数据：页面数据、交互数据、表单数据、会话数据、反馈数据等。

（5）线下行为数据：车辆位置和轨迹、用户位置和轨迹、动物位置和轨迹等。

数据源与数据类型的关系如图 1.2.2 所示。

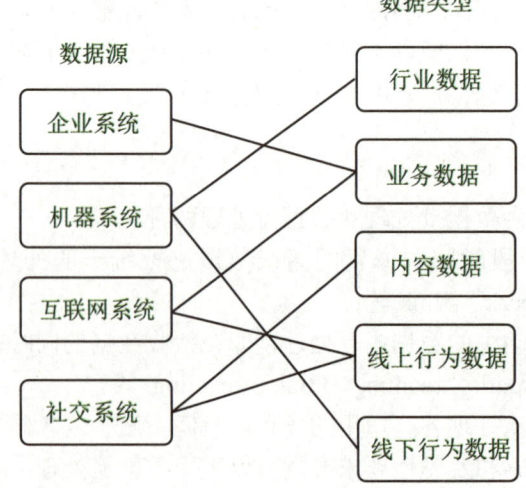

图 1.2.2　数据源与数据类型的关系

企业系统从传统企业的生产环境中获取相关的业务数据。

机器系统产生的数据可分为两大类：

（1）通过智能仪表和传感器获取行业数据，例如，公路路口设备获取车流量数据，智能电表获取用电量等。

（2）通过各类监控设备获取人、动物和物体的位置和运动轨迹信息。

互联网系统会产生相关的业务数据和线上行为数据，例如，商品信息、销售信息、用户的反馈和评价信息，用户的行为信息等。

社交系统会产生大量的内容数据，如博文与照片等，以及线上行为数据。

2. 大数据采集与传统数据采集的区别

从数据源方面来看，传统数据采集的数据源单一，就是从传统企业的客户关系管理系统（CRM）、企业资源计划系统（ERP）及相关业务系统中获取数据，而大数据采集系统还需要从社交系统、互联网系统及各种类型的机器系统上获取数据。

从数据量方面来看，互联网系统和机器系统产生的数据量要远远大于传统企业系统的数据量。

从数据结构方面来看，传统数据采集的数据都是结构化的数据，而大数据采集系统需要采集大量的视频、音频、照片等非结构化数据，以及网页、博文、日志等半结构化数据。

从数据产生速度来看，传统数据采集的数据多是人为操作生成的，通常比机器生成数据的速度低。

可见，传统的数据采集方法，数据来源单一，而且存储、管理和分析数据量也相对较小，大多采用关系型数据库或数据仓库即可处理。而大数据采集系统数据来源种类多、数据类型复杂、数据量大，并且产生的速度极快，传统的数据采集方法难于胜任。

3. 大数据采集方法

大数据的采集是指利用多个数据库或存储系统来接收发自客户端（Web、App 或者传感器等）的数据。针对 4 种不同的数据源，大数据采集方法有以下 4 大类。

（1）数据库采集

传统企业会使用传统的关系型数据库，例如 MySQL 和 Oracle 等，来采集数据。随着大数据时代的到来，Redis、MongoDB、HBase、NoSQL 数据库是数据采集的最重要来源。企业通过在采集端部署大量数据库，并在这些数据库之间进行负载均衡或分片，自动或程序控制完成大数据采集工作。

（2）系统日志采集

系统日志采集主要是收集公司业务平台日常产生的大量日志数据，供离线或在线的大数据分析系统使用。它所具有的高可用性、高可靠性、可扩展性是日志收集系统所具有的基本特征。系统日志采集工具多采用分布式架构，能够满足数据量及数据传输率均较大的日志数据采集和传输需求。

（3）网络数据采集

网络数据采集是指，通过网络爬虫、专用网络数据获取工具或网站公开 API 等方式从网站上获取数据信息的过程。网络爬虫会从一个或若干个初始 URL 开始，获得相关网页或网站的内容，并且在抓取内容的过程中，不断分析、抽取新的 URL 放入队列，直到满足设置的停止条件为止。这样可将结构化数据、半结构化数据、非结构化数据提取出来，存储在本地或其指定的存储系统中。

（4）感知设备数据采集

感知设备数据采集是指，通过传感器、摄像头或其他智能终端自动采集信号、图片或录像来获取数据。大数据智能感知系统需要实现对结构化、半结构化、非结构化的海量数据的智能化识别、定位、跟踪、接入、传输、信号转换、监控、初步处理和管理等。其关键技术包括针对大数据源的智能识别、感知、适配、传输、接入等。

1.2.3 大数据预处理技术

大数据预处理将数据划分为结构化、半结构化、非结构化数据，分别采用传统 ETL 工具或分布式并行处理框架来实现，总体架构如图 1.2.3 所示。

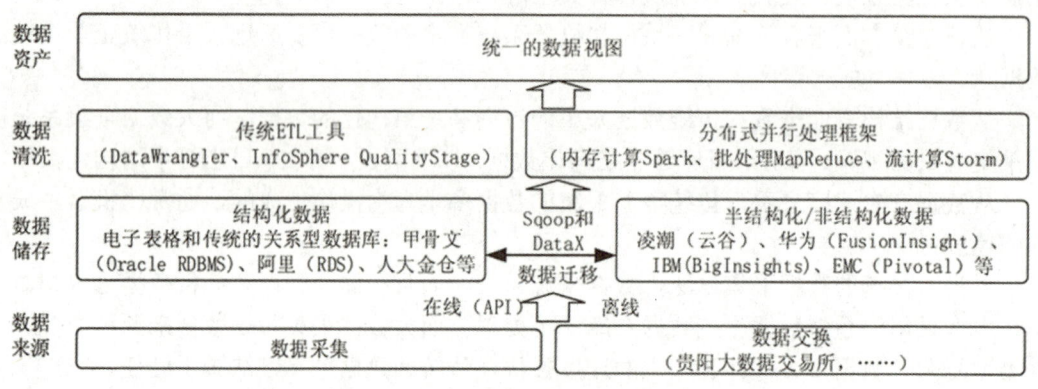

图 1.2.3 大数据预处理总体架构

结构化数据可以存储在传统的关系型数据库中，关系型数据库在处理事务、及时响应、保证数据的一致性方面具有天然的优势。

非结构化数据可以存储在新型分布式存储系统中，如 Hadoop HDFS，半结构化数据可以存储在类似 NoSQL 数据库中。

分布式存储在系统的横向扩展性、存储成本、文件读取速度等方面有着显著的优势。

传统关系型数据库的数据与分布式数据库的数据之间可以按照数据处理的需求进行迁移（或称转换）。例如，为了进行快速并行处理，需要将传统关系型数据库中的结构化数据导入到分布式存储系统中。

可以利用 Sqoop 等工具，先将关系型数据库的"表状结构数据"导入到分布式数据库，然后再向分布式数据库的表中导入结构化数据。

数据预处理工作的主要任务有：数据清洗、数据集成、数据转换、数据归约。

1. 数据清洗

现实世界的数据一般是不完整的、有噪声的和不一致的。数据清洗过程的任务便是，填充缺失的值，识别离群点特性并滤除噪声，纠正数据中的不一致性问题。

数据清洗在汇聚多个维度、多个来源、多种结构的数据之后，对数据进行抽取、转换和集成加载。在以上过程中，除了更正、修复系统中的一些错误数据之外，更多的是对数据进行归并、整理，并存储处理后的数据。其中，数据的质量至关重要。

下面介绍数据清洗的主要处理方法：

（1）遗漏（不完整）数据处理

假设在分析一个商场销售数据时，发现有多个记录中的属性值为空，如客户未填写其月收入，则该属性值为空，这时可以采用以下方法进行遗漏数据处理。

① 忽略该条记录

若一条记录中有属性值被遗漏了，则将此条记录排除（视为作废），尤其是没有类别属性值而又要进行分类数据挖掘时。当然，这种方法并不很有效，尤其是个别属性（如月收入）遗漏比例较大时。

② 手工填补遗漏值

这种方法一般比较耗时，而且对于存在许多遗漏情况的大规模数据集而言，可行性较差。

③ 利用默认值填补遗漏值

对一个属性的所有遗漏的值均利用一个事先确定好的值来填补，例如，"健康状况"都用"OK"来填补。但当一个属性的遗漏值较多时，若采用这种方法，有可能误导数据挖掘进程。

因此这种方法虽然简单，但并不推荐使用，或使用时需要仔细分析填补后的情况，以尽量避免对最终数据挖掘结果产生较大误差。

④ 利用均值填补遗漏值

计算一个属性值的平均值，并用此值填补该属性所有遗漏的值。例如，若客户的平均月收入为 10000 元，则用此值填补客户"月收入"属性中所有被遗漏的值。

⑤ 利用同类别均值填补遗漏值

这种方法尤其适合在进行分类数据挖掘时使用。

例如，若要对商场客户按信用风险进行分类挖掘时，就可以用在同信用类别（如良好）的客户"月收入"平均值，来填补那些遗漏的"同信用类别"客户"月收入"属性值。

⑥ 利用"最可能值"填补遗漏值

可以利用回归分析、贝叶斯计算公式或决策树推断出该条记录特定属性的最大可能的取值。

例如，利用数据集中其他客户的属性值，可以构造一个分布函数或决策树来预测出客户"月收入"的遗漏值。

最后一种方法是一种较常用的方法，与其他方法相比，它最大限度地利用了当前数据所包含的信息来帮助预测所遗漏的数据。

（2）噪声数据处理

噪声是指，大多数数据符合规律性分布或取值时，但个别的或少量的值出现随机性错误或异常的情况。"去噪"就是找到和去除噪声数据，使数据整体更规范可信，下面介绍两种常用方法。

① Bin 方法

Bin 方法通过利用噪点数据点的周围点（近邻点），对一组数据排序进行平滑处理。排序后的数据被分配到若干桶（称为 Bin）中。Bin 划分方法一般有两种，如图 1.2.4 所示，一种是等高方法,即每个 Bin 中的元素的个数相等,另一种是等宽方法,即每个 Bin 的取值间距(左右边界之差)相同。

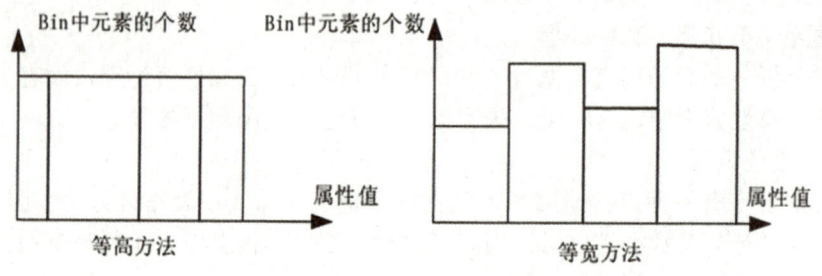

图 1.2.4　两种典型的 Bin 划分方法

下面通过给定一个数值型属性(如价格)来说明"平滑去噪"(Bin 方法)的具体做法。

如图 1.2.5 所示,首先,对价格数据进行排序;然后,将其划分为若干等高度的 Bin,即每个 Bin 包含 3 个数值;最后,既可以利用每个 Bin 的均值进行平滑,也可以利用每个 Bin 的边界进行平滑。

- 排序后价格:4, 8, 15, 21, 21, 24, 25, 28, 34
- 划分为等高度Bin:
  —Bin1: 4, 8, 15
  —Bin2: 21, 21, 24
  —Bin3: 25, 28, 34
- 根据Bin均值进行平滑:
  —Bin1: 9, 9, 9
  —Bin2: 22, 22, 22
  —Bin3: 29, 29, 29
- 根据Bin边界进行平滑:
  —Bin1: 4, 4, 15
  —Bin2: 21, 21, 24
  —Bin3: 25, 25, 34

图 1.2.5　利用 Bin 方法平滑去噪

利用均值进行平滑时,第一个 Bin 中 4、8、15 均用该 Bin 的均值替换;利用边界进行平滑时,对于给定的 Bin,其最大值与最小值就构成了该 Bin 的边界,利用每个 Bin 的边界值(最大值或最小值)可替换该 Bin 中的所有值。

一般来说,每个 Bin 的宽度越宽,其平滑效果越明显。

② 聚类分析方法

通过聚类分析方法可帮助发现异常数据。相似或相邻近的数据聚合在一起形成了各个聚类集合,而那些位于这些聚类集合之外的数据对象,自然而然地就被认为是异常数据(即噪声数据)。

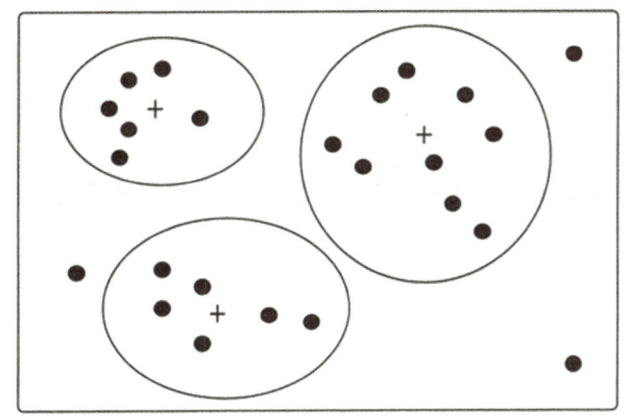

图 1.2.6 基于聚类分析方法的异常数据监测

③ 人机结合检查方法

通过人机结合检查方法，可以帮助发现异常数据。例如，利用基于信息论的方法可帮助识别手写符号库中的异常模式，所识别出的异常模式可输出到一个列表中，然后由人对这一列表中的各个异常模式进行检查，并最终确认无用的模式（真正异常的模式）。这种人机结合检查方法比手工方法的手写符号库检查效率要高许多。

④ 回归方法

可以利用拟合函数对数据进行平滑。例如，借助线性回归方法，包括多变量回归方法，就可以获得多个变量之间的拟合关系，从而达到利用一组变量值来预测另一个变量取值的目的。利用回归分析方法所获得的拟合函数，能够帮助平滑数据并去除其中的噪声数据。

许多数据平滑方法，同时也是"数据消减"方法。例如，上面例子的 Bin 方法可以帮助消减一个属性中的不同取值，这也就意味着 Bin 方法可以作为基于逻辑挖掘方法的数据消减处理方法。

（3）不一致数据处理

现实世界的数据库经常会出现数据记录内容不一致的问题，其中的一些数据可以利用它们与外部的关联关系，通过手工解决这种问题。

例如，数据录入错误可以通过与原稿进行对比来加以纠正。也可以让三个人同时录入一篇文章，出现不一致时，进行比较，取出现次数多者（假设两人正确一人错误）作为"正确"数据。此外还有 ECC 纠错码等方法可以帮助纠正一些数据不一致问题。知识工程工具也可以帮助发现违反数据约束条件的情况，从而帮助纠错。

由于同一属性在不同数据库中的取名不规范，常常使得在进行数据集成时，导致不一致问题的发生。

2. 数据集成

数据集成是指，将多个数据源中的数据合并，然后存放到一致的数据存储机制（如数据仓库）中。这些数据源可能包括多个数据库、数据立方体或一般文件。在进行数据集成时，有许多问题需要考虑。

（1）模式集成问题

模式集成问题是指，如何使来自多个数据源的现实世界的实体相互匹配，这其中就涉及实体识别问题。例如，如何确定一个数据库中的"customer_id"与另一个数据库中的"customer_number"是否表示同一实体（"客户编号"）。

数据库与数据仓库通常包含元数据，这些元数据可以帮助避免在模式集成时发生错误。每个属性的元数据包括名字、含义、数据类型和属性的允许取值范围，以及处理空白、零或 null 值的空值规则。这样的元数据可以用来帮助避免模式集成的错误。元数据还可以用来帮助变换数据（例如，pay_type 的数据编码在一个数据库中可以是"H"和"S"，而在另一个数据库中是 1 和 2）。因此，这一步也与前面介绍的数据清洗有关。

（2）冗余属性问题

冗余属性问题是数据集成中经常发生的另一个问题。若一个属性可以从其他属性中推演出来，那么这个属性就是冗余属性。

例如，一个客户数据表中的月平均收入属性就是冗余属性，显然它可以根据月收入属性计算出来。此外，属性命名的不一致也会导致集成后的数据集出现数据冗余问题。

利用相关分析可以帮助发现一些数据冗余情况。

例如，给定两个属性 A 和 B，则根据这两个属性的数值可分析出这两个属性间的相互关系。

如果两个属性之间的关联值 $r > 0$，则说明两个属性之间是正关联，也就是说，若 A 增加，则 B 也增加。r 值越大，说明属性 A、B 的正关联性越强。

如果关联值 $r = 0$，则说明属性 A、B 相互独立，两者之间没有关系。如果 $r < 0$，则说明属性 A、B 之间是负关联，也就是说，若 A 增加，则 B 就减少。r 的绝对值越大，说明属性 A、B 的负关联性越强。

（3）数据值冲突的检测与处理

对于现实世界的同一实体，来自不同数据源的属性值可能不同。这可能是因为表示方法、比例或编码不同。例如，重量属性可能在一个系统中以公制单位存放，而在另一个系统中以英制单位存放。对于连锁旅馆，在不同城市其房价不仅可能涉及币种，还可能涉及不同的服务（如免费早餐）和税负。

3. 数据转换

数据转换是将数据进行转换或归并，从而构成一个适合数据处理的描述形式。数据转换包含以下处理内容。

（1）平滑处理

帮助除去数据中的噪声数据，主要技术方法有 Bin 方法、聚类方法和回归方法等。

（2）合计处理

对数据进行汇总或合计操作。例如，每天的数据经过合计操作可以获得每月或每年的总额。这一操作常用于构造数据立方或对数据进行多粒度的分析。

（3）数据泛化处理

用更抽象（更高层次）的概念来取代低层次或数据层的数据对象。

例如，街道属性可以泛化到更高层次的概念，如城市、国家，数值型的属性，如年龄属性，可以映射到更高层次的概念，如年轻、中年和老年。

（4）规格化处理

将有关属性数据按比例投射到特定的小范围之中。例如，将工资收入属性值映射到 0 到 1 范围内。

（5）属性构造处理

根据已有属性集构造新的属性，以帮助数据处理过程。

4. 数据归约

（1）数据立方聚集：聚集操作用于数据立方结构中的数据。

图 1.2.7 展示了在三个维度上对某公司原始销售数据进行合计所获得的数据立方。它从时间（年代）、公司分支，以及商品类型三个维度描述了相应（时空）的销售额（对应的小立方块）。

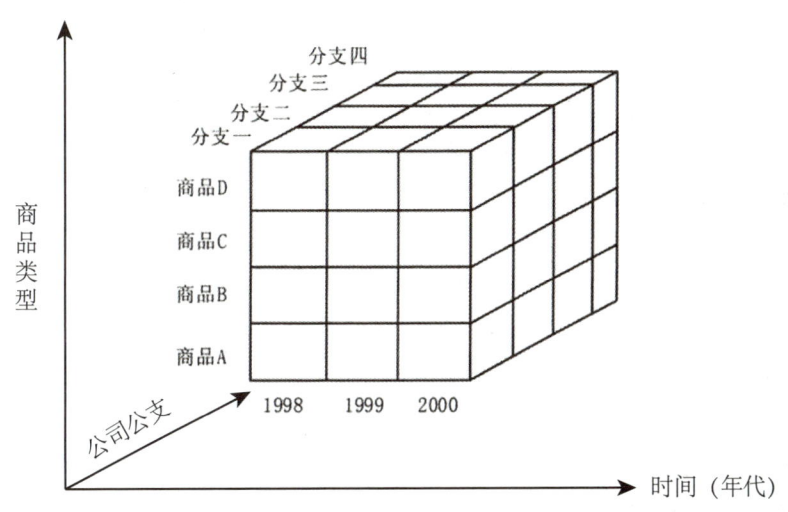

图 1.2.7　数据立方合计描述

每个属性都可对应一个概念层次树，以帮助进行多抽象层次的数据分析。例如，一个分支属性的（概念）层次树，可以提升到更高一层的区域概念，这样就可以将多个同一区域的分支合并到一起。

在最低层次所建立的数据立方称为基立方，而最高抽象层次对应的数据立方称为顶立方。顶立方代表整个公司三年中，所有分支、所有类型商品的销售总额。显然每一层次的数据立方都是对低一层数据的进一步抽象，因此它也是一种有效的数据消减。

（2）属性子集选择：通过删除不相关的或冗余的属性（或维度）可以缩小数据集。属性子集选择的目标是，找出最小属性集，使得数据类的概率分布尽可能地接近使用全部属性数据所对应的原分布。对于属性子集的选择，一般使用压缩搜索空间的"启发式算法"。通常，这些方法属于"贪心算法"，在搜索属性空间时，总是做看上去是当时最佳的选择。其策略是，做局部最优选择，期望由此导致全局最优解。在实践中，这种"贪心算法"是有效的，并可以逼近最优解。

① 逐步向前选择：该过程由空属性集作为归约集（存放选出的属性）开始；然后，再次选定原属性集中最好的属性，并将它添加到归约集中。在其后的每一次迭代中，均将

剩下的原属性集中最好的属性添加到归约集中。

② 逐步向后删除：该过程由整个属性集开始，在每一步，删除尚存于属性集中的最差属性。

③ 向前选择和向后删除的结合，即一方面选出最好属性者移入归约集；另一方面删除当前集合的最差属性。

④ 决策树归纳：决策树算法中的 ID3、C4.5 和 CART 最初是用于分类算法的。决策树归纳构造一个类似于流程图的结构，其中每个内部节点（非树叶）表示一个属性的测试，每个分枝对应于测试的一个输出，每个外部（树叶）节点表示一个类预测。在每个节点，算法选择最好的属性，将数据划分成类。

（3）维度归约：使用编码机制减小数据集的规模，例如：小波变换和主成分分析。

（4）数值归约：用替代的、较小的数据表示替换或估计数据，如参数模型（只需要存放模型参数，不是实际数据）或非参数方法，如聚类、抽样和使用直方图。

（5）离散化和概念分层产生：属性的原始数据值用区间值或较高层的概念替换。数据离散化是一种数据归约形式，对于概念分层的自动产生是有用的。离散化和概念分层产生是数据挖掘强有力的工具，允许挖掘多个抽象层的数据。

很重要的是，用于数据归约的计算时间不应超过或"抵消"对归约数据挖掘节省的时间。

1.2.4 数据存储处理技术

1. 数据处理方式

当前，根据数据处理的形式，人们把大数据分析的典型应用场景分为两种：

同步方式，即实时的或者近似实时的大数据分析；

异步方式，这种方式下，首先获取数据，然后再进行处理和分析。

可以想象，近似实时的大数据分析的最早例子就是，超市工作人员根据销售数据及时统计消费者行为习惯并提供相应的优惠促销券的。事实上，消费者购买行为的统计与计算很可能在用户付款前就已经完成。另外一个相关的例子是，在线社交网站可以通过访问用户的行为建立属于其个人的行为数据库，这样就可以根据每位消费者的消费习惯而有针对性地提供广告推送。

例如，医院急诊科会根据急救病人的当前状况，结合大数据系统中已经存在的被急救病人病历信息及身体状况，结合医疗系统类似病例的处置情况，快速实时分析出患者的病情、病况和危险程度，进而有针对性地快速施救。

在实时使用场景下，响应效率是最为关键的，因此大数据存储架构本身的设计需要满足最小延时的要求。

2. 数据存储

（1）针对同步大数据分析的存储

大数据的实时分析应用通常会运行在例如 NoSQL 之类的数据库和能支持海量可扩展的商用硬件（例如云）上。另一方面，Hadoop 非常合适于异步大数据分析。由于在很多场合下，存储本身的延时问题会成为瓶颈，那么固态存储设备对于实时数据分析是很有帮助的。闪存存储器（Flash Memory）可以以多种形式进行部署，例如作为传统存储磁盘阵列的一层；或采用 NAS（Network Attached Storage，网络附属存储）方式；再或者以应用服务器本身的方式实现。

这种服务器端的闪存存储器架构方式因体积小、速度快、实施方便而广受用户欢迎。之所以这样，是由于它能够实现最低程度的延时（因该方式下的存储速率最为接近 CPU 总线频率），并且提供了很灵活的容量选择。1GB～10TB 容量就可以实现。SAS 接口或 SATA 接口的固态硬盘本身已经很强大，而 PCIe 接口的固态设备逐渐成了"高性能应用"的事实标准（比如实时分析），因为相对于前者，其延时更低。

如今，业界有许多提供 PCIe 闪存存储器的公司，包括 Fusion-io、LSI、Micron Technology、SanDisk、sTec（现在是 HGST 的一部分，属于 Western Digital 公司）、Violin Memory 以及 Virident（也被 Western Digital 收购）。许多主流服务器及存储器生产厂商提供 PCIe 解决方案，大多数使用与上述公司兼容的 OEM 协议。

尽管 PCIe 单卡最大容量可达 32TB，但仍无法满足用户的需求，因此可考虑使用共享的存储资源池。一个解决方案是使用 Virident 的 FlashMAX Connect 软件将 PCIe 卡连接的固态硬盘资源通过服务器上的 InfiniBand，进行存储资源的池化。

这对扩展闪存容量会非常有帮助，尤其是对于那些 PCIe 插槽不足的服务器或者需要使用 VMware vSphere 的 Storage vMotion 功能的时候。通过在不同服务器之间实现闪存的池化，这些解决方案可以提供冗余以及高可用性方面的支持。

另外一个选择是通过 InfiniBand、光纤通道或者甚至 PCIe 的连接方式使用全闪存的固态硬盘阵列（容量可达 10 TB～100 TB），可以以模块的方式进行增减容量。以全闪存阵列构成的"高端解决方案"可以提供至少 100 万 IOPS。

（2）针对异步大数据分析的存储架构

异步处理的大数据分析采用了"捕获+存储+分析"的流程，过程中数据首先由传感器、服务器、数据终端、移动设备等获取，之后再存储到相应设备上，再后进行处理和分析。由于这些类型的分析都是通过传统的关系型数据库管理系统（RDBMS）进行的，数据形式都需要转换或者转型成为 RDBMS 能够使用的结构类型，例如行表或者列表的形式，并且需要和其他的数据库相连续。

处理的过程称之为"提取、转换、加载"或者称为 ETL（Extract-Transform-Load）。首先，将数据从源系统中提取处理，再将数据标准化处理且将数据发往相应的数据仓库等待进一步分析。在传统数据库环境中，这种 ETL 步骤相对直接，因为分析的对象往往是为人们熟知的金融报告、销售或者市场报表、企业资源规划等。然而在大数据环境下，ETL 可能会变得相对复杂，因此转换过程对于不同类型的数据源之间处理方式是不同的。

当分析开始的时候，数据首先从数据仓储中会被提取出来，放进 RDBMS 里以产生需要的报告或者支撑相应的商业智能应用。在大数据分析的环节中，元数据以及经转换了的数据大都会被保存下来，因为可能在后面还需要再次转换。

3. Hadoop 技术

Hadoop 技术也被应用于存储架构，企业能够以较低的硬件成本与较高的灵活性，搭建属于自己的可扩展性、可靠性均较高的存储系统。Hadoop 运行在集群各个节点上，每个节点都有自己的存储及计算资源，尤其是在面对数据处理任务时，其他节点会协调这些处理任务，并以分布式资源池的方式进行处理。Hadoop 架构中的数据通常是以 HDFS（分布式文件系统）文件形式存储。

Hadoop 在大数据应用中广受欢迎得益于其自身在数据提取、转换和加载方面上的天然优势。Hadoop 分布式架构，将处理引擎尽可能地靠近存储设施，特别适合于像 ETL 这样的批处理操作，因为这类操作的批处理结果可以直接转向数据存储。Hadoop 的 MapReduce 功能实现了将单个任务打碎，并将碎片任务发送（Map）到多个节点上，之后再以单个数据集的形式加载（Reduce）到数据仓库里。

但是对于 Hadoop，特别是 Hadoop 分布式文件系统（HDFS）来说，数据至少需要三份以支持数据的高可用性。对于 TB 级别的数据来说，HDFS 看起来还是可行的，但当达到 PB 级别海量数据的时候，其带来的存储成本压力不可小觑。即便是可横向扩展存储亦不能减缓其压力。一些厂商选择了使用 RAID 技术实现卷级别的数据保护机制，而在系统级别则使用了"复制"的方式。对象存储技术可以提供面对大型环境的数据冗余问题的解决方案。

4. 对象存储系统

用基于对象的存储架构替代分层存储架构极大地提升了可横向扩展存储的优势，具体的实现方式则是，以单一索引来关联灵活的数据对象。这将解决无限制扩展问题，从而提升了性能本身。对象存储系统包含了纠删码（Erasure Coding，EC）方案，极大提升了存储的使用效率。这样可不必依赖 RAID 或其他存储备份方案。

与 HDFS 或 RAID 机制不同，对象存储系统的纠删码方案以 50%～60%的额外容量就能达到较好的数据保护效果。对于大数据存储系统，节省存储本是一件非常重要的贡献。可选的对象存储系统还有许多，例如 Caringo、DataDirect Networks Web Object Scaler、NetApp StorageGRID、Quantum Lattus 以及 OpenStack Swift 和 Ceph 等。

一些对象存储系统，比如 Cleversafe，甚至可与 Hadoop 兼容。在这些项目的实施过程中，Hadoop 软件组件可以运行在这些对象存储节点的 CPU 上，对象存储系统将替换存储节点的 Hadoop 分布式文件系统。

5. 大数据存储的底线

大数据逐渐成为业界的热门话题，越来越多的企业相信它能助力企业走向成功。但是，大数据应用也会受到各方面的限制，主要体现在存储技术本身。传统存储系统在"超低延时响应""实时大数据应用"或"海量数据的数据挖掘应用"等场景均会遇到瓶颈。为了保证大数据业务能正常运行，相应的存储系统需要足够快、可扩展并且性价比有优势。

对于"闪存解决方案"来说，不管是以服务器端"闪存卡"的形式还是以"全闪存阵列"的形式，都提供了一些对于高性能、低延时、大容量存储的替代解决方案。基于对象存储系统、带有擦写功能编程、可横向扩展架构的特性，为使用传统 RAID 等备份方式的存储结构提供了一种能具备更高效率和更低价格的选择。

1.2.5 数据分析与数据挖掘技术

数据挖掘是从大量的、不完全的、有噪声的、模糊的、随机的实际数据中，提取出蕴涵在其中的，人们事先难以分辨的，但是具有潜在价值的信息和知识的过程。

用来进行数据挖掘的数据源必须是真实的和大量的，并且可能不完整或包含一些干扰数据项。发现的信息和知识必须是用户感兴趣的和有用的。一般来讲，数据挖掘的结果并不要求是完全准确的知识，而是发现某种规律或某种趋势。

数据挖掘可简单地理解为，通过对大量数据进行操作而发现有用知识的过程。它是一门涉及面很广的交叉学科，包括机器学习、数理统计、神经网络、数据库、模式识别、粗糙集、模糊数学等相关技术。

从具体应用角度，数据挖掘是一个利用各种分析工具在海量数据中发现模型和数据间关系的过程，这些模型和关系可以用来做预测。

数据挖掘的知识发现，不是要去发现放之四海而皆准的真理，也不是要去发现崭新的自然科学定理和理论数学公式，更不是什么机器定理证明。实际上，所有发现的知识都是相对的，是有特定前提和约束条件的，是面向特定领域的，同时还是易于被用户理解并且能用自然语言表达的。

数据挖掘其实是一类深层次的数据分析方法。数据分析本身已经有很多年的历史，只不过在过去，数据收集和分析的目的是用于科学研究。另外，由于当时计算能力方面的限制，对大量数据进行分析的复杂程度受到了很大限制。

现在，由于企业数字化、自动化的实现，生产和服务领域产生了大量的业务数据，分析这些数据也不再是单纯为了研究的需要，更主要是为生产或服务企业决策提供真正有价值的信息，进而获得利润。但所有企业面临的一个共同问题是，企业数据量非常大，而其中真正有价值的信息却很少，对大量的数据进行深层分析，进而获得有利于企业生产经营、提高市场竞争力的信息，就像沙里淘金一样，数据挖掘也因此而得名。

1. 数据挖掘的价值类型

数据挖掘就是在海量的数据中找到有价值的知识，为企业经营决策提供依据。价值通常包括相关性、趋势和特征。

（1）相关性分析

相关性分析是指，对两个或多个具备相关性的变量元素进行分析，从而衡量变量因素之间的密切程度。

元素之间需要存在一定的（或概率上的）联系才可以进行相关性分析。相关性不等于因果性，所涵盖的范围和领域几乎覆盖了我们所见到的各个方面。相关性分析用于确定数据之间的变化情况，即其中一个属性或几个属性的变化是否会对其他属性造成影响？影响有多大？图 1.2.8 就是几种常见的相关性的示例。

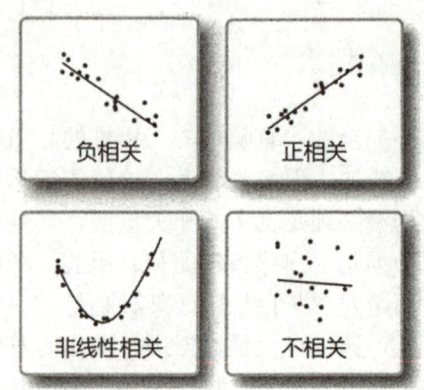

图 1.2.8　属性之间的几处相关性的示例

（2）趋势分析

趋势分析是指，对有关元素的各时期相对于基期的变化趋势进行分析。例如，财务趋势分析便是，与不同时期财务报表中同类指标的历史数据进行比较，从而确定财务状况、经营成果和现金流量的变化趋势和变化规律。可以通过折线图预测数据的走向和趋势，也可以通过"环比""同比"等方式对比较得出的结果进行说明，如图 1.2.9 所示。

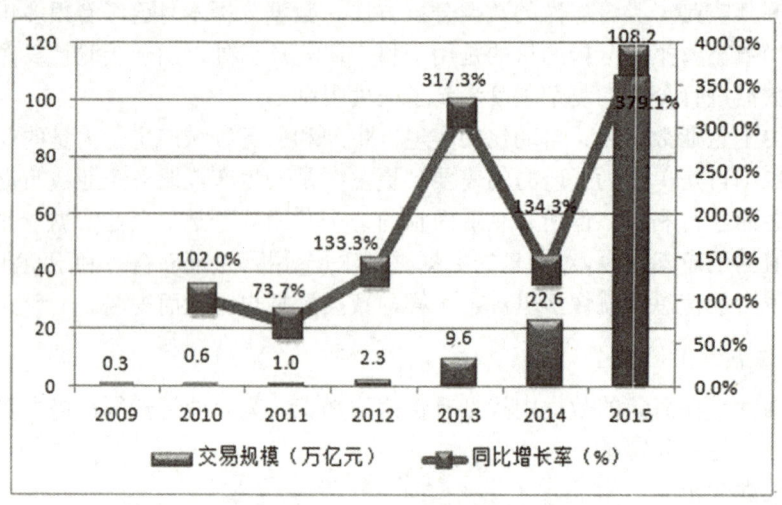

图 1.2.9　发展趋势

（3）特征分析

特征分析是指，根据具体分析的内容寻找主要对象的特征。例如，互联网"类数据挖掘"就是找出用户行为方面特征来对用户进行画像，并根据不同的用户给用户群加上相应的标签，如图 1.2.10 所示。

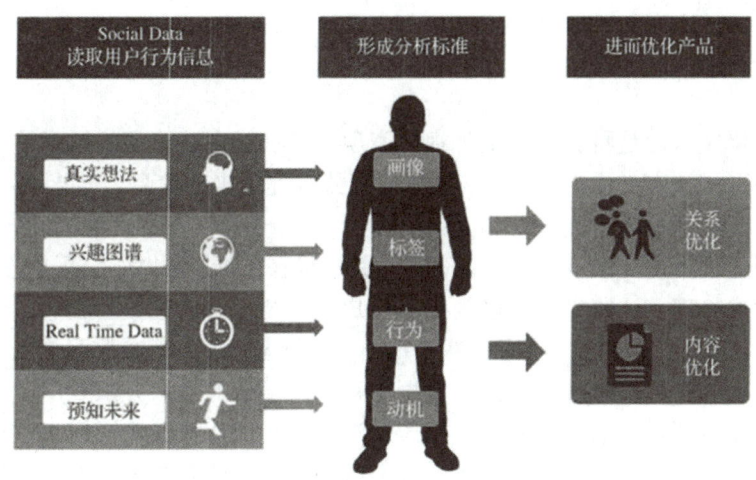

图 1.2.10　以用户行为信息进行特征分析

2. 数据挖掘算法的类型

在大数据挖掘中，我们的目标是如何用一个（或多个）简单而有效的算法或算法组合来提取有价值的信息，而不是去追求算法本身或算法模型的完美。

常用的数据挖掘算法一般分为两大类：有监督学习和无监督学习，如图 1.2.11 所示。

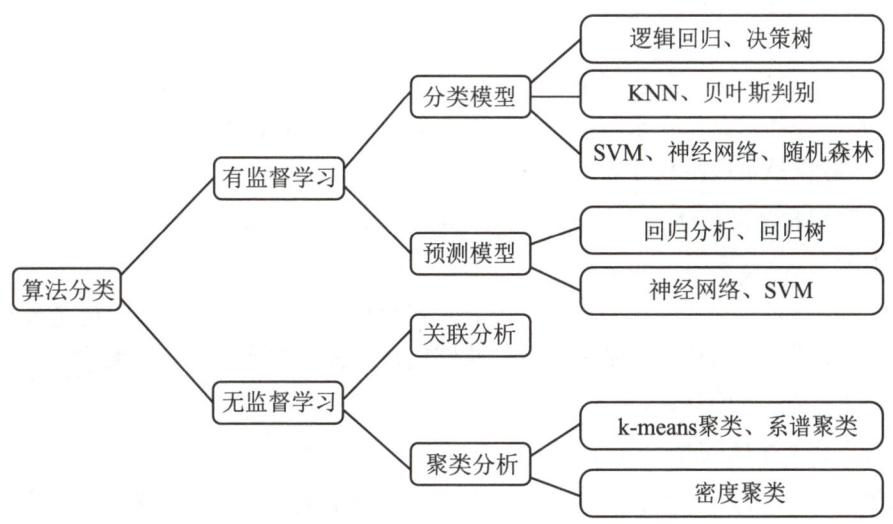

图 1.2.11　常用数据挖掘算法的类型

有监督学习是基于归纳的学习，是通过对大量已知分类或输出结果的数据进行训练，建立分类模型或预测模型，用来对未知的实例进行分类或对未知值的可能结果进行预测。

无监督学习是在学习训练之前，对没有预定义好分类的实例按照某种相似性度量方法，计算实例之间的相似程度，并将最为相似的实例"聚类"成组，解释每组的含义，从而发现聚类的意义。

1.2.6 数据可视化技术

数据可视化技术，是将数据以某种视觉表现形式加以直观表现的技术。其中，这种数据的视觉表现形式被定义为"一种以某种概要形式抽提出来的信息"，包括相应信息单位的各种属性及其变量。

数据可视化技术是一个变化之中的概念，其边界在不断地扩大。它采用多种高级技术，例如图形与图像处理、计算机视觉以及图形用户接口技术，通过数据表达、建模等方法，将数据以三维形体、二维曲面、数据属性或动画等形式显示出来，对数据加以可视化解释。与三维建模之类的专用技术方法相比，数据可视化所涵盖的技术方法要广泛得多。

数据可视化主要旨在借助于图形化手段，清晰有效地传达或沟通信息。但是，这并不就意味着为数据的功能化用途而容忍其形式上枯燥乏味；或者是为了看上去绚丽多彩而显得极端复杂。为了有效地传达思想或观念，美学形式与功能需要兼容并蓄，通过直观的手段传达关键的特点与特征，从而实现对于多样且复杂的数据集的深入洞察。

数据可视化技术的基本思想，是将数据库中每一个数据项作为单个图元元素表示，大量的数据集构成数据图像，同时将数据的各个属性值以多维数据的形式表现出来，可以从不同的维度观察数据，从而对数据进行更深入的观察和分析。

1.2.7 基于大数据的行业应用

经过几年的发展，大数据技术已经慢慢地渗透到各个行业。不同行业的大数据应用普及速度，与行业的信息化水平、行业与消费者的距离、行业的数据拥有程度紧密相关。总体看来，大数据技术应用较好的行业可以分为以下 4 大类。

1. 互联网和营销行业

互联网行业是离消费者距离最近的行业之一，同时拥有超大量的既有数据和即时数据。业务数据化是其企业运营的基本特征，因此，互联网行业的大数据应用程度是最高的。与互联网行业相伴的营销行业，是围绕着互联网用户行为数据分析，以为消费者提供个性化营销服务为主要目标的行业。

2. 信息化水平比较高的行业

金融服务、电信运营两大行业中的企业大多比较早地完成了信息化建设，企业内部业务系统的信息化相对比较完善，对内部数据有大量的历史积累，并且有一些深层次的分析类应用，目前正处于将内部数据与外部数据融合起来、深入挖掘数据价值，进而为其业务和服务升级、增值的阶段。

3. 政府部门及公共服务行业

不同政府部门的信息化程度和数据化程度差异较大，例如，交通部门目前已经有了不少大数据应用案例，但有些行业还处在数据采集和积累阶段。政府部门将会是未来整个大数据产业快速发展的关键，通过政府及公共数据开放可以使政府数据在线化走得更快，从而激励大数据应用的大发展。

4. 制造业、物流、医疗、农业等行业

上述行业的大数据应用水平还处在初级阶段，但未来消费者驱动的C2B（Customer to Business，消费者到企业）模式会倒逼着这些行业的大数据应用进程逐步加快。

据统计，中国大数据IT应用投资规模最高的有五个行业，其中互联网（行业）占比最高，其次是电信（行业）、第三为金融（行业）、交通（行业）和政府（部门）分别为第四和第五，如图1.2.12所示。

中国大数据IT应用行业投资结构

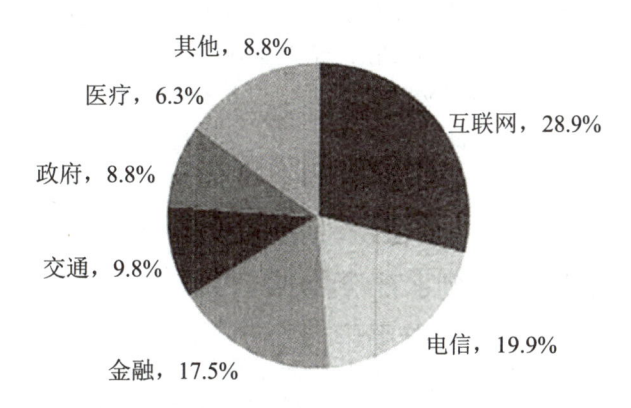

- 其他，8.8%
- 医疗，6.3%
- 政府，8.8%
- 交通，9.8%
- 金融，17.5%
- 电信，19.9%
- 互联网，28.9%

图1.2.12　中国大数据IT应用行业投资结构

1.2.8　大数据应用案例剖析

1.2.8.1　基于大数据的精准营销

大数据技术应用之前，企业营销多依靠传统数据进行市场营销分析，例如客户关系管理系统中的客户信息、广告评估信息、展览等线下活动的效果数据。数据的来源仅限于消费者某一方面的有限信息，不能提供充分的线索或提示。互联网带来了新类型的数据，例如网站访问数据、地理位置数据、邮件数据、社交媒体数据等。

大数据时代的企业营销可以借助大数据技术将新类型的数据与传统数据进行整合，从而更全面地了解消费者的状况、需求与偏好，对客户群体进行细分，然后对每个细分群体采取符合具体其需求的定制营销，也就是所谓的"精准营销"。

1. 精准营销概述

精准营销是指企业通过定量和定性相结合的方法，对目标市场的不同消费者进行细致分析，并根据其消费心理和行为特征，采用具有针对性的现代技术、方法和营销策略，从而实现对目标市场不同消费者群体强有效性、高投资回报的营销沟通。

精准营销最大的优点在于"精准"，即在市场细分的基础上，对不同消费者进行细致

分析，确定目标对象。精准营销的主要特点有以下4点。

（1）精准的客户定位是营销策略的基础。

（2）精准营销能提供高效、高回报的个性化沟通。过去营销活动面对的是大众，目标不够明确，沟通效果不明显。精准营销是在确定目标对象后，划分客户生命周期的各个阶段，抓住消费者的心理，进行细致、有效的沟通。

（3）精准营销为客户提供增值服务，为客户细致分析，量身定制，降低了用户挑选商品的盲目性，节约了客户的时间成本和精力，同时满足客户的个性化需求。

（4）信息技术可帮助企业实现精准营销，大数据技术的应用，意味着人们可以利用数字映射出现实世界的个性特征。

精准营销运用先进的互联网技术与大数据技术等手段，使企业和客户能够进行长期个性化的沟通，从而让企业和客户达成共识，帮助企业建立稳定忠实的客户群。通过可量化的市场定位技术，精准营销打破了传统营销只能对市场进行模糊定性的局限，使企业营销达到了可调控和可度量的要求。此外，精准营销改变了传统广告形式的成本构成。

2. 大数据精准营销过程

传统的营销理念是根据客户的基本属性，如客户的性别、年龄、职业和收入等来判断客户的购买力和产品需求，然后再进行市场细分，并制定相应的产品营销策略，这是一种"静态营销方式"。

大数据不仅记录了人们的行为轨迹，还记录了人们的偏好与生活习惯，能够精准预测客户的需求，从而实现以客户生命周期为基准的精准营销，这是一个动态的营销过程。

（1）客户信息收集与处理

客户数据收集与处理是一个数据准备的过程，是数据分析和挖掘的基础，是做好精准营销的关键和基础。精准营销所需要的信息内容主要包括描述信息、行为信息和关联信息等3大类。

① 描述信息是客户的基本属性信息，如年龄、性别、职业、收入、居住地址和联系方式等基本信息。

② 行为信息是客户的购买行为相关的数据，通常包括客户购买产品或服务的类型、消费记录、购买数量、购买频次、成交时间、付款方式、退货行为、客户与客服的联络记录，以及客户的消费偏好等。

③ 关联信息是客户行为的内在心理因素，常用的关联信息包括满意度和忠诚度、对产品与服务的偏好或态度、流失倾向及与企业之间的联络倾向等。

（2）客户细分与市场定位

如果企业要对不同客户群体进行高效管理和差异化营销，就需要对客户群进行细分。在实际操作中，传统的市场细分变量，如人口因素、地理因素、心理因素、收入因素等由于只能提供较为模糊的客户轮廓画像，难以为精准营销的决策提供可靠的数据依据。

大数据时代，利用大数据技术能在收集的海量非结构化信息中快速筛选出对公司有价值的信息，对客户行为模式与客户价值进行准确判断与分析，使我们有可能深入了解"每一个人"，而不只是通过模糊的"目标人群"来进行客户洞察并以此为依据提供营销策略。

大数据可以帮助企业在众多用户中筛选出重点客户，它利用某种规则关联，确定企业的目标客户，从而帮助企业将其有限的资源投入到对重点客户的服务中，以较小的投入获取较大的收益。

（3）辅助营销决策与营销战略设计

在基于现有数据得到不同客户群特征后，市场人员需要结合企业战略、企业能力、市场环境等因素，在不同的客户群体中寻找可能的商业机会，为每个客户群定制出个性化的营销战略。每个营销战略都有特定的目标，如获取相似的客户、交叉销售或关联销售，还可以采取合理措施预防客户流失等。

（4）精准的营销服务

动态的数据追踪可以改善客户体验。企业可以追踪了解客户使用产品的情况，做出适时的提醒。例如，食品是否快到保质期；汽车使用磨损情况，是否需要保养维护等。

数据的流动可以使产品"活"起来，企业可以随时根据客户反馈数据做出方案，精准预测客户的需求，提高客户服务质量。针对潜在的客户或消费者，企业可以通过各种现代化网络传播工具直接与消费者进行一对一的沟通，也可以通过社媒将相关信息发送给消费者，并追踪消费者的反应。

（5）营销方案设计

在大数据时代，一个好的营销方案可以聚焦到某个目标客户群，甚至精准地根据每一位消费者不同的兴趣与偏好为他们提供专属的市场营销组合方案，包括针对性的产品组合方案、产品价格方案、渠道设计方案、一对一的沟通促销方案等。

（6）营销结果反馈

在大数据时代，营销活动结束后，可以对营销活动执行过程中收集到的各种数据进行综合分析，从海量数据中挖掘出最有效的企业市场绩效度量，并与企业传统的市场绩效度量方法展开比较，以确立基于新型数据的度量的优越性和价值，从而对营销活动的执行、渠道、产品和广告的有效性进行评估，为下一阶段的营销活动打下良好的基础。

3. 大数据精准营销方式

在大数据的背景下，有许多精准营销的实例。例如，百度等公司掌握了大量的搜索引擎用户的数据资源，这些用户的前后行为将能够被精准地关联起来。

（1）实时竞价（RTB）

简单地说，RTB 智能投放系统的操作过程就是当用户发出浏览网页请求时，该请求信息会在数据库中进行比对，系统通过推测来访者的身份和偏好，将信息发送到后方需求平台，然后再根据广告商（预先提供的广告付费方案）竞价高低情况，出价最高的企业可以把自己的广告瞬间投放到用户的页面上。

RTB 运用 Cookie 技术记录用户的网络浏览痕迹和 IP 地址，并运用大数据技术对海量数据进行甄别分析，得出用户的需求信息，向用户展现相应的推广内容。这种智能投放系统能精准确定目标客户，显著提高广告接受率，具有巨大的商业价值和广阔的应用前景。

关于客户个人信息、客户 Cookie 和客户机器 ID 及 IP 地址等信息的获取、跟踪、保存及商用，例如提供给第三方或用于商业广告投放等做法，在国际上一直存有争议，并有相关法律进行限制。例如欧盟 GDPR（《通用数据保护条例》）和美国 CCPA（《加州消费者隐私保护法案》）都对此有严格的界定和限制，对此需要特别留意。——本书编辑注。

（2）交叉销售

"啤酒与尿布"捆绑销售案例是数据挖掘的经典案例。海量数据中含有大量的信息，通过对数据的有效分析，企业可以发现客户的其他需求，为客户制定套餐服务，还可以通过互补型产品的促销，为客户提供更多更好的服务，如银行和保险公司的业务合作，通信运营商的手机"话费和流量包月套餐"等。

（3）点告

"点告"就是以"点而告知"取代"广而告知"，改变传统的片面追求广告覆盖面的思路，转向专注于广告受众人群细分以及受众效果。具体来讲，当用户注册为点告网的用户时，如果填写自己的职业和爱好等资料，点告网就可以根据用户信息进行数据挖掘分析，然后将相应的问答题目推荐给用户，继而根据用户的答题情况对用户进行自动分组，进一步精确地区分目标用户。"点告"以其精准性、趣味性、参与性及深入性，可以潜移默化地影响目标受众，达到企业广告宣传的目的。

（4）窄告

"窄告"是针对广告而言的，是一种把商品信息有针对性地投放给企业希望的特定人的宣传形式。广告是"广而告之"，窄告是"专而告之"。窄告基于精准营销理念，在投放窄告时，采用语义分析技术将广告主的关键词及网文进行匹配，从而有针对性地将窄告投放到相关文章周围的联盟网站的宣传位上。窄告能够精准区分目标区域，锁定目标客户所在地，最后成功地定位目标受众。

（5）定向广告推送

社交网络广告商可以对互联网和移动应用中大量的社交媒体个人页面进行搜索，实时查找提到的品牌厂商的信息，并对用户所发布的文字、图片等信息进行判断，帮助广告商投放针对性广告，使得投放的广告更加符合消费者的实际需要，因而更加准确有效。

1.2.8.2 基于大数据的个性化推荐系统

随着互联网的发展和大数据时代的到来，人们逐渐从信息匮乏的时代走入了"信息过载"的时代。为了让用户从海量信息中高效地获取自己所需的信息，推荐系统应运而生。

推荐系统的主要任务就是将用户与信息之间建立联系。它一方面帮助用户发现对自己有价值的信息，另一方面让信息能够展现在对它感兴趣的用户面前，从而实现信息消费者和信息生产者的双赢。基于大数据的推荐系统通过分析用户的历史记录了解用户的偏好，从而主动为用户推荐其感兴趣的信息，满足用户的个性化推荐需求。

1. 推荐系统概述

推荐系统是自动联系用户和信息的一种工具，它通过研究用户的兴趣爱好，来进行个性化推荐。以 Google 和百度为代表的搜索引擎可以让用户通过输入关键词精确找到自己需要的相关信息。但是，搜索引擎需要用户提供能够准确描述自己的需求的关键词，否则搜索引擎就无能为力了。

与搜索引擎不同的是，推荐系统不需要用户提供明确的需求，而是通过分析用户的历史行为来对用户的兴趣进行建模，从而主动给用户推荐可满足他们兴趣和需求的信息。每个用户所得到的推荐信息都是与自己的行为特征和兴趣有关的，而不是笼统的大众化信息。

图 1.2.13 展示了推荐引擎的工作原理,它接收的输入是需要的数据源,一般情况下,推荐引擎所需要的数据源包括以下几点:

- 要物品信息(或内容的元数据),如关键字、基因描述等。
- 已有的用户信息,如性别、年龄等。
- 用户对物品(或者信息)的偏好,根据应用本身的不同,可能包括用户对物品的评分、查看、购买等行为的记录情况。

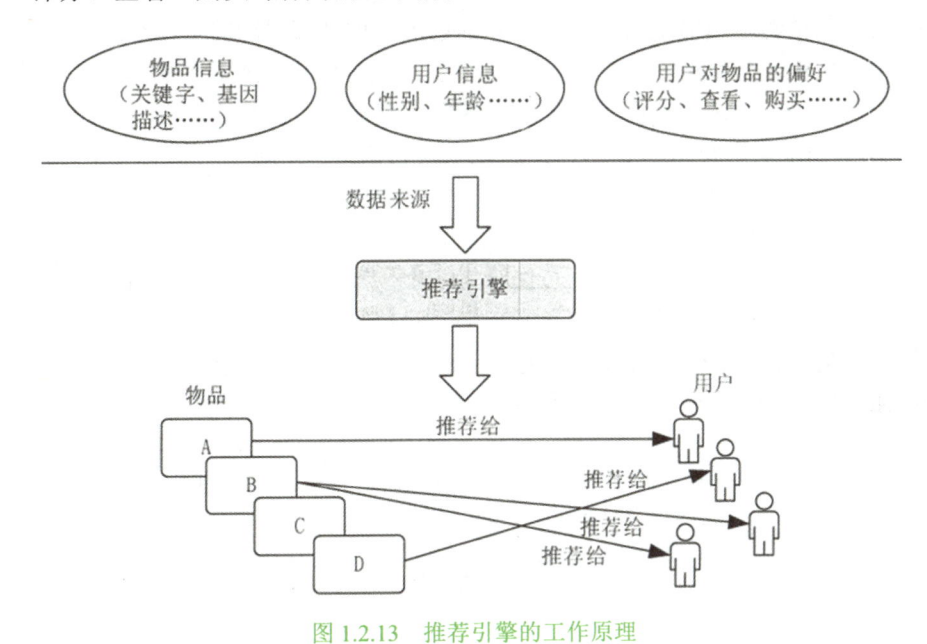

图 1.2.13 推荐引擎的工作原理

用户的偏好信息可以分为显式用户反馈和隐式用户反馈两大类。

(1)显式用户反馈是用户在网站上自然浏览或者用户(显式地)提供的反馈信息,如用户对物品的评分或评论等。

(2)隐式用户反馈是用户在使用网站时产生的数据,隐式地反映了用户对物品的偏好,如用户购买了某物品,用户多次查看了某类物品等信息。

显式用户反馈能准确地反映用户对物品的真实偏好,但需要用户付出额外的劳动;而用户的行为、习惯或做法,通过一些分析和处理,也能分析出用户的偏好,只是数据不是很精确,有些行为的分析存在较大的"噪声"。但只要选择正确的行为特征,隐式用户反馈也能得到很好的效果。例如,在电子商务的网站上,网上商品浏览其实就是一个能很好体现出用户偏好的隐式用户反馈。

根据不同的推荐机制或推荐算法,推荐引擎可能用到数据源中的不同部分,然后根据这些数据,分析出一定的规则或者直接根据用户对其他物品的偏好进行预测和推理。这样,推荐引擎就可以在用户进入的时候给他推荐他可能感兴趣的物品。

2. 推荐机制

大部分推荐引擎的工作原理是基于物品或者用户的相似集进行推荐,所以可以对推荐机制进行以下分类:

- 基于人口统计学的推荐：根据系统用户的基本信息发现用户之间的相关程度。
- 基于内容的推荐：根据推荐物品或内容的元数据，发现物品或者内容的相关性。
- 基于协同过滤的推荐：根据用户对物品或者信息的偏好，发现物品或者内容本身的相关性，或者是发现用户之间的相关性。

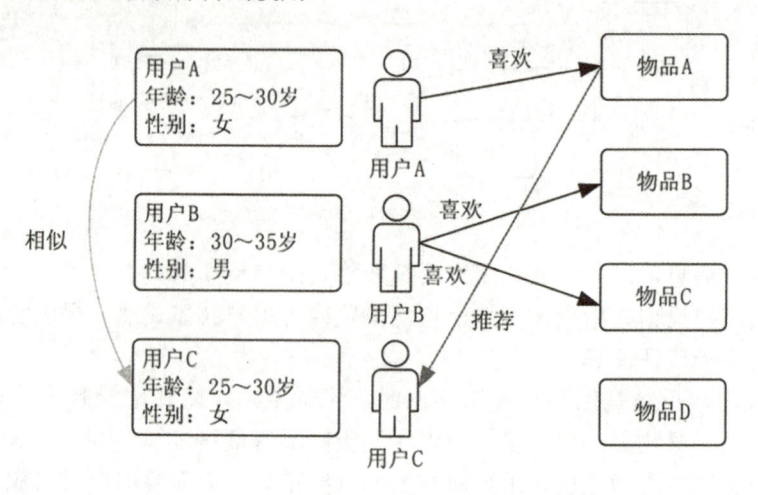

(1) 基于人口统计学的推荐

基于人口统计学的推荐机制可根据用户的基本信息发现用户的相关程度，然后将相似用户喜爱的物品推荐给当前用户，图1.2.14描述了这种推荐机制的工作原理。

从图中可以很清楚地看出，首先，系统对每个用户都有一个用户基本信息的模型，其中包括用户的年龄、性别等；然后，系统会根据用户的基本信息计算用户的相似度，可以看到用户A的基本信息和用户C一样，所以系统会认为用户A和用户C是"相似用户"，在推荐引擎中，可以称他们是"邻居"；最后，基于"邻居"用户群的喜好推荐给当前用户一些物品，图1.2.14所示为将用户A喜欢的物品A推荐给用户C。

基于人口统计学的推荐机制的主要优势是，对于新用户来讲没有"冷启动"的问题（缺少更多的用户信息又需要启动用户服务所产生的问题），这是因为该机制不使用当前用户对物品的偏好历史数据。该机制的另一个优势是它是领域独立的，不依赖于物品本身的数据，所以可以在不同的物品领域都得到使用。

图1.2.14　基于人口统计学的推荐机制的工作原理

基于人口统计学的推荐机制的主要问题是，基于用户的基本信息对用户进行分类的方法过于粗糙，尤其是对品味要求较高的领域，如图书、电影和音乐等领域，难以得到很好的推荐效果。另外，该机制可能涉及一些与需要查找的信息本身无关却比较敏感的信息，如用户的年龄等，这些信息涉及了用户的隐私。

(2) 基于内容的推荐

基于内容的推荐是在推荐引擎出现之初应用最为广泛的推荐机制，它的核心思想是，根据推荐物品或内容的元数据，发现物品或内容的相关性，然后基于用户以往的偏好记录，推荐给用户相似的物品。图1.2.15描述了基于内容推荐的基本原理。

图1.2.15中给出了基于内容推荐的一个典型的例子，即电影推荐系统。首先，需要对电影的元数据进行建模，这里只简单地描述了电影的类型。然后，通过电影的元数据发现

电影间的相似度,由于电影 A 和电影 C 的类型都是"爱情、浪漫",所以它们会被认为是相似的电影。最后,实现推荐,由于用户 A 喜欢看电影 A,那么系统就可以给他推荐类似的电影 C。

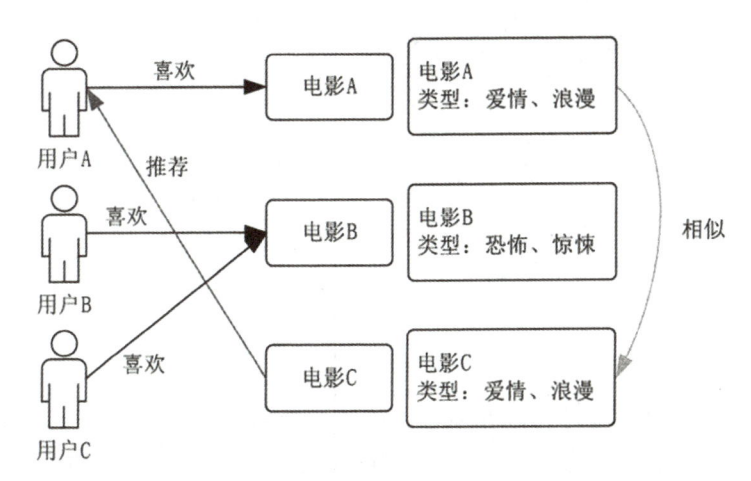

图 1.2.15 基于内容推荐机制的工作原理

基于内容的推荐机制的好处在于,它能基于用户的偏好建模,能提供更加精确的推荐。但它也存在以下几个问题:
- 需要对物品进行分析和建模,推荐的质量依赖于物品模型的完整性和全面程度。
- 物品相似度的分析仅仅依赖于物品本身的特征,而没有考虑人对物品的态度。
- 因为是基于用户以往的历史做出推荐,所以对于新用户有"冷启动"的问题。

虽然基于内容的推荐机制有很多不足和问题,但它还是成功地应用在一些电影、音乐、图书的社交站点。有些站点还请专业的人员对物品进行基因编码,例如,在潘多拉网站的推荐引擎中,每首歌有超过 100 个元数据特征,包括歌曲的风格、年份、演唱者等。

（3）基于协同过滤的推荐

随着移动互联网的发展,网站更加提倡用户参与和用户贡献,因此基于"协同过滤"的推荐机制应运而生。协同过滤的原理就是,根据用户对物品或者信息的偏好,发现物品之间或者内容之间的相关性,或者发现用户之间的相关性,然后再基于这些相关性进行推荐。

基于协同过滤的推荐可以分为 3 个子类:基于用户的协同过滤推荐、基于项目的协同过滤推荐和基于模型的协同过滤推荐。

① 基于用户的协同过滤推荐

基于用户的协同过滤推荐的基本原理是,根据所有用户对物品或者信息的偏好,发现与当前用户口味和偏好相似的"邻居"用户群。一般的应用是采用计算"k-邻居"的算法,然后基于这 k 个邻居的历史偏好信息,为当前用户进行推荐的。图 1.2.16 演示了基于用户的协同过滤推荐机制的工作原理。

如图 1.2.16 所示,假设用户 A 喜欢物品 A 和物品 C,用户 B 喜欢物品 B,用户 C 喜欢物品 A、物品 C 和物品 D。从这些用户的历史喜好信息中可以发现,用户 A 和用户 C 的偏好是比较类似的,同时用户 C 还喜欢物品 D,那么系统可以推断用户 A 很可能也喜欢物品 D,因此可以将物品 D 推荐给用户 A。

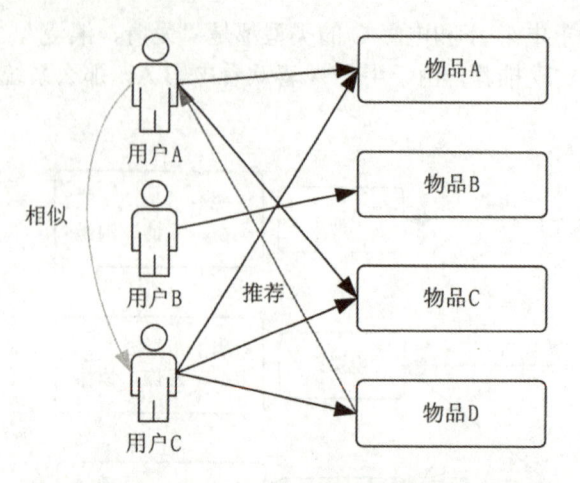

图 1.2.16　基于用户的协同过滤推荐机制的基本原理

　　基于用户的协同过滤推荐机制和基于人口统计学的推荐机制都是比较用户的相似度，把相似的用户视为"邻居"并基于"邻居"用户群进行推荐的。它们的不同之处在于，如何计算用户的相似度。基于人口统计学的机制只考虑用户本身的最基本特征，而基于用户的协同过滤机制是在用户的历史偏好的数据基础上计算用户的相似度，它的基本假设是，喜欢类似物品的用户可能有相同或者相似的偏好。

　　② 基于项目的协同过滤推荐

　　基于项目的协同过滤推荐的基本原理是，使用所有用户对物品或者信息的偏好，发现物品和物品之间的相似度，然后根据用户的历史偏好信息，将类似的物品推荐给用户，图1.2.17 描述了它的基本原理。

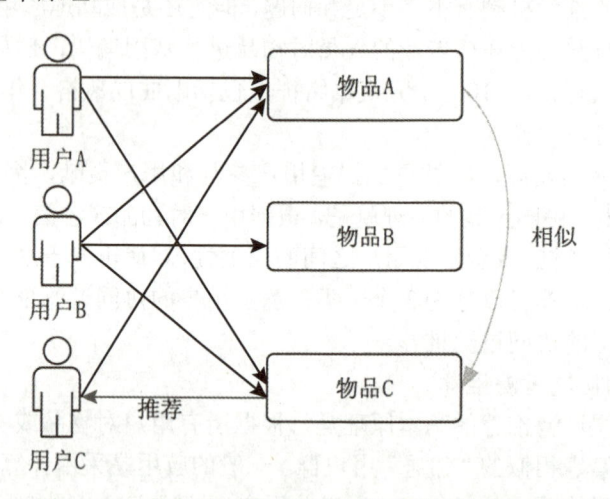

图 1.2.17　基于项目的协同过滤推荐机制的基本原理

　　假设用户 A 喜欢物品 A 和物品 C，用户 B 喜欢物品 A、物品 B 和物品 C，用户 C 喜欢物品 A。从这些用户的历史喜好可以分析出物品 A 和物品 C 是比较类似的，因为喜欢物品 A 的人都喜欢物品 C。基于这个数据可以推断用户 C 很有可能也会喜欢物品 C，所以系统会将物品 C 推荐给用户 C。

基于项目的协同过滤推荐和基于内容的协同过滤推荐其实都是基于物品相似度的预测推荐，只是相似度计算的方法不一样，前者是从用户历史的偏好进行推断的，而后者是基于物品本身的属性特征信息进行推断的。

③ 基于模型的协同过滤推荐

基于模型的协同过滤推荐就是指，基于样本的用户偏好信息，采用机器学习的方法训练一个推荐模型，然后根据实时的用户偏好的信息进行预测，从而计算推荐。

这种方法使用离线的历史数据进行模型训练和评估，需要耗费较长的时间，依赖于实际的数据集规模、机器学习算法计算复杂度较高。

基于协同过滤的推荐机制是目前应用最为广泛的推荐机制，它具有以下两个优点。

- 它不需要对物品或者用户进行严格的筛选和建模，而且不要求物品的描述是机器可理解的，所以这种方法也是"领域无关"的。
- 这种方法计算出来的推荐是开放性的，可以共用他人的经验，能够很好地支持用户发现潜在的兴趣或偏好。

基于协同过滤的推荐机制也存在以下几个问题。

- 方法的核心是基于历史数据，所以对新物品和新用户都有"冷启动"的问题。
- 推荐的效果依赖于用户历史偏好数据的多少和准确性。
- 对于一些具有个性化偏好（或兴趣）的用户不能给予很好的推荐。
- 由于以历史数据为基础，抓取数据并完成用户偏好建模后，很难修改或者根据用户的使用情况进行更新，从而导致这种方法不够灵活。

（4）混合推荐机制

在现行的 Web 站点上的推荐往往不是只采用了某一种推荐机制和策略的，而是将多种方法混合在一起，从而达到更好的推荐效果。有以下几种比较流行的组合推荐机制的方法。

- 加权的混合：用线性公式将几种不同的推荐按照一定权重组合起来，具体权重的值需要在测试数据集上反复实验，从而达到最好的推荐效果。
- 切换的混合：对于不同的情况（如数据量、系统运行状况、用户和物品的数目等），选择最为合适的推荐机制计算推荐。
- 分区的混合：采用多种推荐机制，并将不同的推荐结果分不同的区域显示给用户。
- 分层的混合：采用多种推荐机制，并将一个推荐机制的结果作为另一个的输入，从而综合各种推荐机制的优点，得到更加准确的推荐。

3. 推荐系统的应用

目前，在电子商务、社交网络、在线音乐和在线视频等各类网站和应用中，推荐系统都起着很重要的作用。下面将简要分析两个有代表性的推荐系统（Amazon 作为电子商务的代表，豆瓣作为社交网络的代表）。

（1）推荐在电子商务中的应用：Amazon

Amazon 作为推荐系统的成功先例，已经将推荐的思想渗透在其应用的各个角落。Amazon 推荐的核心是，通过数据挖掘算法将当前用户与其他用户的消费偏好做对比，来预测用户可能感兴趣的商品。Amazon 采用的是"分区混合机制"，即将不同的推荐结果分不同的区显示给用户。图 1.2.18 展示了用户在 Amazon 上能得到的推荐页。

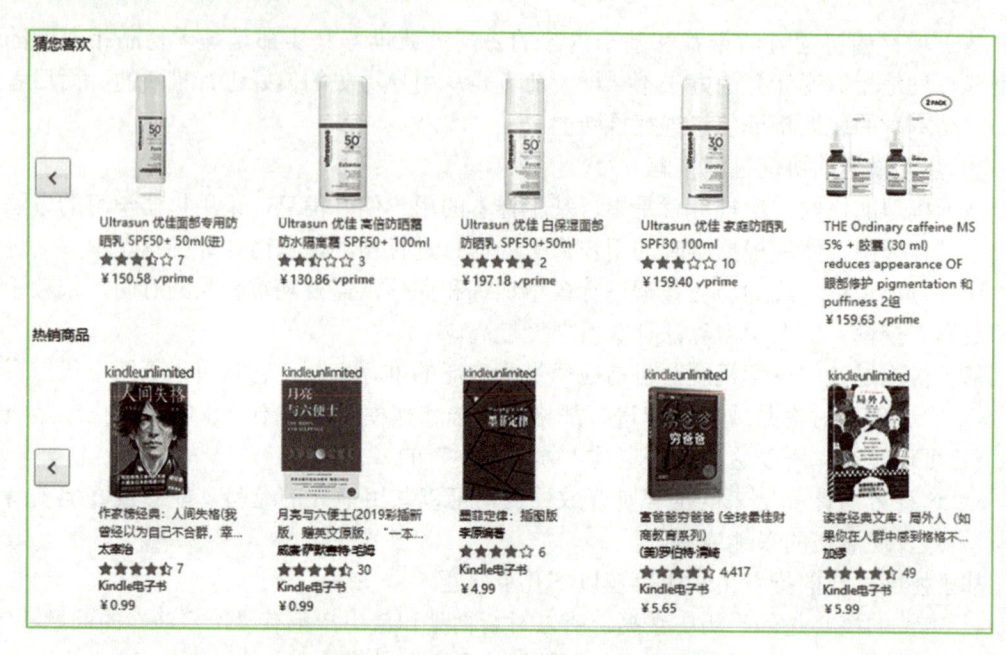

图 1.2.18　Amazon 推荐机制生成的推荐页

Amazon 利用了可以记录的用户在站点上的浏览和点击行为，并根据不同数据的特点对它们进行处理，从而分成不同区为用户推送推荐。

猜您喜欢：通常是根据用户的近期的历史购买或者查看记录给出的推荐商品。

热销商品：采用了基于内容的推荐机制，将一些热销的商品推荐给用户。

图 1.2.19 显示了用户在 Amazon 浏览物品的页面上能得到的推荐。

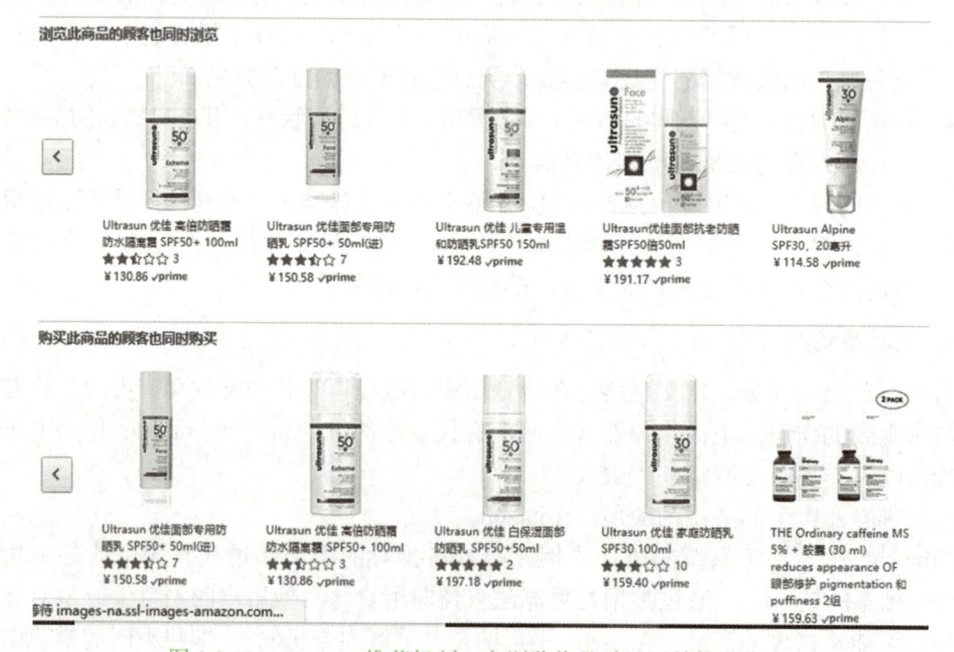

图 1.2.19　Amazon 推荐机制，在浏览物品时显示的推荐商品

当用户浏览物品时，Amazon 会根据当前浏览的物品和当前用户在站点上的行为，然后在不同区为用户推送推荐商品。

浏览此商品的顾客也同时浏览：这也是一个典型的基于模型的协同过滤推荐的应用，客户能更快更方便地找到自己感兴趣的物品。

购买此商品的顾客也同时购买：采用数据挖掘技术对用户的购买行为进行分析，找到经常被一起或同一个人购买的物品集，然后进行捆绑销售，这是一种典型的基于项目的协同过滤推荐机制。

（2）推荐在社交网站中的应用：豆瓣

豆瓣是国内做得比较成功的社交网站，它以图书、电影、音乐的讨论和评析及同城活动为社区话题中心，形成了一个多元化的基于内容的社交网络平台，下面来介绍豆瓣是如何进行推荐的。

在豆瓣"电影"频道中，当用户将一些看过的或是感兴趣的电影加入"看过"或"想看"列表之中时，可为它们做相应的评分，豆瓣的推荐引擎就已经"感知"了用户的一些偏好信息。基于这些信息，豆瓣将会给用户展示类似图 1.2.20 所示的电影推荐。

图 1.2.20　豆瓣的推荐机制，基于用户偏好推荐电影

豆瓣的推荐是根据用户的收藏和评价自动计算出来的，对每位用户的推荐清单都是不同的，每天推荐的内容也会有变化。用户活跃度越高、收藏和评价越多，豆瓣给用户的推荐就会越准确、越丰富。

豆瓣是基于社会化的协同过滤的推荐，用户越多、用户行为越明确、用户的反馈信息越丰富，则推荐的效果越准确。相对于 Amazon 的用户行为模型，豆瓣"电影"的推荐模型更加简单，就是"看过"和"想看"，这也让他们的推荐更加专注于用户的品位，毕竟买东西和看电影的动机还是有很大不同的。

另外，豆瓣也有基于用户偏好的推荐，当用户查看一些电影的详细信息时，它会给用户推荐出"喜欢这个电影的人也喜欢的电影"，这是一个基于协同过滤的推荐的应用。

1.2.8.3 大数据预测

大数据预测是大数据最核心的应用之一，它将传统意义的预测拓展到"现测"。大数据预测的优势体现在，它把一个非常困难的预测问题，转化为一个相对简单的描述问题，而这是传统"小数据集"难以企及的。从预测的角度看，大数据预测所得出的结果不仅仅可以用来处理现实业务的简单决策，更大的价值在于帮助企业进行中远期的重大经营决策。

1. 预测是大数据的核心价值

大数据的本质是分析和解决问题，大数据的核心价值就在于预测，而企业经营的重要出发点也是基于对市场的预测和判断。在谈论大数据应用时，最常见的应用案例便是"预测股市""预测流感""预测消费者行为"等。

大数据预测是基于数据和预测模型去预测未来某件事情的处理过程。让分析从"面向已经发生的过去"转向"面向即将发生的未来"是大数据与传统数据分析的最大不同。

大数据预测的逻辑基础是，每一种非常规的变化事前一定有征兆，每一件事情都有迹可循，如果找到了征兆与变化之间的规律，就可以进行预测。大数据预测无法确定某件事情必然会发生，它更多的是给出一个事件会发生的概率。

实验的不断重复、大数据的日渐积累让人类不断发现各种规律，从而能够预测未来。利用大数据预测可能的灾难，利用大数据分析癌症可能的引发原因并找出治疗方法，都是未来能够惠及人类的事业。

例如，大数据曾被洛杉矶警察局和加利福尼亚大学合作用于预测犯罪的发生；Google利用搜索关键词预测禽流感的分布状态；麻省理工学院利用手机定位数据和交通数据进行城市规划；气象局通过整理近期的气象情况和卫星云图，准确地判断未来的天气状况。

2. 大数据预测的思维改变

在过去，人们的决策主要是依赖结构化数据，而大数据预测则可以利用结构化数据和更多的非结构化数据。大数据预测具有更多的数据维度、更快的数据频度和更广的数据宽度。与传统数据分析相比，大数据预测的思维具有3大改变：全样而非抽样、预测效率而非精确和相关关系而非因果关系。

（1）全样而非抽样

过去，由于缺乏获取全体样本的手段加之数据处理能力不足，人们发明了"随机抽样数据"的调查方法。理论上，抽样样本随机性越高，就越能代表整体样本。但问题是，获取一个随机样本的代价极高，而且很费时。人口调查就是一个典型例子，一个国家很难做到每年都完成一次人口调查，因为随机抽样实在是太耗时费力，然而云计算和大数据技术的出现，使得获取足够大的样本数据甚至全样本数据成为可能。

（2）效率而非精确

过去，基于抽样方法，在数据样本的具体运算上要求非常精确，否则就会"差之毫厘，失之千里"。例如，在一个总样本为1亿人的群体中随机抽取1000人进行人口调查，如果在1000人上的运算出现误差，那么放大到1亿人中时，偏差将会很大。但在全样本的情况下，偏差为实际值，不再会放大。

在大数据时代，快速获得总体状态和发展趋势，要比严格、精确的结果重要得多。有时候，当掌握了大量可信数据时，结果的精确性就不再那么重要了，因为我们仍然可以掌握事情的发展趋势。大数据基础上的简单算法比数据有限的复杂算法更有效。数据分析的目的并非仅限于分析结果，而是在于用结果去辅助决策，故而数据分析的时效性（效率）便显得更加重要了。

（3）相关性而非因果关系

大数据研究不同于传统的逻辑推理研究，它需要对数量巨大的数据做统计性的搜索、比较、聚类、分类等分析归纳，并关注数据的相关性（或关联性）。相关性是指两个或两个以上变量的取值之间存在某种规律性。相关性不是绝对的，只有可能的。但是，如果相关性强，则表明该相关性成功的概率是很高的。相关性可以帮助我们捕捉现在状况或预测未来。如果 A 和 B 经常一起发生，则我们只需要观测到 B 发生了，就可以预测"A 也发生了"。

根据相关性，我们理解世界不再需要用"假设—推理—证明"逻辑线路。其中的假设是指，针对现象建立有关其产生机制和内在机理的假设，之后人类再用相关的理论和方法去推理、证明假设。现在，我们不再依赖这样的假设，即哪些检索词条可以表示流感在何时何地传播；这种状态下航空公司应该怎样给机票定价；沃尔玛的客户的烹饪喜好是什么……取而代之的是，我们可以对大数据进行相关性分析，从而知道哪些检索词条是最能显示流感的传播的，机票价格随时间或事件的变化规律，哪些食物是飓风期间待在家里的人最想吃的。

数据驱动的关于大数据的相关性分析法，取代了基于假想的易出错的传统方法。大数据的相关性分析法更准确、更快捷，而且不易受偏见的影响。建立在相关性分析法基础上的预测是大数据的核心。

相关性分析本身的意义重大，同时它也为研究因果关系奠定了基础。通过找出可能相关的事物，我们可以在此基础上进行深入的因果关系分析。如果存在因果关系，则再进一步找出原因。这种便捷的机制通过严格的实验降低了因果分析的成本。我们也可以从相互联系中找到一些重要的变量，这些变量可以用到验证因果关系的实验中去。

3. 大数据预测的典型应用领域

互联网给大数据预测应用的普及带来了便利条件，结合国内外案例来看，以下 11 个领域是大数据预测最容易发挥所长的领域。

（1）天气预报

天气预报是典型的大数据预测应用领域。天气预报粒度已经从天缩短到小时，有严苛的时效要求。如果基于海量数据通过传统方式进行计算，则得出结论时时辰已过——预报变旧报——已无价值。而大数据技术的发展，使天气预报既有巨量的天气数据也有超强、超高速的计算能力，大大提高了天气预报的实效性和准确性。

（2）体育赛事预测

2014 年世界杯期间，Google、百度、微软和高盛等公司都推出了比赛结果竞猜平台。百度的预测结果最为亮眼，全程 64 场比赛的预测准确率为 67%，进入淘汰赛后准确率为 94%。这意味着未来的体育赛事结果会被大数据预测所探知。Google 世界杯比赛结果预测使用了英国体育数据提供商 Opta Sports 的海量赛事数据来构建其预测模型。百度则是通过搜索过去 5 年内全世界 987 支球队（包括国家队和俱乐部队）的 3.7 万场比赛数据，同时与中国彩票网站"乐彩网""欧洲必发"指数数据供应商 SPdex 进行数据合作，导入博彩市场的预测数据，建立了一个囊括近 20 万名球员和 1.12 亿条数据的预测模型，并在此基础上进行计算并预测结果。

从互联网公司的成功经验来看，只要有足够多的体育赛事历史数据，并且与相关数据统计公司进行合作，便可以完成对于比赛结果的有效预测，如欧洲冠军杯、NBA（美国职业篮球联赛）等赛事。

（3）股票市场预测

英国华威商学院和美国波士顿大学物理系的研究发现，用户通过 Google 搜索的金融关键词或许可以预测金融市场的走向，相应的投资战略收益曾超过 300%。此前曾有专家尝试通过 Twitter 推文情绪来预测股市波动。

（4）市场物价预测

CPI（Consumer Price Index，消费者物价指数）是反映居民家庭购买的消费品和服务项目价格水平变动情况的宏观经济指标。但有时市场统计数据并不准确或实效性不强。大数据则可能帮助人们了解未来物价的走向，提前预测通货膨胀或经济危机。最典型的案例是，马云通过阿里 B2B 大数据提前预测了 1997 年"亚洲金融危机"的发生。

单个商品的价格预测更加容易，尤其是机票这样的标准化产品，"去哪儿网"提供的"机票日历"就是典型的价格预测，它能告知你几个月后机票的大概价位。

由于商品生产、渠道成本和总体毛利水平在充分竞争的市场中是相对稳定的，与价格相关的变量也是趋于稳定的，商品的供需关系在电子商务平台上可实时监控，因此价格可以得到较为准确的预测。基于预测结果可提供购买时间建议，或者指导商家进行动态价格调整和营销活动以实现利益最大化。

（5）用户行为预测

基于用户搜索行为、浏览行为、评论历史和个人资料等数据，企业可以洞察消费者的整体需求，进而有针对性地实施产品生产、改进和营销。《纸牌屋》选择演员和剧情，百度基于用户喜好进行精准广告营销，阿里巴巴根据天猫用户特征包下生产线定制产品，Amazon 预测用户点击行为提前订货均是受益于互联网用户行为预测，如图 1.2.21 所示。

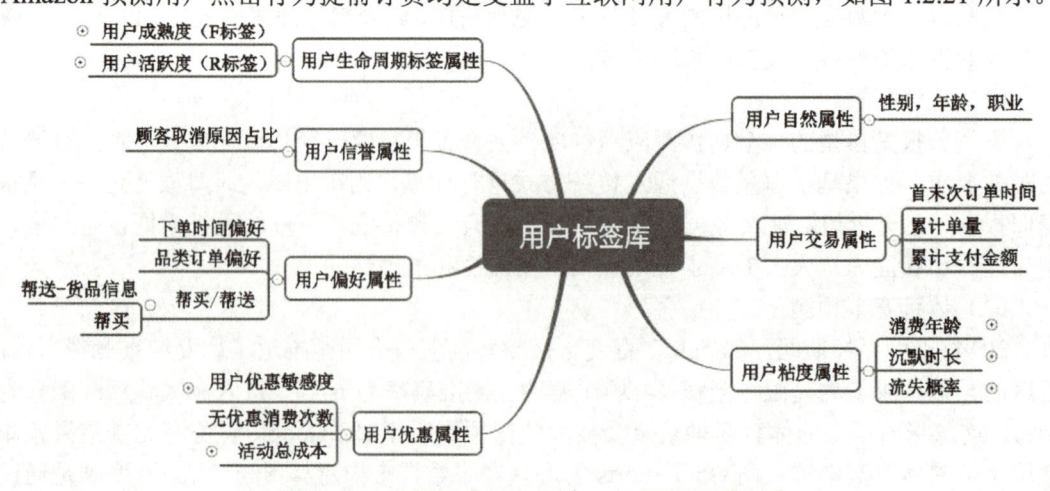

图 1.2.21　依据用户行为分析，可以预测用户行为

受益于传感器技术和物联网的发展，线下的用户行为洞察正在酝酿。免费商用 Wi-Fi、iBeacon 技术、摄像头监控网络、室内定位技术、NFC 传感器网络、排队叫号系统，可以探知用户线下的移动、停留、出行规律等数据，从而进行精准营销或者产品定制。

（6）人体健康预测

中医可以通过"望闻问切"的传统手段得知人体的健康情况和体内疾病，甚至可知晓一个人将来可能会出现什么疾病。人体的健康变化有着特定的规律，而慢性病发生前人体会有一些持续性异常。理论上来说，如果大数据掌握了这样的异常情况，便可以进行慢性病预测。

科学杂志《自然》报道过 Zeevi 等人的一项研究，即一个人的血糖浓度如何受特定的食物影响的复杂问题。该研究根据肠道中的微生物和其他方面的生理状况，提出了一种可以提供个性化的饮食建议的预测模型，比目前的通行标准能更准确地预测血糖反应，如图 1.2.22 所示。

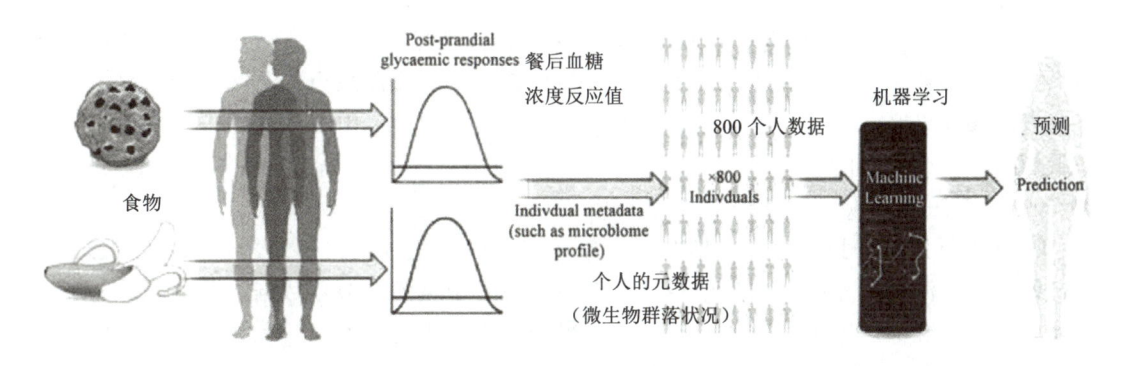

图 1.2.22　血糖浓度预测模型

智能硬件和大数据使慢性病的预测变为可能。可穿戴设备和智能健康设备可帮助网络收集人体健康数据，如心率、体重、血脂、血糖、运动量、睡眠量等状况。如果这些数据比较准确、全面，并且可以进行建模和机器学习，从而预测慢性病，未来可穿戴设备协助用户身体对慢性病进行预测。

（7）疾病和疫情预测

疾病和疫情预测是指基于人们的搜索情况、购物行为预测流行性发生的可能性，最经典的"流感预测"便属于此类。如果来自某个区域的"流感""板蓝根"搜索需求骤然增加，可以推测该处有流感传染状况发生。

百度已经推出了疾病预测产品，目前可以就流感、肝炎、肺结核、性病这四种疾病，对全国每一个省份以及大多数地级市和区县的活跃度、趋势图等情况，进行数据收集与监测。未来，百度疾病预测监控的疾病种类将扩展到几十种，覆盖更多的常见病和流行病。用户可以根据当地的预测结果进行针对性的预防。

（8）自然灾害预测

气象灾害预测是最典型的自然灾害预测。地震、洪涝、高温、暴雨这些自然灾害如果可以利用大数据的能力进行更加提前的预测和告知，会有助于减灾、防灾、救灾、赈灾。与过往不同的是，过去的数据收集方式存在着难实现、成本高等问题，而在物联网时代，人们可以借助传感器摄像头和无线通信网络,进行实时的数据监控收集,再利用大数据预测分析,做到更精准的自然灾害预测。

(9)环境变化预测

除了进行短时间局地天气预报、灾害预测之外,还可以进行更加长期和宏观的环境和生态变化趋势预测。森林和农田面积缩小、野生动物或植物濒危、海平面上升、温室效应等类问题是地球面临的"慢性恶化问题"。人类获取的地球生态数据及自然环境数据越多,就越容易对未来环境的变迁建模、计算和预测,进而阻止其变坏。大数据可帮助人类收集、储存和挖掘更多的地球环境数据,同时还提供了预测的工具。

(10)交通行为预测

交通行为预测是指基于交通参与者(人与车辆)的 LBS(Location Based Services,基于位置的服务)定位数据,分析人与车辆出行的个体及群体特征,进行交通情况的预测。交通部门可通过预测不同时点、不同道路的车流量,来进行智能的车辆调度,或应用"潮汐车道";用户则可以根据预测结果选择拥堵概率更低的道路。

百度基于地图应用的 LBS 预测涵盖范围更广,在"春运"期间,可预测人们的迁徙趋势来指导高铁列车线路和航线的设置;在节假日期间,可预测景点的游客流量,来指导游客合理地选择景区;平时,百度"热力图"可以显示城市商圈、餐饮区的人流情况,从而提供购物和餐饮方面的参考。

(11)能源消耗预测

利用能源大数据和客户端采集器(例如数字电表、燃气表、热力表),可以综合分析来自天气、能源供应系统、用户使用计量设备等各种数据源的海量数据,预测各地的能源需求和供给情况,进行智能化的能源调度,平衡全网络电力、燃气、热力等能源的供应和需求,并对潜在风险做出预测和事前响应。

除了上面列举的 11 个领域之外,大数据预测还可被应用在房地产预测、就业情况预测、高考分数线预测、电影节奖项预测、保险投保者风险评估、金融借贷者还款能力评估等领域,让人类具备可量化、有说服力、可验证的洞察未来的能力,大数据预测的魅力正在释放出来。

习题与思考

1. 请简述大数据中数据处理的工作流程。
2. 你知道的大数据应用案例有哪些(请从身边的生活中举例)?

1.3 大数据技术学习指引

1.3.1 岗位分析

1. 大数据人才需求及现状分析

随着国家重视大数据领域，政府扶持大数据产业发展，大数据在企业中生根发芽，开花结果。未来三至五年，中国至少需要 180 万大数据人才，但目前只有约 30 万人。

2020 年年初，我们对一些招聘网站的大数据岗位需求做了搜索尝试，"前程无忧"的岗位需求近 3 万个；"智联招聘"岗位需求约 2.7 万个；"猎聘网"岗位需求约 1 千余个；"拉勾网"岗位需求约 500 余个。说明对大数据技术相关开发、应用的岗位需求十分迫切。

2. 大数据开发就业方向

现在，大数据已经成为作为一门重要的应用学科，无论在大数据应用开发、大数据分析、物联网，还是在人工智能算法训练领域，都有着核心技术人员和职位的迫切诉求，那么开发方向都有哪些对口的工作职位呢？

方向 1：针对大数据应用平台的大数据工程师、大数据开发工程师、大数据维护工程师、大数据研发工程师、大数据架构师等；

方向 2：针对大数据专项应用的大数据分析师、大数据高级工程师、大数据分析专家、大数据挖掘师、大数据算法工程师等；

方向 3：大数据运维方面的工程技术人员等。

大数据开发领域就业人员受年龄影响比较小，因为开发大数据不是简单的编程，编程工作的占比连 1/6 都不到，很多时候需要技术人员从系统架构、服务器架构、存储架构、计算技术、建模与算法、安全与运维等多个方面来分析和解决问题。

在大数据行业内工作的时间越久，经验会越丰富，作用会越大，这也是大多数资深 IT 人士表示，大数据或将造就一批 50 岁、60 岁的"老专家"的原因。

1.3.2 Hadoop 生态圈

Hadoop 是目前应用最为广泛的分布式大数据处理框架，其具备可靠、高效、可伸缩等特点。

Hadoop 的核心组件是 HDFS、MapReduce。随着处理任务的不同，各种组件相继出现，极大地丰富了 Hadoop 生态圈，目前生态圈结构大致如图 1.3.1 所示。

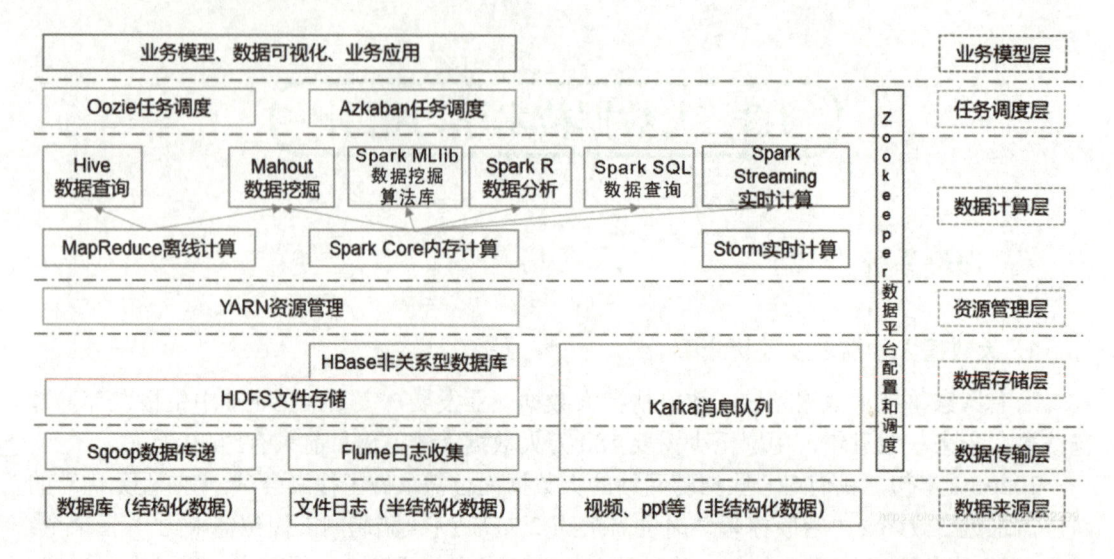

```
┌─────────────────────────────────────────────────────────┐  ┌──────────┐
│         业务模型、数据可视化、业务应用                    │  │ 业务模型层│
└─────────────────────────────────────────────────────────┘  └──────────┘
┌─────────────────────┐  ┌─────────────────────┐  ┌Z┐       ┌──────────┐
│  Oozie任务调度       │  │  Azkaban任务调度     │  │o│       │ 任务调度层│
└─────────────────────┘  └─────────────────────┘  │o│       └──────────┘
┌──────┐┌──────┐┌──────┐┌──────┐┌──────┐┌──────┐  │k│
│Hive  ││Mahout││Spark ││Spark ││Spark ││Spark │  │e│       ┌──────────┐
│数据查询││数据挖掘││MLlib ││R数据 ││SQL   ││Stream│  │e│       │ 数据计算层│
│      ││      ││数据挖掘││分析  ││数据查询││ing实 │  │p│       └──────────┘
│      ││      ││算法库││      ││      ││时计算│  │e│
└──────┘└──────┘└──────┘└──────┘└──────┘└──────┘  │r│
┌─────────────────────┐┌─────────────────────┐┌────────┐ │数│
│ MapReduce离线计算    ││ Spark Core内存计算   ││Storm实时│ │据│
└─────────────────────┘└─────────────────────┘│ 计算   │ │平│
                                              └────────┘ │台│
┌───────────────────────────────────────────────────────┐│配│     ┌──────────┐
│              YARN资源管理                              ││置│     │ 资源管理层│
└───────────────────────────────────────────────────────┘│和│     └──────────┘
              ┌──────────────────────┐                   │调│
              │ HBase非关系型数据库    │                   │度│     ┌──────────┐
┌─────────────────────────┐┌──────────────────────────┐  │ │     │ 数据存储层│
│      HDFS文件存储         ││     Kafka消息队列          │  │ │     └──────────┘
└─────────────────────────┘└──────────────────────────┘  │ │
┌──────────────────┐┌──────────────────┐                  │ │     ┌──────────┐
│ Sqoop数据传递     ││ Flume日志收集     │                  │ │     │ 数据传输层│
└──────────────────┘└──────────────────┘                  │ │     └──────────┘
┌──────────────┐┌──────────────────┐┌─────────────────────┐│ │     ┌──────────┐
│数据库(结构化数据)││文件日志(半结构化数据)││视频、ppt等(非结构化数据)││ │     │ 数据来源层│
└──────────────┘└──────────────────┘└─────────────────────┘└─┘     └──────────┘
```

图 1.3.1 Hadoop 生态圈结构

根据服务对象和层次分为：数据来源层、数据传输层、数据存储层、资源管理层、数据计算层、任务调度层、业务模型层。接下来对 Hadoop 生态圈中重要的组件进行简要介绍。

1. HDFS（分布式文件系统）

HDFS 是整个 Hadoop 体系的基础，负责数据的存储与管理。HDFS 有着高容错性（Fault-Tolerant）的特点，并且设计用来部署在低廉的（Low-Cost）硬件设备上，而且它提供高吞吐量（High Throughput）来访问应用程序的数据，适合那些有着超大数据集（Large Data Set）的应用程序。

Client：切分文件，访问 HDFS 时，首先与 NameNode 交互，获取目标文件的位置信息，然后与 DataNode 交互，读写数据。

NameNode：Master 节点，每个 HDFS 集群只有一个，管理 HDFS 的命名空间和文件块映射信息，配置相关副本信息，处理客户端请求。

DataNode：Slave 节点，存储实际数据，并报告状态信息给 NameNode，默认一个文件会有 3 个文件分别备份在不同的 DataNode 中，实现高可靠性和高容错性。

Secondary NameNode：辅助 NameNode，实现高可靠性，定期合并 fsimage 和 fsedits，推送给 NameNode。紧急情况下辅助和恢复 NameNode，但其并非 NameNode 的热备份。

2. MapReduce（分布式计算框架）

MapReduce 是一种基于磁盘的分布式并行批处理计算模型，用于处理大数据量的计算。其中"Map"对应数据集上的独立元素进行指定的操作，生成"键—值"对形式，"Reduce"则对中间结果中相同的键的所有值进行规约，以得到最终结果。

Jobtracker：Master 节点，只有一个，负责管理所有作业、任务/作业的监控、错误处理等，它将任务分解成一系列任务，并分派给 Tasktracker。

Tacktracker：Slave 节点，运行 Maptask 和 Reducetask，并与 Jobtracker 交互，报告任务状态。

Maptask：解析每条数据记录，传递给用户编写的 map()函数并执行，将输出结果写入到本地磁盘（如果为 Map—only 作业，则直接写入 HDFS）。

Reducetask：从 Maptask 的执行结果中，远程读取输入数据，对数据进行排序，将数据分组传递给用户编写的 Reduce()函数执行。

3. Spark（分布式计算框架）

Spark 是一种基于内存的分布式并行计算框架，不同于 MapReduce 的是，Job 中间输出结果可以保存在内存中，从而不再需要读写 HDFS，因此 Spark 能更好地适用于数据挖掘与机器学习等需要迭代的 MapReduce 的算法。

ClusterManager：在 Standalone 模式中，Master 为主节点，控制整个集群，监控 Worker。在 YARN 模式中为资源管理器。

Worker 节点：从节点，负责控制计算节点，启动 Executor 或者 Driver。

Driver：运行 Application 的 main()函数。

Executor：执行器，是为某个 Application 运行在 WorkerNode 上的一个进程。

Spark 将数据抽象为 RDD(弹性分布式数据集)，内部提供了大量的库，包括 SparkCore、Spark SQL、Spark Streaming、Spark MLlib、GraphX。开发者可以在同一个应用程序中无缝组合使用这些库。

SparkCore：是 Spark 中最重要的部分；SparkCore 的核心为 RDD(弹性分布式数据集)及其 API，其他 Spark 的库都是构建在 RDD 和 SparkCore 之上的。

Spark SQL：提供通过 Apache Hive 的 SQL 变体 HiveSQL（HiveQL）与 Spark 进行交互的 API。每个数据库表被当作一个 RDD，Spark SQL 查询被转换为 Spark 操作。

Spark Streaming：对实时数据流进行处理和控制。Spark Streaming 允许程序能够像普通 RDD 一样处理实时数据，通过短时批处理实现伪流处理。

Spark MLlib：一个常用的机器学习算法库，算法被实现为对 RDD 的 Spark 操作。这个库包含可扩展的学习算法，比如分类、回归等需要对大量数据集进行迭代的操作。

GraphX：控制图、并行图操作和计算的一组算法和工具的集合。GraphX 扩展了 RDD API，包含控制图、创建子图、访问路径上所有顶点的操作。

4. Flink（分布式并行处理框架）

Flink 是一个基于内存的分布式并行处理框架，类似于 Spark，但在部分设计思想上有较大出入。对 Flink 而言，其所要处理的主要场景就是流数据，批数据只是流数据的一个特例。

Spark 中，RDD 在运行时表现为 JavaObject，而 Flink 主要表现为事件流。所以在 Flink 中使用的类 Dataframeapi 是被作为第一优先级来优化的。但在 Spark RDD 中就没有了这种优化处理了。

Spark 中，对于批处理有 RDD，对于事件流有 DStream，不过内部实际还是 RDD 抽象；在 Flink 中，对于批处理有 DataSet，对于事件流有 DataStreams，是同一个公用的引擎之上两个独立的抽象，并且 Spark 是"伪流处理"，而 Flink 是真实的流处理。

5. Yarn/Mesos（分布式资源管理器）

Yarn 是下一代 MapReduce，即 MRv2，是在第一代 MapReduce 基础上演变而来的，主要是为了解决原始 Hadoop 扩展性较差，不支持多计算框架而提出的。

Mesos 诞生于 UC Berkeley（加州大学伯克利分校）的一个研究项目，现已成为 Apache 项目，当前有一些公司使用 Mesos 管理集群资源，例如 Twitter 公司。与 Yarn 类似，Mesos 是一个资源统一管理和调度的平台，同样支持比如 MR、Steaming 等多种运算框架。

6. Zookeeper（分布式协作服务）

用于解决分布式环境下的数据管理问题，如统一命名、状态同步、集群管理、配置同步等。

Hadoop 的许多组件依赖于 Zookeeper，它运行在计算机集群上面，用于管理 Hadoop 操作。

7. Sqoop（数据同步工具）

Sqoop 是 SQL-to-Hadoop 的缩写，利用数据库技术描述数据架构，用于在关系数据库、数据仓库和 Hadoop 之间转移数据。

8. Hive/Impala（基于 Hadoop 的数据仓库）

Hive 定义了一种类似 SQL 的查询语言（HQL），将 SQL 转化为 MapReduce 任务在 Hadoop 上执行。通常用于离线分析。

HQL 用于运行存储在 Hadoop 上的查询语句，Hive 让不熟悉 MapReduce 的开发人员也能编写数据查询语句，然后这些语句被翻译为 Hadoop 上面的 MapReduce 任务。

Impala 是用于处理存储在 Hadoop 集群中的大量数据的 MPP（大规模并行处理）SQL 查询引擎。它是一个用 C++和 Java 编写的开源软件。与 Hive 不同，Impala 不基于 MapReduce 算法。它实现了一个基于守护进程的分布式架构，它负责在同一台机器上运行的查询执行的所有方面。因此执行效率高于 Hive。

9. HBase（分布式列存储数据库）

HBase 是一个建立在 HDFS 之上，面向列的针对结构化数据的可伸缩、高可靠、高性能、分布式和面向列的动态模式数据库。

HBase 采用了 BigTable 的数据模型：增强的稀疏排序映射表（Key/Value），其中，键由行关键字、列关键字和时间戳构成。

HBase 提供了对大规模数据的随机、实时读写访问，同时，HBase 中保存的数据可以使用 MapReduce 来处理，它将数据存储和并行计算完美地结合在一起。

10. Flume（日志收集工具）

Flume 是一个可扩展、适合复杂环境的海量日志收集系统。它将数据从产生、传输、处理并最终写入目标的路径的过程抽象为数据流，在具体的数据流中，数据源支持在 Flume 中定制数据发送方，从而支持收集各种不同协议数据。

同时，Flume 数据流提供对日志数据进行简单处理的能力，如过滤、格式转换等。此外，Flume 还具有能够将日志写至各种数据目标（可定制）的能力。

Flume 以 Agent 为最小的独立运行单位，一个 Agent 就是一个 JVM。单个 Agent 由 Source、Sink 和 Channel 三个组件构成，如图 1.3.2 所示。

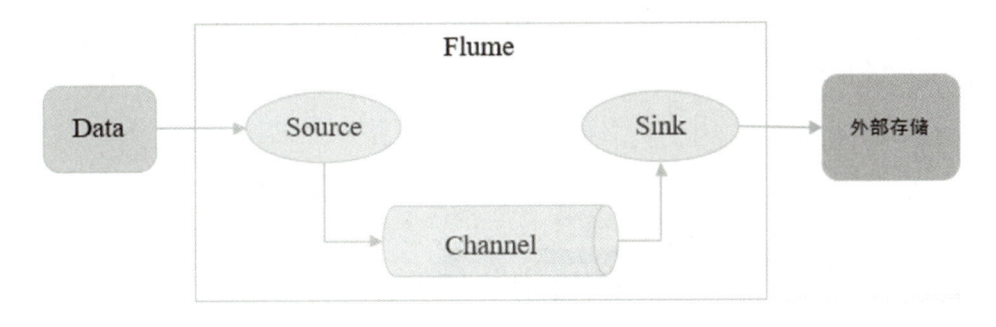

图 1.3.2　Flume 结构

Source：从客户端收集数据，并传递给 Channel。
Channel：缓存区，将 Source 传输的数据暂时存放。
Sink：从 Channel 收集数据，并写入到指定的外部存储。

11. Kafka（分布式消息队列）

Kafka 是一种高吞吐量的分布式发布订阅消息系统，它可以处理消费者规模的网站中的所有动作流数据。实现了主题、分区及其队列模式以及生产者、消费者架构模式。

生产者组件和消费者组件均可以连接到 Kafka 集群，而 Kafka 被认为是组件通信之间所使用的一种消息中间件。Kafka 内部分为很多 Topic（一种高度抽象的数据结构），每个 Topic 又被分为很多分区（Partition），每个分区中的数据按队列模式进行编号存储。被编号的日志数据称为此日志数据块在队列中的偏移量（Offset），偏移量越大的数据块越新，即越靠近当前时间。

12. Oozie（工作流调度器）

Oozie 是一个可扩展的工作体系，集成于 Hadoop 体系中，用于协调多个 MapReduce 作业的执行。它能够管理一个复杂的系统，基于外部事件来执行，外部事件包括数据的定时和数据的出现。

Oozie 工作流是放置在控制依赖 DAG（Direct Acyclic Graph，有向无环图）中的一组动作（例如，Hadoop 的 Map/Reduce 作业、Pig 作业等），其中指定了动作执行的顺序。

1.3.3　必备技能导航

介绍了大数据的相关工具后，我们可以把相关工具系统地联系起来，如图 1.3.3 所示。

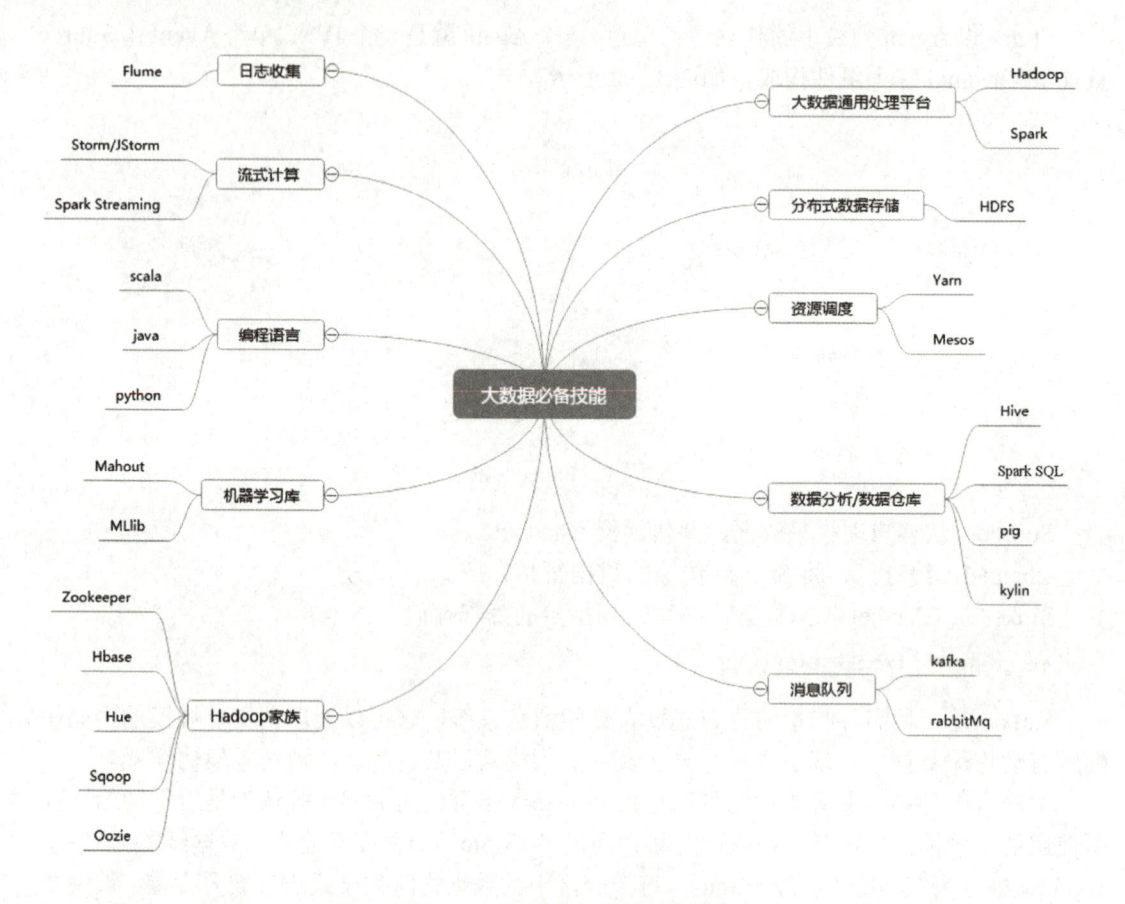

图 1.3.3　大数据工程师必备技能

1.3.4　阶段学习路线

1.3.4.1　Linux 基础和分布式集群技术

1. 学完此阶段可掌握的核心能力

熟练使用 Linux 操作系统。熟练安装 Linux 系统软件，了解并熟悉负载均衡、高可靠集群的相关概念，搭建互联网高并发、高可靠的服务架构。

2. 学完此阶段可解决的现实问题

搭建负载均衡、高可靠的服务器集群，可以增大网站的并发访问量，保证服务不间断地对外服务。

3. 学完此阶段可拥有的市场价值

具备初级程序员必备的 Linux 服务器运行、维护和管理能力。

4. 内容介绍

在大数据领域，使用最多的操作系统就是 Linux 系列，并且几乎都是分布式集群体系结构。本课程为大数据的基础课程，主要介绍 Linux 操作系统、Linux 常用命令、Linux 常用软件安装、Linux 网络、防火墙、Shell 编程等。

案例：搭建基于互联网的高并发、高可靠的服务架构，图 1.3.4 显示了一个小型 Linux 集群的实例。

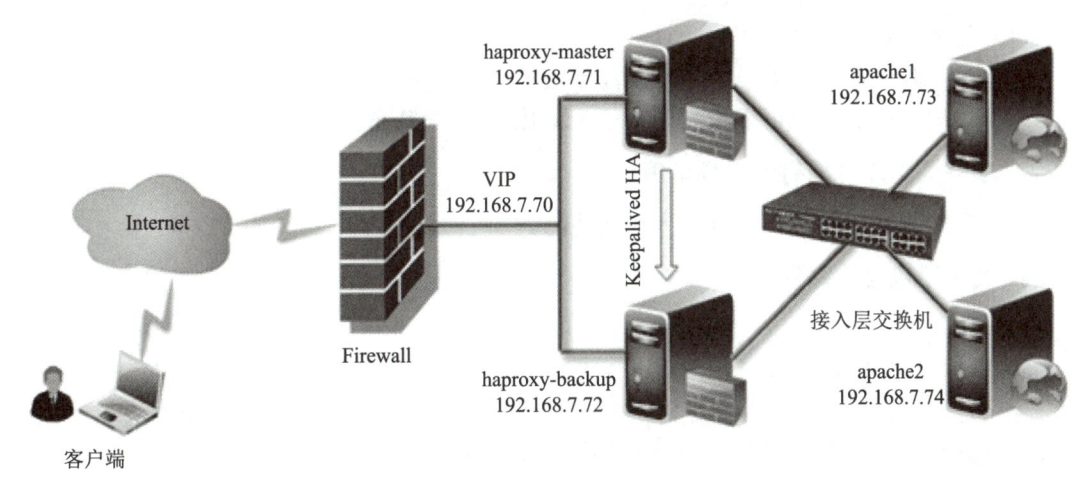

图 1.3.4 Linux 集群的简单实例

1.3.4.2 离线计算系统课程阶段

1. 学完此阶段可掌握的核心能力

（1）通过对大数据技术产生的背景（参考图 1.3.5）和行业应用案例的学习，深入了解 Hadoop 的作用；

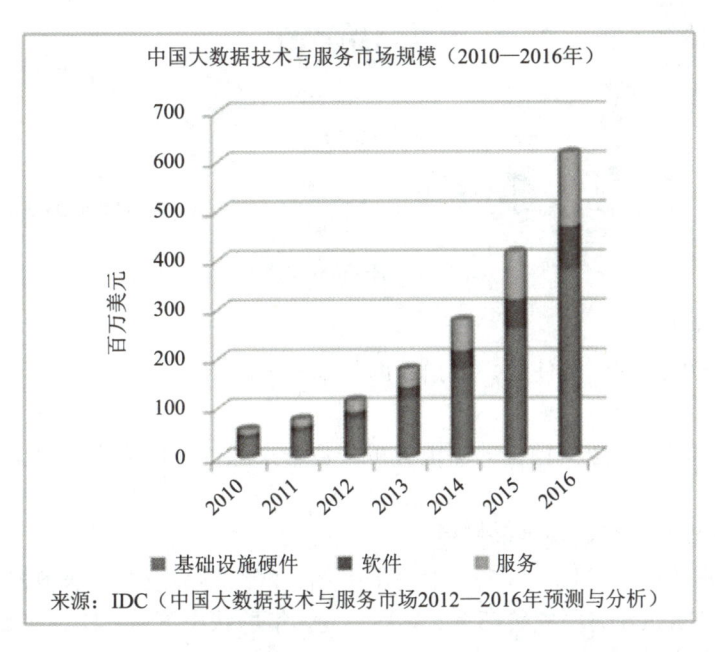

图 1.3.5 国内大数据市场规模

（2）掌握 Hadoop 底层分布式文件系统 HDFS 的原理、操作和应用开发；

（3）掌握 MapReduce 分布式运算系统的工作原理和分布式分析应用开发；

（4）掌握 Hive 数据仓库工具的工作原理及应用开发。

2. 学完此阶段可解决的现实问题

（1）熟练搭建海量数据离线计算平台；

（2）根据具体业务场景设计、实现海量数据存储方案；

（3）根据具体数据分析需求实现基于 MapReduce 的分布式运算程序。

3. 学完此阶段可拥有的市场价值

具备企业数据部初级应用开发人员的能力。

4. 此阶段包含的课程

（1）Hadoop 生态圈

① Hadoop 入门知识

什么是 Hadoop？Hadoop 产生背景、Hadoop 在大数据云计算中的位置和关系（参考图 1.3.6）、国内 Hadoop 的就业情况分析及课程大纲介绍。

图 1.3.6　Hadoop 生态圈

② Hive 快速入门

Hive 基本介绍、Hive 的使用、数据仓库基本知识。

③ 数据分析流程案例

如 Web 点击流日志数据挖掘的需求分析、数据来源、处理流程、数据分析结果导出、数据展现。

④ Hadoop 数据分析系统集群搭建

Hadoop 集群简介（见图 1.3.7）、服务器介绍、网络环境设置、服务器系统环境设置、JDK 环境安装、Hadoop 集群安装部署、集群启动、集群状态测试、Hive 的配置安装、Hive 启动、Hive 使用测试。

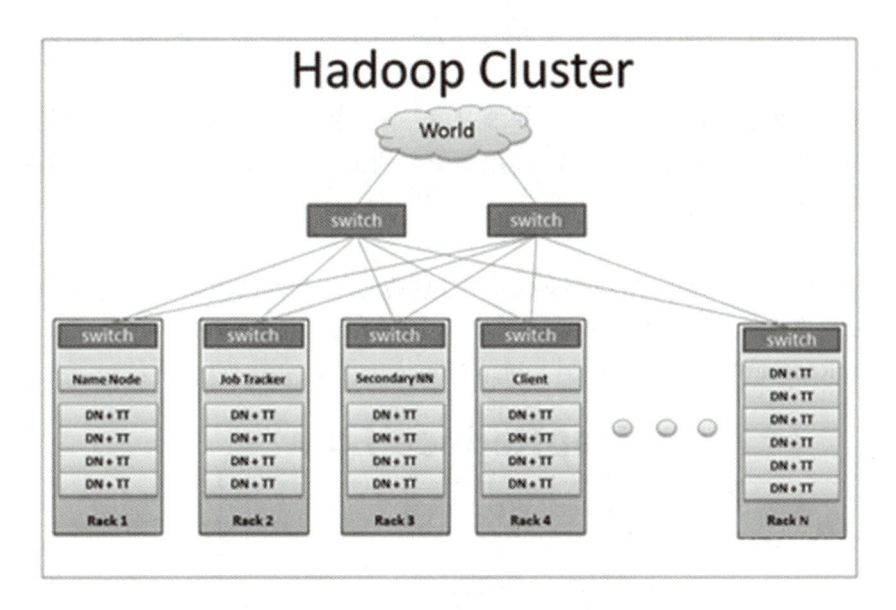

图 1.3.7　Hadoop 集群

（2）HDFS 简介
① HDFS 入门
了解 HDFS 分布式文件系统架构（见图 1.3.8）、HDFS 的设计目标、HDFS 与其他分布式存储系统的优劣势比较、HDFS 的适用场景。
② HDFS 的 shell 操作
HDFS 命令行客户端启动、HDFS 命令行客户端的基本操作、命令行客户端支持的常用命令、常用参数介绍。
③ HDFS 的工作机制
HDFS 系统的模块架构、HDFS 写数据流程、HDFS 读数据流程。

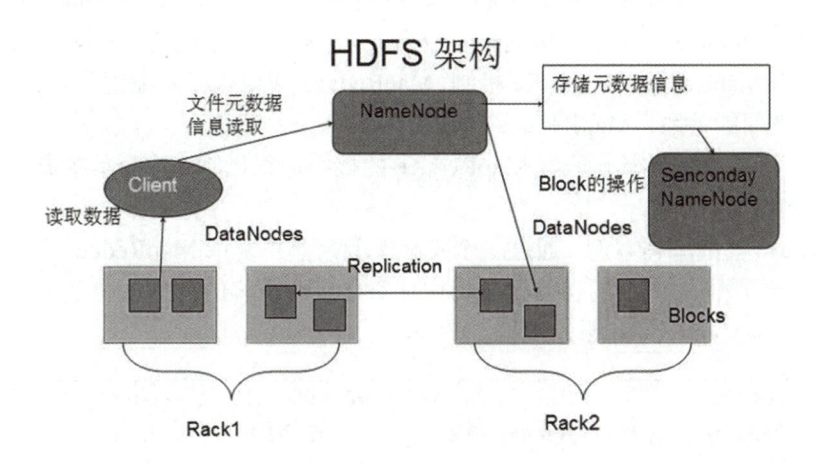

图 1.3.8　HDFS 架构

NameNode 工作机制、元数据存储机制、元数据手动查看、元数据 checkpoint 机制、

NameNode 故障恢复、DataNode 工作机制、DataNode 动态增减、全局数据负载均衡。

④ HDFS 的 Java 应用开发

搭建开发环境、获取 API 中的客户端对象、HDFS 的 Java 客户端所具备的常用功能、HDFS 客户端对文件的常用操作实现、利用 HDFS 的 Java 客户端开发数据采集和存储系统。

（3）MapReduce 简介

① MapReduce 快速上手

了解 MapReduce 功能、MapReduce 程序运行演示、MapReduce 编程示例及编程规范、MapReduce 程序运行模式、MapReduce 程序调试 debug 的几种方式。

② MapReduce 程序的运行机制（MapReduce 工作流如图 1.3.9 所示）。

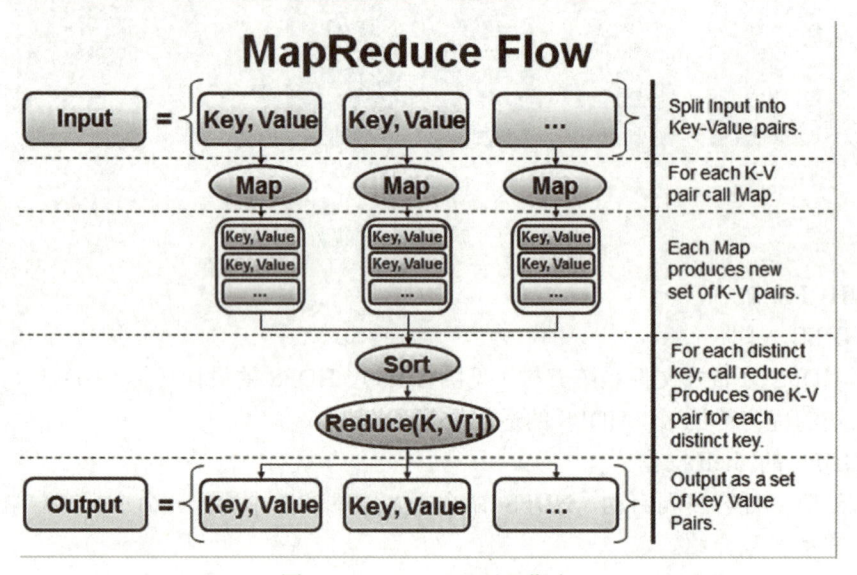

图 1.3.9 MapReduce 工作流

MapReduce 程序运行流程解析、MapTask 并发数的决定机制、MapReduce 中的 combiner 组件应用、MapReduce 中的序列化框架及应用、MapReduce 中的排序、MapReduce 中的自定义分区实现、MapReduce 的 shuffle 机制、MapReduce 利用数据压缩进行优化、MapReduce 程序与 Yarn 之间的关系、MapReduce 参数优化。

通过以上各组件的详解，理解 MapReduce 的核心运行机制，从而具备灵活应对各种复杂应用场景的能力。

MapReduce 实战编程案例：通过一个实战案例来熟悉复杂 MapReduce 程序的开发。该程序是从 Nginx 服务器产生的访问服务器中计算出每个访客的访问次数及每次访问的时长。图 1.3.10 所示为 MapReduce 原始数据。

```
58.215.204.118     -       -       [18/Sep/2013:06:51:35      +0000]      "GET
/wp-indudes/js/jquery/jquery.js?ver=1.10.2      HTTP/1.1"        304        0
"http://blog.fens.me/nodejs-socketio-chat/"     "Mozilla/5.0  (Windows   NT   5.1;  rv:23.0)
Gecko/20100101 Firefox/23.0"。
```

图 1.3.10 MapReduce 原始数据

通过一系列的 MapReduce 程序——清洗、过滤、访问次数及时间分析，最终计算出需求所要的结果，用于支撑页面展现，如图 1.3.11 所示。

	浏览次数(PV)	新独立访客	访问次数
今日	1047	598	821
昨日	4246	2714	3394
今日预计	4700	2929	3667
昨日此时	934	555	760
近90日平均	5249	2887	3885
历史最高	13189 (2015-08-19)	8797 (2014-11-14)	11327 (2014-11-14)
历史累计	3419410		

图 1.3.11　数据可视化展示

（4）Hive 知识的强化

① Hive 基本概念

Hive 应用场景、Hive 内部架构（见图 1.3.12）、Hive 与 Hadoop 的关系、Hive 与传统数据库对比、Hive 的数据存储机制、Hive 的运算执行机制。

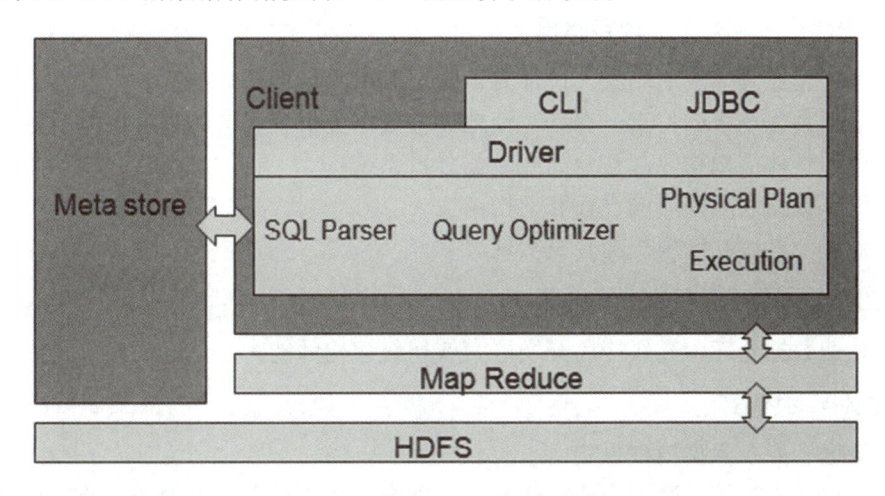

图 1.3.12　Hive 内部架构

② Hive 基本操作

Hive 中的 DDL 操作、Hive 中的 DML 操作、在 Hive 中如何实现高效的 JOIN 查询、Hive 的内置函数应用、HiveShell 的高级使用方式、Hive 常用参数配置、Hive 自定义函数和 TransForm 的使用技巧、HiveUDF 开发实例。

③ Hive 高级应用

Hive 执行过程分析及优化策略、Hive 在实战中的最佳实践案例、Hive 优化分类详解、Hive 实战案例——数据 ETL、Hive 实战案例——用户访问时长统计。

Hive 实战案例——级联求和报表实例，如图 1.3.13 所示。

用户	日期	访问次数	累计访问次数
UID-00001	2015-01	100	100
UID-00001	2015-02	150	250
UID-00001	2015-03	120	370
……	……	……	……
UID-00002	2015-01	150	150
UID-00002	2015-02	200	350
UID-00002	2015-03	220	570
……	……	……	……

图 1.3.13　级联求和报表实例

1.3.4.3　离线数据挖掘系统的学习与把握

1. 学完此阶段可掌握的核心能力

（1）通过对数据仓库知识的加强，初步掌握数据仓库的核心概念和设计流程；

（2）通过对 Hadoop 生态圈关键辅助工具的学习，掌握 Hadoop 分析系统的整合能力；

（3）通过电商系统点击流日志数据挖掘系统实战项目，复习和掌握 Hadoop 离线数据挖掘系统从数据采集、入库、分析到报表可视化显示的完整流程。

2. 学完此阶段可解决的现实问题

（1）根据企业具体应用场景，设计海量数据分析系统的整体架构；

（2）根据具体场景的特点，有针对性地调整数据分析各环节的技术选型；

（3）根据具体需求搭建起整套离线数据分析系统；

（4）简单数据仓库模型的设计和架构；

（5）各环节具体功能模块的开发实现。

3. 学完此阶段可拥有的市场价值

具备企业数据仓库中高级应用开发能力或初级架构师能力。

4. 主要学习内容

（1）数据仓库及数据模型入门

了解数据仓库知识、数据仓库的意义、数据仓库核心概念、数据仓库的体系结构。

（2）数据仓库设计

建立数据仓库的步骤、数据的抽取、数据的转换、数据的加载、什么是数据模型、数据模型的常见类型、如何设计数据模型、如何选择数据建模的架构。

典型数据模型有星型模型、雪花模型（例子如图 1.3.14 所示）、星座模型（例子如图 1.3.15 所示）。

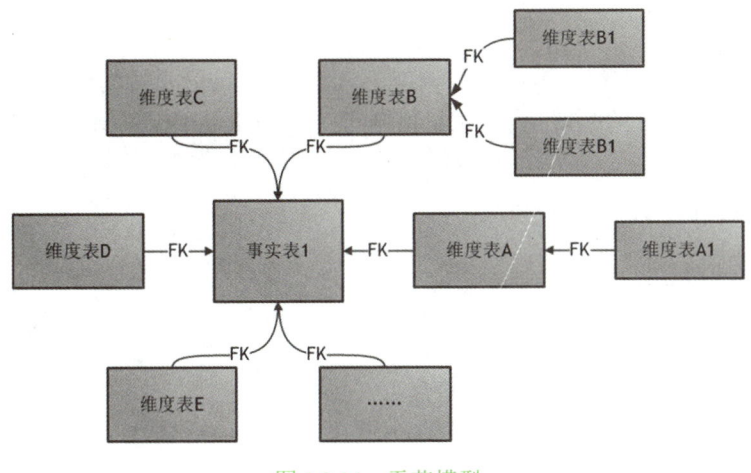

图 1.3.14 雪花模型

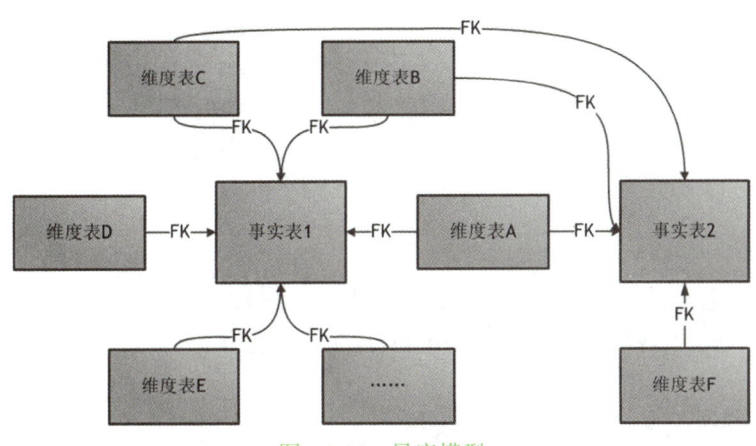

图 1.3.15 星座模型

1.3.4.4 离线辅助系统

1. 数据采集系统

Flume 日志采集框架（见图 1.3.16）简介、Flume 工作机制、Flume 核心组件、Flume 参数配置说明、Flume 采集 Nginx 日志实战案例。

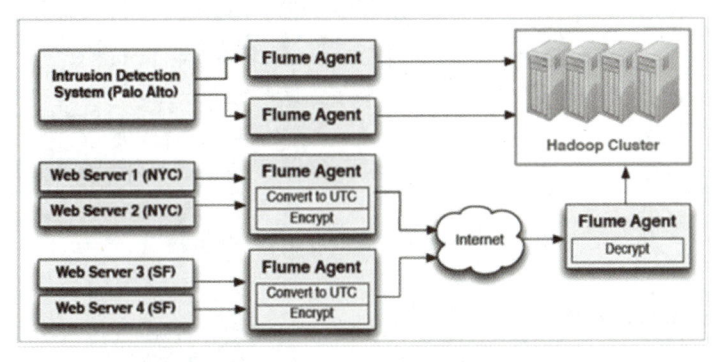

图 1.3.16 Flume 日志采集框架

2. 任务调度系统

任务调度系统概念介绍、常用任务调度工具比较、Oozie 系统的组成（见图 1.3.17）、Oozie 核心概念、Oozie 的配置说明、Oozie 实现 MapReduce/Hive 等任务调度实战案例。

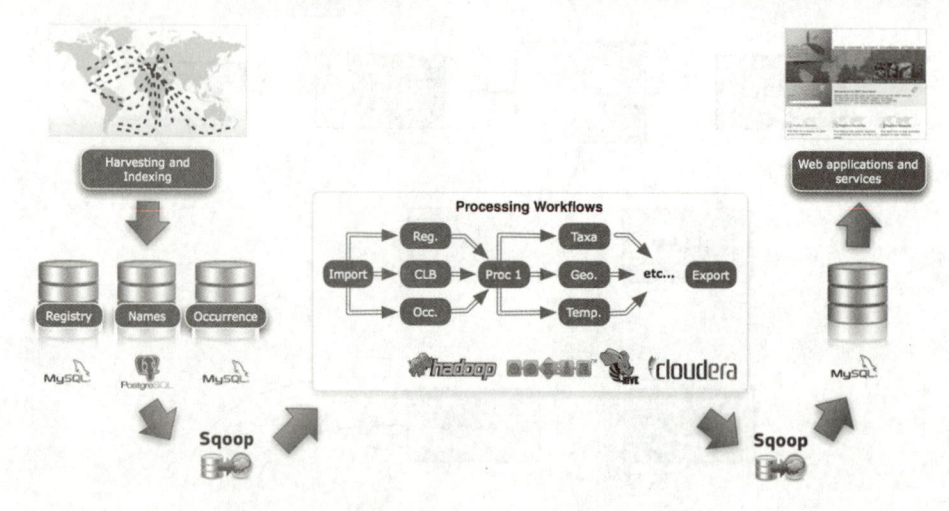

图 1.3.17　Oozie 的组成

3. 数据导出工具

数据导出概念介绍、Sqoop 基础知识（见图 1.3.18）、Sqoop 原理及配置说明、Sqoop 数据导入实战、Sqoop 数据导出实战、Sqoop 批量作业操作。

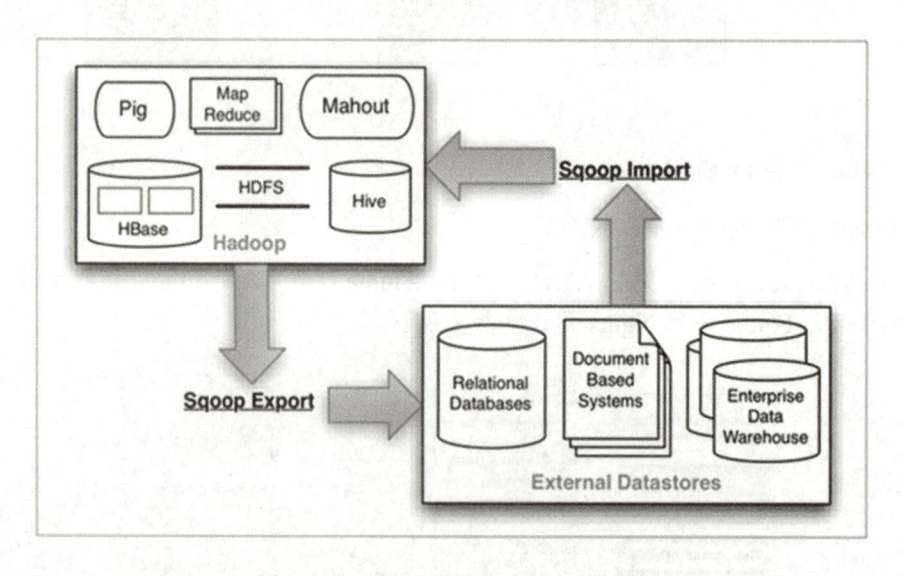

图 1.3.18　Sqoop 基本组成及工作流程

1.3.4.5　Storm 实时计算部分阶段

实时课程分为两个部分：流式计算核心技术和流式计算案例实战。

1. 流式计算核心技术

流式计算核心技术主要分为两个核心技术点：Storm 和 Kafka。

2. 学完此阶段可掌握的核心能力

（1）理解实时计算及应用场景；
（2）掌握 Storm 程序的开发及底层原理、掌握 Kafka 消息队列的开发及底层原理；
（3）具备 Kafka 与 Storm 集成使用的能力。

3. 学完此阶段可解决的现实问题

具备开发基于 Storm 的实时计算程序的能力。

4. 学完此阶段可拥有的市场价值

具备实时计算开发的技术能力。

5. 流式计算一般结构

在海量数据处理领域，2011 年面世的 Hadoop 是人们津津乐道的技术，Hadoop 不仅可以用来存储海量数据，还可以用来计算海量数据。因为其高吞吐、高可靠等特点，很多互联网公司都已经使用 Hadoop 来构建数据仓库，高频使用促进了 Hadoop 生态圈的各项技术的发展。一般来讲，根据业务需求，数据的处理可以分为离线处理和实时处理，在离线处理方面 Hadoop 提供了很好的解决方案，但是针对海量数据的实时处理却一直没有比较好的解决方案。就在人们翘首以待的时间节点，Storm 问世，与生俱来的分布式、高可靠、高吞吐的特性，在市面上的一些流式计算框架中占据优势地位，渐渐地成为流式计算的首选框架。

图 1.3.19 是 Storm 流式分析的一般架构图，抽象出四个步骤就是数据采集、数据缓冲、数据处理、数据输出。一般情况下，我们采用 Flume+Kafka+Storm+Redis 的结构来进行流式数据分析。实时部分的课程主要是针对 Kafka、Storm 进行学习。

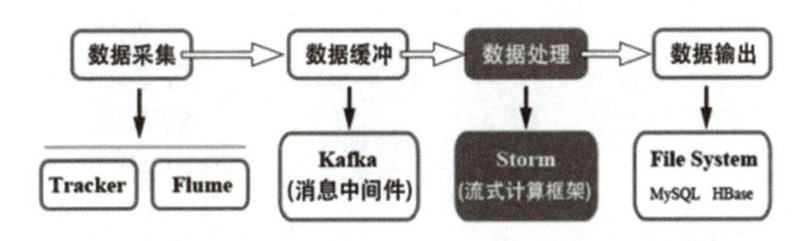

图 1.3.19 Storm 流式分析

6. 流式计算功能

"一淘网"——实时分析系统：实时分析用户的属性，并反馈给搜索引擎。最初，用户属性分析是通过每天定时运行 MRjob 来完成的。为了满足实时性的要求，希望能够实时分析用户的行为日志，将最新的用户属性反馈给搜索引擎，能够为用户展现最贴近其当前需求的结果。

"携程网"——网站性能监控：实时分析系统可以监控携程网的网站性能。利用 HTML5

提供的 performance 接口获得可用的指标,并记录到日志。Storm 集群实时分析日志和入库。使用 DRPC（分布式远程过程调用）聚合数据形成报表,通过历史数据对比等判断规则,触发预警事件。

当一个游戏新版本上线时,可用一个实时分析系统收集游戏后台数据,运营或者开发者可以在上线后几秒钟得到持续不断更新的游戏监控报告和分析结果,然后针对游戏运行参数和平衡性进行调整。这样就能够大大缩短游戏升级、迭代的处理周期,提升游戏者的良好体验。

实时计算在腾讯的部分运用：精准推荐（广点通、广告推荐、新闻推荐、视频推荐、游戏道具推荐）；实时分析（例如微信的运营数据门户、效果统计、订单用户的画像分析）；实时监控（实时监控平台、游戏内接口调用）

为了更加精准投放广告,阿里巴巴后台计算引擎需要维护每个用户的兴趣点（理想状态是,你对什么感兴趣,就向你投放哪类广告）。用户兴趣主要基于用户的历史行为、用户的实时查询、用户的实时点击、用户的地理信息而得,其中实时查询、实时点击等用户行为都是实时数据。考虑到系统的实时性,阿里巴巴使用 Storm 维护用户兴趣数据,并在此基础上进行用户定向的广告投放。

7. Storm 核心技术点

（1）基础技术点

Linux 系统环境的准备、ZooKeeper 集群搭建、Storm 集群搭建、Storm 配置文件配置项讲解、集群搭建常见问题解决。图 1.3.20 所示为一个部署案例。

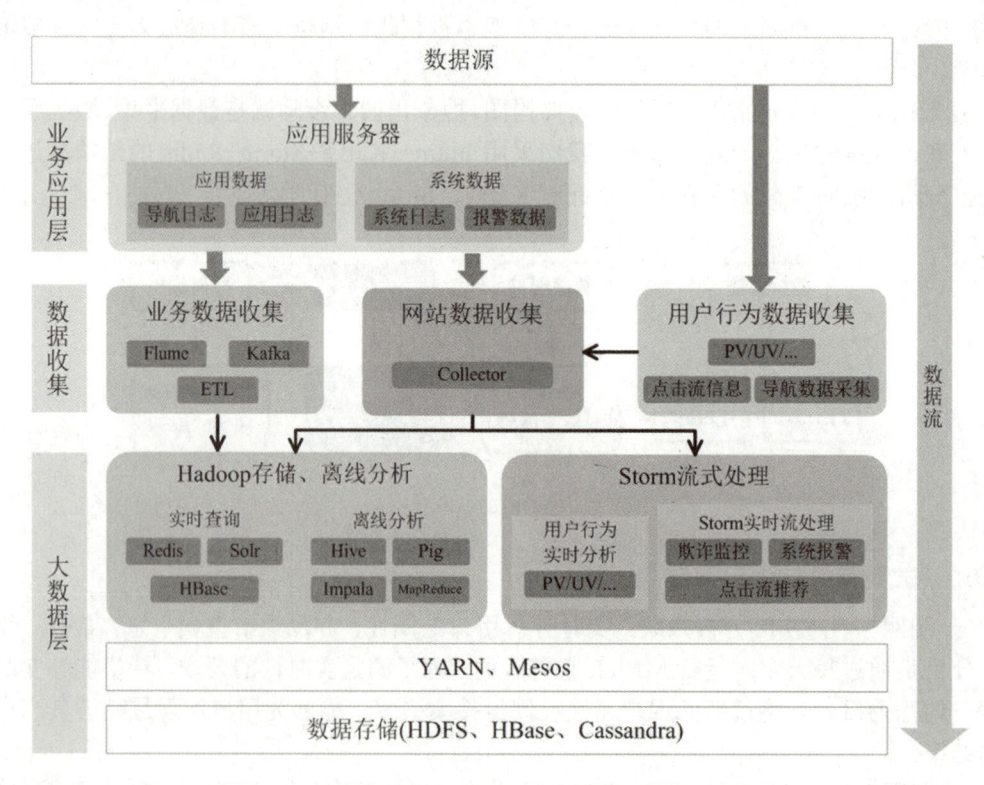

图 1.3.20　采用"Hadoop+Storm"部署方式的一个案例

下面我们来看 Storm 的一个练习案例：

看一组几年前的数据，2015 年双十一的交易峰值为 8.59 万笔/秒，是 2014 年 3.85 万笔/秒的 2.23 倍，这一数据也超过了 6 万笔/秒的预估（如图 1.3.21 所示）。如何实时的计算订单金额，让公司领导层看到呢？

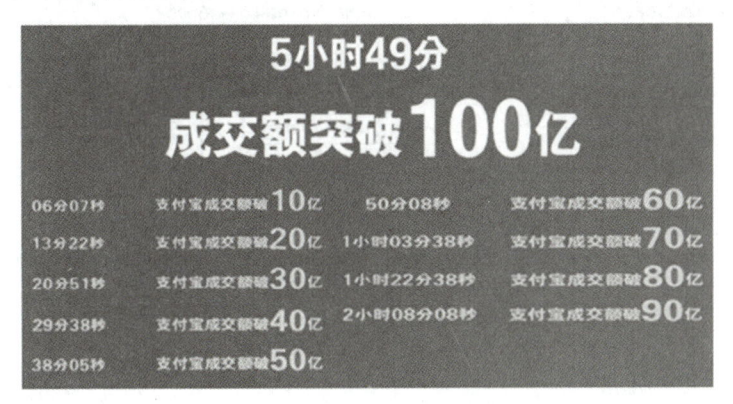

图 1.3.21　双十一支付宝成交金额

（2）Storm 基础结构与工作方式

Storm 常用组件和编程 API：Topology、Spout、Bolt、Storm 分组策略（Stream Groupings）、Storm 项目 maven 环境搭建、使用 Strom 开发一个 WordCount 例子、Storm 程序本地模式 debug、Storm 消息可靠性及容错原理、Storm 任务提交流程、Strom 消息容错机制。图 1.3.22 显示了 Storm 的层次式结构。

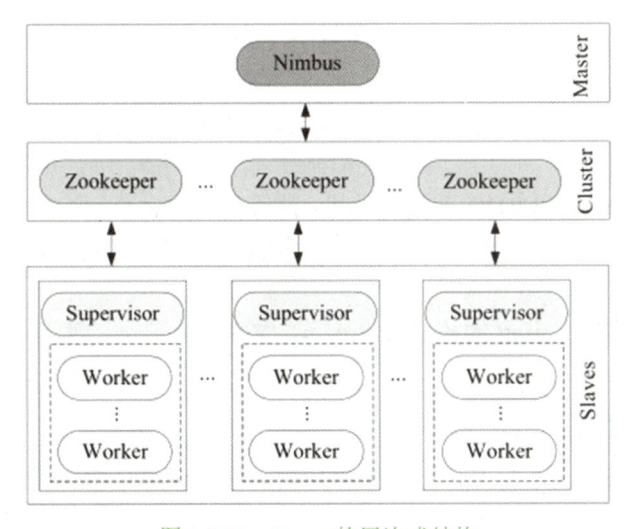

图 1.3.22　Storm 的层次式结构

8. Kafka 核心技术点

Storm 结合消息队列控制工具 Kafka：消息队列基本概念包括 producer、consumer、topic、broker 等（如图 1.3.23 所示）、消息队列 Kafka 使用场景、Storm 结合 Kafka 编程 API、Kafka 负载均衡、Kafka 消息存储原理等。

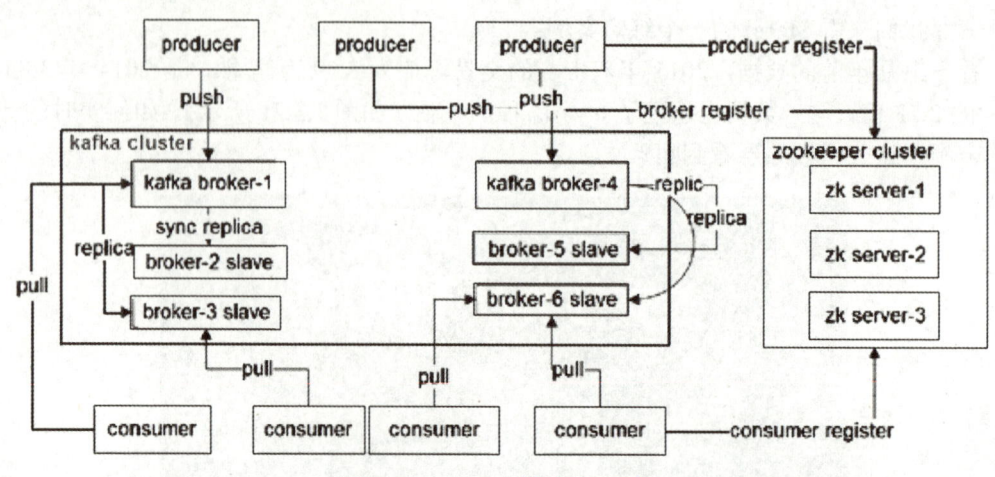

图 1.3.23　Kafka 消息队列原理

9. 流式计算案例实战

实战案例部分主要有三个企业实战案例，分别是基于点击流的日志分析系统、基于系统日志的监控告警系统、基于订单系统的交易风控系统，三个案例是企业中的典型项目。学完此阶段能够独立根据企业的业务性质开发相关的 Storm 程序。

1.3.4.6　Spark 内存计算

1. 学完此阶段可掌握的核心能力

（1）掌握 Scala 函数式编程特性，熟练使用 Scala 开发程序，可以看懂他人用 Scala 编写的源码；

（2）搭建 Spark 集群、使用 Scala 编写 Spark 计算程序，熟练掌握 Spark 原理，可以阅读 Spark 源码；

（3）理解 DataFrame 和 RDD 之间的关系，熟练使用 DataFrame 的 API，熟练使用 Spark SQL 处理结构化数据，通过 Spark SQL 对接各种数据源，并将处理后结果写回到存储介质中；

（4）理解 Spark Streaming 的核心 DStream，掌握 DStream 的编程 API 并编写实时计算程序。

2. 学完此阶段可解决的现实问题

熟练使用 Scala 快速开发 Spark 大数据应用，通过计算分析大量数据，挖掘出其中有价值的数据，为企业提供决策依据。

3. 学完此阶段可拥有的市场价值

学习完 Spark 并掌握其内容，将具备中级大数据工程师能力。

4. 主要学习内容

（1）Scala 函数式编程

Scala 是一门集面向对象和函数式编程于一身的编程语言，其强大的表达能力、优雅的

API、高效的性能等优点受到越来越多程序员的青睐。Spark 底层就是用 Scala 语言编写，如果想深入掌握 Spark，需要学好 Scala。

图 1.3.24 是基于 akka 框架一个简单的分布式 RPC（远程过程调用）通信框架的 Scala 案例。

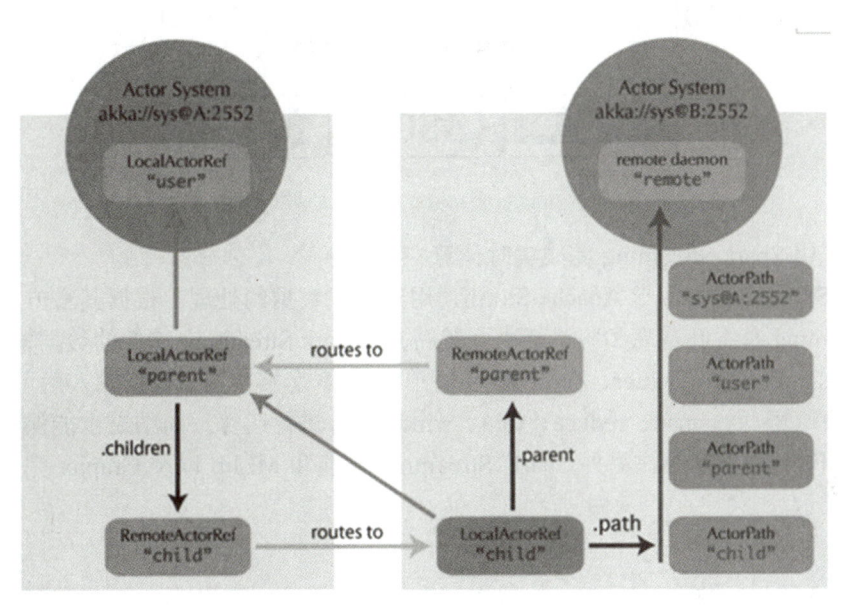

图 1.3.24　akka 框架下的 Scala 案例

（2）使用 Spark 处理离线数据

Spark 是基于内存计算的大数据并行计算框架，具有高容错性和高可伸缩性，可以在大量廉价硬件之上部署大规模集群，在同等条件下要比 Hadoop 快 10～120 倍，如图 1.3.25 所示。

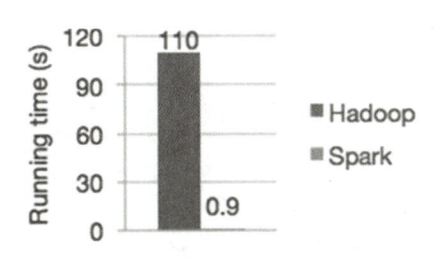

图 1.3.25　Spark 与 Hadoop 计算时间比较

（3）使用 Spark SQL 处理结构化数据

Spark SQL 的前身是 Shark，专门用来处理结构化数据的查询语言。类似 Hive，Spark SQL 是将 SQL 转换成一系列 RDD 任务提交到 Spark 集群中进行计算的，由于是在内存中完成的计算，要比 Hive 的性能高很多，并且简化了开发 Spark 程序的难度同时提高了开发效率。图 1.3.26 是 Spark SQL 适合的编程环境及实用工具。

图 1.3.26　Spark SQL 适合的编程环境及实用工具

（4）使用 Spark Streaming 完成实时计算

Spark Streaming 类似于 Apache Storm，用于流式数据的处理。根据其官方文档介绍，Spark Streaming 有吞吐量高和容错能力强等特点。Spark Streaming 支持的数据输入源很多，例如：Kafka、Flume、Twitter、ZeroMQ 和简单的 TCP 套接字等。数据输入后可以用 Spark 的高度抽象原语，如 map、reduce、join、window 等进行运算。而结果也能保存在很多地方，如 HDFS、数据库等。另外 Spark Streaming 也能和 MLlib 以及 Graphx 完美结合，如图 1.3.27 所示。

图 1.3.27　Spark Streaming 适用环境演示

1.3.5　学习资源

1. 网络博客资源

（1）这大概是目前最全的大数据学习资源了

地址：https://www.jianshu.com/p/2f558effdbae

（2）2019 年大数据学习资源整理

地址：https://zhuanlan.zhihu.com/p/63409598

2. 大数据可视化常用分析工具

（1）Tableau（宣传页面如图 1.3.28）

Tableau 帮助人们快速分析、可视化并分享信息。它的程序很容易上手，各公司可以用它将大量数据拖放到数字"画布"上，转眼间就能创建好各种图表。数以万计的用户使用 Tableau Public 在博客与网站中分享数据。

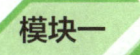

图 1.3.28　Tableau

（2）Echarts（其下载页面如图 1.3.29）

图 1.3.29　Echarts 的下载界面

Echarts 可以应用于散点图、折线图、柱状图等这些常用的图表的制作。Echarts 的优点在于，文件体积比较小，打包的方式灵活，可以自由选择你需要的图表和组件。而且图表在移动端有良好的自适应效果，还有专为移动端打造的交互体验。图 1.3.30 和图 1.3.31 是 Echarts 绘制的两个图例。

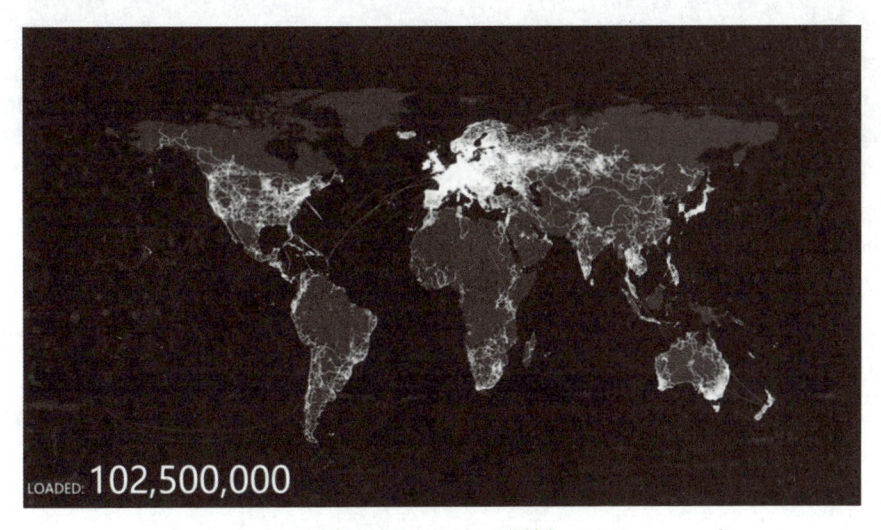

图 1.3.30　Echarts 图例 1

图 1.3.31　Echarts 图例 2

（3）Highcharts（图 1.3.32 为其宣传页面）

图 1.3.32　Highcharts 介绍

Highcharts 的图表类型是很丰富的，线图、柱形图、饼图、散点图、仪表图、雷达图、热力图、混合图等类型的图表都可以制作，也可以制作实时更新的曲线图。

另外，Highcharts 是对非商用免费的，对于个人网站、学校网站和非营利机构，可以不经过授权直接使用 Highcharts 系列软件。Highcharts 还有一个好处在于，它完全基于 HTML5 技术，不需要安装任何插件，也不需要配置 PHP、Java 等运行环境，只需要两个 JavaScript 文件即可使用。

（4）魔镜平台（图 1.3.33 为其入口界面）

图 1.3.33　魔镜入口界面

魔镜是中国较为流行的大数据可视化分析挖掘平台，帮助企业处理海量数据价值，让更多人都能完成数据分析。魔镜（基础企业版）适用于中小企业内部使用，基础功能免费，可代替报表工具和传统 BI（商业智能）工具，使用更简单化，可视化效果更绚丽易读。

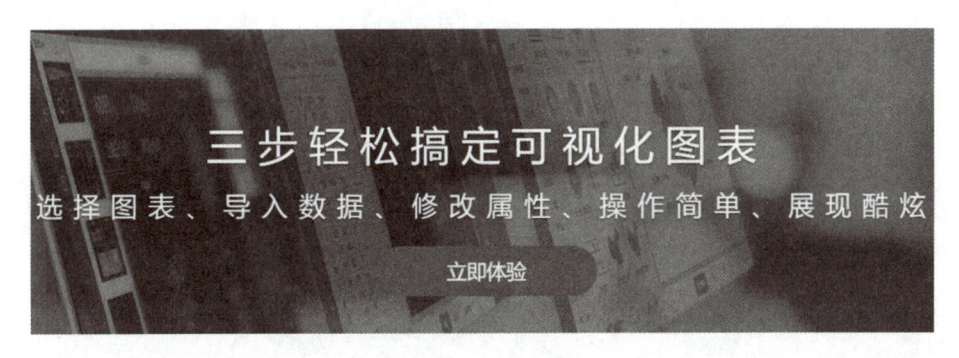

（5）图表秀（图 1.3.34 为入口界面）

图 1.3.34　图表秀

图表秀的操作简单易用，而且站内包含多种图表，涉及各行各业的报表数据都可以用图表秀实现，支持数据自由编辑，支持 Excel 表格或 csv 格式表格的一键导入，同时可以实现多个图表之间联动，使数据在我们的软件辅助下变得更加生动直观，是目前国内先进的图表制作工具。

习题与思考

1. 大数据领域有哪些常见的工作岗位，一般都需要掌握哪些核心专业知识？
2. 零基础学习大数据应用方向，应该如何学习（基本学习路线、需要学习哪些课程等）？

📄 学习小结

  本模块主要从三个方面来介绍大数据相关知识，首先是大数据的概念、起源与发展、意义及发展趋势，从中我们主要掌握大数据的意义，如辅助决策等，体现了以后的数据就是财富。

  其次，简述了大数据的数据处理流程，以及各阶段中关键技术及行业应用。大数据基本的工作流程包括数据采集获取、数据存储、数据预处理与清洗、数据分析与挖掘、数据可视化。从最原始的数据、经过一系列工序与算法分析，挖掘出大数据中潜在规律，从而帮助用户进行科学预测和决策。

  最后，从面向岗位分析，介绍了零基础学习大数据的学习路线与大数据工程师必备技能，给大家一些学习建议，以便能更好更高效地学习。

模块二 探寻云计算世界

学习目标：

了解云计算的起源、定义、特点、服务类型、分类以及发展趋势，了解虚拟化技术、分布式数据存储、编程模式、大规模数据管理、分布式资源管理、云计算平台管理等相关知识。

具备认识和应用云计算信息技术的基本能力；具备文献检索和文档撰写的能力。

具有良好的科学素养、人文修养、爱国情怀，具有安全防护意识。

学习导航：

你曾因价格昂贵无法购置高性能服务器而烦恼吗？你拥有个人网盘吗？你是否使用过地图导航？你是否听说华为云、阿里云、腾讯云？可能你的回答都是肯定的，或已经耳闻目睹许多关于云计算的介绍，现在的互联网时代已经与云计算技术深度融合。

什么是公有云、私有云、混合云？虚拟化是什么？虚拟化软件有哪些？要回答这些疑问，让我们一起来学习云计算吧。

本模块首先通过案例引入，介绍云计算的产生背景、特点、发展历程、定义、服务及部署模式等，让读者对云计算有较为全面的了解；然后带领读者学习虚拟化技术、分布式数据存储技术、编程模式、平台管理、实时迁移技术等云计算关键技术；最后通过云计算在现代企业管理、智慧城市建设等方面的典型应用让读者进一步了解云计算的应用及价值。

新一代信息技术基础

案例引入：

1. 针对短期项目

假设你是某公司的 IT 负责人，现因公司项目需求，项目部给你提了一个药物筛选项目的 IT 需求：

（1）项目需要强大的 CPU 计算能力，越强越好，如果有 5 台服务器，则要计算 200 天；如果有 100 台机器，则需要计算 10 天；

（2）项目需要迅速启动，并要求在 10 天内完成；

（3）项目经费有限，不能购买 100 台机器。

解决方法：

通过租用公有云（例如阿里云、腾讯云、华为云、百度云等）服务，完成项目后释放租用的云资源，整个项目只需要租用云服务器的费用，无须花费大量资金购买服务器，且能保证强大的计算能力。

2. 针对创业公司

假如你创业开了一家公司，根据公司业务需求，需要建设一个新网站，公司业务情况与网站相关联，当前很难预测公司以后业务的发展情况，因此无法确定网站服务器配置要求，如果配置太低，网站访问出现瓶颈，配置过高，又会浪费资源。

解决方法：

通过租用公有云的云服务器，根据公司业务发展对网站服务器需求情况，可以随时调整服务器资源。

2.1 初识云计算

2.1.1 云计算产生背景

21 世纪初期，Web 2.0 将互联网应用推向一个新的高度，导致 Web 网站及各种应用系统所需要处理的业务量快速增大。例如，视频在线照片存储或者照片共享网站都需要为用户存储并处理大量的数据，这类系统一般都面临一个问题，如何在用户数量快速增长的情况下快速扩展原有系统。

伴随着移动终端的智能化、移动宽带网络的普及，越来越多的移动设备接入互联网，这导致与移动终端相关的 IT 系统会承受更多的负载，对于提供数据服务的企业来说，IT 系统需要处理更多来自移动端的业务数据量。

但是，因资源的有限性，其电力成本、空间成本、各种设施的维护成本不断上升，直接导致提供相关服务的网站或企业的成本上升，他们面临同样的问题——如何有效地利用更少的资源解决更多的问题？如何适应用户数量或用户数据的不可预测性？

同时，随着高速网络、高速连接的普及，芯片和磁盘驱动器产品在功能增强的同时，价格也在变得更加低廉，拥有大量计算机的数据中心，也具备了快速为大量用户处理复杂业务需求的能力。

技术上，分布式计算的日益成熟和普及应用，特别是网格计算机的发展通过 Internet 把分散在各处的硬件、软件、信息资源连接成为一个巨大的整体，使得人们能够利用地理上分散于各处的资源，完成大规模的、复杂的计算和数据处理任务。数据存储的快速增长产生了以 SAN（Storage Area Network，存储区域网络）为代表的高性能存储技术。服务器整合需求的不断增多，推动了虚拟化技术的进步，SaaS（Software as a Service，软件即服务）观念的快速普及、多核技术的广泛应用等，所有这些技术为更强大的计算能力和服务提供了可能性。随着对计算能力、资源利用效率、资源集中化的迫切需求，云计算应运而生。

2.1.2 云计算特点

传统的服务器具有独立的 CPU、硬盘、内存条，存储的数据安全性不高，资源的利用率时高时低，一旦业务规模扩张，现有服务器资源无法满足要求，需购置新的服务器，而且物理服务器会面临设备老化、损坏、维护等方面的问题，这样有可能造成成本浪费或时间耽误，给企业带来的损失不可低估，而云服务器可以弥补这些不足。

概括起来，云计算具有以下特点：

1. 资源利用率高

非云计算模式下，计算资源往往与应用系统紧密关联，各应用系统处于不同工作状态，使得部分 IT 资源未达到预定载荷；同时，企业还需为应对可能的负载峰值（例如上班时间的信息系统使用高峰，或者下班后网游用户访问高峰）而预留一定的额外 IT 资源，这样都会导致计算资源利用率不均衡或"峰值配置"，无形中增加了企业的 IT 成本。而在云计算模式下，云服务机构以"资源池"的形式对计算、存储及网络资源进行组织，通过虚拟化技术将一组集群服务器上人为地划分多个虚拟的独立主机提供给不同客户；同时结合云平台管理技术，将资源池内的资源按照应用系统的需求状况进行分配，既能有效避免资源的闲置，还能够在面对负载峰值时能及时调配所需资源，使得资源配置更加有效地加以利用，从而帮助企业更经济地规划和使用自身的 IT 资源。

2. 超强计算能力

云计算由庞大的服务器组成资源池，像华为云、阿里云、腾讯云等的云资源池由上十万台（甚至更多）服务器组成，能从资源池中虚拟规划巨量的计算能力超强的虚拟机（服务器）。

3. 按需部署

一般来说，一套计算机硬件系统会包含多个软件应用系统，不同的软件应用系统对应的数据资源不同，所以用户运行不同的应用系统需要不同的计算能力及资源部署，而云计算平台能够根据用户的需求快速配置计算能力及资源。

4. 高可靠性

当单点服务器出现故障时，云服务器可通过虚拟化技术将分布在不同物理服务器上的应用进行恢复或利用"动态扩展"功能部署替代服务器提供服务，保障业务不中断。

5. 自动化

云计算不论是应用、服务、资源的部署，还是软件或硬件的管理，都可通过自动化的方式来执行和管理，从而大大地降低整个云计算中心庞大的人力成本。

6. 灵活性强

云计算可以快速灵活地构建基础信息设施，并可以根据需求弹性扩容 IT 资源。云计算提供给用户短期使用 IT 资源的灵活性（例如：按小时购买处理器或按天购买存储），当不再需要这些资源的时候，用户可以方便地释放这些资源。

7. 可扩展性

用户可以利用应用软件的快速部署方案来更为简单、快捷地扩展已有业务或发展新业务。

2.1.3 云计算的发展历程

云计算的发展历程基本可以分为以下四个阶段。

1. 理论完善阶段

1959 年 6 月，牛津大学的计算机科学家，克里斯托弗（Christopher Strachey）发表论文提出虚拟化理论，虚拟化是今天云计算基础架构的基石。

1984 年，Sun 公司的联合创始人 John Gage 提出了"网络就是计算机"，用于描述分布式计算技术带来的新世界，今天的云计算已将这一理念变成现实。

1997 年，南加利福尼亚大学教授 Ramnath K. Chellappa 提出"云计算"的第一个学术定义，认为计算的边界可以不是技术局限，而是经济合理性。

1999 年，Marc Andreessen 创建 LoudCloud，是第一个商业化的 IaaS 平台。

1999 年 3 月 Salesforce 成立，成为最早出现的云服务公司，即 SaaS 服务。

2005 年，Amazon 创建 Amazon Web Services（AWS）云计算平台。

SaaS（Software as a Service：软件即服务）及 IaaS（Infrastructure as a Service：基础设施即服务）云服务出现，并被市场接受。

2. 发展准备阶段

云服务 IaaS（Infrastructure as a Service，基础设施即服务）、SaaS（Software as a Service，软件即服务）、PaaS（Platform as a Service，平台即服务）三种形式全部出现，IT 企业、电信运营商、互联网企业等纷纷推出云服务，云服务行业形成。

2007 年，Salesforce 推出了它的 PaaS 平台 Force.com，让用户更方便地在 Salesforce 平台上开发在线应用。

2007 年 11 月，IBM 首次发布云计算商业解决方案，推出"蓝云"（Blue Cloud）计划。

2008 年 4 月，Google 公司推出了它的 PaaS 平台 Google App Engine（GAE）。

2008年中，Gartner发布报告，认为云计算代表了计算的方向。

2008年8月，美国专利和商标局（Patent and Trademark Office，PTO）网站信息显示，戴尔申请了云计算（Cloud Computing）商标。

2008年10月，Microsoft公司发布其公有云计算平台——Windows Azure Platform（时称Windows Azure），由此拉开了微软公司的云计算大幕。

2008年12月，Gartner披露十大数据中心突破性技术，其中虚拟化和云计算上榜。

3. 稳步成长阶段

云服务功能日趋完善，种类日趋多样，传统企业开始通过自身能力扩展、收购等方式，纷纷投入云服务之中。

2009年4月，VMware公司推出业界首款云操作系统VMware vSphere 4。同年，VMware公司启动vCloud计划构建全新云服务。

2009年中国企业的云计算进入实质性发展阶段。

2009年7月，中国首个企业云计算平台诞生。

2009年阿里云建立和中国移动云计算平台"大云"等云平台建立。

2010年1月，IBM公司与松下公司达成迄今为止全球最大的云计算交易。同年，Microsoft公司正式发布Microsoft Azure云平台服务。

2010年腾讯开始投入商业云服务领域。

4. 高速发展阶段

通过深度竞争，逐渐形成主流平台产品和标准，产品功能比较健全、市场格局相对稳定，云服务进入成熟阶段，增速放缓。

2014年，阿里云启动"云合计划"，与合作伙伴一起构建适应DT时代（Data Technology，数据处理技术）的云生态体系。

2015年，华为在北京举办企业云战略与业务发布会，正式发布面向中国市场的企业云服务。2016年，腾讯云战略升级，并宣布云出海计划。

2.1.4 云计算定义

云计算是一种模型，它可以实现随时随地，以方便、便捷、按需方式为用户提供一组抽象的、虚拟化的、可动态扩展的、可管理的计算机计算能力、存储能力、平台和服务的一种大规模分布式计算的聚合体，使管理资源的工作量和与服务提供商的交互减少到最低限度。

简单理解：云计算是一种基于互联网的计算方式，通过这种方式，共享软件资源、硬件资源和信息，并按需求提供给计算机各种终端或其他设备。

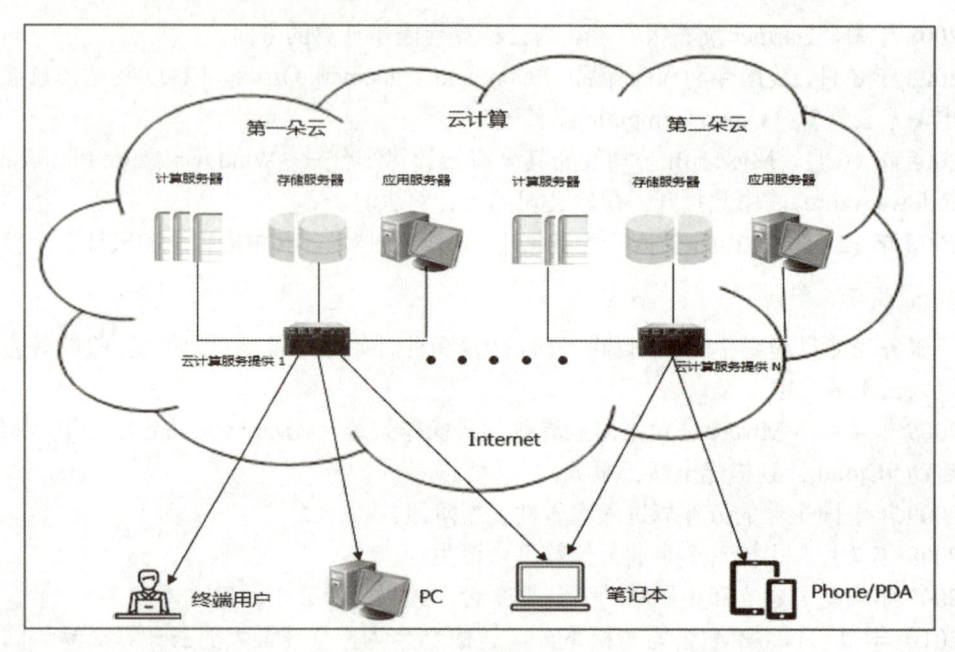

图 2.1.1　云计算定义示意

2.1.5　云计算服务

云计算服务，即云服务，中国云计算服务网的定义是，可以拿来作为服务提供使用的云计算产品，包括云主机、云空间、云开发、云测试和综合类产品等。

云计算包括以下几个层次的服务：基础设施即服务（IaaS）、平台即服务（PaaS）和软件即服务（SaaS）。所谓的层次，是分层体系架构意义上的"层次"。IaaS、PaaS、SaaS 分别在基础设施层、平台软件层、应用软件层实现。

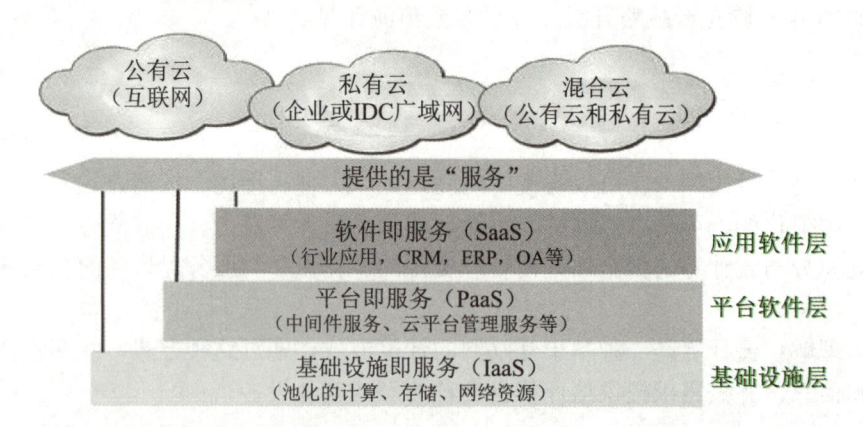

图 2.1.2　云计算服务层次结构

1. 基础设施即服务 IaaS

IaaS（Infrastructure as a Service，基础设施即服务）把 IT 系统的基础设施层作为服务出租出去，由云服务提供商把 IT 系统的基础设施建设好。

IaaS 服务如图 2.1.3 所示，使用者可通过互联网租用基础设施层（包括：CPU、内存、硬盘、数据备份、公有 IP、带宽等），根据自己需求安装操作系统和软件等。

用户自己安装管理：
- 数据信息
- 应用软件
- 中间件与运行库
- 数据库
- 操作系统

云服务提供商管理（用户租用）：基础设施层
- 服务器│虚拟机
- 磁盘柜
- 网络
- 机房基础设置

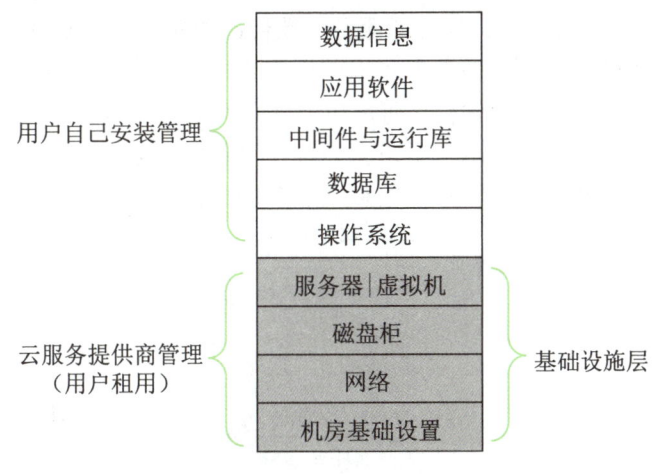

图 2.1.3　IaaS 服务示意

例如，公司项目部有一个药物筛选临时项目，数据处理量特别大，要求计算机的处理能力强，因此公司向云服务提供商租用了一台计算能力超强的云主机，自己安装操作系统和药物筛选应用软件。

2. 平台即服务 PaaS

PaaS（Platform as a Service，平台即服务）实际上是指将软件研发的平台作为一种服务，软件开发人员可以在不购买服务器等设备的情况下开发新的应用程序。

PaaS 服务如图 2.1.4 所示，可通过互联网租用云计算平台的软件环境（例如操作系统、数据库和各类开发用的库资源），来进行系统开发、工具部署或建立开发库。

用户自己安装管理：
- 数据信息
- 应用软件

云服务提供商管理（用户租用）：

平台软件层：
- 中间件与运行库
- 数据库
- 操作系统

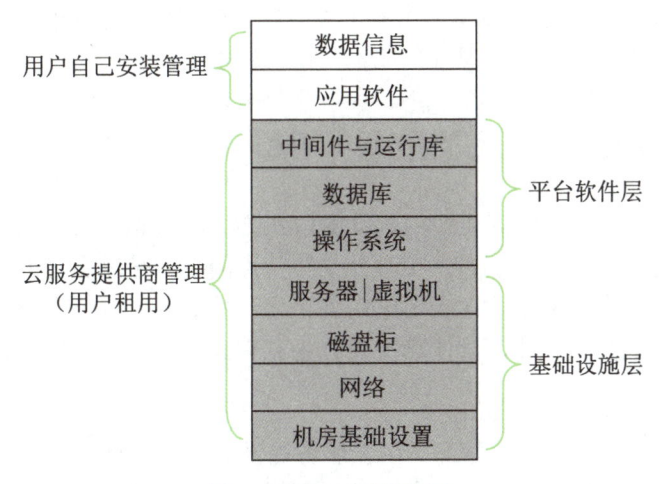

基础设施层：
- 服务器│虚拟机
- 磁盘柜
- 网络
- 机房基础设置

图 2.1.4　PaaS 服务示意

例如，用户需要搭建一个博客网站，而博客软件安装要求系统环境支持 PHP 和 MySQL

数据库，因此向云服务提供商租用了一台云主机，主机平台软件支持 PHP 语言和 MySQL 数据库，然后采用 Wordpress 开源建站工具，只需要几步配置就可以建立自己的博客网站。

3. 软件即服务 SaaS

SaaS（Software as a Service，软件即服务）软件部署在云端，云服务提供商把 IT 系统的应用软件作为服务租出去，而消费者可以使用云终端设备接入网络，通过网页或编程接口使用云端软件，用户无须购买软件，而是向提供商租用基于 Web 的软件，来管理企业经营活动。SaaS 服务如图 2.1.5 所示，用户无须购买软硬件，可通过互联网使用 OA 系统、CRM 客户管理软件、ERP 系统等管理软件、门户网站等。

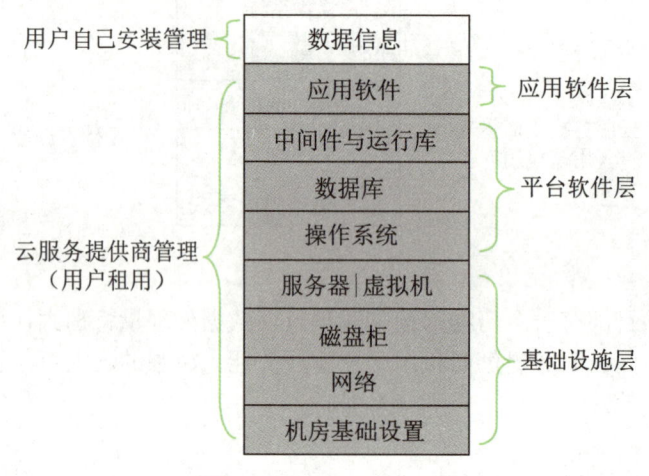

图 2.1.5 SaaS 服务示意

例如，公司需要一套 OA 系统来对公司办公进行管理，但因购买软件价格昂贵，因此公司向云服务提供商租用云主机并附带安装 OA 系统。用户可以不需购买软件直接可以使用 OA 系统。

SaaS 大大降低了软件使用成本，尤其是大型软件的使用，并且由于软件是托管在服务商的服务器上，减少了用户的管理维护成本，可靠性也更高。

2.1.6 云计算部署模式

云计算在很大程度上是作为企业内部计算解决方案的"私有云"发展而来的，数据中心最早探索应用包括虚拟化、动态、实时分享等特点的技术是以满足内部的应用需求为目的，随着技术发展和商业需求才逐步考虑对外租售计算能力形成公有云。因此，从部署类型或者说从"云"的归属来看，云计算主要分为私有云、公有云和混合云三种形态。

1. 公有云

公有云可以为所有人提供云服务，由云服务提供商运营，为用户提供各种 IT 资源。当用户临时需要大计算能力及存储，公有云是最理想选择。

公有云结构如图 2.1.6 所示。

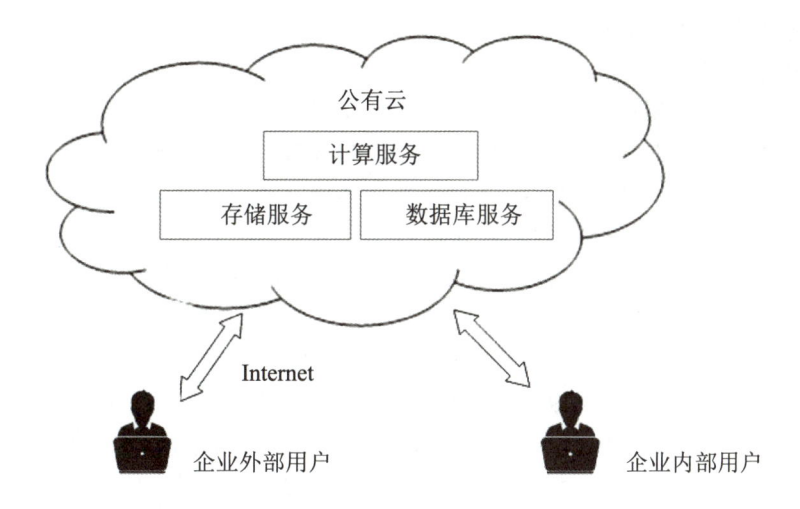

图 2.1.6　公有云结构

对于用户而言，公有云最大优点主要体现在以下 4 个方面：
（1）提供了可靠、安全的数据存储中心，用户不用担心数据丢失、病毒入侵等问题；
（2）对用户端的设备配置要求低、使用方便；
（3）可以轻松实现不同设备间的数据与应用共享；
（4）为使用网络提供了几乎无限多的可能。

2. 私有云

某些对数据安全性要求较高的企业，他们既想要从云计算技术中获益，又不想因为自己的数据存放到第三方数据中心而带来潜在的数据泄露的安全隐患，因此他们将数据存放到自己的数据中心，自己购买软硬件，部署属于自己的云系统，这就是私有云。私有云是为企业或机构单独使用而构建的，因而提供对数据、安全性和服务质量最有效的控制。该公司拥有基础设施，并可以控制在此基础设施上部署应用程序的方式。私有云可由公司自己的 IT 部门或云提供商进行构建。私有云比较适合于有众多分支机构的大型企业或政府部门。

私有云结构如图 2.1.7 所示。

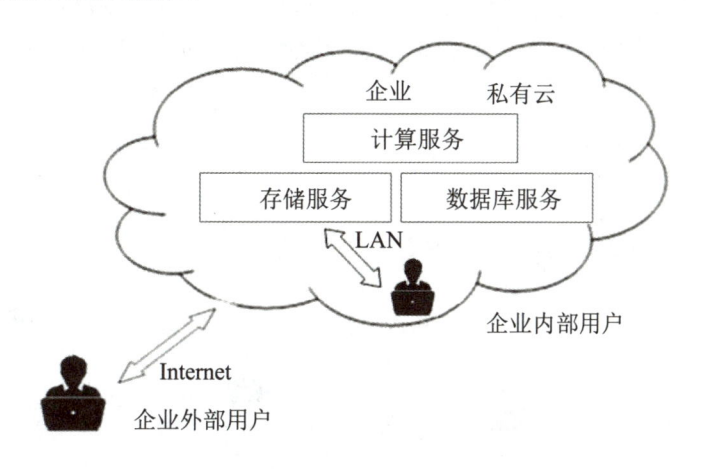

图 2.1.7　私有云结构

私有云具有以下优点：
（1）数据安全性高

虽然公有云服务提供商都提供了安全性极高的数据存储中心，但是对企业而言，和业务有关的数据是其生命线，不能受到任何形式的威胁，因此许多企业是不愿意将核心数据存储在公有云上的，而私有云在这方面非常有优势。

（2）充分利用现有硬件资源和软件资源

众所周知，多数公司都有很多的遗留应用程序，而且这些遗留应用程序大多都是其核心应用。虽然公有云的技术很先进，但却对遗留的应用程序支持不好，因为很多都是用静态语言编写的，例如 Java、C、C++、C#和 COBOL 等，而公有云除了支持这些语言，一般还会支持动态编程语言，例如 Python、JavaScript 或 VBScript 等。但私有云对遗留的应用程序支持有优势，比如 IBM 推出的 Cloudburst，通过 Cloudburst，能非常方便地构建基于 Java 的私有云，而且一些私有云的工具能够利用企业现有的硬件资源来构建云，这样极大降低了企业的成本。

（3）不影响现有 IT 管理流程

对大型企业而言，流程是其管理的核心之一。不仅与业务有关的流程非常繁多，而且 IT 部门的流程也不少，比如那些受《萨班斯-奥克斯利法案》（*Sarbanes-Oxley Act*）限制相关的流程，并且这些流程对 IT 部门非常关键。在这方面，公有云很吃亏，因为假如使用公有云的话，将会对 IT 部门流程有很多的冲击，比如在数据管理方面和安全限定等方面。而在私有云方面，因为它一般部署在防火墙内，所以对 IT 部门流程冲击不大。

（4）高服务质量

私有云一般构建在企业网的防火墙之后，而不是在数据中心中，当公司员工访问私有云上的应用时，不受防火墙和出口网络不稳定的影响，因此访问私有云上的应用非常稳定。

3. 混合云

混合云是一种集成云服务，它将公有云和私有云结合在一起，在企业内部实现各种不同的功能，也是近年来云计算的主要模式和发展方向。出于安全考虑，企业更愿意将敏感数据存放在私有云中，但是同时又希望可以获得公有云的计算资源，在这种情况下混合云被越来越多地采用，它将公有云和私有云进行混合和匹配，以获得最佳的效果，这种个性化的解决方案，达到了既省钱又安全的目的。混合云结构如图 2.1.8 所示。

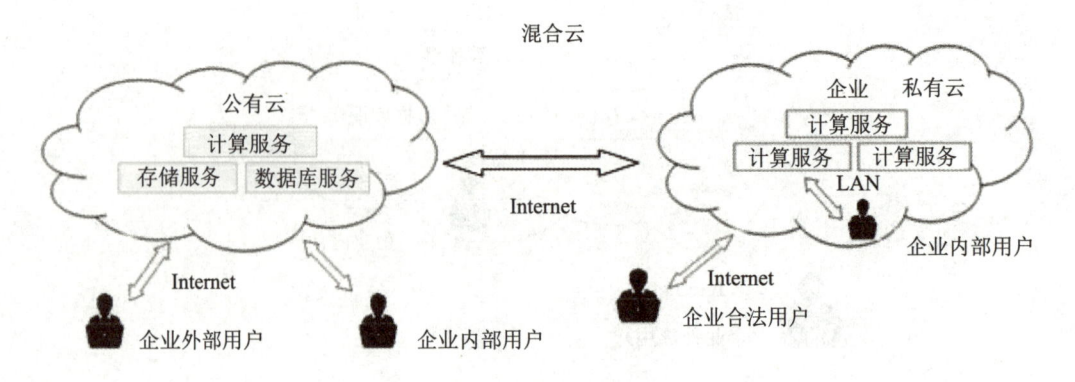

图 2.1.8 混合云结构

混合云提供了很多重要的功能，这些功能使企业能够利用混合云，以前所未有的方式扩展 IT 基础架构。下面我们来看看混合云的 5 个优点。

（1）降低成本

降低成本是云计算的优势之一，也是驱使企业考虑云服务的重要因素。企业升级基础设施需额外购置服务器、存储设备、电力甚至新建数据中心，所增加的成本很高，混合云可以帮助企业降低成本，利用"即用即付"云计算资源来消除购买本地资源的需求。

（2）提高可用性和访问能力

虽然云计算并不能保证服务永远正常，但公有云通常会比大多数本地基础设施具有更高的可用性。云内置有冗余功能并提供关键数据的 Geo-Replication（异地数据同步技术）。另外，像 Hyper-V（微软虚拟化平台）副本和 SQL Server Always On（全态可用技术）即高可用性和灾难恢复解决方案，可以让我们利用云计算来改进 HA（High-Availability，高可用性）和 DR（Disaster Recovery，灾难恢复）。云还提供了几乎无处不在的连接，使用户可以从全球几乎任何位置访问云服务。

（3）增加存储的可扩展性

混合云为企业扩展存储提供了经济高效的方式，云存储的成本比等量的本地存储成本要低很多，是备份和数据归档的不错选择。

（4）提高敏捷性和灵活性

混合云具有很高的灵活性，能够将资源和工作负载从本地迁移到云，反之亦然。对于系统开发和测试而言，在无须 IT 运维人员的协助情况下，开发人员能够轻松搞定新的虚拟机和应用程序。还可以利用具有弹性伸缩的混合云，将部分应用程序扩展到云中以处理峰值处理需求。

（5）获得应用集成优势

许多应用程序都提供了内置的混合云集成功能。例如，前面说讲的 Hyper-V 副本和 SQL Server Always On 可用性都具有内置的云集成功能。SQL Server 的 Stretch Databases 功能等新技术也能够将数据库从内部部署到云中。

4. 私有云、公有云、混合云优劣势

云计算部署的三种模式各有优势，三种模式之间的优势区别如表 2.1.1 所示。

表 2.1.1 私有云、公有云、混合云优劣势对比

云类型	数据安全性	功能拓展	服务质量	成本	核心属性
私有云	高	低	强	维护成本较高	专有
公有云	中	高	中	数据风险成本较高	共享
混合云	高	中	中	学习成本较高	个性化配置

习题与思考

1. 什么是云计算？举例说明云计算在生活中的应用。
2. 云计算与传统计算有什么区别？

3. 私有云和公有云有什么区别？
4. 描述云计算三种服务模式和它们之间的关系。
5. 云计算有哪些特征和优势？

2.2 辨识云计算关键技术

云计算是一种以数据和处理能力为中心的密集型计算模式，它融合了多项信息与通信技术（ICT，Information And Communications Technology），是传统技术"平滑演进"的产物。其中以虚拟化技术、分布式数据存储技术、编程模型、云计算平台管理技术、实时迁移技术最为关键。

2.2.1 虚拟化技术

2.2.1.1 虚拟化技术简介

顾名思义"虚"的概念是相对"实"而言的，"实"表示实际存在的物品，看得见摸得着，如服务器、CPU、内存、外存储器等。而"虚"指用软件来代替或模拟这些实际存在的东西，在云计算方面，这个"虚"指的是虚拟化。

虚拟化是云计算最重要的核心技术之一，它为云计算服务提供基础架构层面的支撑，是ICT服务快速走向云端的最主要驱动力。虚拟化是一种资源管理技术，它将计算机的各种实体资源，如CPU、内存、外存储器等，予以抽象、转换后呈现出来，旨在合理调配计算机资源，使其更高效地提供服务。虚拟化打破了应用系统各硬件之间的物理对象不可分割的障碍，从而实现架构的动态化，实现物理资源的集中管理和使用。通过虚拟化技术可以提高资源的利用率，并能够根据用户业务需求的变化，快速、灵活地进行资源部署。

2.2.1.2 虚拟化技术价值

虚拟化的价值主要体现在如下三个方面。

1. 提高资源利用率

服务器独立运行模式中，很难实现不同系统间资源的共享或调度。例如，假设网站服务器工作负载很重的时候，文件服务器却处在空闲的状态，管理员无法根据实际需求对二者资源使用进行调整。虚拟技术则可以将一组物理硬件资源重新组织为逻辑的资源池，然后根据业务需求预定义相应的资源分配原则，实现资源的动态分配，并监控资源池的使用情况，自动地为虚拟机服务器分配资源，持续优化硬件资源使用状况，使其利用率相对均衡，保证及时响应需求的变化。

一般情况下，传统业务运行模式下，服务器硬件平均资源使用效率一般不到15%。虚拟化技术可以大幅度提高企业中服务器硬件资源的效率和可用性。通过服务器整合方案，可以将服务器硬件资源使用效率提高到 60%～80%左右。

例如：某数据中心机房现有 50 台服务器，每日 24 小时运行，每台服务器平均功耗为 500W，每年耗电约为 50×500×24×365=2.19 亿（W）。按照 IDC 统计，为支持服务器的运行，机房配套的照明、UPS 供电系统、空调散热系统等环境保障所需的功耗约为服务器设备功耗的 1～1.8 倍左右。即使按最低标准的 1:1 估算，机房每年总耗电约为 4.38 亿（W），每年所要支付的电费约为 26.3 万元。如将这些应用按照 10:1 进行虚拟化，则只需要 5 台服务器即可支持全部业务，对应每年电费仅为 2.63 万元，节能效益非常显著。

2. 增强业务稳定性

现代企业的核心业务多依赖于信息化系统，任何重要服务器或应用程序的故障（停机），其代价都非常高昂，如果停机时间较长，就会对企业造成致命打击。传统信息系统的连续运行依赖于高成本投入，但依旧面临系统复杂，出现无法预料的故障，可恢复性差等问题。虚拟系统架构的高可用性及"容灾备份"技术可安全地备份或迁移整个业务信息系统而不会出现服务中断，有效地消除计划内停机，并可从计划外故障中快速恢复，平均恢复时间可缩短 85%。

3. 简化系统的可管理性

通过单一虚拟控制平台可集中管理所有 Intel X86 体系架构的台式机、笔记本电脑、服务器等系统，包括部署、监视和定义操作。部署更新工作由原来数天缩短为几分钟即可完成，操作实现自动化（如自动执行灾难测试和恢复），资源统一调度，控制安全访问，并可全面支持现有管理平台，节省客户投资。

2.2.1.3 虚拟化技术的分类

虚拟化技术形式种类多样，根据已被应用的领域虚拟化大致可分为服务器虚拟化、存储虚拟化、桌面虚拟化。

1. 服务器虚拟化

服务器虚拟化技术可以简单理解为，将多台服务器虚拟成一台功能强大的服务器或将一台功能强大的服务器虚拟成若干台服务器使用。在云计算中，更多地使用的是将多台服务器建立资源池并虚拟成若干台服务器使用。服务器虚拟化必备的是对四种硬件资源的虚拟化：CPU、内存、设备与 I/O、网络。服务器虚拟化的结构如图 2.2.1 所示。

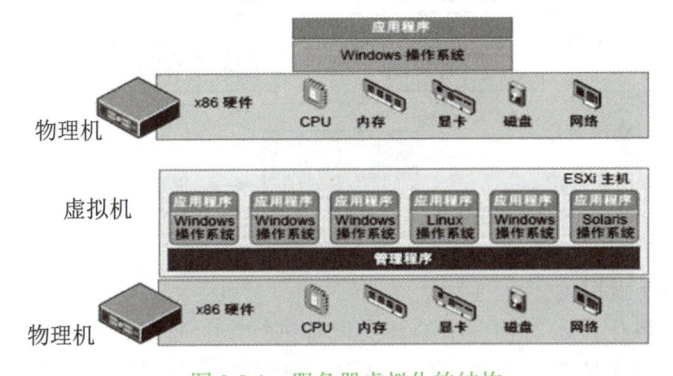

图 2.2.1 服务器虚拟化的结构

(1) CPU 虚拟化

CPU 虚拟化技术是把物理 CPU 抽象成虚拟 CPU，任意时刻一个物理 CPU 只能运行一条虚拟 CPU 的指令。每个客户操作系统可以使用一个或多个虚拟 CPU。在这些客户操作系统之间，虚拟 CPU 的运行相互隔离，互不影响，如图 2.2.2 所示。

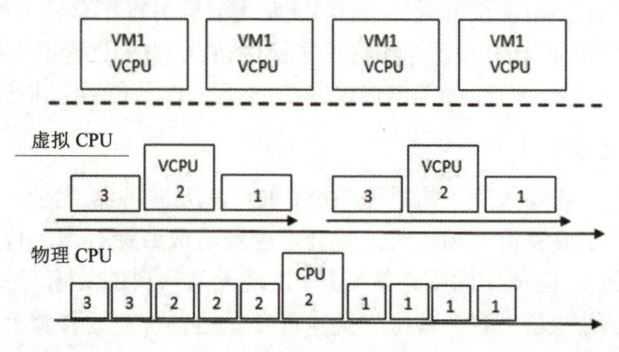

图 2.2.2　CPU 虚拟化描述

(2) 内存虚拟化

内存虚拟化的做法是，将各台服务器的内存进行统一管理，将实际的内存虚拟成多个"虚拟物理内存"再分配给若干个虚拟机使用，使每台虚拟机都拥有自己"独立内存空间"。

众所周知，物理内存在计算机上通常是一段以"零地址"开始以全部内存容量为"截止地址"的空间。例如：某服务器内存由 2 根 8GB 内存条组成，内存容量 16GB，那么理论上该服务器的内存空间为 0～16GB（假设不考虑显卡或其他芯片占用的内存空间）。内存在逻辑上是一个个格子，格子占有空间，可以用来存储数据或程序代码，每个格子有编号，编号就是内存的地址，地址和格子空间是一一对应且永久绑定的。CPU 在访问内存的时候，只要提供对应的内存地址，就能访问到内存中对应的数据。

对于每个虚拟机来说，不管分配内存空间是 1GB 或 2GB，通常都会认为自己的内容是从 0 地址开始的一段空间。而实际上它的每个地址空间会映射到物理内存中某个空间段。有可能是从 2GB 处开始，也可能是从 3GB 处开始，如图 2.2.3 所示。

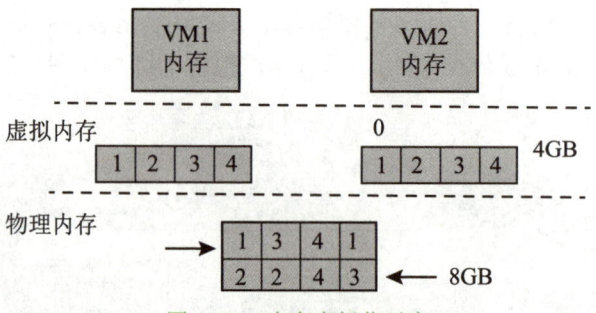

图 2.2.3　内存虚拟化示意

(3) 设备与 I/O 虚拟化

设备与 I/O 虚拟化技术对物理机的真实设备进行统一管理，虚拟成多个设备给若干虚拟机使用，响应每个虚拟机的设备访问请求和 I/O 请求。目前，主流的设备与 I/O 虚拟化都是通过软件的方式实现，虚拟化软件作为共享硬件和虚拟机之间的平台，为设备和 I/O 的管理提供丰富的虚拟设备功能。

以 VMWare 虚拟化平台为例，虚拟化软件将物理机的设备虚拟化，把这些设备标准化为一系列虚拟设备，为虚拟机提供一个可以使用的虚拟设备集合，如图 2.2.4 所示。经过虚拟化出来的设备型号、参数等不一定与物理设备完全相同，但能有效地模拟出物理设备的动作，将虚拟机设备的操作转译给物理设备，并将物理设备运行结果返回给虚拟机，这样使虚拟机不需要依赖底层物理设备的实现。对于虚拟机来说，它看到的始终是由虚拟化平台提供的这些"标准设备"。这样一来，只要虚拟化平台始终保持一致，虚拟机就可以在不同的物理平台上进行迁移。

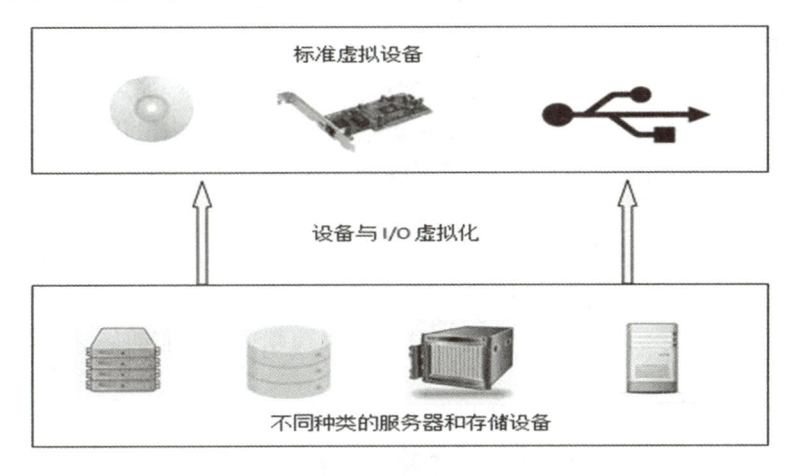

图 2.2.4　设备与 I/O 虚拟化示意

（4）网络虚拟化

网络虚拟化就是在一个物理网络上模拟出多个逻辑网络来。不同的环境实现形式也不相同。在这里，主要介绍服务器内网络虚拟化，例如一台服务器只有一个网卡，并有一 MAC 地址，同时可以分配一个 IP 地址和主机名，其他机器可以通过该 IP 地址访问物理服务器，当该物理服务器虚拟出多台虚拟机以后，每台虚拟机都需要分配独立的网络配置，并通过物理服务器网卡访问网络连接，这需要网络虚拟化，如图 2.2.5 所示。

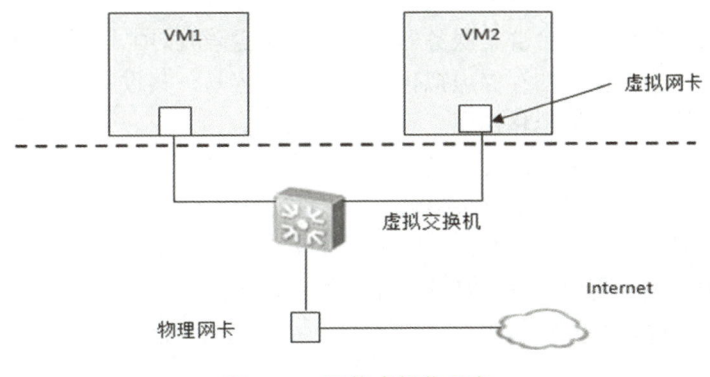

图 2.2.5　网络虚拟化示意

虚拟出来的网络设备和普通网络设备功能一样。当在一台物理服务器上创建多个虚拟机时，就需要虚拟出多个虚拟机网卡来保证虚拟机能够连接到网络上。这是如何实现的呢？主要通过虚拟机管理程序在虚拟层面创建一个虚拟交换机，虚拟网卡连接到虚拟交换机上，物理网卡也连接到虚拟交换机上。

2. 存储虚拟化

通俗地讲，存储虚拟化就是对一个或多个存储硬件（例如闪存存储、传统硬盘、可读写光盘等）资源进行抽象化，提供统一、有效的全面存储服务。从用户角度来说，存储虚拟化就相当一个大存储池，用户看不到后面的磁盘，也不需要关心数据是通过哪条路径存储到硬件上的。

存储虚拟化主要分为两大类：块虚拟化（Block Virtualization）和文件虚拟化（File Virtualization）。块虚拟化就是将不同结构的物理存储抽象成统一的逻辑存储。这种抽象和隔离可以让存储系统的管理为终端用户提供灵活的服务。文件虚拟化则是帮助用户，使其在一个多节点的分布式存储环境中，不需要关心文件具体物理存储位置。

存储虚拟化可以在三个不同的层面上实现。

（1）基于主机的存储虚拟化的实现

基于主机的存储虚拟化依赖于代理或管理软件，安装在一台或多台主机上，实现存储虚拟化的控制和管理。经过虚拟化的存储空间可以跨越多个异构的磁盘阵列，如图 2.2.6 所示。

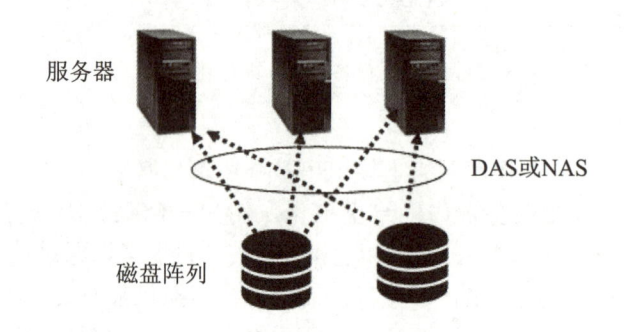

图 2.2.6　主机虚拟化结构

当单台主机服务器或单台群集服务器访问多个磁盘阵列时，可以使用基于主机的存储虚拟化实现方式，基于主机的存储虚拟化其优点实现容易，其设备成本低，性价比高。

（2）基于存储设备的虚拟化实现

基于存储设备虚拟化是在磁盘阵列存储控制器上完成的，它将一个磁盘阵列上的存储容量划分多个存储空间（LUN），供不同的主机系统访问，如图 2.2.7 所示。

当多台主机服务器访问同一个磁盘阵列时，可以使用"基于存储设备虚拟化"的实现方式。其方式的优点是实现容易、管理方便，智能磁盘阵列控制器还提供一些附加功能，例如缓存、即时快照、数据复制等。

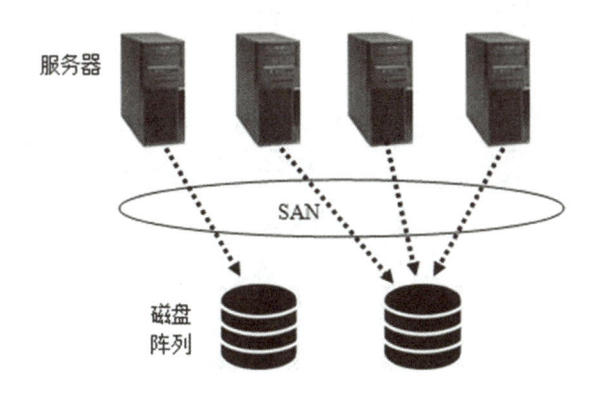

图 2.2.7　存储设备虚拟化结构

（3）基于存储网络的虚拟化实现

以上两种实现方式都是针对"一对多"的访问模式，现实中应用不普遍，大多数情况下，需要多台主机服务器访问众多异构的存储设备，这样构建存储资源池、优化资源利用率，使更多用户使用多种存储资源，或者多个资源对多个进程提供服务等，这就需要存储网络的"虚拟化"来实现，存储网络虚拟化是由加入存储网络 SAN（存储区域网络）中专用装置来实现的，如图 2.2.8 所示。

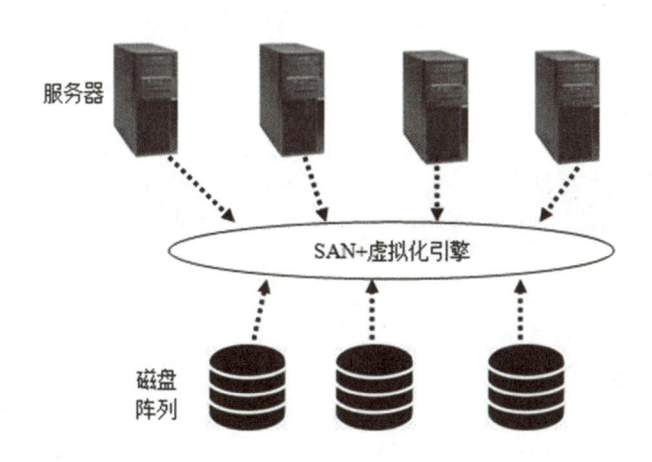

图 2.2.8　存储网络虚拟化结构

3. 桌面虚拟化

这里的"桌面"是计算机专用语，是打开计算机并登录到系统之后看到的主屏幕区域，是用户工作的平面。打开程序或文件夹时，相关显示便会出现在桌面上，还可以将一些项目（如文件和文件夹）放在桌面上，并能随意排列它们。

桌面虚拟化就是将计算机桌面进行虚拟化，使计算机桌面和终端设备之间分离。桌面虚拟化为用户提供部署在云端的远程计算机桌面环境，用户可以使用不同的终端设备，通过网络来访问该桌面环境，即在"虚拟桌面环境"上运行用户所需要的操作系统或应用软件。桌面虚拟化帮助操作系统和应用软件部署在云端服务器上并方便操作，而终端设备通过网络访问虚拟桌面来访问相关的应用。桌面虚拟化系统结构如图 2.2.9 所示。

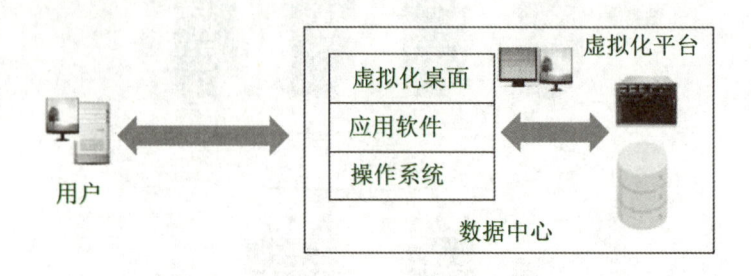

图 2.2.9　桌面虚拟化系统结构

从图 2.2.9 可以看出，桌面虚拟化的实现是依赖服务器的虚拟化，在数据中心的服务器上生成大量独立的桌面操作系统（虚拟机和桌面），并进行集中的存储、执行和管理。

桌面虚拟化技术和应用包括三个阶段：
（1）实现客户端操作系统的虚拟化

实现操作系统与硬件的隔离，并且允许虚拟化的操作系统跟随移动存储设备转移，即虚拟化产品的实现阶段。

（2）虚拟桌面网络化和集中化

虚拟桌面的操作系统将被存储在云中实现集中化管理，用户可以通过网络在任何地方和任何物理机器（笔记本、台式机、手机、"瘦终端"等）访问个人的桌面，实际上就是个人的"云计算"化，它也是虚拟化技术领域的热门技术。

（3）从管理角度实现桌面虚拟化的简化和可用化

如果操作系统与硬件环境理想地实现了脱离，那么用户使用的计算环境将脱离物理机器的制约。每个人可能都会拥有多个桌面，而且随时随地可以访问。由此伴随而来的是虚拟机的泛滥和存储性爆炸，所以应该更简化、安全和高效地管理计算机。

4. 桌面虚拟化的优势

桌面虚拟化具有以下优势：
（1）快速、灵活地部署

按需申请、快速发放、无须搬运沉重的 PC 主机，统一接入、随时随地访问。

（2）提高资源利用率

统一管理数据中心的各种资源，并统一进行调度管理，将资源的利用率最大化。

（3）数据存放安全可靠

数据存放在后台数据中心，安全可靠。且用户访问虚拟桌面时在网络上传输的更多的是图片信息，不易被他人通过网络窃取。

（4）终端设备维护便利

用户的终端设备无须进行软件维护，虚拟桌面维护工作可在后台统一进行，非常便利。

（5）节能减排

采用桌面虚拟化系统，终端设备功耗很低，同时，数据中心的资源利用率又较高，因此，可达到节省成本、节能减排的目的。

2.2.1.4 虚拟化技术适用的领域

1. 传统计算机领域

如虚拟服务器、云计算、数据中心、分布式计算、服务器整合、虚拟设计、自动化管理和应用部署等对硬件平台需求高的项目。

2. 个人用户

如基于虚拟机的杀毒技术、程序的开发和调试、操作系统学习等。

3. 企业管理软件

包括基于虚拟机的可信桌面、软件测试、方便有效地管理和支持员工桌面等。

2.2.1.5 主流虚拟化技术产品

1. XenServer 简介

XenServer 是美国思杰公司（Citrix）推出的服务器虚拟化平台，基于强大的 Xen Hypervisor 程序之上。Xen 技术被广泛看作是业界最快速、最安全的开源虚拟化软件。XenServer 是为了高效地管理 Windows 和 Linux 虚拟服务器而设计的，可提供经济、高效的服务器整合和业务连续性。

XenServer 是在云计算环境中经过验证的企业级虚拟化平台，可提供创建和管理虚拟基础架构所需的所有功能。它能满足许多近乎苛刻的要求，因而深得企业用户信赖，被用于运行许多关键应用场景，而且被许多超大规模的云计算环境服务商和互联网网络供应商（ISP、ICP、ASP、IDCP 等，简称 xSP）所采用。

XenServer 通过整合服务器资源，降低能耗和数据中心空间需求来降低成本，允许在几分钟内完成新服务器配置和 IT 服务交付，提高 IT 系统构建的灵活性，确保可始终达到应用要求和性能水平标准，减少故障影响，防止灾难，进而最大限度地减少停机。XenServer（免费版）配备有 64 位系统管理程序和集中管理、实时迁移及转换工具，可创建一个虚拟平台来最大限度地提高虚拟机密度和性能。XenServer（Premium 版）扩展了这一平台，可帮助各种规模的企业实现管理流程的集成化和自动化，是一种先进的虚拟数据中心解决方案。

（1）XenServer 特点

XenServer 特点在于桌面虚拟化，性价比高，网络性能好，适用于快速与大规模部署，支持系统也相对较多。

（2）XenServer 硬件要求

XenServer 需要至少两台单独的基于 Intel x86 架构的物理主机，一台作为 XenServer 主机，另一台用于运行 XenServer 应用程序。XenServer 主机专用于运行托管虚拟机的 XenServer，不运行其他应用程序。运行 XenServer 应用程序的计算机可以是满足硬件要求的任何通用 Windows 系统计算机，也可用于运行其他应用程序。

XenServer 主机系统要求如表 2.2.1 所示。

表 2.2.1 XenServer 主机系统要求

名 称	说 明
CPU	最低：两台或多台 64 位 Intel x86 CPU，主频 1.5GHz 以上；建议：2GHz 或更高的多核 CPU。支持运行 Windows VM，需要使用带有一个或多个 CPU 的 Intel VT 或 AMD-V64 位 x86 系统
内存容量	最低：2GB；建议：4GB 以上
磁盘空间	最低：16GB；建议：60GB 或更高
网络速度	最低：100Mbit/s 或更该；建议：1Gbit/s 或更高

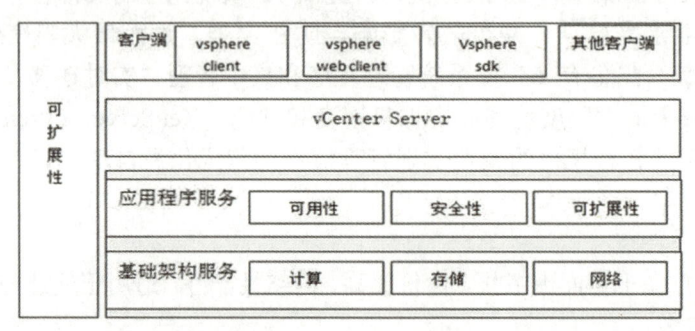

2. VMware vSphere 简介

VMware vSphere 是美国 VMware 公司推出的业界领先且可靠的服务器虚拟化平台，VMware vSphere 能够为整个 IT 基础架构（如服务器、存储架构和网络）实现虚拟化。它将这些不同种类的资源组合起来，使严密、不灵活的基础架构得以转换为位于虚拟化环境中的简单、统一、易于管理的组件集合。

VMware vSphere 包括两个核心组件，分别是 ESXi 和 vCenter Server。其中，ESXi 是用于创建、运行和管理虚拟机的虚拟化平台；vCenter Server 是一种服务，充当连接到网络 ESXi 主机的中心管理员，可用于将多个主机的资源加入资源池中并进行管理。vCenter Server 还提供了很多功能，用于监控和管理物理与虚拟基础架构，并以插件形式提供了其他 vSphere 组件，用于扩展 vSphere 产品的功能。

VMware vSphere 是业界认可的云操作系统和私有云平台，VMware vSphere 可利用虚拟化功能将数据中心转换为简化的云计算基础架构。

（1）VMware vSphere 体系结构

VMware vSphere 平台的系统架构可分为虚拟化、管理、接口三层。这三个层构建了 VMware vSphere 平台的整体，如图 2.2.10 所示。VMware vSphere 平台充分利用了虚拟化资源、控制资源和访问资源等各种计算机资源，同时还能使 IT 组织提供灵活可靠的 IT 服务。

图 2.2.10 vSphere 体系结构

（2）VMware vSphere 特点

侧重于服务器虚拟化，技术成熟、功能多样、支持多种虚拟机系统。

VMware vSphere 引进了很多新的特点，充分体现了云计算的生命力和长远发展前程。可以概括为以下两部分：

① 云计算

将 VMware vSphere 研发成为一朵企业内部的"私有云"，同时也能够与第三方生产商（如 Amazon、Nirvanix 等）提供的"外部云"进行协同工作。VMware 采用一种全新的方法来进行虚拟化，深入诠释了云计算的概念。

vAPP 这一个新的概念是 VMware vSphere 在云计算技术的一个创新型产品。它类似于一个"逻辑包"，包含一个应用程序以及该程序运作所需要的虚拟机和外部及内部的资源。正常情况下，应用程序的正常运作往往需要多台虚拟机，针对于此，vAPP 提供了一种管理应用程序的新方法，大大降低了操作的复杂性，简化了操作程序。

② 配置上限

VMware vSphere 在服务器的配置方面做出了很大的改善。由于 VMware Infrastructure 3.0 对处理器的数目和虚拟机的内存大小都有限制（最多允许 4 台服务器以及每台虚拟机有 64GB 的内存），所以一些较高性能的服务器通常是不可用的。而 VMware vSphere 却在这方面做出了很大的改善，完全消除了上述限制所带来的不便。下面是 VMware vSphere 的虚拟机和 ESXi 4.0 主机的配置上限：

每台虚拟机最多拥有 8 个 CPU 和 10 个网卡，内存增至 255GB。

一台主机至多有 512 个 CPU 和 1TB 的物理内存。

一台主机上一次性可以运行多达 320 台虚拟机。

（3）VMware vSphere 组件及功能

VMware vSphere 组件及功能如表 2.2.2 所示。

表 2.2.2　VMware vSphere 组件及功能

组件名称	组件功能
ESXi	一个在物理服务器上运行的虚拟化层，它将处理器、内存、外存储器等资源虚拟化为多个虚拟机
vCenter Server	配置和管理虚拟化 IT 环境的中央节点。它提供基本的数据中心服务，如访问控制、性能监控和警报管理功能
vSphere Client	一个允许用户从任何 Windows 系统用户远程连接到 vCenter Server 或 ESXi 的界面
vCenter Server Appliance	通过 Web 界面批量管理 ESXi 主机的套件
vSphere SDK	一种为 VMware 和第三方解决方案提供的标准界面，以访问 VMware vSphere 的功能
vSphere VMFS（虚拟机文件系统）	一个针对 ESXi 虚拟机的高性能集群文件系统
vSphere Virtual SMP	允许单一的虚拟机同时使用多个物理处理器
vSphere vMotion	可以将打开电源的虚拟机从一台物理服务器迁移到另一台物理服务器，同时保持"零停机时间"、连续的服务可用性和事务处理完整性。但不能将虚拟机从一个数据中心迁移至另一个数据中心

(续表)

组件名称	组件功能
vSphere Storage vMotion	可以在数据存储之间迁移虚拟机文件而无须中断服务。可以将虚拟机及其磁盘放置在同一位置，或者为虚拟机配置文件和每个虚拟磁盘选择单独的位置。虚拟机在 Storage vMotion 期间保留在同一主机上 通过 Storage vMotion 迁移的功能，能够在虚拟机运行时将虚拟机的虚拟磁盘或配置文件移动到新数据存储，可以在不中断虚拟机可用性的情况下，移动虚拟机的存储器
vSphere High Availability（HA）	可为虚拟机提供"高可用性"（HA）功能。如果服务器出现故障，受到影响的虚拟机会在其他拥有多余容量的可用服务器上重新启动
vSphere Distributed Resource Scheduler（DRS）	通过为虚拟机收集硬件资源，动态分配和平衡计算容量。此功能包括可显著减少数据中心能耗的 DPM（Distributed Power Management，分布式电源管理）功能
vSphere 存储 DRS	在数据存储集合之间动态分配和平衡存储容量和 I/O。该功能包括管理功能，将降低虚拟机性能的空间不足风险和 I/O 瓶颈风险降到最低
vSphere Fault Tolerance	通过使用"副本保护"虚拟机，可以提供连续可用性。为虚拟机启用此功能后，即会创建原始主机或主虚拟机的辅助副本。在主虚拟机上完成的所有操作也会应用于辅助虚拟机。如果主虚拟机不可用，则辅助虚拟机将立即成为活动虚拟机
vSphere Distributed Switch（VDS）	虚拟交换机可以跨多个 ESXi 主机，使当前网络维护活动显著减少并提高网络容量，可使虚拟机在跨多个主机进行迁移时确保其网络配置保持一致

（4）VMware vSphere 硬件配置需求

VMware vSphere 需要相应的硬件和软件支持，安装 EXSi 组件和 vCenter Server 组件的硬件要求分别如表 2.2.3 和表 2.2.4 所示。

表 2.2.3　EXSi 4.0 硬件要求

名　　称	说　　明
内存	最低要求：2GB；建议：8GB 或以上
CPU	x64 架构 CPU 必须能够支持硬件虚拟化（Intel VT-x 或 AMD RVI）
网络接口	1 个或多个"千兆"速率的网卡或 10Gbit/s 速率的以太网控制器
内存容量	一个或多个以下控制器任意组合：基本 SCSI 控制器或 RAID 控制器

表 2.2.4　vCenter Server 组件硬件要求

名　　称	说　　明
内存	最低要求：500MB；建议：1GB 或以上
CPU	最低要求：主频 500MHZ；建议：1GHz 或以上
网络接口	1 个或多个速率为 100Mbit/s 的以太网口
内存容量	最低要求：2GB

3. KVM 简介

KVM（全称是 Kernel-based Virtual Machine）是 Linux 下 Intel x86 硬件平台上的全功能虚拟化解决方案，由以色列 Qumranet 公司研发，后被 RedHad 公司收购，是一款开源软件。KVM 是基于内核的虚拟化技术，实际是嵌入系统的一个虚拟化模块，通过优化内核来使用虚拟技术，该内核模块将 Linux 变成了一个虚拟机监视器，虚拟机使用 Linux 自身的调度器进行管理。

在 KVM 中，虚拟机被实现为常规的 Linux 进程，由标准 Linux 进程调度程序进行调度和管理；虚机的每个虚拟 CPU 被视为一个常规的 Linux 进程。这使得 KVM 能够使用 Linux 内核的已有功能。但是，KVM 本身不执行任何硬件模拟，需要客户空间程序通过"/dev/kvm 接口"设置一个客户机虚拟服务器的地址空间，向它提供模拟的 I/O，并将它的视频显示映射回宿主的显示屏。目前，这个应用程序是 QEMU。KVM 虚拟化平台结构如图 2.2.11 所示。

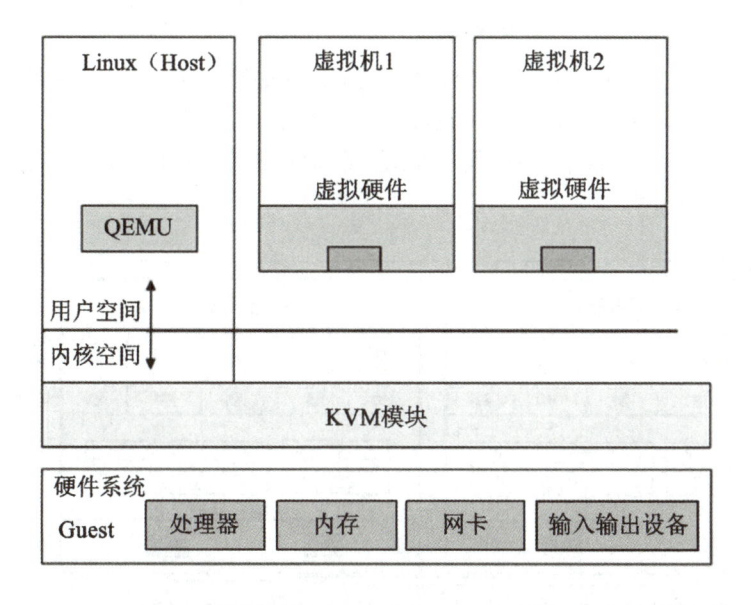

图 2.2.11　KVM 虚拟化平台结构

Guest：硬件系统（客户机系统），包括处理器（CPU 或 vCPU）、内存、驱动部分（Console、网卡、输入输出设备），被 KVM 置于一种受限制的 CPU 模式下运行。

KVM 模块：运行在内核空间，提供 CPU 和内存的虚拟化，以及硬件系统的 I/O 拦截。硬件系统的 I/O 被 KVM 拦截后，交给 QEMU 处理。

QEMU：修改过的为 KVM 虚拟机使用的 QEMU 代码，运行在用户空间，提供硬件系统 I/O 虚拟化，通过 ioctl/dev/kvm 设备和 KVM 交互。

（1）KVM 的特点

与 Linux 内核集成，速度快。

（2）KVM 核心组件

① kvm.ko 内核模块：在用户空间可通过系统调用 ioctl()与内核中的 kvm 模块交互，从而完成虚拟机的创建、启动、停止、删除等各种管理功能。

② qemu-kvm：用户空间的工具程序，用于实现 I/O 设备模拟。

③ libvirt：提供与主流操作系统虚拟化进行交互的工具。

（3）KVM 硬件要求

KVM 硬件要求如表 2.2.5 所示。

表 2.2.5　KVM 硬件要求

名　　称	说　　明
内存	最低要求：500MB；建议：1GB 或以上
CPU	最低要求：主频 500MHZ；建议：1GHz 或以上
网络接口	1 个或多个速率为 100Mbit/s 的以太网口
内存容量	最低要求：1GB

2.2.1.6　虚拟化技术应用案例

某银行过去几年使用近 3000 台物理服务器承担业务，最近推行虚拟化方案只采用了 150 多台物理服务器，实际运行 VM（虚拟机）的数量为 1300~1500 台，还允许有效扩充 2500 台左右虚拟机，采用若干 SAN 及 NAS 服务器实现后台存储，该银行系统的拓扑网络结构如图 2.2.12 所示。

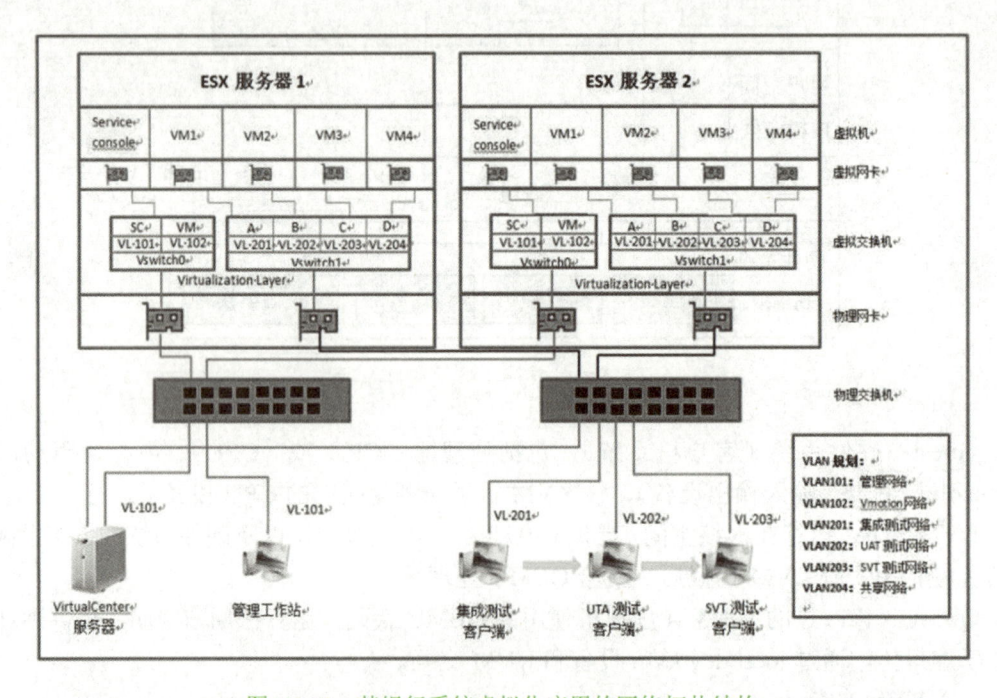

图 2.2.12　某银行系统虚拟化应用的网络拓扑结构

采用虚拟化方案带来的好处：

- 大大减少了物理服务器数量，成本降低了 30%~50%；
- 有效地控制住了今后物理服务器数量的快速增长，按运算能力（CPU、内存需求）而不是按应用数量去购买物理服务器，成本降低近 60%；
- 硬件维护成本降低到原来的十分之一；
- 服务器利用率提高了 4~5 倍；

- 淘汰了旧服务器并减少了服务器数量，节省了电力；
- 减少并控制物理服务器的数量，并提供了 2000 多个虚拟机资源空间；
- 提升了系统稳定性且实现了自动化管理能力。

2.2.1.7 虚拟化与云计算

拥有了计算、存储和网络资源的虚拟化，IaaS 管理平台就可以管理整套虚拟化的资源，可以根据用户的需求来分配资源。例如，用户可以申请 1 个 CPU、4GB 内存、200GB 硬盘和 2 个网卡，或者可以申请 2 个 CPU、8GB 内存、400GB 硬盘和 1 个网卡等不同的资源。由于虚拟机共享资源，所以虚拟化软件需要具备隔离和保证虚拟机数据的安全功能。

在云计算技术中，数据、应用和服务器都部署在云中，云就是用户的"超级计算机"。因此，用户要求资源都能够被这台"超级计算机"资源统一定制、管理和支配。但是，各种硬件设备之间的差异会导致兼容性问题，这会阻碍资源统一管理。

虚拟化技术可以对物理资源等底层架构进行抽象，使设备之间差异性和兼容问题对上层是完全透明的，从而解决了云中资源的兼容性问题。因此，虚拟化简化了应用编程工作，使开发人员只需关注业务逻辑，无须考虑底层资源的供给与调度。在虚拟化系统中，应用和服务部署在各自的虚拟机上，虚拟机之间相互隔离，某台虚拟机故障或宕机不会影响到用户的使用，也不会影响其他虚拟机以及资源的分配。应用了虚拟技术还可实现动态资源调度，资源按需分配，也不会因虚拟机时间处于空闲状态而导致资源浪费。同时，虚拟机部署快速使应用和服务可以拥有更多的虚拟机来进行容错和灾难恢复，进而提高可靠性。

由此可见，因虚拟化技术的成熟和广泛应用，云计算技术的计算、存储、应用和服务都变成了资源，资源可以被动态分配和调度。云计算最终在逻辑上以单一服务的形式呈现。虚拟化技术是云计算中最关键、最核心的技术。

云计算中的 IaaS 软件管理和分配的过程是完全自动化的，它输入用户的需求，输出一个具有网络连接能力的虚拟机。IaaS 管理平台需要实现管理和分配这些资源，并用自动化的方法把它们串联起来。因虚拟化管理程序（Kvm、Xen、Vsphere）存在差异，IaaS 管理平台需要支持多种不同的虚拟化解决方案，每一种虚拟化管理程序的应用程序接口是不同的，还需要针对不同的错误进行自我隔离、容错和修复。所以，IaaS 管理平台需要在虚拟化的基础上实现自动化的分配、调度和容错。

2.2.2 分布式数据存储技术

云计算的另一优势是，能够快速、高效地处理海量数据。在数据爆发式增长的今天，这一点至关重要。为了保证数据的高可靠性，云计算通常会采用分布式存储技术，将数据存储在不同的物理设备中。这种数据存储模式不仅摆脱了硬件设备的限制，可应用于大规模、高并发场景，同时扩展性更好，能够快速响应用户需求的变化。

分布式存储与传统的网络存储并不完全一样，传统的网络存储系统采用集中式存储服务器存放所有数据，存储服务器成为系统性能的"瓶颈"，难以满足大规模存储应用的需要。分布式存储系统采用可扩展的系统结构，利用多台存储服务器分担存储负荷，利用位置服务器定位存储信息，不但提高了系统的可靠性、可用性和存取效率，还易于扩展。在当前的云计算领域，Google 的非开源系统 Google GFS（Google File System）、Hadoop HDFS（Hadoop Distributed File System）、Alibaba DFS（阿里巴巴分布式文件系统）等是目前比较流行的云文件系统。GFS 云计算平台可满足大量用户的需求，能并行地为大量用户提供服务，使得云计算的数据存储技术具有了高吞吐率和高传输率的特点。大部分 ICT 厂商，包括 Yahoo 公司、Intel 公司的云也采用了 HDFS 的数据存储技术。HDFS 有着高可靠性、高容错性的特点，并且设计用来部署在低廉的硬件上。而且它提供高吞吐量来访问应用程序的数据，适合那些有着超大数据集的应用程序。HDFS 存储架构如图 2.2.13 所示。

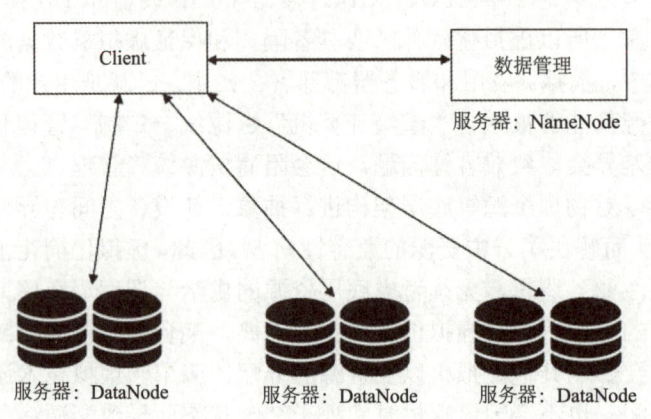

图 2.2.13　HDFS 简化架构示意图

未来的云计算技术发展将在超大规模数据存储、数据加密和安全管理及提高 I/O 速率等方面得到较快发展。

2.2.3　编程模式

从本质上，云计算是一个多用户、多任务、支持并发处理的系统。高效、简捷、安全、快速是其核心理念，它旨在通过网络把强大的服务器计算资源方便地分发到终端用户手中，同时保证低成本和良好的用户体验。在这个过程中，编程模式的选择至关重要，云计算项目中"分布式并行编程模式"被广泛采用。

分布式并行编程模式创立的初衷是更高效地利用软件和硬件资源，让用户更快速、更简单地使用应用或服务。在分布式并行编程模式中，后台复杂的任务处理和资源调度对于用户来说是透明的，这样用户体验能够大大提升。

MapReduce 是 Google 公司利用 Java、Python、C++编程语言开发的，主要用于大规模数据集（大于 1TB）的并行运算。MapReduce 模式的思想是将要执行的问题分解成 Map（映射）和 Reduce（化简）的方式，先通过 Map 程序将数据分割成不相关的区块，分配给大量分布化部署的计算机去处理，达到分布式运算的效果，再通过 Reduce 程序将结果整合输出。

MapReduce 工作过程如图 2.2.14 所示。

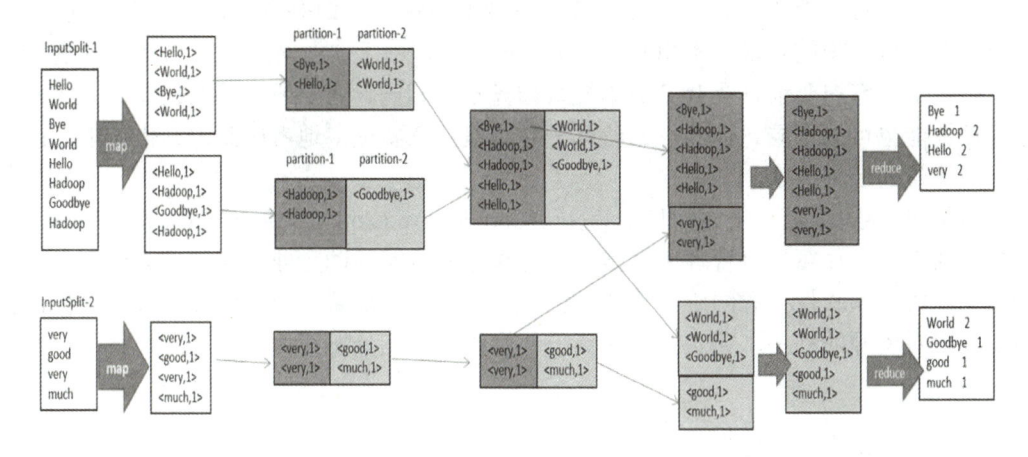

图 2.2.14　MapReduce 工作过程

流程可概括为：

（1）输入文件分片，每一片都由一个 MapTask 来处理；

（2）Map 输出的中间结果会先放在内存缓冲区中，这个缓冲区的大小默认值为 100MB，当缓冲区中的内容达到 80%时（80MB）会将缓冲区的内容写到磁盘上。也就是说，一个 Map 会输出一个或者多个这样的文件，如果一个 Map 输出的全部内容没有超过限制，那么最终也会发生写磁盘的操作，只不过写次数减少；

（3）从缓冲区写到磁盘的时候，会进行分区并排序，分区指的是某个 key 应该进入到哪个分区，同一分区中的 key 会进行排序，如果定义了 combine（合并）操作的话，也会进行 combine 操作；

（4）如果一个 Map 产生的中间结果内存放到了多个文件，那么这些文件最终会再合并成一个文件，这个合并过程不会改变分区数量，只会减少文件数量。例如，假设分了 3 个区，4 个文件，那么最终会合并成 1 个文件，3 个区；

（5）以上只是一个 Map 的输出，接下来进入 Reduce 阶段；

（6）每个 Reduce 对应一个 ReduceTask，在真正开始 Reduce 之前，先要从分区中抓取数据；

（7）相同的分区的数据会进入同一个 Reduce，这一步中会从所有 Map 输出中抓取某一分区的数据，在抓取的过程中伴随着排序、合并；

（8）Reduce 输出。

2.2.4　云计算平台管理

云计算平台资源规模庞大，服务器数量众多，且分布在不同的地点。同时运行着数百种应用，如何有效地管理这些服务器和资源，保证整个系统提供不间断的服务是巨大的挑战。云计算系统的平台管理技术，需要具有高效调配大量服务器资源，使其具备更好的协同工作能力。其中，方便地部署和开通新业务、快速发现故障并且恢复系统、通过自动化、智能化手段实现大规模系统可靠的运营是云计算平台管理技术的关键。

对于云服务提供商而言，云计算可以有三种部署模式，即公有云、私有云和混合云。三种模式对平台管理的要求大不相同。对于用户而言，由于企业对于 ICT 资源共享的控制方式、对系统效率的要求以及 ICT 成本投入预算不尽相同，企业所需要的云计算系统规模及可管理性能也可能不同。因此，云计算平台管理方案要更多地考虑到定制化需求，能够满足不同场景的应用需求。

包括腾讯、阿里巴巴、华为、H3C、锐捷、Google、Amazon、IBM、Microsoft、Oracle/Sun 等许多厂商都有云计算平台管理方案推出。这些方案能够帮助企业实现基础架构整合、实现企业硬件资源和软件资源的统一管理、统一分配、统一部署、统一监控和统一备份，打破传统应用对资源的独占，让企业云计算平台价值得以充分发挥。

1. 云计算平台功能

云计算平台是指基于硬件的服务，提供计算、网络和存储能力的服务平台。云计算平台可以划分为三类：
- 以数据存储为主的存储型云平台。
- 以数据处理为主的计算型云平台。
- 计算和数据存储处理兼顾的综合型云计算平台。

云计算平台通常需要具备以下四个方面的功能：

（1）自动化供应

用户通过"基于角色"的 Web 门户网站填写一张类似的"云计算服务及资源申请表单"，其中至少包括申请的硬件平台规模、CPU、内存、存储、操作系统、中间件和团队成员及其相关角色等信息，整个过程大约需要 5 分钟，提交请求之后，云平台数据中心管理员会收到申请，并对用户申请进行审核、检查或修改，必要时还会与用户协商，最终批准或拒绝该请求。一旦批准，系统就会启动一个定义好的自动化工作流程来完成整个部署工作。完全自动化的供应流程符合安全要求，减少了人为原因造成的错误，大大缩短了系统部署的时间。

（2）预订和调度

在提交服务申请时，需要用户填写服务的开始和结束时间，这样便于数据中心的管理人员对于资源使用情况有所了解。在服务结束时间将要到达时，系统会提前通知用户续租或结束服务。如果结束时间到达且未申请继续服务，系统会自动将资源收回，以便可以给其他需要资源的服务来使用。

（3）变更管理

在某些项目中可以能会面临开发延期或者新需求等有关的一些未知因素。这些未知因素有时会使遵守合同规定的结束日期变得困难，这时，系统允许用户请求延长其原定的合同结束日期。经过授权的项目成员可以登录到平台门户网站，请求延长合同结束日期。云平台数据中心管理员从资源能力和业务合理性两方面对该请求进行评估。管理员可以登录到 Web 界面来查看该请求，并进行审批操作。新的日期一经批准，将会执行相应的任务，也会对合同进行更新以反映新的结束日期。

（4）变更合同

对于采用新技术或未经测试技术的"高风险、高可变性、高伸缩性"项目而言，经常需要变更服务器的硬件资源数量、软件或应用等资源。云计算平台还提供对于服务申请资源的变更功能。

云计算平台的合同变更功能非常灵活，用户可以在原有的系统中添加或删除软件组件，或者连同操作系统重新部署，也可以向现有合同中添加服务器或者减少服务器，或者在符合要求的硬件系统上，选择增加或减少分配给一个或多个虚拟机的资源数量。当变更申请提交后，整个系统的变更操作都是自动进行的，无须人工介入，系统可以在很短的时间内完成变更申请，提供给用户使用。

2. 云计算平台介绍

（1）OpenStack 简介

OpenStack 是一个开源的云计算管理平台项目，是多个开源软件项目的合集。可以控制大量计算能力、存储、乃至于整个数据中心网络资源，能为私有云和公有云提供可扩展的弹性的云计算服务。

OpenStack 主要组件及功能如表 2.2.6 所示。

表 2.2.6　OpenStack 主要组件及功能

组件名称	组件功能
Keystone	认证管理服务，提供了 OpenStack 所有组件的认证/令牌的管理、创建、修改等，使用 MySQL 等数据库存储认证信息
Nova	计算管理服务，是 OpenStack 计算的弹性控制组件，提供虚拟机的创建、运行、迁移、快照等围绕虚拟机的服务，并提供 API 与控制节点的对接，由控制节点下发任务，使用 nova-api 进行通信
Neutron	网络管理服务，提供了对网络节点的网络拓扑管理，负责管理私有网络与互联网的通信，负责管理虚拟机网络之间通信、连接拓扑，负责管理虚拟机之上的防火墙等，同时提供 Neutron 在 Horizon 面板中的管理界面
Glance	镜像管理服务，用于管理虚拟机部署时所能提供的镜像，包含镜像的导入、格式以及制作相应的模板，是一套虚拟机镜像发现、注册、检索系统，所有计算实例都是通过 Glance 镜像启动的
Horizon	控制台（面板）服务，是一个用以管理、控制 OpenStack 服务的 Web 控制面板，它可以管理实例、镜像、创建"密匙对"，对实例添加卷、操作 Swift 容器等，用户还可以在控制面板中使用终端（Console）或 VNC（Virtual Network Console，虚拟网络控制台）直接访问实例
Cinder	块存储服务，提供相应的块存储管理。简单来说，就是虚拟出一块磁盘，可以挂载到相应的虚拟机之上，不受文件系统类型等因素的影响，对虚拟机来说，这个操作就像是新加了一块硬盘，可以完成对磁盘的任何操作，包括挂载、卸载、格式化、转换文件系统等操作，经常用于虚拟机空间不足情况下的存储空间扩容
Swift	对象存储服务，提供相应的对象存储。简单来说，就是虚拟出一块磁盘空间，可以在这个空间当中存放文件，也仅仅只能存放文件，不能进行格式化，也不能转换文件系统，大多应用于云磁盘或云文件存储
Trove	数据库服务，是 OpenStack 为用户提供的数据库即服务（DBaaS），Trove 既具有数据库管理的功能，又具有云计算的优势，以服务的形式为用户提供数据库服务，同时提供 Trove 在 Horizon 中的管理面板
Heat	集群服务，是 OpenStack 提供的自动编排功能的组件，提供了基于模板来实现云环境中的资源的初始化、依赖关系处理、部署等基本操作，也可以解决自动收缩、负载均衡等高级特性
Centimeter	监控服务，提供对物理资源以及虚拟资源的监控，并记录这些数据，对该数据进行分析，在一定条件下触发相应动作

OpenStack 是由一系列具有 RESTful 网络应用程序设计风格和开发方式的 Web 服务所实现的，是一系列组件服务集合。图 2.2.12 为 OpenStack 的概念架构示意图，它演示了一个标准的 OpenStack 项目组合的架构，它具有一定的典型性，但不代表这是 OpenStack 的唯一架构，我们可以选取自己需要的组件项目，来搭建适合自己的云计算平台。

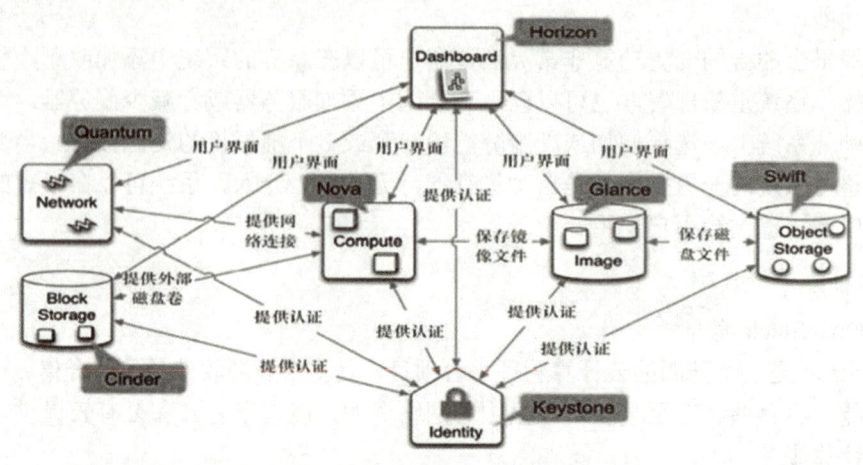

图 2.2.12　OpenStack 架构示意

（2）FusionSphere 简介

FusionSphere 是华为自主知识产权的云计算管理平台，集虚拟化平台和云管理特性于一身，让云计算平台建设和使用更加简捷，可以满足企业和运营商客户云计算的需要。FusionSphere 提供强大的虚拟化功能、资源池管理，还提供了多种云基础服务组件与工具、开放的 API 接口等。它全面支撑传统和新型的企业服务，极大地提升 IT 资产价值并提高 IT 运营维护效率，降低运维成本。

FusionSphere 关键组件及功能如表 2.2.7 所示。

表 2.2.7　FusionSphere 关键组件及功能

组件名称	组件功能
硬件基础设施层	硬件资源包括服务器、存储、网络、安全等全面的云计算基础物理设备，支持用户从中小规模到大规模的新建或扩容，可运行从入门级到企业级的各种企业应用。设备类型丰富，可为客户提供灵活的部署选择
FusionCompute	FusionCompute 是云操作系统软件，主要负责硬件资源的虚拟化，以及对虚拟资源、业务资源、用户资源的集中管理。它采用虚拟计算、虚拟存储、虚拟网络等技术，完成计算资源、存储资源、网络资源的虚拟化。同时通过统一的接口，对这些虚拟资源进行集中调度和管理，从而降低业务的运行成本，保证系统的安全性和可靠性，协助运营商和企业构筑安全、绿色、节能的云数据中心
FusionManager	FusionManager 主要对云计算软件和硬件进行全面的监控与管理，实现自动化资源发放和自动化基础设施运维管理两大核心功能，并向内部运维管理人员提供运营与管理门户
FusionStorage	FusionStorage 是一种存储与计算高度融合的分布式存储管理软件，在 Intel X86 处理器架构服务器上部署该软件后，可以把所有服务器的本地硬盘组织成一个虚拟存储资源池，提供块存储功能
FusionSphere SOI	FusionSphere SOI 性能监控和分析系统，用来对 FusionSphere 云计算系统中虚拟机的性能环境指标进行采集和展示，建立模型进行分析，根据历史和当前数据对未来性能变化进行预测，从而给出对管理员的系统性能管理建议
HyperDP	HyperDP 是虚拟化备份软件，配合 FusionCompute 快照功能和 CBT（Changed Block Tracking，更改块跟踪）备份功能实现 FusionSphere 的虚拟机数据备份方案
UltraVR	UltraVR 是"容灾服务"管理软件，利用底层 SAN 存储系统提供的异步远程备份特性，为华为 FusionSphere 提供虚拟机数据保护和"容灾恢复"

2.2.5 实时迁移技术

实时迁移是虚拟机在系统工作状态下从一台物理主机到另一台的迁移。如果正确执行这种操作，从终端用户的角度来看，这个过程没有任何明显的影响就完成了。实时迁移允许管理员关闭虚拟机来进行维护或更新，而不会产生系统用户"因故障而无法使用"时间，如图 2.2.13 所示。

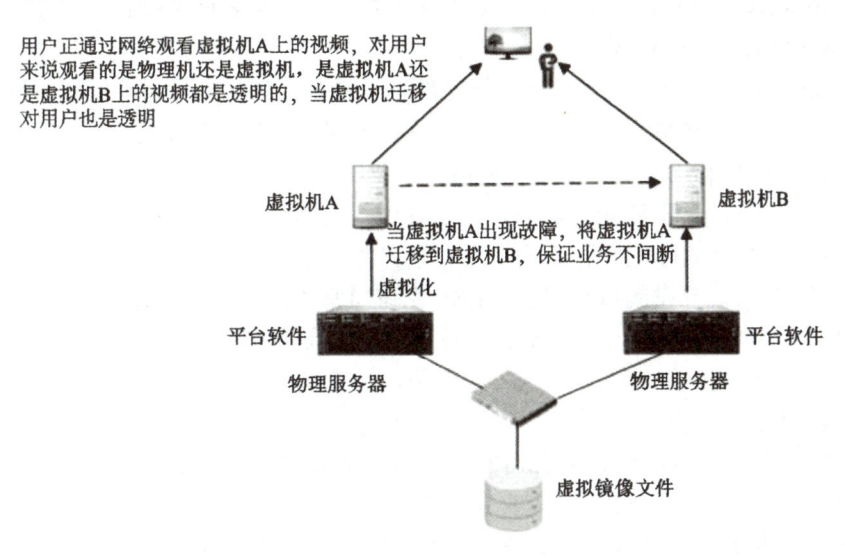

图 2.2.13 实时迁移

习题与思考

1. 简述虚拟化的概念。
2. VMware vSphere 包括哪些产品？
3. 列举 4 款虚拟化平台软件和云平台软件。

2.3 认识云计算典型应用

云计算是 ICT 产业中一项非常重要的技术，发展趋势迅猛，并逐步成为一大技术领域、一个技术产业，甚至成为一个城市和一个国家的重要的新型基础设施。其规模宏大、市场前景广阔、影响力深远。对于电子政务、医疗信息化、教育信息化、移动互联网、物联网以及智慧城市和产业互联网，云计算将是其实现的前提与基础。从不同的行业来看，每个行业都有着不同的需求，下面通过几个典型的云计算应用案例来深入理解云计算的应用与影响。

2.3.1 云计算优化现代化企业管理

1. 背景

某公司有员工 200 余人,其中三分之二的员工需要计算机办公,办公所需软件和系统等要求如下:

(1) Word/Excel/PowerPoint:用于处理文字材料、电子表格和制作并演示 PPT 文档,需要购买 MS Office 或金山 WPS 办公软件。

(2) 办公自动化软件:用于公司内语音通话、视频会议、审批自动流转、发放通知等。

(3) 建立公司的网站:推广公司业务,发布公司重要新闻和信息。

(4) ERP(Enterprise Resource Planning,企业资源计划)系统:用来负责进货、生产、销售、库存和财务、人事等业务管理,打通各个部门的业务数据通道——引入一整套完整的业务流程,最终目的降低库存,稳定现有客户并挖掘新客户资源,加快资金周转,减少人力成本。ERP 系统开发的价格昂贵,ERP 系统日常管理复杂、工作量大。

(5) AutoCAD/Photoshop/Solidworks:公司使用的这些设计软件,购买这些软件的价格昂贵,每年还需要交纳用户许可费或升级费用。

(6) 其他要求:

- 员工出差时可以随时访问公司的 ERP 系统,即做到支持移动办公;
- 要求公司的网站、ERP 系统业务不断,全天候运行,允许员工和客户随时访问;
- 要充分考虑投入成本,严格控制购买计算机和软件成本;
- 要求尽可能采用新版软件。

2. 解决方案

(1) 部署云桌面办公环境

购买几台服务器部署云桌面服务,给需要计算机的员工部署一台云终端,分配一个账号及其密码,将无须购买的软件部署到服务器上运行。

(2) 租用公有云上的 ERP 系统、AutoCAD 软件

ERP 系统和 AutoCAD 价格昂贵,作为小公司来说,花费大量资金会有资金压力,因此租用公有云上的软件,账号按月付费——租用 10 个 ERP 账号、3 个 AutoCAD 产品设计账号、一个 Web 网站账号,员工登录公有云就可以使用这些软件,公有云从不关机。

3. 云计算方案优势

- 小公司也可以使用只有大公司才用得起的大型软件系统,从而提高公司竞争力;
- 无须费心去管理这些系统,减少了日常维护工作量;
- 无须购买服务器来安装这些系统,节省硬件购买投入,并能节省电费;
- 只需租用正版软件,节约了购买整个软件及其众多用户的使用许可费;
- 便于移动办公,员工可以在任何一台终端上登录云计算中心并办公;
- 安全性更高,不容易受到网络攻击或感染病毒。

2.3.2 云计算助力电信行业转型

1. 背景

电信业务需要由原来的语音通信（电话）和数据业务（短信）向云计算、智能管道和移动互联网方向发展；由面向消费者的服务向面向企业和用户的 ICT 业务服务方向转型。

在此背景下，四川电信在 2010 年 7 月和华为签署了云计算战略合作协议，此后双方多次会晤，深入探讨近期及远期的业务商用规划，并成立了联合拓展组和联合规划组，全面建设电信云计算生态系统。

四川电信当时业务平台面临很多的维护和建设的挑战，主要有：资源利用率高低不齐，当时数据中心的物理资源利用率低、能耗高，新业务建设成本高，业务平台数量多、各自相对独立，数据存储分散，管理维护时间长，新业务上线周期漫长。

2. 解决方案

2011 年四川电信启动"云海"项目，采用华为虚拟化和统一的云管理平台，建设云数据中心，同时整合原有 IT 基础设施，形成云计算资源池，对内迁移整合业务平台并开展云桌面业务，对外开展云商城云主机业务。

初期，四川电信云计算平台共放置了 600 多个虚拟主机，承载了数字家庭、车辆定位等 20 多种业务平台以及云主机业务，建设了云商城，用户可以自助申请云主机，满足了企业和最终用户开展 IT 业务的需求，方便了云计算业务的开展。其系统架构如图 2.3.1 所示。

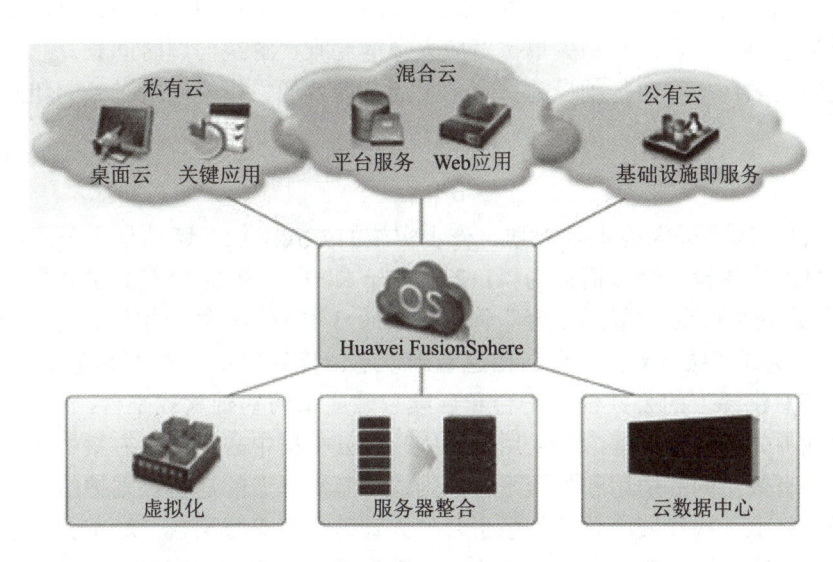

图 2.3.1 系统架构

3. 云计算方案优势

云计算给四川电信带来新的发展机遇，"云海"项目的实施有效整合了 IT 资源，能够快速响应客户服务需求，有效地解决了原来面对的挑战：
- 服务器利用率从原来的 15%提高到 85%；
- 单个业务上线时间缩短了近 80%；
- 实现资源集约化和资源共享，达到了节能减排的目的；
- 打造云计算产业链，利用云平台与第三方合作，承载行业应用。

2.3.3 云计算推动智慧城市建设

1. 背景

江苏省洪泽县抓住物联网发展新机遇，经过不懈努力，成功跻身于"国家第三批智慧城市试点名单"，并探索出智慧城市建设"政府购买服务模式、政府代建模式和市场化运营模式"，成效初显。2014 年 4 月，洪泽县全面启动"智慧洪泽"项目建设，树立"以新型城镇化推动幸福洪泽加速发展，成为智慧城市先行区"的发展目标，计划到 2020 年在旅游、农业、交通、教育、医疗等 24 个民生服务领域让公众享有"指尖式的快捷和便利"。

面临建设的挑战：

（1）信息欠共享：以前由于管理分散、制度规范不健全或者采集指标不统一，常常出现数据口径不一致，迫切需要数据交换平台来驱动跨部门的数据共享和交换。

（2）推广欠渠道：缺乏对新政策、新办事流程和应用推广等内容的发布渠道，例如城管部门做了智能化管理的探索，但无法实现与周边部门的系统联动与协同，无法全面推广应用。

（3）业务欠协同：跨部门业务协同困难，在政务管理过程中遇到问题时，由于信息流动不畅、数据接口不一致，与相关单位对应人员沟通难，解决问题时间长。

（4）设施欠融合：存在基础设施扩容不灵活、能效低、投资周期过长、粗放式管理等问题。

2. 解决方案

"智慧洪泽"项目采取高水平规划、分步实施的方式进行，聘请华为公司牵头进行了总体规划。规划的建设内容可概括为"1+2+3+4"，即 1 个中心（"智慧洪泽"数据中心）、2 个体系（信息安全体系、"智慧洪泽"管理体系）、3 类应用（智慧生活、智慧企业、服务型政府）、4 个支撑（城市支撑平台、信息基础设施、智慧产业、政策环境）。

作为"智慧洪泽"的公共信息平台和后续智慧应用的基础承载平台，"智慧洪泽"数据中心选用业界先进的建设理念，采用华为"政务云数据中心"解决方案构建政府信息资源融合互通、有效协同的使用和管理平台，为"智慧洪泽"的运营保驾护航。

在云平台之上，构建城市公共信息平台作为智慧城市支撑平台。城市公共信息平台包括人口基础信息库、法人单位基础信息库、自然资源信息库和空间地理基础信息库、宏观经济信息数据库及一整套数据交换系统。公共信息基础库和数据交换平台的建成，彻底打通了部门间的数据层面的通道，有助于深度开发信息资源的应用价值，为政府管理、民生服务、提升产业经济等方面的智慧应用提供了数据支撑。

在城市公共信息平台上，华为与合作伙伴助力"智慧洪泽"项目成功部署了视频综合监控系统、无线城市、智慧城管、智慧水利等系统；同时，智慧党建、智慧农业、社会管理与应急指挥平台、智慧环保、智慧社区、智能停车场、政务视频会议系统及社保、公积金管理中心智能化等一批应用子项目也在稳步实施过程中。

3. 云计算方案优势

"智慧洪泽"公共信息平台的建成标志着"智慧洪泽"建设取得实质性突破，目前已经为洪泽县的建设带来了初步效益：

- 实现了县内 40 多个部门政务资源的无障碍共享交换及应用，为群众"一站式"办事提供数据层面的支撑；
- 城市公共基础数据可结合空间地理信息系统，实现二维、三维的展示与管理；
- 智慧城管已将城区内所有"公共设施"部件在地理信息系统平台中建模，包括了窨井盖、路灯等最基本设施的位置、尺寸等属性都有精准记录；
- 针对洪泽县最为关注的防洪、防汛重要任务，智慧水利可在地理信息平台上进行报警提示，并针对不同级别汛情建立了巡查布置、防守策略，以及相关泵站和闸口关启等优化预案，确保汛期防控的万无一失。

2.3.4 云计算提升 IT 价值

1. 背景

中国外运公司（简称中国外运）是集海运、陆运、空运、仓储和码头服务，国际快递、船务代理以及货运代理业务为一体的综合物流服务提供商。中国外运自身生产系统比较多，而且还需要和上下游产业链的企业应用系统对接，系统扩容难、新业务部署周期长。以前的 IT 平台难以支撑业务快速发展需求，整体系统运维复杂、能耗高、资源利用率低。中国外运希望能将 IT 业务云化，寻求精细化运营手段，进行资源整合，实现业务敏捷管理，提升管理效率、增加企业利润。

中国外运现有业务平台面临很多的维护和建设的挑战，主要有：

（1）持续购置硬件和软件，投资压力大，风险高，中国外运每年 IT 投资增长率为 20%；运维成本不断增加，达到 IT 支出的 50%；

（2）建设周期长，业务部署困难，上线新系统需要几个月；

（3）移动办公能力弱，需要适配多种终端类型，还需"人机绑定"；

（4）业务系统可靠性参差不齐，出现单点故障时，快速定位难，故障解决时间长，缺乏管控工具。

2. 解决方案

2011 年下半年，中国外运开始实施服务器整合云计算项目，该项目是一个 ICT 全业务集成项目。在传统通信业务基础上，企业将现有的 IT 基础设备全部外包给中国移动公司承建和运维管理。华为公司依靠领先的 FusionSphere 虚拟化平台，丰富的交付和服务经验，本地化研发和服务团队，以及快速响应客户需求，中标并承建中国外运云计算项目，提供虚拟化云平台和业务整合迁移工具，实现 IaaS 资源租用、企业 UC 业务和数据中心运维、业务连续性保障等 ICT 全业务的应用。

华为利用 FusionCloud 数据中心虚拟化解决方案帮助中国外运实现三大模块，中国外运的云计算系统结构如图 2.3.2 所示。

（1）虚拟化数百台服务器，安全整合迁移至数十个业务系统，包括把原有 VMware 虚拟化平台上的业务迁移到华为虚拟化平台，统一实现了全部业务从物理机到虚拟机的迁移，实现了从旧虚拟机到新虚拟机的迁移。

（2）实现业务高可靠性，"两地三中心"建设容灾备份：在中国移动南方基地和广州市科学城设立双活数据中心和深圳备份中心。

（3）集成华为研发的办公协同 UC 系统，提升办公效率。

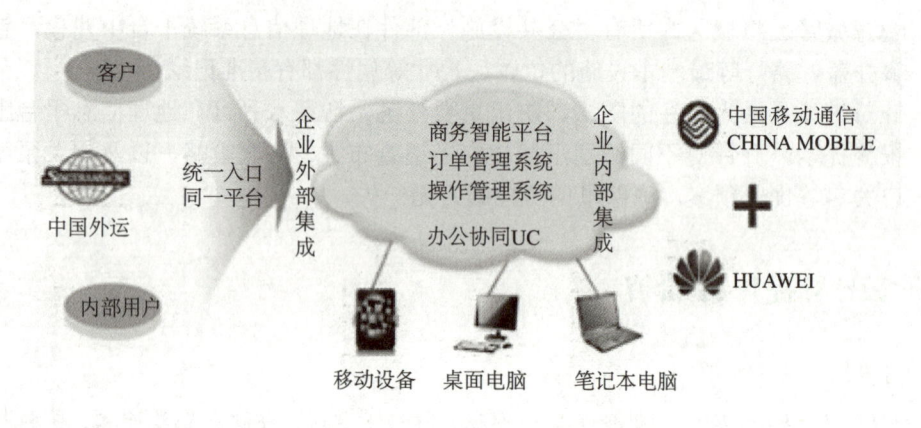

图 2.3.2　中国外运的云计算系统结构

3. 云计算方案优势

该项目完成后，系统能够支持 40 多个中国外运分支机构运营，业务运行平稳无故障，帮助中国外运创造更多的价值：

- IT 资源利用率由 20%提升到 70%。
- 新业务上线时间从几个月缩短到 1~3 周。
- 运维成本降低，由运维变为管理，投资成本转化为运营成本。运营成本有效分摊至业务实体，使中国外运的整体运维方式标准化和归一化，成本明显降低。
- 业务弹性动态伸缩，"两地三中心"的容灾备份系统设计，使业务可靠性达到 99.99%。

▶ 习题与思考

1. 简述云计算在实际应用中的价值体现。
2. 请至少列举一个云计算的典型应用案例。

2.4 云计算发展趋势

2.4.1 云计算发展现状

1. 云计算是第三次信息化浪潮的代表性技术

当今社会正处在第三次信息化浪潮中，云计算、物联网和大数据是此次信息化浪潮的三个代表性技术。云计算提供基础设施支撑，物联网提供数据采集，大数据完成数据价值兑现。另外，云计算、物联网、大数据与人工智能均有密切的联系，它们都是未来产业互联网的核心技术，从这个角度来看，未来云计算的发展前景将非常广阔。

2. 云计算技术已经落地使用

与大数据和人工智能技术不同，云计算技术目前已经被广泛采用，大量的互联网企业和科技企业已经完成了"上云"升级——包括设计上云、开发上云、部署上云和服务上云，云计算提供的服务也逐渐从 IaaS（基础设施即服务）向 PaaS（平台即服务）和 SaaS（软件即服务）转化。

3. 云计算与边缘计算整合

随着 5G 网络和物联网逐渐落地应用，边缘计算（Edge Computing）将成为一个重要的发展方向，而云计算与边缘计算的结合将构建出一个响应更加迅速且安全级别更高的互联网应用环境。

4. 云计算将整合大量的行业资源

云计算发展的早期提供的服务主要以 IaaS 为主，这个阶段主要解决的是硬件资源的整合，随着 PaaS 的深入发展，云计算开始整合更多的行业资源，从而形成多领域的垂直发展。PaaS 将被更多的科技企业整合进自身的产品中，从而为客户提供更加稳定且可动态扩展的服务。

云计算的发展趋势在行业中已经取得共识，它的影响已经逐渐渗透到整个产业以及用户的应用中。云计算将极大扩展互联网的内涵，在某种程度上，它改变互联网企业的运营模式，通过云计算，更多的应用能够以互联网服务的方式交付与运行。云计算将扩大 IT 软件、硬件应用的外延，并且改变了软件、硬件产品的应用模式。IT 产品的开发方向也会发生改变来适应上述云计算带来的应用场景变化。很多业界领先代表都推出了自己的云计算产品和解决方案，例如 Google Drive、Amazon AWS 等，HDS、EMC、NetApp 等公司先后将云计算和云存储技术作为今后整体策略调整的关键点，EMC 宣布发展目标直指虚拟化和私有云建设，NetApp 致力于拓展系统集成商和云存储业务。

2.4.2 未来云计算的发展趋势

云计算作为一种应用模式，它的应用范围日益扩大，必将对产业链的上下游产生重要影响，它在不断地创新、进步以适应企业的需求。从未来需求的角度分析，云计算将会如何发展？

1. 混合云是发展方向

虽然现在很多企业都已经采用了云服务，但是对于大部分的企业来说，基本上采用的都是多个云服务供应商，包括公有云与私有云，以满足不同的需求。公有云与私有云的组合被大家称之混合云，混合云的优势是能够适应不同的平台需求，它既可以提供私有云的安全性，也可以提供公有云的开放性。所以，在未来，混合云的发展是云服务的主流模式。

2. 大数据分析

大数据是高科技的热门话题，大数据分析使云计算和大数据能够很好地结合起来。云计算是可以扩展的，可以覆盖到大数据领域，这些云服务能够为云计算提供平台，开源的云平台为大数据提供更好的开发与分析基础设施。

3. SMB（Server Message Block，服务器信息块）应用程序保护

目前，大多数企业买不起一个完整的应用测试程序或工具来检查企业内部网络的安全性，期待新的云计算能够帮助企业利用 Web 应用程序来进行源代码的扫描，协助企业及时发现潜在的一些网络攻击，从而来按需求提供帮助，降低企业的费用。

4. 强调性能

不管是什么行业，大家更关心的是云的安全、管理和控制权等问题。目前的云计算更强调是否能够可靠地执行用户所需要的业务。因此，，云计算的性能强化问题会是未来一个主要的发展趋势。

5. 云游戏

美国 Gartner 咨询公司曾经预测：70%以上的《财富》评选的"世界 2000 强"企业将至少有一个基于云计算的应用程序。云游戏是以云平台为基础的游戏方式，在云游戏模式下，所有游戏都是在服务器端运行的，并且将渲染完毕后的游戏画面压缩之后通过网络传送给用户。云游戏模式是云计算技术在游戏领域创新性应用。近几年，国内云游戏的开发应用上升势头很猛，例如腾讯公司和北京云联科技在云游戏方面成绩斐然。可以看到，云游戏领域会是云的另一个重要的应用领域。

6. 巨头合纵连横，云市场集中趋势将更加显著

目前，云服务市场基本上被 Amazon、Microsoft、Google、Salesforce、阿里巴巴、腾讯、华为等少数互联网巨头所把持，云服务"巨头们"的市场地位稳固，只要没有重大事件影响，后来者基本上难以撼动其领先优势。

2017 年各大云服务提供商在不断进行技术创新的同时，还积极实现合纵连横寻找盟友，整合各自服务与客户资源，优势互补。例如 SaaS 巨头 Salesforce 与 IaaS 巨头 Amazon AWS

达成战略合作，将自身云服务迁移到 Amazon AWS 平台上运营。Amazon AWS 联手处理器芯片制造公司 AMD 联手构建大型图像云平台。Google 与 Cisco 合作打造混合云解决方案。微软与腾讯合作推出 Office 365 微助理。"巨头抱团"强强联合，实现资源共享从而为客户提供更加全面优质的服务，实现共赢，用户从影响力、服务能力和可靠性角度也更愿意选择巨头联盟的产品，市场集中度加速提升。

7. 云端结合将逐渐成为趋势

云计算厂商纷纷推出边缘计算服务，边缘设备上进行计算和分析的方式有助于降低关键应用的延迟、降低对云的依赖，边缘计算在及时处理物联网生成的大量数据的同时还可结合云计算对物联网产生的数据进行存储和自主学习，使物联网系统不断更新升级。

边缘计算与云计算结合将帮助云向更靠近用户的方向延伸，便于满足低延时、高带宽等新兴业务的需求。

伴随着物联网、人工智能、虚拟现实（VR）等对时延和带宽要求较高业务的发展，"云—端"结合互相配合、各负其责将逐渐成为趋势。

8. 云计算厂商将逐渐人工智能化

云计算平台积累了大量的数据，拥有庞大的平台开发优势和数据资源及计算资源，天生适合发展人工智能，从 2017 年开始，Amazon、Microsoft、Google、阿里巴巴、腾讯等云计算方面非常成功的巨头们也纷纷推出人工智能平台。

2.4.3 云计算职业发展方向

目前，越来越多的企业开始上云、用云，在云上做应用开发，市场上出现了大量的应用解决方案，云应用的成功案例越来越丰富，用户了解和认可程度不断提高，云计算产业发展迎来了发展的"黄金机遇期"，造就新职业诞生。

云计算人才未来的职业发展方向主要包括以下几种：

1. 云计算企业架构师

云计算架构师有两条非常好的途径可供选择：公有云解决方案架构师和安全架构师。传统架构技术对于以云作为基础的 IT 企业来说不够具体化，而且大多数企业寻找的是熟悉特定品牌的云产品的内容专家（SME），例如 Amazon AWS 或 Microsoft Azure 的网络服务。所以，如果你在 IT 架构或安全拥有一个较为一般化的职位，你需要集中将注意力放在特定品牌的云服务上，包括云安全方面的服务。

2. 云计算开发人员

软件开发是一门用途最为广泛的技术，因为你可以在几乎任何平台上编写程序代码。但是在云上，你需要费些心思去深入了解特定的公有云，因为只有了解之后，才能在相应云上创建"云原生"（Cloud Native）的应用程序。"云原生"意味着要将云平台的命令直接植入应用程序，例如安全服务、队列管理、I/O 服务或资源管理等。运用这些命令需要你同时细致地了解所用编程的语言，以及在什么地方该使用哪一个界面、怎么使用、为什么使用。

3. 云系统管理员

对于系统管理员来说，"云职业之路"要从转移到云运算，做一名 CloudOp（云系统管理员）开始。这是云服务企业中的一种新职位，主要负责备份、恢复、检测运行、管理云服务等级（SLA）以及与云虚拟服务器、运算和设置方面相关的很有趣的工作。

习题与思考

1. 请谈谈你对云计算发展趋势的认识。

2.5 云主机申请体验

华为公有云服务器申请：
网址：https://activity.huaweicloud.com/promotion/。
1. 打开 https://activity.huaweicloud.com/promotion/ 页面，注册华为云会员。
2. 打开页面，选择"新手福利"→"免费体验专区"→"立即申请"，如图 2.5.1 所示。

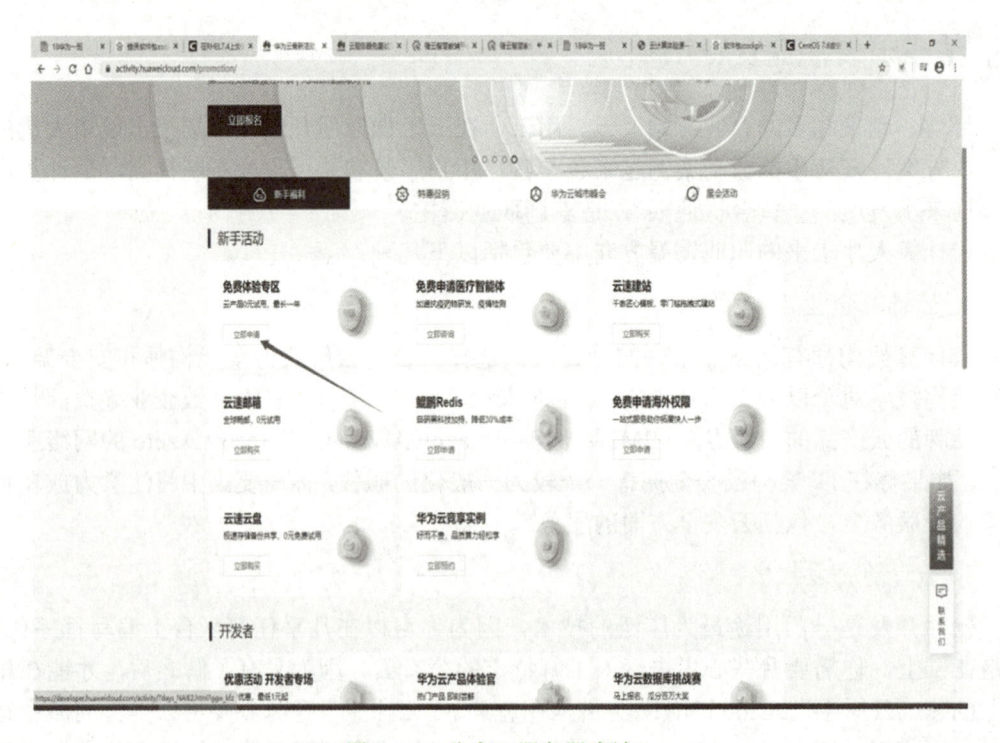

图 2.5.1　公有云服务器申请 1

3. 在"云服务器"区域选择"鲲鹏弹性云服务器 KC1",再点击右边"免费领取",如图 2.5.2 所示。

图 2.5.2　公有云服务器申请 2

4. 选择服务器硬件资源配置,如图 2.5.3 所示。

图 2.5.3　公有云服务器申请 3

— 109 —

5. 在"订单支付中"页面选择返回活动页，在活动页选择"控制台"，如图 2.5.4 所示。

图 2.5.4　公有云服务器申请 4

6. 进入控制台页面，查看资源并管理服务器，如图 2.5.5 所示。

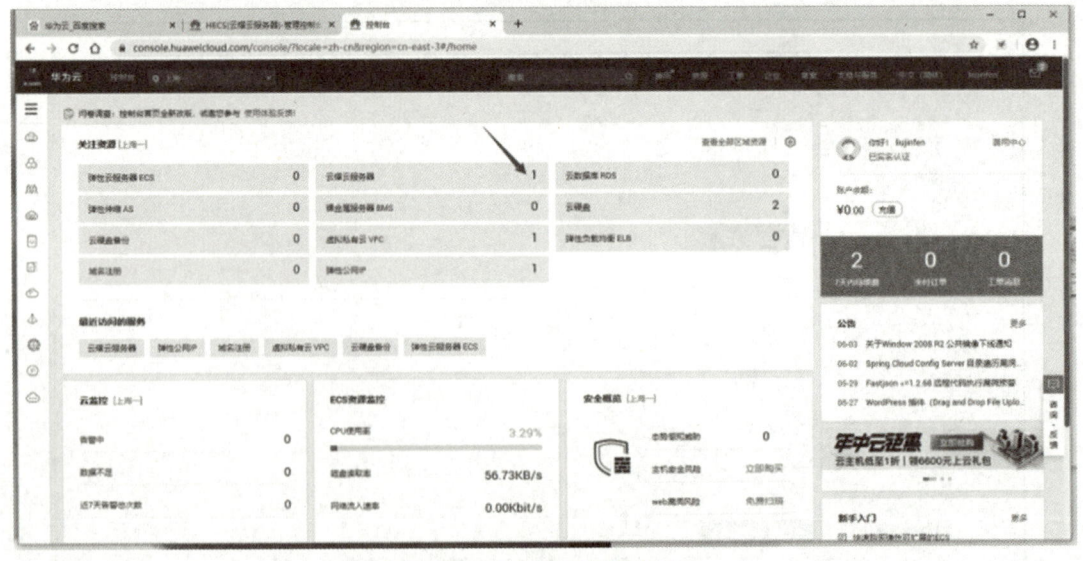

图 2.5.5　公有云服务器申请 5

学习小结

本模块介绍了云计算的产生背景、发展历程，介绍了云计算的定义、特点、服务类型和部署模式；从虚拟化技术、分布式数据存储、编程模式、云计算平台管理、实时迁移技术等方面讲述了云计算关键技术；通过案例介绍了云计算的应用，并简要介绍了云计算的发展趋势。

模块三 人工智能

学习目标：

了解人工智能的起源、定义、分类及发展趋势，熟悉人工智能数理逻辑、机器学习、机器感知、神经网络、编程语言等基础概念，掌握人机对话、深度学习、智能控制、语音、图像识别技术及其应用领域。

具备人工智能技术的认知，具备设计思维、算法思维、创新思维能力，具备与智能机器人协作的能力，具备文献检索和文档撰写的能力。

具有良好的科学素养、人文修养、爱国情怀，具有博学明理、慎思笃行的道德情操，具有明辨是非的安全意识，具有科学发展观、命运共同体的政治思想。

学习导航：

你用过智能手机上的美颜相机、识图匠、华为 AI 音箱吗？你知道"阿尔法狗"以 4:1 的佳绩战胜世界围棋冠军李世石的赛事吗？你听说过导购机器人、无人驾驶车辆吗？所有这些你正在使用或耳闻目睹的新技术都离不开人工智能，我们正生活在一个人工智能无处不在的时代。

我们需要走进人工智能，去了解它、学习它、应用它，才会弄清识图匠为何能够识别植物和动物，美颜相机为何能做出超自然的美颜效果，华为 AI 音箱为什么只要对它说句话就能轻松地进行智能家用电器控制。

机器是怎样拥有知识并像人类一样进行思考的呢？人和机器之间是怎样进行互动交流的呢？如何让计算机能够准确理解输入的内容呢？机器是如何感知外部世界的呢？怎样让机器连续自动地完成一连串任务呢？无人驾驶车辆是根据什么判断是否需要执行减速、

拐弯、停车、刹车这些动作的？要回答这些疑问，我们需要深入学习人工智能技术。

　　首先，我们要通过阅读文献、观看视频和使用应用软件来了解人工智能的基本原理、应用领域、发展现状、机器具体产品的市场应用情况。其次，你可以根据自己的兴趣爱好，选取某个应用领域，通过实践活动熟悉人工智能的关键技术，培养发现和探究意识。最后，需要对所学知识和技能进行归纳和总结。

案例引入：无人驾驶车辆

　　车辆的无人驾驶是对人工驾驶的模仿，是自动驾驶的理想形态，乘客只需提供目的地，无论路况流量如何，天气好坏，车辆均能够实现自动驾驶。这种自动驾驶技术允许乘客在乘车时从事阅读、休息或游戏等活动，一般不需要对车辆进行监控。无人驾驶车辆的行车控制过程由感知、决策、执行三个主要部分完成，每个部分都与人工智能技术有关。感知部分模仿人的眼睛和耳朵，收集路况和环境信息；决策部分模仿人的大脑，通过对信息的分析、处理，决定要采取怎样的操控动作；执行部分相当于人的肢体，自动完成具体的汽车操控。这三个部分应用到的人工智能技术有人脸识别、图像识别、文字识别、人机对话、语音识别、自动控制、神经网络等关键技术。为了掌握人工智能的基本原理和关键技术，让我们一起来探索人工智能的奥秘吧！

3.1　走近人工智能

　　自 1946 年第一台计算机诞生，人们一直希望计算机能够具有更加强大的功能。进入 21 世纪，由于计算能力的提高和大数据的积累，人们发现人工智能（Artificial Intelligence，AI）的应用范围和实际效果远超人们的想象。人工智能的发展不仅创造了一些新行业，也可以给传统行业赋能，从而推动了多行业的快速发展。

　　在国家政策层面，2017 年 7 月 20 日国务院印发了《新一代人工智能发展规划》，在《2018 年国务院政府工作报告》中更明确提出"加强新一代人工智能研发应用"的要求。国际上的发达国家，如美国、日本、德国、法国等也出台了相关扶持政策。

　　在产业界，许多信息技术企业都相继涉足人工智能领域。例如，以 IBM 公司也已把人工智能作为其重点发展领域，许多的互联网企业如谷歌、微软、阿里巴巴、腾讯、百度更是投入大量资源发展人工智能。如今，许多创业公司也从人工智能起步。

　　在实际产品开发方面，人工智能技术也得到了广泛应用，如华为 Ascend 310 AI 芯片（昇腾 310，一个 AI "片上系统"），百度 Apollo 开发的自动驾驶平台，众多手机厂家支持的指纹识别、语音识别及语音控制、人脸识别产品等，如图 3.1.1 所示。

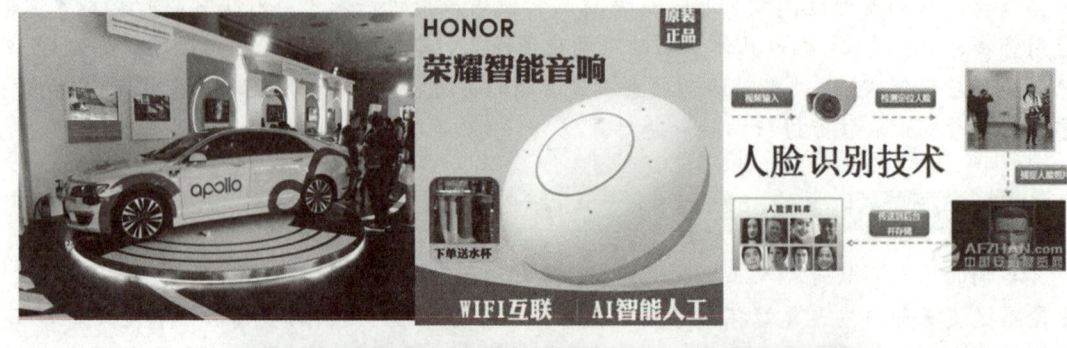

图 3.1.1　人工智能芯片、自动驾驶平台、指纹识别、人脸识别、智能语音控制

人工智能技术的快速发展，也同时带来的人工智能安全、技术伦理约束、人工智能武器对人类的威胁、个人隐私保护，以及人工智能机器人与人类冲突控制等方面的问题。为了规范人工智能技术研究、开发及其合理利用，世界主要发达国家、一些学会或协会组织、一些著名企业联盟发起和制定了众多的"约定""准则""协议"或"公约"，相关事项也得到了业界人士的普遍重视。例如，2017 年 1 月举行的 Beneficial AI 会议提出了 23 条"阿西洛马人工智能原则"（Asilomar AI Principles），指出人工智能和脑机接口技术必须尊重和保护人的隐私、身份认同、能动性和平等性等。

学习、掌握、研究人工智能，是社会的需要，也是大学生学习、就业、发展的需要。

3.1.1　人工智能的起源

很早以前，就已经出现类似于人工智能的思想。据记载，古希腊哲学家曾研究过如何制造拥有智能的机器。1943 年，McCulloch 和 Pitts 的论文提出了一种名为"感知机"的数学模型，它是基于生物脑细胞结构的抽象。1951 年，一位名为 Marvin Minsky 的年轻数学博士生和 Dean Edmonds，根据 McCulloch 和 Pitts 的论文模型设计并建立了一台基于感知机的计算机，这台计算机被称为"随机神经模拟加固计算机"（Stochastic Neural Analog Reinforcement Computer，SNARC），如图 3.1.2 所示。这台原型机由 40 个真空管"神经元"组成，这些"神经元"可以控制外部的阀门、电机、齿轮、离合器和执行器。这个系统是一个随机连接的 Hebb 突触网络，构成了一台简单的神经网络学习机。

图 3.1.2　SNARC 原型机

现代人工智能发展的一个重要里程碑式事件发生在 1956 年的达特茅斯学院人工智能会议上。这次会议主要参加者有 10 人（部分参会人合影见图 3.1.3），分别是麦卡锡、明斯基、香农、罗切斯特、纽厄尔、西蒙、塞缪尔、伯恩斯坦、摩尔、所罗门诺夫，其中前四位是本次会议发起人。达特茅斯会议的最主要成就是使人工智能成了一个独立的研究学科。

图 3.1.3　达特茅斯会议参加人员（部分）

人工智能的英文名称是"Artificial Intelligence"（简称 AI），有文献可考的记录是出自 1956 年的达特茅斯会议。在此之前，即使有相关的名词术语，也不是大家对人工智能学科的命名共识。

3.1.2　人工智能的定义

人工智能如何定义呢？历史上有很多人工智能的定义，这些定义对于人们理解人工智能都起过作用，甚至是很大的作用。比如，达特茅斯会议的发起建议书中对于人工智能的预期目标的设想是"制造一台机器，该机器可以模拟学习或者智能的所有方面，只要这些方面可以精确描述。"该预期目标也曾经被当作人工智能的定义使用，对人工智能的发展起到了举足轻重的作用。

时至今日，还没有被业界普遍认同的人工智能定义。

目前，最常见的人工智能定义有两个：一个是明斯基提出的定义，"人工智能是一门科学，是使机器做那些人需要通过智能来做的事情"。另一个"更学术"一些的定义是尼尔森给出的，即"人工智能是关于知识的科学"，所谓"知识的科学"就是研究知识的表示、知识的获取和知识的运用。

在这两个定义中，业界人士更偏向于使用第二个定义。原因很简单，因为"明斯基定义"中涉及两个需要明确定义的概念，一个是人，一个是智能。什么是人？什么是智能？到现在依然是很难清楚定义的问题。相比之下，"尼尔森定义"只涉及一个未明确定义的概念，就是知识。在人、智能、知识这三个概念当中，知识被研究的应该是比较全面的。同时，人和智能的定义也与知识紧密相关，而且知识是智能的基础。如果没有知识，很难发现智能。

所以一般来说，人工智能的研究是以知识表示、知识获取和知识应用为归依的。虽然不同的学科致力于发现不同领域的知识，但应承认，所有的学科都是以发现知识为目标的。比如，数学学科与数学知识、物理学科与物理知识，等等。而人工智能希望发现可以不受领域限制、适用于任何领域的知识，包括知识表示、知识获取以及知识应用的一般规律、算法和实现方式等。因此，相对于其他学科，AI 具有普适性、迁移性和渗透性。一般来说，将人工智能的知识应用于某一特定领域，即所谓的"AI+某一学科"，就可以形成一个新的学科，如生物信息学、计算历史学、计算广告学、计算社会学等。因此，掌握人工智能知识已经不仅仅是对人工智能研究者的要求，也是时代对更多人的要求。

注释：人工智能及其英文简称 AI 在含义、词性、内涵和外延方面完全相同，在本教材中多采用"人工智能"的表述，但为了简略或方便叙述，有时也会采用 AI 的表述。两者相同，没有差别，特别告知。

3.1.3 人工智能的分类

人工智能发展至今，有三大流派，即："符号主义""连接主义""行为主义"。从专家系统发展起来的知识图谱属于"符号主义"流派；在围棋上，分别战胜了世界围棋冠军李世石和柯洁的 AlphaGo 一代和二代采用了深度学习技术，属于"连接主义"流派；许多机器人、特别是行为机器人的研发多属于"行为主义"流派。上述流派属于自然形成，非人为划分或人力驱动。对于现代人工智能技术，特别是在大数据和云计算的助力下，三种流派的交叉、融合已是大势所趋和发展必然。表 3.1.1 列举了人工智能的主要技术类别。

表 3.1.1　人工智能的主要技术类别

分类		简述
流派	应用领域	
符号主义	图灵测试（Turing Test）	图灵测试是由 Alan Turing 于 1950 年开发的一种判断机器是否具有与人类相似智力的测试
	知识表示（Knowledge Representation）	是指把知识客体中的知识因子与知识关联起来，便于人们识别和理解知识
	知识工程（Knowledge Engineering）	旨在构建、维护并使用以知识为基础的系统方面所涉及的所有技术与科学
	逻辑编程（Logic Programming）	一种基于形式逻辑的编程方式。任何用逻辑编程语言编写的程序都是一组逻辑形式的句子，表达了一些问题域的事实和规则。主要逻辑编程语言有 Prolog、ASP（Answer Set Programming）和 Datalog
	专家系统（Expert System）	是一个具有大量的专门知识与经验的计算机应用系统，其内部含有大量的某个领域专家水平的知识和经验，通过分析与判断，模拟人类专家来解决该领域的复杂问题
连接主义	机器学习（Machine Learning）	在人工智能环境中，机器学习提供了计算机自动学习知识的能力。浅度学习和深度学习是其两个主要的子领域
	语音处理（Speech Signal Processing）	研究语音发声过程、语音信号的统计特性、语音的自动识别、语音的机器合成以及语音感知等各种处理技术的总称。语音处理包括语音识别、语音合成、语音感知、语音转换和情感语音等
	自然语言处理（Natural Language Processing）	用于分析、理解和生成自然语言，以方便人与计算机或智能设备的交流，研究能实现人与计算机之间用自然语言进行有效通信的各种理论和方法
	智能助理（Intelligent Personal Assistant）	一种可以为个人执行任务或服务的软件代理。这些任务或服务通常基于用户的输入、位置信息以及从各种在线来源访问信息的能力。这种代理的例子包括苹果手机的 Siri、亚马逊的 Evi、谷歌的 Home、微软的 Cortana、三星的 Voice、百度公司的"小度"、阿里巴巴的"小密"等
	计算机视觉（Computer Vision）	是一门研究如何使机器"看"的科学，就是指用机器实现人类视觉系统功能，代替或帮助人眼对目标进行识别、跟踪和测量，包括图像或视频的获取、处理、分析和理解
	游戏人工智能（Gaming AI）	人工智能在游戏中用于产生智能行为，主要是在非玩家角色（Non-Player Character，NPC）的设计中模拟人类智能
行为主义	机器人技术（Robotics）	机器人技术是工程学、材料学和计算机科学的多学科融合技术，包括（但不限于）机械工程、电子工程、计算机科学、人工智能等学科
	机器人（Robots）	机器人是一种机器，特指由计算机可编程控制或智能系统控制的机器，它能够自主地完成一系列复杂的动作
	自动驾驶汽车（Autonomous Vehicles 或表为 Self-driving Automobile）	又称无人驾驶车辆，依靠人工智能、视觉计算、雷达探测、监控装置和物理定位系统协同合作，让电脑可以在没有人类主动的操作下，自动安全地操作机动车辆

人工智能的三大流派，无论哪一派所实现的人工智能都不会等同于人类智能。

符号主义认为，知识是智能的基础，机器依靠对大量知识的记忆功能来判别真假，但对组合的概念、命题或概念所代表的实体未必能够像人类一样分辨清楚。

连接主义则主张，通过机器学习、深度学习来模拟人类大脑来处理问题。但到目前为止，人类尚未完全掌握人类大脑的工作机制，即使是最复杂的人工神经网络与深度学习系统，和人脑的运行机制相比也还有非常大的差距。

行为主义认为，通过机器感知，AI 可以实现人类的某些特定功能，但无法完整地模仿人的各项技能。

表 3.1.1 的分类并未涵盖所有人工智能相关的研究和活动，但它确实突出了大多数重要领域。可以看出，随着人工智能的不断发展，每个流派在各自的研究领域都有重要的成果和进展，它们之间互不冲突，也不会彼此取代，长久趋势是走向融合。希望读者能够拓宽知识范围，并且能够明白人工智能已对我们的日常生活所产生的深远影响。

3.1.4 人工智能的发展趋势

人工智能是当前最热门的技术发展领域之一，随着 AlphaGo"围棋人机大战"的开展，人工智能甚至做到了家喻户晓。如今，人工智能的产品也无处不在，比如苹果手机的 Siri 语音识别，谷歌的无人驾驶车辆，IBM 的 Watson 机器人，以及其他各种人脸识别技术等。人工智能正在促进人类社会的转变。人工智能技术应用领域越来越广，已经对很多行业产生了重要影响，甚至对某些岗位的就业人员提出了挑战，同时创造了许多领域新的发展机遇。

人工智能技术是人工智能应用、普及、发展的关键因素，未来的人工智能技术会在医学领域、边缘计算、胶囊网络（CapsNet）三个领域得到快速发展，进一步推动社会进步。在医学领域，人工智能能够提升诊断的精准度与确诊速度，能够综合分析患者的身体的整体状况，使诊疗或保健方案更科学、全面、可靠、精准，能够整体提升人类的健康水平。边缘计算是在云外（云边缘）或者集中控制系统（系统边缘）外部实现信号或控制信息的"就近处理"，目标是减少不必要的网络通信、实现信号的"就近处理"，减轻云或系统端负荷、降低信号处理时延、提升信息处理的有效性。在胶囊网络方面，主要是更好地应用 CNN（Convolutional Neural Networks，卷积神经网络）运行原理，提升检测图像的性能。智能机器人是人工智能技术的综合应用。

当前，机器人发展的特点可概括为三方面：一是在横向上，机器人应用面越来越宽，由 95％的工业应用扩展到更多领域的非工业应用，像做手术、采摘水果、剪枝、巷道掘进、地表侦查、地面排雷，还有空间机器人、潜海机器人等。二是在纵向上，在相关领域中，机器人的使用呈现纵向化发展的特征，机器人能做的工作越来越多、越来越复杂、越来越深入，机器人的种类越来越多，例如微型探查机器人正变得越来越小、越来越智能，除能完成医疗上常规的静脉、动脉探查或肠道、食管探查外，还可以深入到人体血管网络末端或神经网络中，进行探测、取样、疏通等操作。三是机器人智能化得到加强，机器人更加聪明。机器人的发展史犹如人类的文明史和进化史，在不断地向着更高级阶段发展。从原则上说，意识化机器人已是机器人的高级形态，不过意识又可划分为简单意识和复杂意识。人类具有非常完美的复杂意识，而现代所谓"带有意识"的机器人也仅仅是具备简单意识，未来智能机器人意识的深化、复杂化、高智能化将是一个发展热点。

人类的运动技能经验可以从学习生活中获取、学习，并经过反复训练，逐渐内化为自身掌握的习惯性运动技能。人类可以通过不断的学习和练习来增加自己所掌握的技能，并将所学技能存储于自己的记忆中。在面向任务执行时，可以基于已掌握经验自主选择运动技能来完成任务，比如人类打篮球时会选择运球动作和投篮动作来实现进球得分。在机器人研究领域，越来越多的关注点投向了机器学习领域，如何将人类的学习方法与过程应用于机器学习成为人们关注的焦点。

当前，我国已经进入了机器人产业化加速发展的阶段。无论是在帮老助残、医疗服务领域，还是面向空间、深海、地下等危险作业领域，抑或是精密装配等高端制造领域，迫切需要提高机器人的工作环境感知和灵巧操作能力。随着云计算与物联网的发展，相伴而生的技术、理念和服务模式也正在改变着我们的生活。机器人应该充分利用云计算与物联网带来的助益，提高自身的智能化与自动化水平，从而增强我国在机器人行业领域的综合竞争力。

无线网络和移动终端的普及使得机器人可以连接网络而不用考虑由于其自身运动和复杂任务而带来的网络连接方面的困难，同时机器人的网络互联，为机器人之间的协作提供了方便。云机器人系统充分利用网络的泛在性，采用开源、开放和众包的开发策略，极大地扩展了早期的在线机器人和网络化机器人概念，提升了机器人的能力，扩展了机器人的应用领域，加速并简化了机器人系统的开发过程，也同时降低了机器人的构造和使用成本。虽然现阶段研究工作才刚刚起步，但随着机器人无线传感、网络通信技术和云计算技术的进一步综合应用，云机器人的研究会逐步成熟化，并推动机器人应用向更廉价、更易用、更实用的方向发展，同时云机器人的研究成果还可以应用于更广泛、更普适的智能应用系统、智能物联网系统等场景。

"物联网＋机器人"系统是物联网技术扩展自身功能的一个重要途径，同时也是机器人进入日常服务场景提供高效智能服务的发展方向，尤其是在环境监控、突发事件应急处理、日常生活辅助等面积较大、动态性较强的复杂服务环境中具有重要应用前景。

目前，国内外研究机构和学者对"物联网＋机器人"系统的研究尚处于初期阶段。正因为"物联网＋机器人"系统所需研究的内容及应用范围更加广泛，所以研究过程中面临的困难和挑战也更大。目前，"物联网＋机器人"的研究均处于初期阶段，两者结合构建的"物联网＋机器人"系统存在诸多亟待解决的问题，包括该系统的体系架构、感知认知问题、复杂任务调度与规划，以及系统标准的制定等。

在云计算、物联网环境下的机器人在开展认知学习的过程中应该得到大数据的支持与帮助。大数据通过对海量数据的存取和统计、智能化的分析和推理，并经过机器的深度学习后，可以有效地推动机器人认知技术的发展。而云计算支持的机器人可以在云端实时处理海量数据。由此可见，云计算和大数据为智能机器人的发展提供了支撑。在云计算、物联网和大数据的综合支持下，我们应该大力发展认知机器人技术。认知机器人是一种具有类似人类的高层认知能力，并能适应复杂环境、完成复杂任务的新一代机器人。基于认知的机器人，一方面能有效克服普通机器人的许多缺点，智能水平进一步提高；另一方面使机器人也具有同人类一样"脑—手"协作技能，将人类从高重复性或危险环境的劳动中解放出来，而这一直是人类追求的梦想。"脑—手"运动感知系统具有明确的功能映射关系，从神经、行为、计算等多种角度深刻理解大脑神经运动系统的认知功能，揭示"脑—手"动作和行为的协同关系，理解人类"脑—手"运动控制的本质，是当前探索大脑奥秘且有望取得突破的一个重要时点，这些突破将为理解"脑—手"感觉运动系统的信息感知、信号编码以及"脑区"协同实现"脑—手"灵巧控制提供支撑。目前，国内基于认知机理的"仿生手"实验验证平台还很少，大多数"仿生手"的研究并未充分借鉴脑科学的研究成果。

实际上，在动态的不确定环境下，人手能够完成各种高度复杂的灵巧操作任务正是基于人的"脑—手"系统对视、触、力等多模态信息的感知、交互、融合以及在此基础上形成的学习与记忆。因此，将人类"脑—手"的协同认知机理应用于机器人仿生研究是新一代高智能机器人发展的必然趋势。

总之，人工智能已经成为全球科技领域竞争的"热点"领域，关系着国家的发展。因此，必须加快人工智能技术的研发与转化，为其发展提供良好环境，不断进行技术创新。

3.1.5 人工智能与大数据、云技术及物联网的关系

图 3.1.4 表示了新一代信息技术之间的关系。

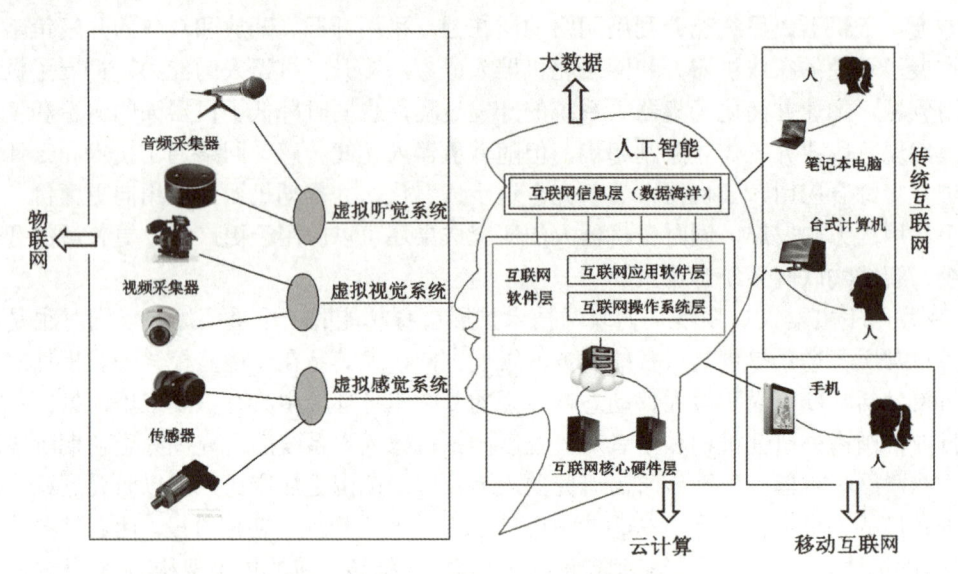

图 3.1.4　新一代信息技术之间的关系图

1. 人工智能与大数据的关系

大数据为人工智能的机器学习与知识挖掘提供了强大的数据支持。新数据的不断产生，又加速和推动了数据计算与数据分析的进步，而人工智能的发展，又可以更高效地对大数据进行获取、传输、分析与处理。人工智能和大数据技术都是新一代信息技术，两者都需处理有用的数据，都涉及编程语言的应用，人工智能离不开大数据。两者是相辅相成、密不可分的。

2. 人工智能与云计算的关系

人工智能就像是人的大脑，通过感知、学习、推理、规划来处理一系列任务。大脑需要不断地学习大量的知识，而云计算技术是收集、存储、处理这些巨量知识的平台，是知识数据的提供者，人工智能通过学习又能提高云计算技术处理能力，二者同样是相辅相成的关系。

3. 人工智能与物联网的关系

物联网属于人工智能的关联性应用，如智能感知和识别技术就在物联网中起到了关键的作用。人工智能的发展促进了物联网的形成和大范围应用普及，并使物联网更智能、更便捷。

总之，用四个字来概括它们之间的关系就是"一体四维"。

习题与思考

1. 什么是人工智能？举例说明人工智能在生活中的应用。
2. 人工智能之父是_____，他通过_____测试来证明机器是否会思考的想法。
3. 人工智能在为生活带来便利的同时，是否也会给我们带来一些问题？应对这些问题，你有什么好的解决办法？
4. 人工智能会取代我们的工作岗位吗？为什么？
5. 大数据、云计算、人工智能三者的关系是什么？
6. 查找有关资料，论述人工智能的三个流派。

3.2 认知人工智能

对于人工智能来说，知识是最重要的部分。知识由概念组成，概念是构成人类知识世界的基本单元，人们借助概念才能正确、理性地理解世界，与他人交流，传递信息。如果缺少正确的概念，将自己的想法表达出来是非常困难甚至是不可能的。能够准确地使用各种概念是人类一项重要且基本的能力。鉴于知识自身也是一个概念，因此，要想表达知识，能够准确表达概念是先决条件。要想表示概念，必须对概念给出准确的定义。本节中，将介绍并探讨一些对人工智能相关的基本概念。仔细研究这些概念非常重要，我们可以从中理解 AI 的基本功能。如果不进行初步学习，直接处理更高级的人工智能项目可能会强人所难。

3.2.1 知识表示

人类的智能活动主要是获得并运用知识，知识是智能的基础。为了使计算机具有智能并可模拟人的智能行为，就必须使它具有知识。但人类的知识需要用适当的形式表示出来（知识表示），才可以储存到计算机中并被运用。因此，人工智能的基础任务就是知识的发现、建模、表示和应用，知识表示成为了人工智能中一个十分重要的研究课题。

1. 二进制数字

二进制只有两个数字，0 和 1。由于最初的电子计算机是由电子管组成的，计算机中电子管工作在"开"和"关"两种状态，这两种状态恰好可用二进制的两个数字 0 和 1 来表示。计算机经过了若干次升级换代，但是其基本的二级制数字表示法一直沿用至今。因此，计算机的运算基础是采用二进制。

计算机中通过二进制进行加、减、乘、除算术运算，以及与、或、非的逻辑运算。

加法运算：0+0=0，0+1=1，1+0=1，1+1=10（逢 2 进 1）。

减法运算：1-1=0，1-0=1，0-0=0，0-1=1（从高位借 1）。

乘法运算：0×0=0，0×1=0，1×0=0，1×1=1，只有同时为"1"时结果才为"1"。

除法运算：二进制数只有两个数 0、1，因此它的商是 1 或 0。

与运算：也称"逻辑乘"运算，用符号"AND"、"∧"或"·"表示，0∧0=0，0∧1=0，1∧0=0，1∧1=1。即全 1 为 1，有 0 为 0。

或运算：也称"逻辑加"运算，用符号"OR"、"∨"或"+"表示，0∨0=0，0∨1=1，1∨0=1，1∨1=1。即有 1 为 1，全 0 为 0。

非运算：也称"取反"运算，用符号"NOT"或者在数字符号上方加"非号""ˉ"表示，"0"取反后是"1"，"1"取反后是"0"。

2. 信息的数字化

智能设备是如何识别文字、声音、图形、图像的呢？先得用二进制数字将文字、声音、图形、图像这些信息表示为机器能够识别的数字形式，这一过程称为狭义信息的"数字化"，通常由采样、量化、编码三步完成。

举一个简单的例子，我们通常用正弦波形来表示声音信号，称为音频信号，下面是音频信号数字化过程：

采样又称取样或抽样，是指每隔一定的时间间隔，抽取信号的一个瞬时幅度值。这样就把时间上连续变化的无限个连续数值变成离散的有限个采样点的值，这一过程称为采样，如图 3.2.1 所示。

量化是用有限个幅度值近似表示原来连续变化的幅度值。单位时间内采样的点越多，经量化后的信号就越接近原来的信号。

编码是按照一定的规律把量化后的值用数字表示，然后用多位二进制代码来表示已经量化了的采样值。

3. 知识表示的方法

知识表示的目的是，能够让计算机存储和运用人类的知识，常用的知识表示方法有产生式表示法、框架表示法和状态空间表示法。产生式表示法适合表达具有因果关系的过程性知识，是一种非结构化的知识表示方法。框架表示法是一种结构化的知识表示方法，人们对现实世界中各种事物的认识都以一种类似框架的结构存储在记忆中，当面临一个新事物时，就从记忆中找到一个框架，并根据实际情况对其细节加以修改、补充，从而形成对当前事物的新框架（或称认识）。状态空间表示法是利用状态变量和操作符号表示系统或问题的有关知识的符号体系。当然，知识的表示还有其他的方法，可以阅读相关书籍。

图 3.2.1　音频信号数字化

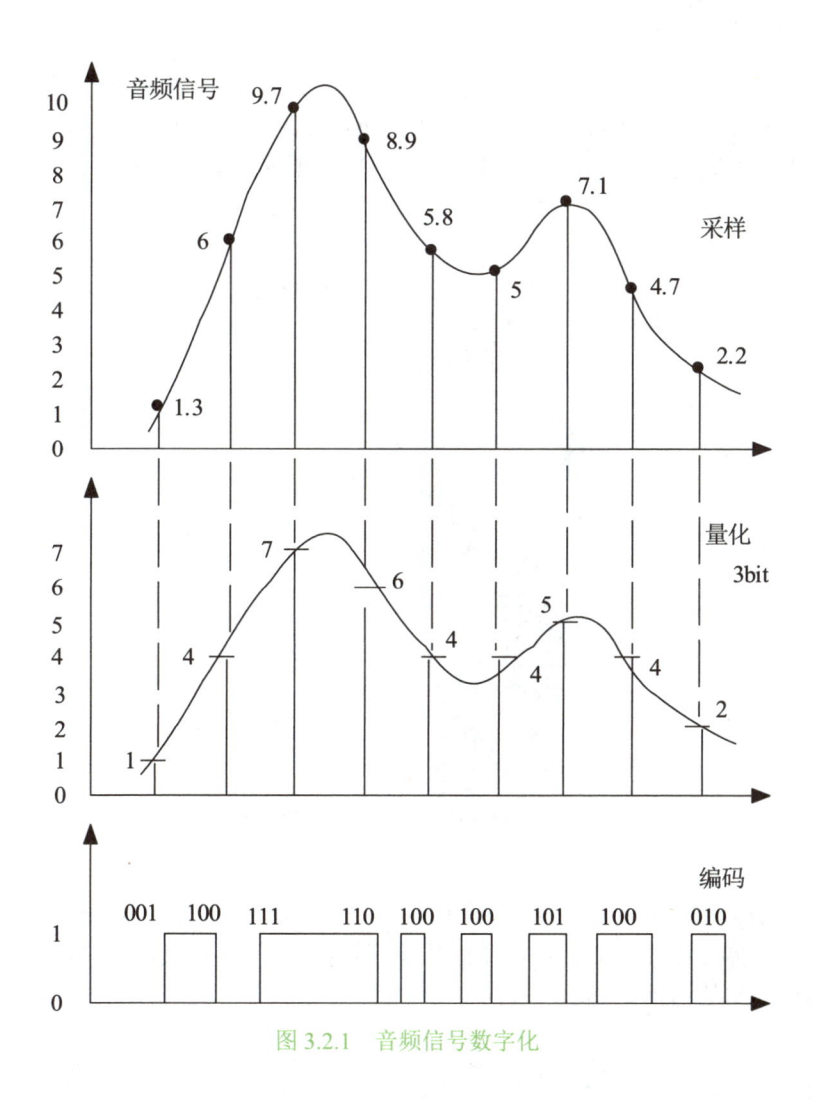

3.2.2 机器感知

在现实生活或生产中，扫地机器人能够自动清扫房间里不同地方，无人驾驶车辆能根据周围环境的变化，判断是否需要加速、减速、拐弯、停车、刹车，工业机器人能够准确抓取电子元件并将它安装到电路板指定的位置上。所有这些功能的实现都离不开一项基本的人工智能技术——机器感知。

什么是机器感知？机器感知的英文是 Machine Cognition，机器感知是一连串复杂程序所组成的信息处理系统，信息通常由很多常规传感器采集，经过这些程序的处理后，会得到一些人们需要的结果。智能机器人的感知系统相当于人的五官和神经系统，是机器人获取外部环境信息及进行内部反馈控制的工具。

1. 机器感知系统的组成

人类具有 5 种感觉，即视觉、嗅觉、味觉、听觉和触觉。智能机器人有类似人一样的感觉系统，图 3.2.2 所示是 HONDA 公司的 ASIMO 机器人，其全身布满了相当于人体五官的传感器。机器人通过这些传感器获得信息，再通过不同的处理方式，送入其主控器（机器人大脑），完成各种动作。

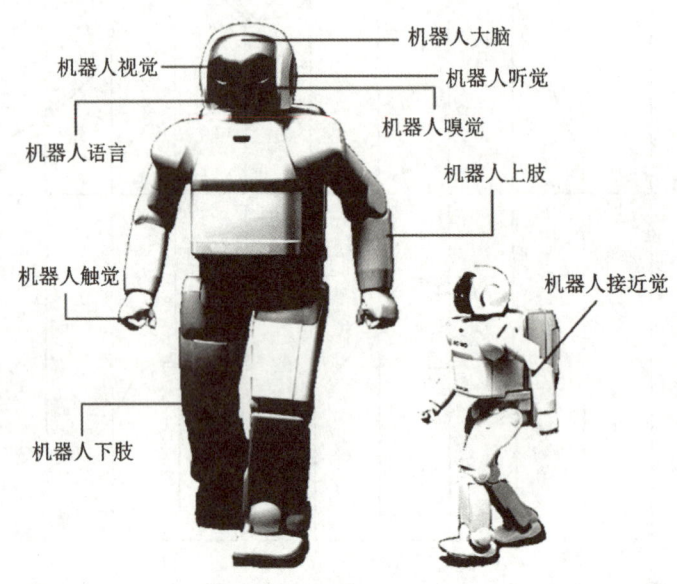

图 3.2.2　ASIMO 机器人

实际上，机器感知是对人体感知的高度模仿，图 3.2.3 所示是两者感知原理的对比图。传感器相当于人体各种感觉器官，电路或传输网络相当于人体神经，主控器相当于大脑是完成各种操控动作的指挥中心。

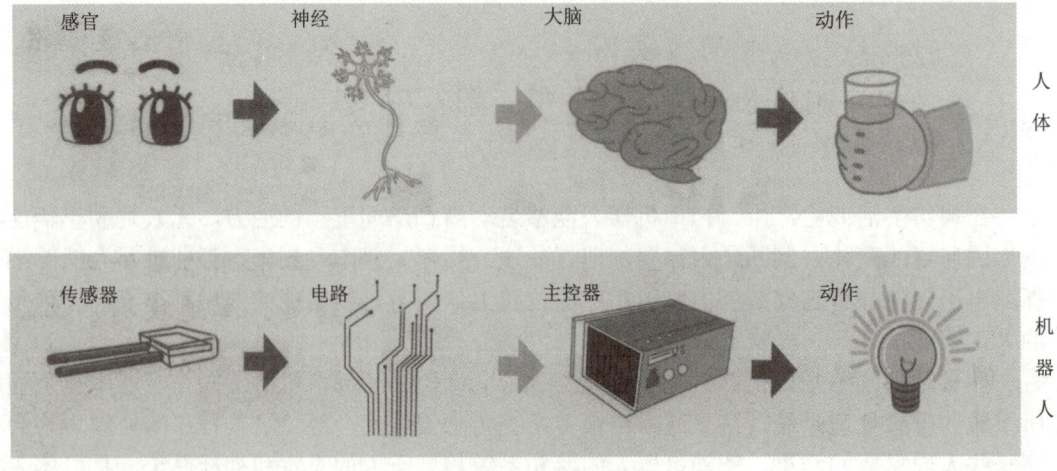

图 3.2.3　人体感知与机器感知对比

2. 机器感知的器官

机器感知按照复杂度从简单到复杂的顺序可分为：反射式感知、信息融合感知、可学习感知和自主认知。各种感知器官我们统称之为传感器。

视觉传感器。视觉传感器将图像传感器、数字处理器、通信模块和 I/O 控制单元集成到一个单一的装置（例如摄像机）内，独立地完成预先设定的图像处理和图像分析任务。视觉传感器通常是一个摄像机，有的还包括类似"云台"的辅助设施。如图 3.2.4 所示，是一款 360 度全景摄像头。

图 3.2.4　360 度全景摄像头

语音传感器。语音传感器是机器人和操作人员之间的重要接口，它可以使机器按照"语言"执行命令，进行操作。在应用执行语音命令之前必须进行语音合成和语音识别。麦克风是最常用的语音传感器。如图 3.2.5 所示，是一款麦克风传感器模块。

图 3.2.5　麦克风传感器模块

味觉传感器。味觉传感器常用于液体成分的分析和味觉的调理，常用的有离子电极传感器、电导率传感器、pH（水溶液的酸碱性指标）传感器、生物传感器。如图 3.2.6 所示，是一款 pH 值获取的"味觉传感器模块"。

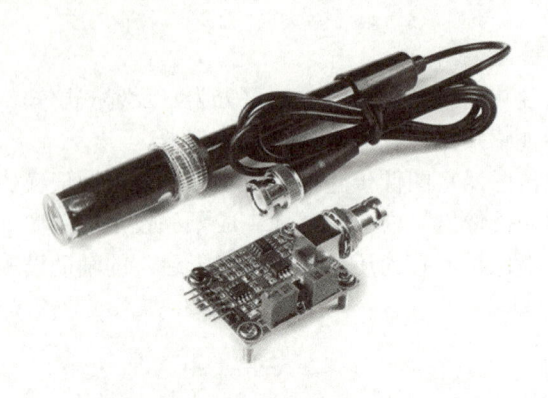

图 3.2.6　pH 传感器模块

嗅觉传感器。嗅觉传感器采用的是一种模拟生物嗅觉工作原理的新型仿生检测技术，通常由交叉敏感的化学传感器阵列和相应的计算机模式识别算法组成，可用于检测、分析和鉴别各种气味。通常使用的有半导体式传感器、催化燃烧式传感器、红外式传感器、PID 光离子化气体传感器。如图 3.2.7 所示，是一款 PID 光离子化气体传感器。

触觉传觉器。一般把机器和外部直接接触而产生的接触、压迫、滑动传感器，称为触觉传感器，包括触觉、压觉、滑觉、力觉四类传感器。如图 3.2.8 所示，是一款薄膜压力触觉传感器。

图 3.2.7　PID 光离子化气体传感器　　　　图 3.2.8　薄膜压力传感器

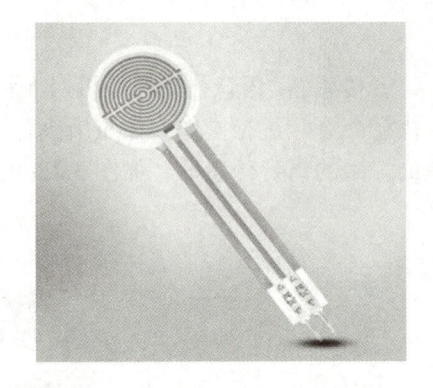

姿态传感器。姿态传感器是基于 MEMS（微机电技术）的高性能三维运动姿态测量系统。它包含三轴陀螺仪、三轴加速度计、三轴电子罗盘等运动传感器，通过内嵌的低功耗 ARM 处理器得到经过温度补偿的三维姿态与方位等数据。姿态传感器可广泛嵌入到航模无人机、机器人、机械云台、车辆船舶、水下设备、虚拟现实、人体运动分析等需要自主测量三维姿态与方位的产品或设备中。如图 3.2.9 所示，是一款三轴陀螺仪传感器模块。

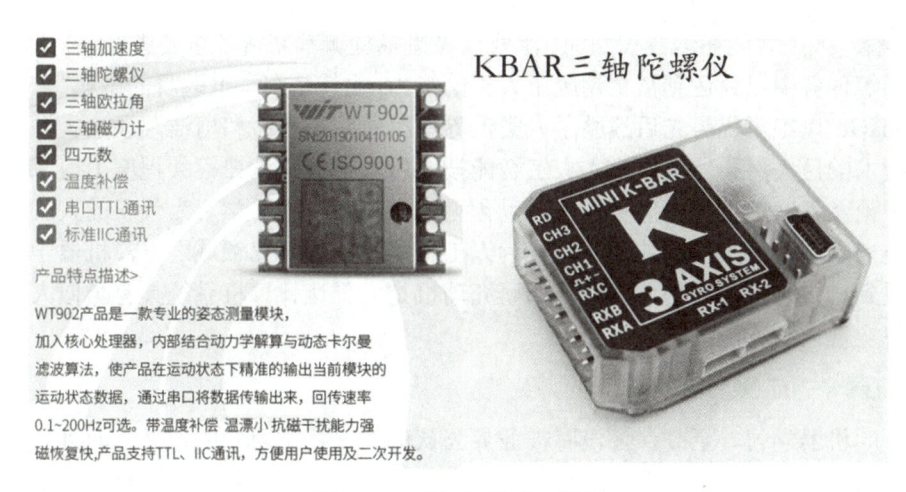

图 3.2.9　陀螺仪传感器模块

红外传感器。红外传感器一般采用"反射光强法"进行测量，即目标物对发光二极管散射光的反射光强度进行测量。红外传感器包括一个可以发射红外光的固态二极管和一个用作接收器的固态光敏三极管（或光敏二极管）。当光强超过一定程度时，光敏三极管就会导通，否则截止。发光二极管和光敏三极管需汇聚在同一器件上，这样反射光才能被接收器看到。如图 3.2.10 所示，是一款红外测距传感器模块。

图 3.2.10　红外测距传感器模块

3.2.3　机器学习

机器学习（Machine Learning）最早于 1959 年由麻省理工学院教授阿瑟·塞缪尔（Arthur Samuel）定义，他是计算机科学和人工智能领域的公认的先行者。塞缪尔教授言道："机器学习是一门研究领域，它可以让计算机在不被明确编程的情况下学习。"机器学习的本质是通过算法编程，从输入数据中学习，然后根据数据做出相应的预测。这意味着学习算法可以完全脱离任何预先编程的或静态的算法，并且可以自由地根据输入数据构建模型，并做出由数据驱动的决策或预测。

近年来，人工智能在语音识别、图像处理等诸多领域都获得了重要进展，在人脸识别、机器翻译等任务中已经达到甚至超越了人类的能力，尤其是在举世瞩目的围棋"人机大战"中，AlphaGo 以绝对优势先后战胜了人类世界围棋冠军李世石和柯洁，让人类领略到了人工智能技术的巨大潜力。可以说，人工智能技术所取得的成就在很大程度上得益于目前机器学习理论及其应用技术的进步。在可以预见的未来，以机器学习为代表的人工智能技术将给人类未来生活带来深刻的变革。作为人工智能的核心研究领域之一，机器学习是人工智能发展到一定阶段的产物，其最初的研究动机是为了让计算机系统具有类似人类的学习能力以便实现人工智能。

1. 机器学习定义

什么叫机器学习？至今，还没有被业界公认的"机器学习"的定义，而且也很难给出一个公认的和准确的定义。简单地按照字面理解，机器学习的目的是让机器能像人类一样具有学习能力。机器学习领域奠基人之一、美国工程院院士、卡内基梅隆大学机器学习学院院长 Tom Mitchell 教授认为，机器学习是计算机科学和统计学的交叉，同时也是人工智能和数据科学的核心。如图 3.2.11 所示，通俗来说，经验和历史数据是燃料，性能是目标，而机器学习技术（机器学习模型）则是通往智能的技术途径。

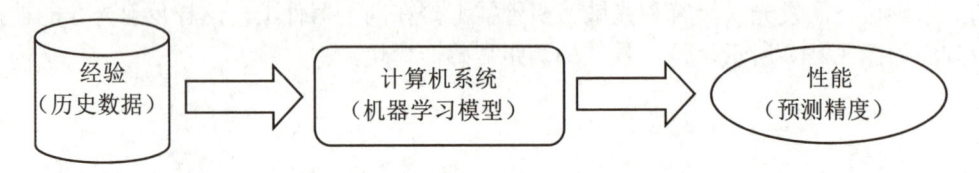

图 3.2.11 机器学习定义

更进一步说，机器学习致力于研究如何通过计算的手段，利用经验来改善系统自身的性能，其根本任务是数据的智能分析与建模，进而从大量数据中挖掘出有用的价值。随着计算机、通信、传感器等信息技术的飞速发展以及互联网应用的日益普及，人们能够以更加快速、容易、廉价的方式来获取和存储数据资源，使得数字化信息以指数级速度增长。但是，数据本身是静止的，它不能自动呈现出内在价值。机器学习技术的本质是寻找数据的规律性并从中挖掘出有用价值信息的重要手段——它先对数据进行抽象表示，然后基于抽象表示进行建模，之后再根据模型"估计"（计算）出有价值的参数，以便从数据中挖掘出对人类有价值的信息。

（1）机器学习的发展

机器学习是人工智能研究较为年轻的分支，尤其是 20 世纪 90 年代以来，在统计学界和计算机学界的共同努力下，一批重要的学术成果相继涌现，机器学习进入了发展的黄金时期。机器学习面向数据分析与处理，以无监督学习、监督学习和强化学习等为主要的研究方向，提出并开发了一系列模型、方法和算法，如基于 SVM（Support Vector Machine，支持向量机）的分类算法、高维空间中的稀疏化学习模型等。

机器学习发展的另一个重要节点是深度学习（Deep Learning）的出现。如果说 Michael Jordan 等人奠定了统计机器学习的发展基石，那么多伦多大学的 Geoffrey Hinton 教授则使深度学习技术迎来了革命性的突破。至今已有多种深度学习框架，如深度神经网络、卷积神经网络和递归神经网络已被应用在计算机视觉、语音识别、自然语言处理、音频识别与生物信息学等领域并取得了极好的效果。近年来，机器学习技术对工业界的重要影响多来自深度学习的发展，如无人驾驶、图像识别等。

（2）机器学习算法

算法（Algorithm）是指解题方案的准确而完整的描述，是一系列解决问题的清晰指令，算法代表着用系统的方法描述解决问题的策略机制，简单地说，算法是解决问题时准确而完整的步骤顺序。

机器学习算法可以分为三大类：监督学习、无监督学习和强化学习。监督学习可用于一个特定的数据集（训练集）具有某一属性（标签），但是其他数据没有标签或者需要预测标签的情况。无监督学习可用于给定的没有标签的数据集（数据不是预分配好的），目的就是要找出数据间的潜在关系。强化学习位于这两者之间，每次预测都有一定形式的反馈，但是没有精确的标签或者错误信息。

① 监督学习（Supervised Learning）。监督学习是机器学习中最重要的一类方法，占据了目前机器学习算法的绝大部分。监督学习就是在已知输入和输出的情况下训练出一个模型，将输入映射到输出。简单来说，我们在开始训练前就已经知道了输入数据和输出结果，我们的任务是建立起一个将输入准确映射到输出的模型，当给模型输入新的值时就能预测出对应的输出了。

② 无监督学习（Unsupervised Learning）。顾名思义，无监督学习就是不受监督的学习。同监督学习相比，无监督学习具有很多明显的优势，其中最重要的一点是，不再需要大量的标注数据。我们可以用一个简单的例子来理解无监督学习。设想我们有一批照片，其中包含着不同颜色的几何形状。但是机器学习模型只能看到一张张照片，这些照片没有任何标记，也就是计算机并不知道几何形状的颜色和外形。我们通过将数据输入到无监督学习的模型中去，算法可以尝试着理解图中的内容，并将相似的物体聚集到一起。在理想情况下，机器学习模型可以将不同形状、不同颜色的几何形状聚集到不同的类别中去，而特征提取和标签都是模型自己完成的。无监督学习更接近人类的学习方式。

③ 强化学习（Reinforcement Learning）。强化学习是智能体（Agent）以"试错"的方式进行学习，通过与环境进行交互获得"奖赏"的指导行为，目标是使智能体获得最大的"奖赏"，强化学习不同于连接主义学习中的监督学习，主要表现在强化信号上，强化学习中由环境提供的强化信号是对产生动作的好坏做一种评价（通常为标量信号），而不是告诉强化学习系统 RLS（Reinforcement Learning System）如何去产生正确的动作。由于外部环境提供的信息很少，RLS 必须靠自身的经历进行学习。通过这种方式，RLS 在"行动—评价"的模型中获得知识，改进行动方案以适应环境。

3.2.4 专家系统

一个专家之所以能够很好地解决本领域的问题，就是因为他具有本领域的专业知识与经验。如果能将专家的知识与经验总结出来，以计算机可以使用的形式加以表达，那么计算机系统是否就可以利用这些知识，像专家一样解决特定领域的问题呢？由此提出了专家系统。

1. 专家系统定义

人们在生活、学习和工作中经常会遇到各种各样的问题，当一个人接受一项任务，但又不知道如何去完成时，就会思考解决问题的方法。专家系统是一个具有大量的专门知识与经验的程序系统，它应用人工智能技术和计算机技术，根据某个领域一位或多位专家提供的专业知识与经验，进行分析和判断，模拟人类专家的决策过程，以便解决那些需要人类专家才能处理的复杂问题。

专家系统可以定义为：一种智能的计算机程序，它运用知识和推理来解决只有专家才能解决的复杂问题。

2. 专家系统的基本结构

不同于一般的计算机程序系统，专家系统以知识库和推理机为核心，可以处理非确定性的问题，它不追求问题的"最优解"，而是利用知识得到一个经济、实用的"次优解"（或称满意解）便达到了系统的求解目标。专家系统强调知识库与其他子系统（包括推理机）的分离，一般来说知识库是与领域强相关的，而推理机等子系统则具有一定的通用性。一个典型的专家系统的基本结构如图 3.2.12 所示。

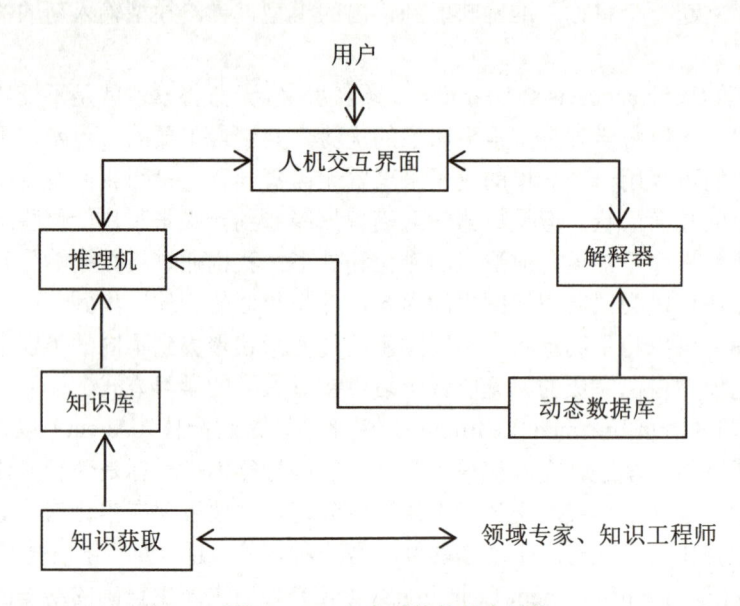

图 3.2.12　专家系统的基本结构

知识库存储了大量的求解问题所需要的事实、知识与经验等，知识库中的知识一般以规则表达式的形式组织。

推理机是一个执行结构，它负责对知识库中的知识进行解释，利用知识库中的推理规则进行推理。按照推理的执行方向，推理方法可以分为正向推理和逆向推理。正向推理就是正向地使用规则，从已知条件向目标进行推理。其基本思想是，先检验规则的前提是否与知识库中已知事实相符——如果相符，则将该规则的结论放入动态数据库中；之后再检查其他的规则是否有前提相符……反复该过程，直到目标被某个规则推出"推理结束"，或者再也没有新结论被推出为止。逆向推理又被称为反向推理，是逆向地使用规则，先将目标作为假设，在验证是否有某条规则支持该假设，即规则的结论与假设是否一致，然后看结论与假设一致的规则其前提是否成立。如果前提成立（在动态数据库中进行匹配），则假设被验证，结论放入动态数据库中；否则将该规则的前提加入假设集合中，逐个验证这些假设，直到目标假设被验证为止。

动态数据库是一个工作存储区，用于存放初始已知条件、已知事实、推理过程中得到的中间结果以及最终结果等。知识库中的知识、在推理过程中所用到的数据以及得到的结果均存放在动态数据库中。

人机交互界面是系统与用户的交互接口，系统在运行过程中需要用户通过该交互界面输入数据到系统中，系统则将需要显示给用户的信息通过该交互界面显示出来。

解释器是专家系统特有的模块，也是专家系统区别于一般计算机软件之处。在专家系统与用户的交互过程中，如果用户希望专家系统帮助解释某些内容，专家系统通过解释器向用户给出解释。解释一般分为"Why＋解释"和"How＋解释"两种。"Why＋解释"回答"为什么"，"How＋解释"回答"如何得到"。例如，在一个医疗专家系统中，专家系统给出患者验血的建议，如果患者想知道为什么让自己去验血，用户只要通过交互接口输入Why，专家系统就会根据推理结果给出让患者验血的原因，让用户明白验血的意义。假设专家系统最终诊断患者患有肺炎，如果患者想了解专家系统是如何得出这个结果的，只要通过交互接口输入How，专家系统就会根据推理结果向用户解释根据什么症状判断其患有肺炎。这样可以让用户对专家系统的推理过程和判断依据有所了解，而不是盲目接受。

知识获取模块是专家系统与领域专家、知识工程师的交互接口，知识工程师通过知识获取模块将整理的领域知识加入知识库中。

3. 专家系统的工作流程

专家系统的基本工作流程：①先通过人机交互界面回答系统提出的问题；②推理机将用户提出的问题与知识库中各个规则的前提条件是否相符；③把与条件相符的结论存放到动态数据库中；④由专家系统将得出的结论呈现给用户。下面用一个简单的专家系统举例来说明其工作流程。

假设你是一位动物专家，能够准确识别各种动物。朋友周末带小孩去动物园游玩并见到了一种动物，朋友不知道该动物叫什么，于是打电话给你进行咨询，你们之间对话如下：

你：你看到的动物有羽毛吗？

朋友：有羽毛。

你：会飞吗？

朋友：（经观察后）不会飞。

你：有长腿吗？

朋友：没有。

你：会游泳吗？

朋友：（看到该动物在水中）会。

你：颜色是黑白吗？

朋友：是。

你：这个动物是企鹅。

在这个模拟场景中，朋友扮演了用户，你相当于专家系统。在以上对话中，当得知动物有羽毛后，你就知道了该动物属于鸟类，于是你提问是否会飞；当得知不会飞后，你开始假定这可能是鸵鸟，于是提问是否有长腿；在得到否定回答后，你马上想到了可能是企鹅，于是询问是否会游泳；然后为了进一步确认是否是企鹅，又问颜色是不是黑白的；得知是黑白颜色后，马上就确认该动物是企鹅。

要想实现这样的专家系统，首先要把有关识别动物的知识总结出来，用规则表示这些知识，并以计算机可以使用的方式存放在知识库中。推理机根据系统规则提出假设，按照一定的顺序进行验证。在验证的过程中，如果一个事实是已知的，比如已经在动态数据库中有记录，则直接使用该事实。如果动态数据库中对该事实没有记录，则查看是否是某个规则的结论，如果是某个规则的结论，则检验该规则的前提是否成立，实际上就是用该规则的前提当作子假设进行验证。

图 3.2.13　推理过程示意图

如果把推理过程记录下来，则专家系统的解释器就可以根据推理过程对结果进行解释。比如用户可能会问为什么不是"鸵鸟"？解释器可以回答：根据规则，鸵鸟具有长腿，而你回答该动物没有长腿，所以不是鸵鸟。如果问为什么是"企鹅"？解释器可以回答：根据你的回答，该动物有羽毛，根据规则可以得出该动物属于鸟类；根据你的回答该动物不会飞、会游泳、黑白色，则根据规则可以得出该动物是企鹅。

3.2.5　神经网络

1. 神经网络及其特点

（1）神经网络的发展

自 1943 年神经网络先驱美国心理学家 W. McCulloch 和数理逻辑学家 W. Pitts 提出神经元模型至今，神经网络的发展先后经历了启蒙时期、低潮时期和复兴时期三个时期。直到 20 世纪 80 年代美国物理学家 John Hopfield 重新唤起了人们对神经网络的关注。进入 21 世纪以来，计算机技术和大规模集成电路芯片发展有了很大进步，神经网络已经应用到信号处理、图像识别、自动控制和人工智能诸多方面。

（2）神经网络的生物结构

人脑包含有胶质细胞，这些胶质细胞负责供应大脑工作所需营养，但除此之外还包含

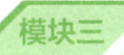

作为脑组织组成的基本单元的神经细胞，这样的神经细胞大约有一千四百亿个，它们还是神经系统的结构和功能单元，因此，它们也被称作神经元（Neuron）。而且每个神经元与大约一百个其他神经元连接，这些神经元负责信息的接收或产生、传递和处理。这样就形成一个人脑的庞大且复杂的生物神经网络。

（3）生物神经元

生物神经元由细胞体、树突和轴突、突触等构成，其结构图如图 3.2.14 所示。神经元之间通过突触进行连接。下面就细胞体、树突、轴突和突触进行简单介绍。

细胞体（Cell Body）由细胞核、细胞质和细胞膜构成。细胞体外部的细胞膜是一种选择通透性膜，它通过保持膜内外细胞液的成分差异，从而形成膜内与膜外的电位差，因此也被称作膜电位。在细胞体上，当输入 20～100mV 强度信号时，会对其外部细胞膜的大小产生影响。细胞体能够为神经元的活动供给能量，并且可以进行呼吸、新陈代谢等不同的生化过程。

树突（Dendrite）是细胞体由内向外延伸出的数量很多并相对短（长约 1mm 左右）的像树枝状突起的体神经纤维，周围其他神经元需通过树突传入信息。

轴突（Axon）是神经元突起的最长管状纤维，其长度一般在几厘米到一米之间。在距细胞体的轴突远端，轴突管状纤维会有大量分支，这些分支被称为轴突末梢即神经末梢。神经元传递的神经信号通过轴突传递到其他神经元，轴突是信息传递的主要通道。

突触（Synapse）在相联系的神经元之间通过约 15～50mm 的微小的间隙相联系。两个神经元之间的细胞质需要通过突触进行接触，但它们并不能直接连接。一个神经元的冲动通过突触能够传到下一个神经元或者能够传到下一细胞。突触前膜、突触间隙和突触后膜构成突触。神经元的轴突末梢分支膨大而构成的突触小体膜就是突触前膜。突触前膜与突触后膜两者的距离空间就是突触间隙。而神经元的突触后膜则可以是细胞体、树突或者轴突。

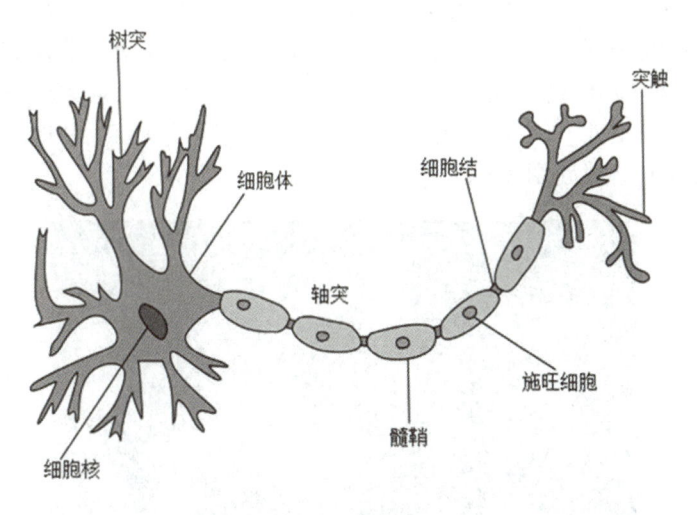

图 3.2.14　生物神经元结构

（4）生物神经元工作原理

在生物神经元当中，传递的"信息"为宽度与幅度相同的脉冲串；突触是输入/输出的接口；树突和细胞体作为输入端，接收来自突触点的输入信号；细胞体就相当于一个微型处理器（CPU），它对各个树突和各个细胞体的各部位收到的来自其他神经元信号进行组合，并且在一定条件下触发，产生了输出信号；输出信号会沿轴突传到末梢，而轴突末梢作为一个输出端会通过突触将这个输出信号向其他神经元的树突或细胞体进行传递。因为细胞膜本身对不同的离子具有不同通透性，就会使膜内外的细胞液离子产生浓度差。而神经元在没有神经信号输入的时候，它的细胞膜内外会因为离子的浓度差而造成约 70mV（内负外正）的电位差，被称为静息电位，因此神经元的状态是静息状态。当感应到外界刺激的时候，突触便会致使神经细胞的膜电位产生变化，若膜电位从静息电位向正偏移，那么此时的神经元状态处于兴奋状态；反之如果向负偏移，那么神经元的状态就处于抑制状态。在某个给定的时刻，神经元会处于静息、兴奋、抑制三种状态之一。并且，电位变化是可以进行累计的，这个神经细胞膜的电位是其所有突触产生的电位的累计结果。当其值超过-55mV 左右时，便会产生一个脉冲，这个脉冲又被称作神经冲动，并且这个脉冲能够通过轴突向其他神经细胞传递，因此膜电位的总和直接影响该神经细胞兴奋状态下放出的脉冲数。但是突触传递信息有一定时间的延迟，对于温血动物来说延迟时间是 0.3ms～1.0ms。一般情况下每一个神经细胞的轴突连接着约 100～1000 个其他神经细胞，而神经细胞的信息便是这样从一个神经细胞传递到另一个神经细胞的，而且这种传播是正向的，逆向传播是不被允许的。

（5）生物神经网络

生物神经网络是由多个生物神经元以确定的方式及拓扑结构互相连接而形成的，它是一种更加复杂、灵巧的生物信息处理系统。研究表明，每个生物神经网络系统均为一个层次化、多单元的"动态信息处理系统"，它们具有独自独特的运行方式和控制机制，用来接收来自生物内外的输入信息，并且对其进行综合分析处理，而后调节控制机体能对环境做出相应的反应。然而生物神经网络的功能并不只是单个神经元信息处理功能简单叠加后的功能。生物神经网络的每个神经元都会有许多的突触与其他神经元相连，无论哪个单独的突触连接都不能够对一项信息进行个体性表现；只有在它们集合成总体的状态下，才能够感应刺激，并能够明确给出反应以答复"刺激"。由于在神经元之间突触的连接强度和连接方式都不同而且有可塑性，因此神经网络在宏观上就能够呈现出复杂的千变万化的信息处理能力。生物神经网络图如图 3.2.15 所示。

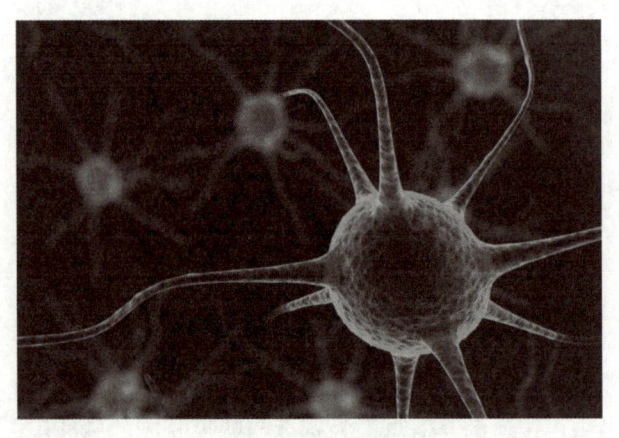

图 3.2.15　生物神经网络

(6）神经网络的特点

① 并行协同处理数据信息。神经网络具有大规模、并行、协同处理数据的能力，虽然单个神经元的结构很简单，但大量神经元组成的神经网络对大数据处理功能很强。

② 容错性和鲁棒性很强。神经网络处理数据时，用的是分布式数据存储方式。局部网络受损致使少数神经元信息（或数据）丢失、毁坏时，不会影响整个神经网络的正常处理和输出。

③ 自主学习能力强。神经网络具有强大的学习适应能力是它显而易见的优势。它能实现关于数据的有导师学习或无导师学习，从而做出相应的变化。

④ 自组织、自适应的非线性信息处理系统。神经网络具有一般非线性动力系统的共性，即不可预测性、耗散性、高维性、不可逆性、广泛连接性和自适应性等。

（7）神经网络分类

神经网络因用于训练网络的学习算法不同，现已延伸出多种类型，例如被广泛应用的 BP 神经网络、RBF 神经网络、卷积神经网络 CNN、线性神经网络等，处理不同问题应选择相应的神经网络模型作为实验方式。

2. BP 神经网络及结构

BP（Back Propagation，反向传播）神经网络是一种应用广泛的网络算法，可以存储、学习不同的输入、输出间的映射关系，且并不依赖于描述这种映射关系的数学模型。它属于多层前馈网络，训练方法是以误差反向传播形式，并以最速下降法作为学习规则，经过不断地训练从而调整神经网络的权值阈值进而减小训练误差。BP 网络的基本原理是：输入信息 x_j，x_j 通过神经网络中间节点进行非线性转换，得到输出信息 O_k。假设输入信息为 X、期望输出信息 T 组成训练样本，T 与网络输出信息 O 之间的误差，通过不断调整输入层与隐含层的联接强度权值 w_{ij} 和隐含层与输出层的联接强度权值 w_{ki}，以及隐含层的阈值 θ_i 与输出层的阈值 a_k，使得误差沿梯度方向不断下降。通过大量的学习训练，从而确定与最小误差所对应的权值与阈值，训练即停止。BP 神经网络的拓扑结构如图 3.2.16 所示，由输入层（Input Layer）、隐含层（Hide Layer）和输出层（Output Layer）组成。

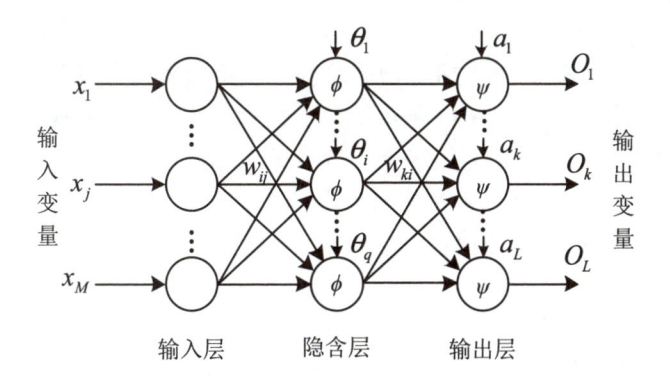

图 3.2.16 BP 神经网络的拓扑结构

各参量代表的意义如表 3.2.1 所示。

表 3.2.1　各参量代表的意义

参量	意义
x_j	第 j 个输入节点的输入信息
w_{ij}	第 i 个隐含节点与第 j 个输入节点间的权值
θ_i	第 i 个隐含节点的阈值
$\phi(x)$	隐含层的激励函数
w_{ki}	第 k 个输出节点与第 i 个隐含节点间的权值
a_k	第 k 个输出节点的阈值
$\psi(x)$	输出层的激励函数
O_k	第 k 个输出节点的输出信息

3. 深度学习

深度学习是机器学习的一种，而机器学习是实现人工智能的重要路径。深度学习的概念源于对人工神经网络（ANN，Artificial Neural Network）的研究，含有多个隐藏层的多层感知器就是一种深度学习结构。深度学习通过组合低层特征形成抽象化的高层来表示属性类别或特征，以发现数据的分布式特征。研究深度学习的动机在于建立模拟人脑进行分析学习的神经网络，它模仿人脑的机制来解释数据，例如图像、声音和文本等。深度学习离不开计算机强大的计算能力和大量高质量的数据。

深度学习在搜索技术、数据挖掘、机器学习、机器翻译、自然语言处理、多媒体学习、语音识别、信息推荐和个性化服务技术等领域都取得了很多成果。深度学习使机器能够模仿人类的视听和思维活动，解决了很多复杂的模式识别难题，使得人工智能相关技术取得了很大进步。相关的深度学习模型还有卷积神经网络（CNN）、深度信任网络、堆栈自编码网络等，是一个具有深入研究价值的重要领域。

➡ 习题与思考

1. 假如我们有 1000 张 5 种不同动物的照片，需要利用机器学习方法将这些不同的照片区分开来，请分别简述在监督学习和无监督学习的条件下如何完成此项任务。

2. 专家系统由哪几个部分组成？各自的功能是什么？

3. 为什么说人工神经网络是一个非线线系统？

4. 深度学习的两大前提条件是：_____ 和 _____ 。

3.3　熟悉人工智能

人工智能技术在人机交互、自然语言处理、机器视觉、深度学习算法等领域的应用已经逐步成熟，新冠疫情的出现进一步促进了人工智能技术的发展。2020年2月19日，工业和信息化部办公厅发布了《关于运用新一代信息技术支撑服务疫情防控和复工复产工作的通知》，在此背景下，一大批企业响应政策号召，利用人工智能技术生产出了多种抗击疫情、恢复正常生产、生活的新产品，使得 AI 技术在网上学习、居家防护与居家办公、保障生产和医学诊疗等方面都得到了进一步的发展和进步。

3.3.1　自然语言处理技术

1. 什么是自然语言处理

自然语言处理（NLP：Natural Language Processing）是人工智能的一个分支，用于分析、理解和运用人类语言（如汉语、英语），以方便人和计算机之间、人与智能设备之间、人与人之间的相互交流。

概括而言，人工智能包括运算智能、感知智能、认知智能和创造智能。其中，运算智能是记忆和计算的能力，这一点计算机已经远远超过人类。感知智能是计算机感知环境的能力，包括视觉、嗅觉、味觉、听觉和触觉。近年来，随着深度学习的成功应用，计算机的语音识别和图像识别能力获得了很大的进步。有的测试集合下，计算机甚至达到或者超过了人类水平，并且在很多场景下已经具备实用化能力。认知智能包括语言理解、知识运用和推理能力。其中语言理解包括词汇、句法、语义层面的理解，也包括篇章级别和上下文的理解；知识运用是人们对客观事物认识的体现以及运用知识解决问题的能力；推理能力则是根据文字和语言理解和已知知识，在已知的条件下，根据一定规则或者规律推演出某种可能结果的思维过程。创造智能体现了对未见过、未发生的事物，运用经验，通过人类的综合能力进行设计、实验、验证并予以实现的智力与实践过程。

目前，随着感知智能的大幅度进步，人们关注的焦点逐渐转向了认知智能。比尔·盖茨曾说过，"语言理解是人工智能皇冠上的明珠。"自然语言处理处在认知智能中相对核心的地位，它的进步会引导知识图谱进步，会引导机器理解能力增强，也会进一步提升推理能力。自然语言处理的技术会推动人工智能整体的进展，从而使得人工智能技术加速落地实用化。

自然语言处理通过对词、句子、篇章进行分析，对内容里面的人物、时间、地点、事件、结果等进行理解，并在此基础上支持一系列核心技术（如跨语言的翻译、问答系统、阅读理解、知识图谱等）。基于这些技术，又可以把自然语言处理技术应用到其他领域，如搜索引擎、电话客服中心、金融服务、新闻报道等。总之，就是通过对语言的理解实现人与计算机的直接交流，从而实现人跟人更加有效的交流。自然语言处理技术不是一个独立的技术，受云计算、大数据、机器学习、知识图谱等各个方面的支撑，如图 3.3.1 所示。

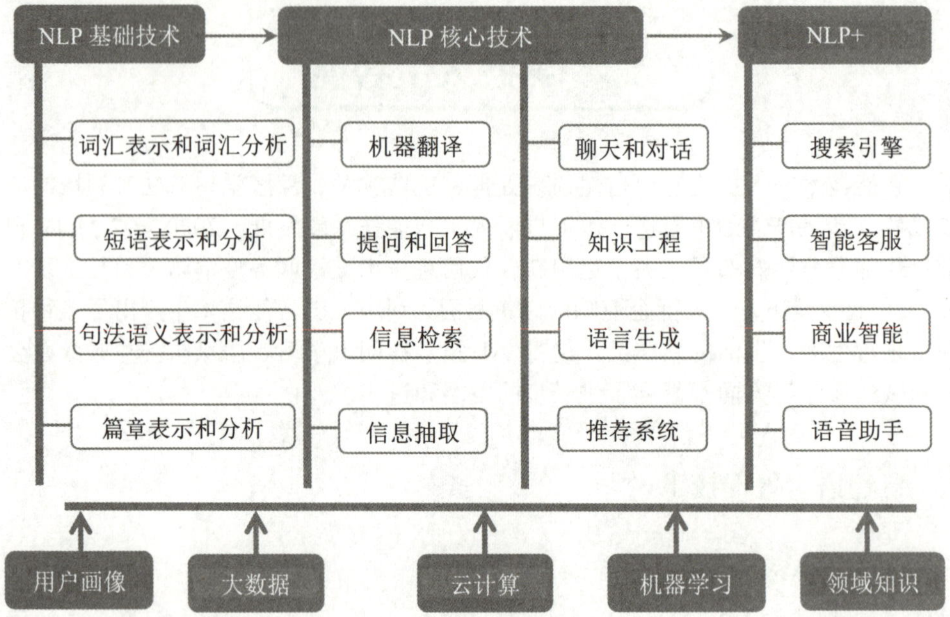

图 3.3.1　自然语言处理框架图

2. 自然语言处理发展历程

自然语言处理（NLP）的历史几乎跟计算机和人工智能（AI）一样长，计算机出现后就有了人工智能的研究。人工智能的早期研究已经涉及机器翻译以及自然语言理解，其发展过程可分为三个阶段：

（1）第一阶段，萌芽期（1956 年以前）

早期的自然语言处理具有鲜明的经验主义色彩。如 1913 年马尔可夫提出马尔可夫随机过程与马尔可夫模型的基础就是"手工查频"，他分析和统计了普希金的长篇诗体小说《欧根·奥涅金》中元音与辅音的出现频度，以图让机器理解自然语言。1948 年，香农把离散的马尔可夫概率模型应用于语言的自动机，同时采用手工方法统计英语字母出现的频率。然而这种经验主义做法到了乔姆斯基时期出现了转变。1956 年，乔姆斯基借鉴香农的工作，把有限状态机作为刻画语法的工具，建立了自然语言的有限状态模型，具体来说就是用"代数"和"集合"将语言转化为符号序列，建立了一组有关语法的数学模型。这些工作非常伟大，为自然语言和形式语言找到了一种统一的数学描述理论，一个称为"形式语言理论"的新领域诞生了。但乔姆斯基否定了有限状态模型在自然语言理解中的适用性，进而主张采用有限的、严格的规则去描述无限的语言现象，提出了风靡一时的"转换生成语法"。这一时期，虽然诸如贝叶斯方法、隐马尔可夫法、最大熵、支持向量机等经典理论和算法也有提出，但自然语言处理领域的主流仍然是基于规则的理性主义方法。

（2）第二阶段，快速发展期（1980—1999 年）

这种情况一直持续到 20 世纪 80 年代初期才发生变化，很多学者开始反思有限状态模型以及经验主义方法的合理性。20 世纪 80 年代初，话语分析（Discourse Analysis）也取得了重大进展。之后，由于自然语言处理研究者对于过去进行了反思，有限状态模型和经验主义研究方法也开始复苏。

进入20世纪90年代，基于统计的自然语言处理开始大放异彩。首先是在机器翻译领域取得了突破，因为引入了许多基于语料库的方法。1990年，在芬兰赫尔辛基举办的第13届国际计算语言学会议确定的主题是"处理大规模真实文本的理论、方法与工具"，当时学术界的研究重心开始转向大规模真实文本了，传统的基于规则的自然语言处理已经显得力不从心了。学者们认为，大规模语料分析至少是对基于规则方法有效的补充。1994—1999年，经验主义空前繁荣，如句法剖析、词类标注、参照消解、话语处理的算法几乎把"概率"与"数据"作为标准方法，成为自然语言处理的主流。

20世纪90年代中期，有两件事从根本上促进了自然语言处理研究的复苏与发展。一件事是，20世纪90年代中期以来，计算机的运行速度和存储容量大幅提升，为自然语言处理改善了硬件支撑环境，使得语音和语言处理的商品化开发成为可能。另一件事是，1994年以后互联网商业化及其网络技术的发展，使得基于自然语言的信息检索和信息抽取的需求变得更加突出。这样，自然语言处理的社会需求更加迫切，自然语言处理的应用场景也更加宽广，自然语言处理不再局限于机器翻译、语音控制等早期研究领域了。

从20世纪90年代末到21世纪初，人们逐渐认识到，仅用基于规则或统计的方法是无法成功进行自然语言处理的。基于统计、基于实例和基于规则的语料库技术在这一时期开始蓬勃发展，各种处理技术开始融合，自然语言处理的研究再次繁荣。

（3）第三阶段，突飞猛进期（2000年至今）

进入21世纪以后，自然语言处理又有了突飞猛进的变化。2006年，以Geoffrey Hinton教授为首的几位科学家历经近20年的努力，终于成功设计出第一个多层神经网络算法——深度学习。这是一种将原始数据通过一些简单但是非线性的模型转变成更高层次、更加抽象表达的特征学习方法，一定程度上解决了人类处理"抽象概念"这个历史性难题。目前，深度学习在机器翻译、问答系统等多个自然语言处理任务中均取得了很好的成果，相关技术也被成功应用于商业化平台中。未来，深度学习作为人工智能皇冠上的明珠，将会在自然语言处理领域发挥着越来越重要的作用。

3. 自然语言处理任务

（1）机器翻译

机器翻译是自然语言处理领域的一个重要研究方向。早在17世纪，法国著名哲学家笛卡尔为了将不同语言中表达相同意义的词转换为统一的符号，提出了世界语的概念。1946年，沃伦·韦弗提出了使用机器将一种语言的文字转换为另一种语言的设想，并发表了著名的备忘录《翻译》，标志着现代机器翻译概念的正式形成。

机器翻译从被提出发展到现在，从方法上可以分为基于规则的机器翻译、基于实例的机器翻译、基于统计的机器翻译和基于神经网络的机器翻译四个阶段。在机器翻译发展初期，由于计算能力有限、数据匮乏，人们通常将翻译和语言学专家设计的规则输入计算机，计算机基于这些规则将源语言的句子转换为目标语言的句子，这就是基于规则的机器翻译。基于规则的机器翻译通常分为源语言句子分析、转换和目标语言句子生成三个阶段。

基于规则的机器翻译需要专业人士来设计规则。当规则太多时，规则之间的依赖会变得非常复杂，难以构建大型的翻译系统。随着科技的发展，人们收集一些双语和单语语料的数据，并基于这些数据抽取翻译模板以及翻译词典。在翻译时，计算机对输入句子进行翻译模板的匹配，并基于匹配成功的模板片段和词典里的翻译知识来生成翻译结果，这便是基于实例的机器翻译。

随着互联网的快速发展，大规模的双语和单语语料的获取成为可能，基于大规模语料的统计方法成为机器翻译的主流。给定源语言句子，统计机器翻译的方法对目标语言句子的条件概率进行建模，通常拆分为语言模型和翻译模型，翻译模型刻画目标语言句子与源语言句子在意义上的一致性，而语言模型刻画目标语言句子的流畅程度。语言模型使用大规模的单语数据进行训练，翻译模型使用大规模的双语数据进行训练。统计机器翻译通常使用某种解码算法生成翻译候选，然后用语言模型和翻译模型对翻译候选进行打分和排序，最后选择最好的翻译候选结果作为译文输出。

"腾讯翻译君"是一款手机用翻译软件，可提供多国语言文字、语音翻译功能。将中文翻译成英文的方式有输入文本翻译、拍照翻译、普通话同声传译，智能化水平已经非常高。如图3.3.2所示为该款软件手机APP的工作界面。

只要在手机上下载并安装"腾讯翻译君"APP，就能使用其各种功能了。据腾讯介绍，该翻译软件是一款实时语音对话翻译软件，支持中文、英语、日语、韩语多种语言，具有翻译效果准确、语音输入高效、音频识别准确、操作体验快捷、工具体验简洁的特点。非常适合在出国旅游、口语练习、外语学习、考试教育、日常办公、友人交流等情境中使用。

出国旅游——境外自由行时，吃饭点餐、酒店住宿、购物支付、交通出行、景点浏览等，总会遇到语言交流问题，英语、日语、韩语不好的同学，使用"腾讯翻译君"，边说边翻译可以和当地人实时交流，仿佛带着随行翻译官，让出国自由行更轻松。

图3.3.2 腾讯翻译君（手机APP）界面

口语练习——"腾讯翻译君"采用了现今的语音识别和翻译引擎技术，自动判断练习者发音，通过自由会话，模拟真实语境，解决口语练习中无真实对话场景的问题，有效提高语感及纠正发音。

外语学习——查询单词、翻译句子、外语考试（大学英语四六级、研究生英语考试、商务英语、托福、雅思、GRE、初中、高中英语等），安装轻巧的"腾讯翻译君"，随查随用，无广告无打扰，是外语学习的好帮手。

日常办公——阅读外语文章、撰写外文邮件，经常需要与外国友人、同事交流的人员，用"腾讯翻译君"随身语音翻译，快速获得翻译结果，省时省力，是日常办公和外国友人交流的好助手。

（2）聊天机器人

聊天机器人要理解人的意图，产生符合人的想法并符合当前上下文的回复，再根据人与机器各自的回复将对话继续下去。基于当前的输入信息，再加上对话的情景以及用户画像，经过一个类似于神经网络机器翻译的解码模型生成回复话语，可以达到上下文相关、领域相关、话题相关且是针对用户特点的个性化回复。

随着人工智能从感知智能向认知智能升级，自然语言处理的重要性日益凸显。作为人类思维的载体，自然语言是人们交流观念、意见、思想、情感的媒介和工具，对话是最常见的语言使用场合。因此，聊天机器人是自然语言处理技术最为典型的应用之一。聊天机器人是一种人工智能交互系统，其工作方式是，通过语音或文字实现人机在任意开放话题上的交流。目前，人们研发聊天机器人的目的在于，模拟人类的对话行为，从而检测人工智能程序是否能够理解人类语言并且和人类进行长时间的自然交流，使用户沉浸于对话环境之中。

从国家产业发展层面，聊天机器人系统是推动国家产业升级的基础性研究课题，契合国家的科研及产业化发展方向。在 2017 年发布的《国务院关于印发新一代人工智能发展规划的通知》中，人机对话系统被列为"八项关键共性技术"之一的自然语言处理技术中的关键技术。因此，研发聊天机器人对于构建基于自然语言的人机交互的服务具有重要的应用价值，对促进人工智能的发展具有积极作用，是国家人工智能发展战略中的重要一环。

会话系统经过数十年的研究与开发，从早期的 Eliza 和 Parry，到 ATIS 项目中的自动任务完成系统，再到苹果公司的 Siri 这样的智能个人助理和微软"小冰"这样的聊天应用，各式各样的聊天应用产品层出不穷。社交聊天机器人的吸引力不仅在于回应用户不同请求的能力，还在于能与用户建立起情感联系。由于智能手机的普及、宽带无线技术的发展，社交聊天应用日益普及。社交聊天应用的目的是，满足用户交流、情感和社交归属感的需求，还可以在闲聊中帮助用户执行多种任务。

近年来，会话系统的相关产品层出不穷。智能语音助手包括苹果 Siri、微软 Cortana、Google Home、Amazon Echo 等；智能客服系统包括京东 JIMI、阿里巴巴"阿里小蜜"、支付宝"安娜"等；情感陪伴类应用包括微软"小冰"、微信"小微"等，其中微软"小冰"引发了新一轮的聊天应用热潮。此类陪伴型聊天应用的目标是，着力培育聊天应用的 EQ，让用户沉浸于与聊天应用的对话之中，而不是帮助人完成特定的任务。目前，可定制聊天机器人也是应用领域的热点，成功案例包括 Kik 公司为服装企业 H&M 订制了服装导购机器人，微软"小冰"与敦煌研究院合作推出了"敦煌小冰"机器人，"小 i 机器人"为电信、金融等领域定制的自动客服机器人等。同时，各大企业纷纷研发或者收购 AI 平台，如微软研发的语言理解智能服务 Luis.ai，三星、Facebook 和谷歌分别收购了 Viv.ai、Wit.ai 和 api.ai，百度研发了 DuerOS 并收购了 Kitt.ai。从各大企业对人机对话技术的重视程度来看，基于自然语言理解技术的聊天机器人竞争十分激烈。

（3）智能问答

智能问答（Question Answering，QA）旨在为用户提出的自然语言问题自动提供精准的答案。目前，该类系统被广泛用于包括搜索引擎和智能语音助手等在内的人工智能产品中。

早期的智能问答系统主要针对受限领域有针对性的问答服务。20 世纪 60 年代，智能问答研究主要针对数据库自然语言接口任务，即如何使用自然语言检索结构化数据库并找寻答案，代表系统包括 Baseball 和 Lunar。这两个系统分别允许用户使用自然语言提问的形式查询美国棒球联赛数据库和 NASA 月球岩石及土壤数据库。20 世纪 70 年代，智能问答研究开始聚焦于对话系统，代表系统是 SHRDLU。该系统支持用户使用自然语言控制模拟程序中的"积木拼搭"完成各种操作，并允许用户对"积木"状态进行自然语言提问。

20 世纪 80 年代，专项领域知识库的持续发展进一步推动了基于知识库的智能问答系统研究，代表系统是 MYCIN。该系统基于推理引擎和包含 600 条规则的知识库，用于识别引发感染的病毒并根据患者体重等信息推荐抗生素。整体来说，早期智能问答系统严重依赖领域专家撰写的规则，极大地限制了该类系统的规模和通用性。

  20 世纪 90 年代，智能问答系统开始针对开放领域问答任务进行构建。1993 年，第一个基于互联网的智能问答系统 START 由麻省理工学院（MIT）开发上线。1999 年，Text REtrieval Conference（TREC）举办了第一届开放领域智能问答评测任务 TREC-8，目标是从大规模文档集合中找到与输入问题对应的相关文档。该任务从信息检索角度开创了智能问答研究的一个崭新方向，受其影响，越来越多的研究者投身到智能问答的研究中来。可以说，TREC 问答评测是世界范围上最受关注和最具影响力的问答评测任务之一。2011 年，由 IBM 研发的 Watson 系统参加了美国电视问答比赛节目"Jeopardy!"，并在比赛中击败人类冠军选手。"Jeopardy!"问答比赛涵盖了包括历史、语言、文学、艺术、科技、流行文化、体育、地理和文字游戏等多方面问题，每个问题对应多个线索。在将这些线索逐条展示给选手的过程中，选手需要根据已有线索尽快给出问题的对应答案。Watson 系统由问题分析模块、答案候选生成模块、答案候选打分模块和答案候选合并排序模块四个主要部分构成，并且混合了包括文本问答和知识图谱问答在内的不同问答技术，该系统架构对现代智能问答研究来讲极具借鉴意义。2016 年，斯坦福大学发布了 SQUAD 数据集，该数据集针对机器阅读理解任务进行构建，要求问答系统从给定自然语言文本中找到与输入问题对应的精准答案。2018 年 1 月，由微软亚洲研究院和阿里巴巴 iDST 提出的方法先后在精准匹配（Exact Match，EM）这一指标上超过 Amazon Mechanical Turk 标注者阅读理解的平均水平，可以说是深度学习模型在智能问答任务上的一次成功应用。在中文自然语言处理方面，百度公司和哈工大讯飞建立的联合实验室分别发布了中文机器阅读理解数据集，并从 2017 年开始组织中文机器阅读理解评测比赛。

3.3.2 计算机视觉技术

  计算机视觉是一门研究数字图像或数字视频智能化处理和理解的交叉型学科。从人工智能的视角来看，计算机视觉要赋予机器"看懂"的智能，与语音识别赋予机器"听懂"的智能类似，都属于感知智能的范畴。从工程视角来看，所谓理解图像或视频，就是用机器自动实现人类视觉系统的功能，包括图像或视频的获取、处理、分析和理解等诸多任务。相比于人的视觉系统，摄像机等成像设备是计算机的"眼睛"，而计算机视觉就是要实现人的大脑（主要是视觉皮层区）的视觉能力。

1. 计算机视觉概述

  计算机视觉的内涵非常丰富，需要完成的任务众多。想象一下，如果我们为盲人设计一套导盲系统，以盲人识别路口的红绿灯通过马路为例，导盲系统需要完成哪些视觉任务？不难想象，可能至少要包括以下任务：

  距离估计：距离估计是指计算输入图像中的每个点距离摄像机的物理距离，该功能对于导盲系统显然是至关重要的。

目标检测、跟踪和定位：在图像视频中发现必须关注的目标并给出其位置和区域。对导盲系统来说，各类车辆、行人、红绿灯、交通标志等都是需要关注的目标。

前景与背景分割和物体之间分割：将图像视频中前景物体所占据的区域或轮廓（背景）勾勒出来。为了导盲之目的，将视野中的车辆行车线和斑马线区域勾勒出来显然是必要的，当然，盲道的分割以及可行走区域的分割更加重要。

目标分类和识别：为图像或视频中出现的目标分配其所属类别的标签。这里类别的概念是非常丰富的，如画面中人的男女、老少等，视野内车辆的款式乃至型号，甚至是对面走来的人是谁（认识与否）等。

场景分类与识别：根据图像视频内容对拍摄环境进行分类，如室内、室外、山景、海景、街景等。

场景文字检测与识别：特别是在城市环境中，场景中的各种提示文字对导盲显然是非常重要的，例如道路名、绿灯倒计时秒数、商店名称和道路通行允许情况等。

事件检测与识别：对视频中的人、物和场景等进行分析，识别人的行为或正在发生的事件（特别是异常事件）。对导盲系统来说，可能需要判断是否有车辆正在经过；而对监控系统来说，闯红灯、逆行等都是值得关注的事件。

当然，还有很多内容可能是导盲系统未必需要的，但对其他应用可能很重要，比如：

3D重建：对画面中的场景和物体进行自动3D建模。这对于增强现实等应用中添加虚拟物体而言是必须的先导任务。

图像编辑：对图像的内容或风格进行修改，产生具有真实感的编辑类图像，如把图像变成油画效果甚至是变成某个艺术家的绘画风格图。编辑类图像也可以修改图像中的部分内容，如去掉图像中难看的招贴画，或者去掉图像中某人的眼镜等。

自动图题：分析输入图像或视频的内容并用自然语言进行描述，可以类比小学生眼中的"看图说话"。

视觉问答：给定图像或视频，回答特定的问题，这有点像针对语文考试中的"阅读理解题"作答。

计算机视觉在众多领域有极为重要和广泛的应用价值。据统计，人一生中70%的信息是通过"看"来获得的，显然，看的能力对人工智能是至关重要的。不难想象，任何人工智能系统，只要它需要和人交互或者需要根据周边环境情况做决策，"看"的能力就非常重要。所以，越来越多的计算机视觉系统开始走入人们的日常生活，如指纹识别、车辆牌照识别、人脸识别、视频监控、增强现实等。

计算机视觉与很多学科都有密切关系，如数字图像处理、模式识别、机器学习、计算机图形学等。其中，数字图像处理可以看作是"偏低级"的计算机视觉处理技术，在多数情况下，它输入的和输出的都是图像，而计算机视觉系统的输出一般是模型、结构或符号信息。在模式识别中，以图像为输入的模式识别任务多数也可以看作是计算机视觉的研究范畴。机器学习则为计算机视觉提供了分析、识别和理解的图像或视频的方法和工具，特别是近年来机器学习和深度学习都成了计算机视觉领域占主导地位的研究方法。计算机图形学与计算机视觉的关系最为特殊，从某种意义上讲，计算机图形学研究的是如何从模型生成图像或生成视频的"正向处理"问题；而计算机视觉则正好相反，研究的是如何从输入图像或视频中解析出模型的"反向处理"问题。近年来，计算摄影学也逐渐得到重视，其关注的焦点是采用数字信号处理而非光学过程实现新的图像，典型的如光场相机、高动态成像、全景成像等经常用到计算机视觉算法。

与计算机视觉关系密切的另外一类学科来自脑科学领域，如认知科学、神经科学、心理学等。这些学科一方面极大受益于数字图像处理、计算摄影学、计算机视觉等学科带来的图像处理和分析工具，另一方面它们所揭示的视觉认知规律、视皮层的神经机制等对于计算机视觉领域的发展也起到了积极的推动作用。例如，多层神经网络即深度学习就是受到认知神经科学的启发而发展起来的，2012年以来为计算机视觉中的众多研究方向带来了跨越式的发展。与脑科学进行交叉学科研究，是非常有前途的研究方向。

2. 计算机视觉技术应用

人脸识别是计算机视觉领域的典型研究课题，不仅在计算机视觉、模式识别、机器学习等学科领域的是研究重点，还在金融、交通、公共安全等行业有非常广泛的研究和应用价值。特别是近年来，人脸识别技术逐渐成熟，基于人脸识别的身份认证、门禁管理、考勤系统等系统开始大量部署。

人脸识别的本质是对两张照片中人脸图像数据进行计算，判定其相似程度。为了计算相似程度，一套典型的人脸识别系统包括6个步骤——人脸检测、特征定位、面部子图预处理、特征提取、特征比对和判定结果（决策）。如图3.3.3所示，为人脸识别的典型流程。

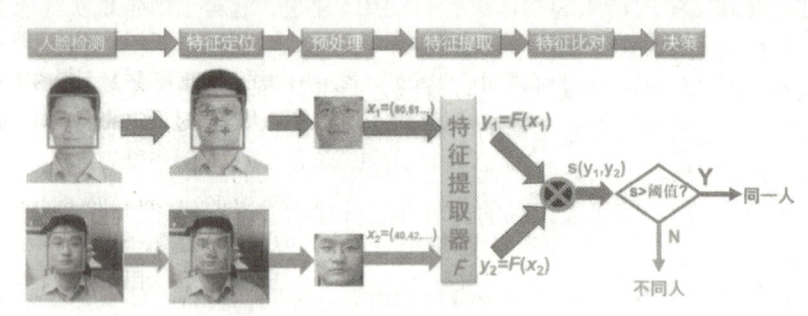

图3.3.3 人脸识别的典型流程

① 人脸检测，即从输入图像中判断是否是人脸图像，如果是，给出人脸的位置和大小（即图中的矩形框）。作为一类特殊目标，人脸检测可以用基于深度学习的通用目标检测技术实现。但在此之前，实现该功能的经典算法是Viola和Jones于2000年左右提出的基于AdaBoost的人脸检测方法。

② 特征定位，即在人脸检测给出的矩形框内进一步找到眼睛中心、鼻尖和嘴角等关键特征点，以便进行后续的预处理操作。理论上，也可以采用通用的目标检测技术实现对眼睛、鼻子和嘴巴等目标的检测。此外，也可以采用回归方法，直接用深度学习方法实现从检测到的人脸子图到这些关键特征点坐标位置的回归。

③ 面部子图预处理，即实现对人脸子图的归一化，主要包括两部分：一是把关键点进行对齐，即把所有人脸的关键点放到差不多相似的位置，以消除人脸大小、旋转等影响；二是对人脸核心区域子图进行光亮度方面的处理，以消除光线强弱、偏光等影响。该步骤的处理结果是一个标准大小（比如100×100像素大小）的人脸核心区子图像。

④ 特征提取，是人脸识别的核心，其功能是从步骤③输出的人脸子图中提取可以区

分不同人的特征。在采用深度学习之前，典型方法是采用"特征设计与提取"及"特征汇聚与特征变换"两个步骤来实现。例如，采用 LBP（Local Binary Pattern，局部二值模式）特征，最终可以形成由若干区域 LBP 直方图"串接"而成的特征数据。

⑤ 特征比对，即对两幅图像所提取的特征进行距离或相似度的计算，如欧氏距离、余弦相似性（Cosine）。

⑥ 判定结果（决策），即对前述相似度或距离进行"阈值化"。最简单的做法是采用"阈值法"，相似程度超过设定阈值则判定为相同人，否则判定为不同人。上述例子中给出的是 1∶1 的判断，实际应用中人脸识别还可能是一张照片和注册数据库中 N 个人的照片的比对，此时只需要对 N 个相似度进行排序，相似度最大且超过设定阈值者即为输出的识别结果。

3.3.3 人工智能开发平台

近年来，许多世界知名 ICT 公司相继推出了自己的人工智能解决方案，目前国内主流的人工智能开发平台主要有华为云的 ModelArts、阿里云的机器学习 PAI、百度的飞桨，其他还有腾讯公司的腾讯 AI Lab、科大讯 AI UI 等。

1. 华为云的 AI 开发平台——ModelArts

ModelArts 是面向开发者的一站式 AI 开发平台，为机器学习与深度学习提供海量数据预处理及半自动化标注、大规模分布式 Training、自动化模型生成，以及"端—边—云"模型按需部署能力，帮助用户快速创建和部署模型，管理全周期 AI 工作流。平台提供了 ModelArts 昇腾服务、新手入门、自动学习、AI 全流程开发、可视化管理等功能模块。图 3.3.4 所示为华为 ModelArtsAI 共享平台。

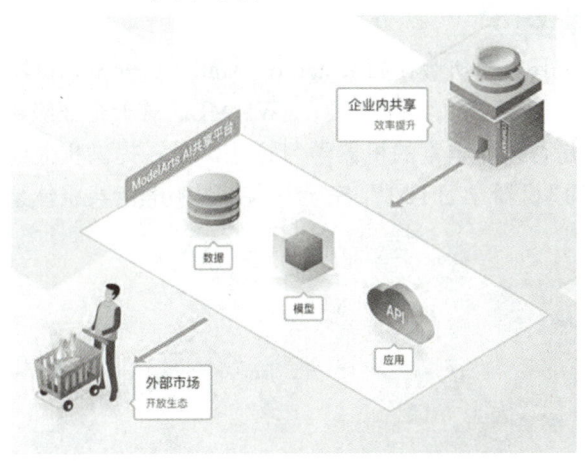

图 3.3.4　华为 ModelArtsAI 共享平台

ModelArts 昇腾服务提供华为全栈式 AI 的模型开发使能能力，用户可以使用 ModelArts 昇腾服务进行昇腾算子开发、模型开发、模型训练、模型推理等 AI 业务，产品内嵌 MindSpore & TensorFlow AI 引擎，底层提供鲲鹏&昇腾国产服务器。ModelArts 目前提供丰富的预置算法，支持用户通过 AI 市场订阅之后，可以基于自己的业务数据进行二次训练，支持"昇腾 910 训练"→"昇腾 310 推理"以及"GPU 训练"→"昇腾 310 推理"方式，涵盖图像分类、物体检测、文本分类等多类应用场景。

ModelArts 自动学习能力，可根据用户标注数据全自动进行模型设计、参数调优、模型训练、模型压缩和模型部署全流程。无须编写任何代码和模型开发经验，即可利用 ModelArts 构建 AI 模型应用在实际业务中。

ModelArts 自动学习可以零编码、零 AI 基础，三步构建 AI 模型，大幅降低 AI 使用门槛与成本，较之传统 AI 模型训练部署，使用自动学习构建将降低成本 90%以上。目前，ModelArts 支持图片分类、物体检测、预测分析、声音分类 4 大特定应用场景，可以应用于电商图片检测、流水线物体检测等场景。

ModelArts AI 全流程开发，如果你是一位 AI 开发者，ModelArts 全流程看护能帮助你高效、高精度的完成 AI 开发。

ModelArts 可视化工作流程提供从数据、算法、训练、模型、服务全流程可视化管理，无须人工干预，自动生成溯源图。你可选择任一对象，快速可视化了解相关信息。ModeArts 可视化任务比对提供版本可视化比对功能，可帮助用户快速了解不同版本间的差异。模型训练完成后，ModelArts 在常规的评价指标展示外，还提供可视化的模型评估功能，你可通过"混淆矩阵"和"热力图"形象地了解你的模型，进行评估模型或模型优化。

华为云 AI 开发平台 ModelArts 除了在云上通过（管理控制台）界面操作外，同时也提供了 Python SDK 功能，你可通过 SDK 在任意本地 IDE 中使用 Python 访问 ModelArts，包括创建、训练模型，部署服务，更加贴近你的开发习惯。

"AI 市场"是基于 ModelArts 构建的开发者生态社区，提供 AI 模型共享功能。为高校科研机构、AI 应用开发商、解决方案集成商、企业及个人开发者等提供安全、开放的共享及交易环境，有效连接 AI 开发生态链的相关参与方，加速 AI 产品的开发与落地。

2. 阿里云的 AI 开发平台——机器学习 PAI

常用的机器学习工具有单机版，如 RStadio、Matlab；分布式机器+开源架构，如 Spark MLlib；企业级机器学习云服务，如阿里云、AWS ML。对于企业级机器学习工具，是否支持大规模数据计算，是否包含丰富的机器学习算法，是否提供相关业务服务是衡量其功能的三大指标，阿里云的"机器学习 PAI"，完全具备这些功能（其整体架构如图 3.3.5 所示）。

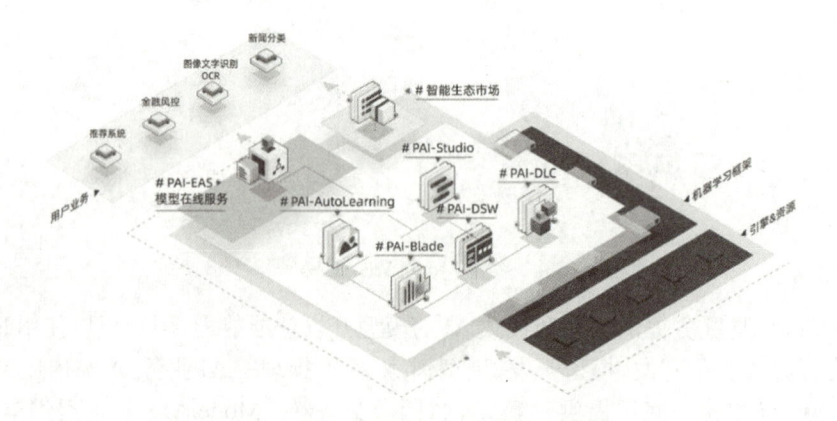

图 3.3.5 机器学习 PAI 整体架构

阿里云的"机器学习 PAI"的特点有如下三点。

一是算法丰富。机器学习 PAI 提供 100 余种算法组件，这些算法组件覆盖了回归、分类、聚类、关联分析、关系挖掘等各类算法，深度学习平台支持 TensorFlow、MXnet Caffe 等行业主流深度学习框架，支持底层 GPU 集群的多卡灵活调用。

二是具有可视化操作界面。机器学习 PAI 平台提供可视化操作界面，通过拖拽的方式拖动算法组件拼接成实验，操作平台类似于搭积木。

三是一站式服务。提供一站式服务体验，数据的清洗、特征工程、机器学习算法、评估、在线预测以及离线调度都可以在平台上一站式使用。

阿里云机器学习 PAI 包含 3 个子产品，分别是机器学习可视化开发工具 PAI-STUDIO，云端交互式代码开发工具 PAI-DSW，模型在线服务 PAI-EAS，3 个产品为传统机器学习和深度学习提供了从数据处理、模型训练、服务部署到预测的一站式服务。

PAI-STUDIO 与 PAI-DSW 通过打通底层数据，为用户提供两种机器学习模型开发环境。同时 PAI-STUDIO 以及 PAI-DSW 的模型都可以一键部署到 PAI-EAS，通过 RestfulAPI 的形式与用户自身业务打通。

3. 百度飞桨

百度飞桨（Paddle Paddle）是集深度学习核心框架、工具组件和服务平台为一体的技术先进、功能完备的开源深度学习平台，已被许多国内企业使用，深度契合企业应用需求，拥有活跃的开发者社区生态。提供丰富的官方支持模型集合，并推出全类型的高性能部署和集成方案供开发者使用。百度飞桨框架如图 3.3.6 所示。

图 3.3.6　百度飞桨框架

4. 开放智能

OPEN AI LAB 由 ARM（中国）公司联合产业伙伴于 2016 年联合发起，旨在为产业上下游合作伙伴提供边缘 AI 计算的开放平台。OPEN AI LAB 以开放的深度学习框架 Tengine 为核心，助力 AIOT 全行业的快速赋能及应用落地，让更多企业进入 AI 行业。目前已经成为深受欢迎的 AI 算力操作系统及解决方案平台提供商，赋能 AI 产业，数十个细分行业场景，为近百个产业链合作伙伴提供平台级服务，覆盖智能车载、公共安全、智能零售、智慧农业、消费电子、智能家居等。持续为行业伙伴及全产业链条创造价值，推动和加快人工智能的发展及产业化落地，做到真正的赋能万物，万物智能。

OPEN AI LAB 创建了涵盖教育、学术、创业、研究四个环节完整的教育生态体系的建设方案，帮助高校全面打造从基础设施搭建、教学管理平台、理论课程、实践案例应用再到后续资源服务支持的整个教学环节，切实解决专业 AI 人才的培养体系建构，更好更快的加速高校人工智能学科的推进。

Tengine 是由 OPEN AI LAB 开发的一款轻量级模块化高性能神经网络推理引擎，专门针对 ARM 嵌入式设备优化而开发，支持 ARM Cortex CPU、ARM Mali GPU、ARM DLA 以及第三方 DSP。开发者可以使用 Tengine 在主流框架模型和嵌入式操作系统间切换，还能调度平台里的各类异构硬件，充分利用硬件算力。此外，Tengine 还提供了常见人工智能应用算法，包括图像检测，人脸识别，语音识别等。

习题与思考

1. 举例说明人脸识别技术的应用领域。
2. 将声音转换为文字应用了＿＿＿＿技术，机场刷脸过安检，应用了＿＿＿＿技术。
3. 请说出实现聊天机器人的主流方法有哪几种？并简述其原理和优缺点。
4. 智能音箱中涉及哪些语音处理技术。
5. 课外拓展：打开华为云（https://www.huaweicloud.com）、阿里云（https://www.Aliyun.com/）、百度飞桨（https://www.paddlepaddle.org.cn）、开放智能（http://www.openailab.com）网页，进一步了解各大人工智能开发平台。

3.4　体验人工智能

人工智能的应用已经涉及计算机科学、金融、贸易、医疗、交通运输、远程通信、玩具游戏等各个方面，人工智能技术与计算机视觉、智能机器人、自然语言处理、深度学习等紧密相关。下面我们来亲身体验人工智能的有关技术。

3.4.1　人工智能与 Python

Python 是一门学习简单、功能强大并可以终身受益的动态编程语言，它已经成为人工智能、数据分析等领域事实上的"工业标准编程语言"。机器学习、人脸识别、量化金融、数据分析等许多产品或工具用 Python 实现。甚至有人说，Python 似乎无所不能。

Python 的主要优点有四个：

- 高效编程。Python 编程思路偏向于人类思维，相对于 C 语言，Python 更容易学习——方便入门、快速应用。
- 代码量少。代码量相对于 C 语言大大降低，这是因为"mpy 库"优化的原因，将验证的控制细节"打包入库"直接调用就行，C 语言几百行的代码，Python 十几行代码就能完成。

- 编写代码的软件简单。由于 Python 解释器内置 STM32 芯片，这就不像 C 语言那样需要编译、连接，代码量少就不需要文件组织软件了，使用任何文本编辑软件都可以写代码。
- 调试下载简单。用 C 语言需要用到调试器等工具，而用 PyBoard 开发，插上电脑就能生成，U 盘打开就能编辑，然后保存就行，用生成的虚拟串口来进行调试或查看打印信息，十分方便。

1. Python 编程环境

在电脑浏览器里输入下载地址：

https://www.python.org/ftp/python/3.6.4/python-3.6.4.exe 并按 Enter 键，在弹出的对话框上单击"下载"按钮，（如图 3.4.1 所示）安装程序 python-3.6.4.exe 就会下载到电脑默认的路径下面。

图 3.4.1　Python 下载

双击"python-3.6.4.exe"启动安装程序，选中下方的 Add Python 3.6 to PATH 复选框，单击"Install Now"命令开始安装软件（如图 3.4.2 所示）。

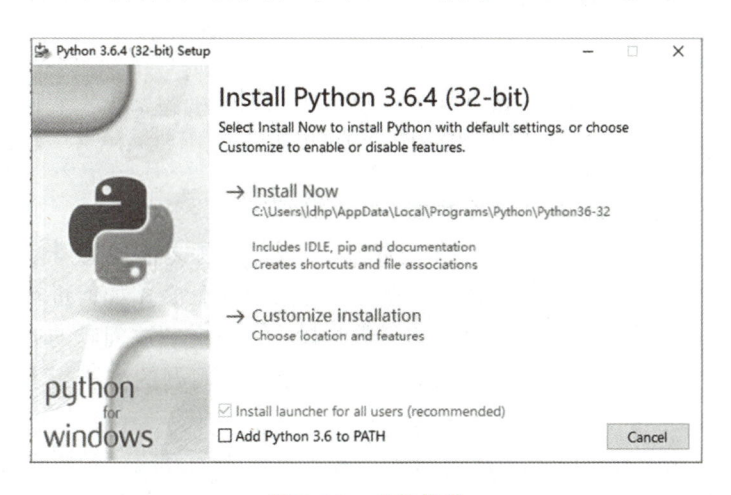

图 3.4.2　安装软件

程序安装开始，进程条指示安装进度。等待安装完成后，会出现安装成功的界面，单击"Close"按钮，安装结束（如图 3.4.3 所示）。

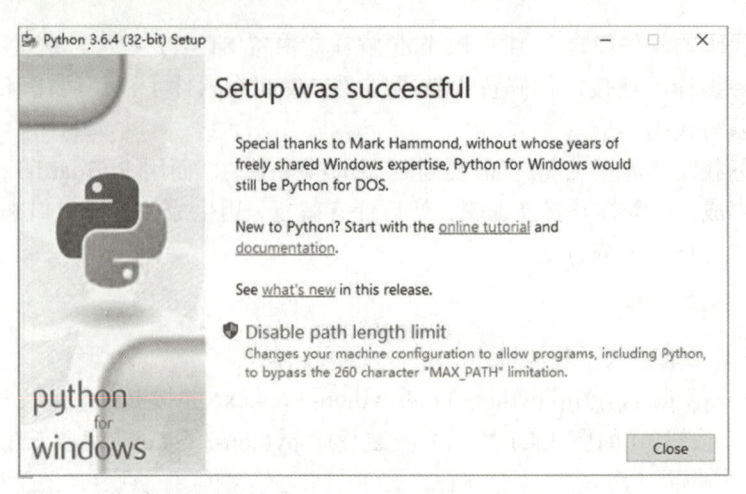

图 3.4.3　安装成功

在电脑桌面左下角单击 Windows"开始"按钮，选择"所有程序"中最新添加中的 IDLE（Python 3.6 32-bit），开始运行 Python，显示 Python 自带的编辑器界面（如图 3.4.4 所示）。

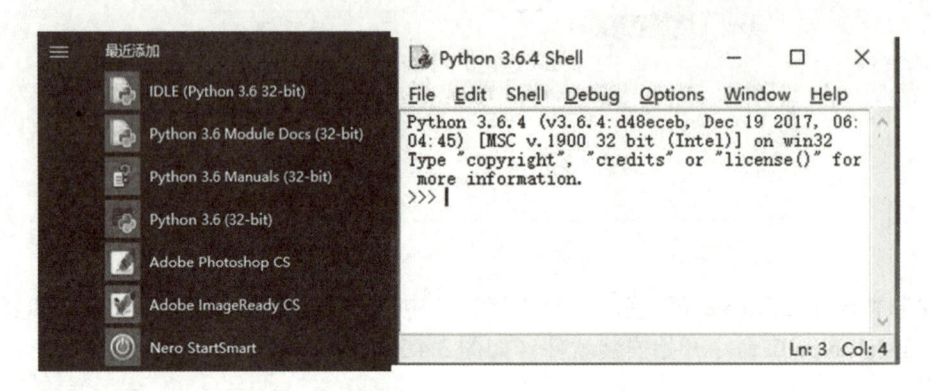

图 3.4.4　运行 Python

在 IDLE 编辑器中，选择"File"→"New File"，打开编辑窗口，就可以开始编程了。

2. Python 编程入门

Python 编程通常会经历如下 5 个步骤。

① 需求分析。编程是为了解决实际问题，在开始编程之前要思考，所编写的程序要做什么？明确所要解决的问题属于什么类型，原始数据是什么，如何进行加工，经过计算机处理后要输出什么结果，在此基础上建立数学模型，确定解决问题的方案。

② 算法描述。算法是一个过程，即是求解特定类型问题的方法和步骤，算法描述可以采用自然语言，也可以使用程序流程图。

③ 程序流程图。程序流程图是算法的一种图形化表示方式，是用规定的图形元素、连线和文字说明表示算法的一组图形，其优点是直观、清晰、易懂、便于检查、修改和交流，使程序执行的过程一目了然。

④ 程序结构。结构即组成事物各相关元素的总体，程序结构包括数据结构和控制结构。数据结构描述用于程序的数据类型数目及构造的方法，程序控制结构是用于规定程序

流程的方法和手段。程序控制结构一般分为顺序结构、选择结构（也称分支结构）、循环结构三种，用程序流程图表示如图 3.31 所示。

顺序结构　　　　　　选择结构　　　　　　循环结构

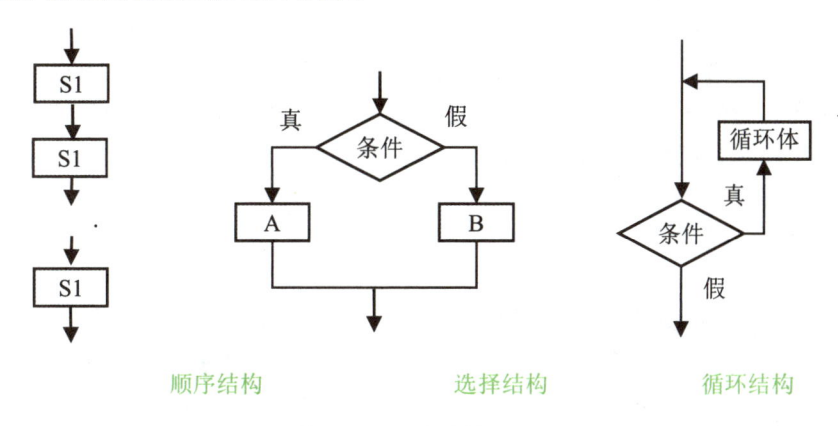

图 3.4.5　程序结构

⑤ 绘图程序

作为 Python 编程的入门引导，下面我们通过调用 Python 库中的 turtle 绘图工具，编写一段程序完成五角星的绘制。

运行 Python 程序，打开 IDLE 编辑器，选择 "File" → "New File"，打开一个未命名的编辑窗口（Untitled），在闪烁的光标处输入代码开始编程。

输入完代码后，按 Ctrl+S 组合键，将代码的脚本文件保存为 "redstar.py"，按 F5 键运行程序，绘制出来的红五星如图 3.4.6 所示。

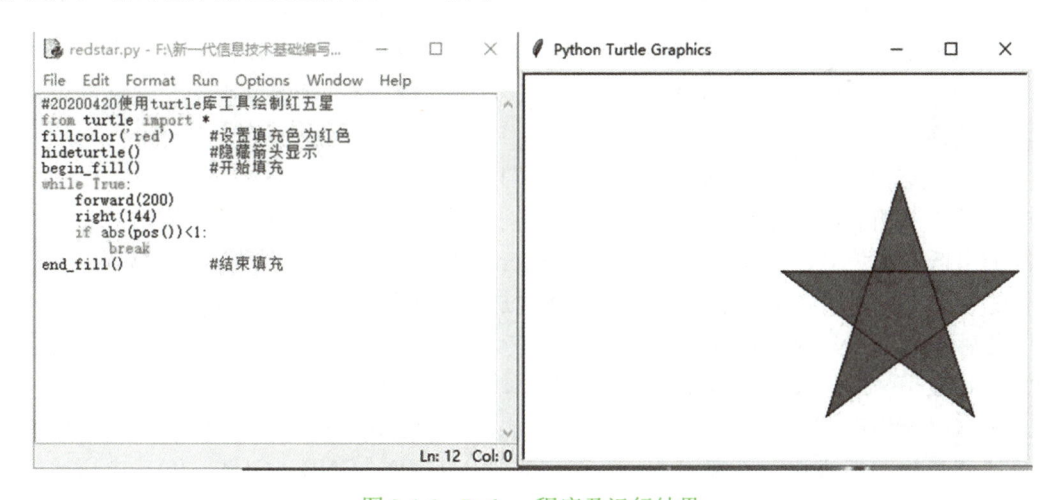

图 3.4.6　Python 程序及运行结果

3. Python 项目设计

以自动寻迹智能小车程序设计为例，介绍利用 Python 进行智能电子产品设计方法。

（1）寻迹原理

其实，小车寻迹原理利用的是光的吸收、反射和散射规律。大家都知道，白色反射所有颜色的光，而黑色吸收所有颜色的光、这就为小车寻迹提供了科学依据。在小车的车头上安装红外探头，按一字顺序排开。哪个探头接收不到反射或者散射回来的光时，说明这个探头此时正在黑色的寻迹带上。如果正前方的探头接收不到光，那么说明小车此时走在黑色的寻迹带上。可以使小车直线行走；如果左面的探头接收不到光，那么说明小车左面出现了黑色寻迹带，此时小车应该执行左转弯。右转弯与左转弯原理相似；如果要是小车前面、左面、右面三个方向全都接收不到光，或者是两个方向上的探头都接收不到光，那么到底是左转弯、右转弯还是继续直行？这个就要看在程序里是怎么做判断的了。

（2）硬件配备

① Pyboard 开发板 1 块（能运行 Python 语言的开发板，即小车的大脑）。

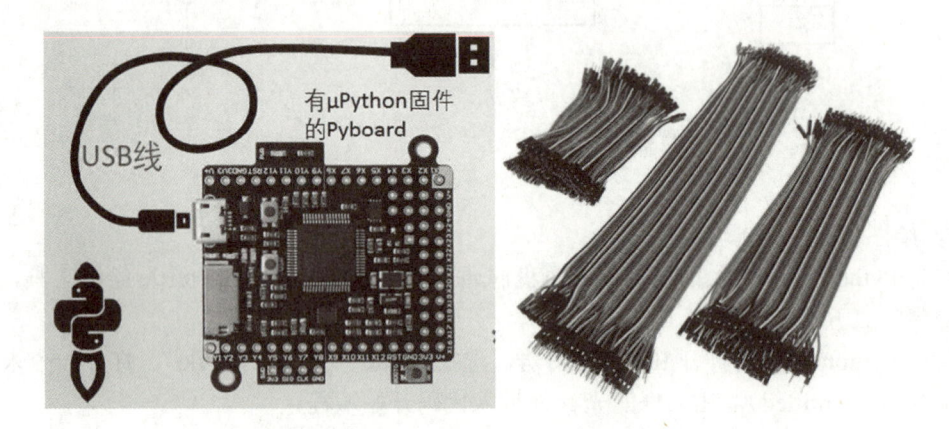

图 3.4.7　Pyboard 开发板

Pyboard 是 μPython 官方设计的开发板，使用的微控制器是 ST（意法半导体）公司的 STM32 微处理器系列，这款开发板运行很流畅，而且价格很便宜。Pyboard 开发板可以通过 Python 代码轻松控制微控制器的各种外设，比如 LED 灯、读取管脚电压、播放歌曲、与其他设备联网等。

② 四路红外感应探头（即小车的"眼睛"）。

当模块检测到前方障碍物的信号时，电路板上红色指示灯将被点亮，同时 OUT 端口持续输出低电平信号，该模块检测距离 2～60cm，检测角度是 35°，检测距离可以通过电位器进行调节：顺时针调电位器，检测距离增加；逆时针调电位器，检测距离减少。

传感器属于红外线反射探测，因此目标的反射率和形状是探测距离的关键。其中黑色探测距离最小，白色最大；小面积物体距离小，大面积物体的距离大。

传感器模块输出端口 OUT 可直接与单片机 IO 口连接，也可以直接驱动一个 5V 继电器模块或者蜂鸣器模块，连接方式：VCC—VCC；GND—GND；OUT—IO。电压比较器采用 LM339，该芯片工作很稳定。可采用 3.3～5V 直流电源对模块进行供电。当电源接通时，绿色电源指示灯亮。

③ 数据线一根。

④ 充电宝一个（给整个系统供电）。

⑤ 智能小车底盘（包括驱动模块）。

底盘红外探头驱动模块

图3.4.8　智能小车硬件

⑥ 杜邦线若干条。

（3）编写程序

脚本文件名为：znxc.py，具体的源代码如下。

```
importpyb
frompybimportUART
frompybimportPin

M0=Pin('X1',Pin.in)
M1=Pin('X2',Pin.in)
M2=Pin('X3',Pin.in)
M3=Pin('X4',Pin.in)
N1=Pin('Y1',Pin.OUT_PP)
N2=Pin('Y2',Pin.OUT_PP)
N3=Pin('Y3',Pin.OUT_PP)
N4=Pin('Y4',Pin.OUT_PP)

Print('while')
whileTrue:
print('while')
Pyb.LED(4).off()
Pyb.LED(3).off()
Pyb.LED(2).off()
If(M0.value()==1):     #检测到物体返回0。
Pyb.LED(4).on()
Pyb.delay(50)
N1.low()
N2.high()
N3.low()
N4.high()
Pyb.delay(30)
#Pyb.delay(5000)
If(M3.value()==1):     #检测到物体返回0。
Pyb.LED(3).on()
Pyb.delay(50)
```

新一代信息技术基础

```
N1.high()
N2.low()
N3.high()
N4.low()
Pyb.delay(30)
If(M2.value()&M1.value()==1):
Pyb.LED(2).on()
Pyb.delay(50)
N1.low()
N2.high()
N3.high()
N4.low()
Pyb.delay(70)
```

（4）硬件接线与调试

四路红外探头接线很简单，虽然有 18 根线，但是其中有 12 根线被是分成四组，每组由 3 根线组成，互相对称，操作很简单；还有 4 根线直接接到单片机 IO 口上，剩下的 2 根线接到电源 VCC 和地线 GND。接线完成后，剩下的就是调试了，调试中应该注意细节和小车稳定性的优化。

3.4.2 无人驾驶车辆

无人驾驶车辆是人工智能发展至今各种技术、工艺、材料和工业制造能力的综合的展现，现在无人驾驶车辆的大幕已经拉开，展现在眼前的是丰富精彩的无人驾驶技术，让我们一起来体会人工智能为无人驾驶技术带来的极大作用。无人驾驶车辆之所以能给汽车行业带来如此大的变革，是因为无人驾驶机车能增强高速公路安全，缓解交通拥堵，疏解停车难等问题，还能减少空气污染。图 3.4.9 演示的汽车正在行驶，但乘客无需驾车而是翻阅杂志，无人驾驶车辆的重点不是"无人"，而是自动驾驶，所以无人驾驶技术也称为自动驾驶技术。

图 3.4.9　无人驾驶车辆

1. 感知与定位

在无人驾驶技术中，感知是基本的要求。没有对车辆周围三维环境的定量感知，就有如人没有了眼睛，无人驾驶的决策系统就无法正常工作。为了安全且准确地感知，无人驾驶车辆系统使用了众多传感器（类型和数量均非常多）。其中可以被广义地划分为"视觉"的有超声波雷达、毫米波雷达、激光雷达（LiDAR），以及摄像头。

超声波传感器（或称超声波雷达）因其反应速度和分辨率的特长主要用于慢速前移和倒车雷达。激光雷达和毫米波雷达则主要承担了中长距测距和环境感知的功能。

激光雷达（LiDAR，负责测距）在检测光学信息与测距上表现得更出色，是厘米级的高精度定位中不可或缺的部分，但是其制造成本较高，并且其精度易受空气中悬浮物的干扰。相较而言，毫米波雷达则更能适应较恶劣的天气，抗悬浮物干扰能力强，但是仍需防止其他通信设备和雷达之间的电磁波干扰。

可见光摄像头或相机的视觉数据分析与处理基于发展已久的传统计算机视觉处理领域，其通过夜视相机、相机、3D相机等采集到的二维图像信息推断三维世界的物理信息，通常应用于交通信号灯识别和其他物体识别。那么最常见的、成本相对低廉的摄像头解决方案能否在无人驾驶应用中承担更多的感知任务呢？

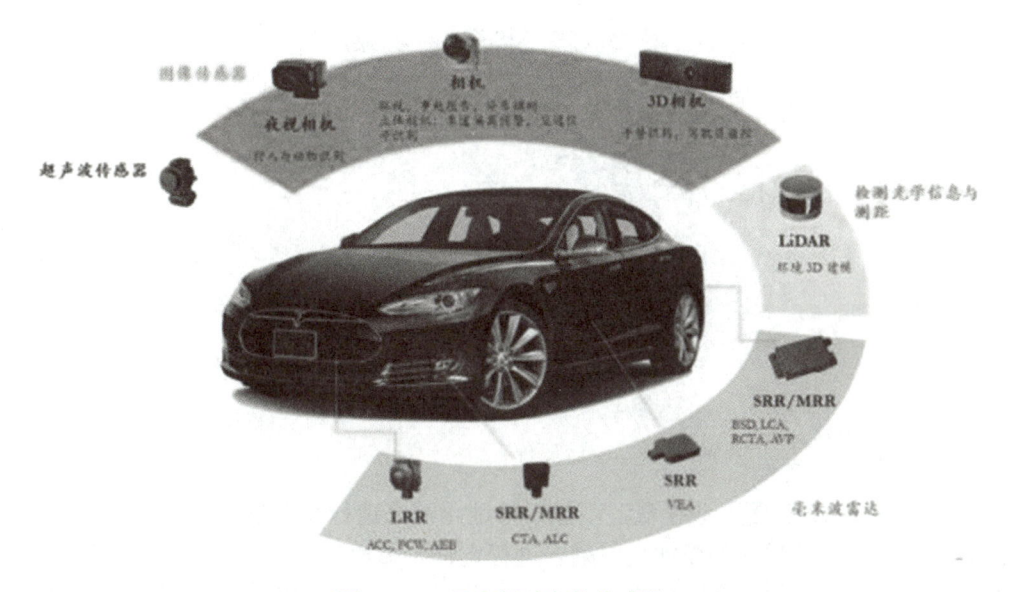

图 3.4.10　无人驾驶车载传感器

行车定位是无人驾驶核心的技术之一，GPS 是当前行车定位不可或缺的技术（见图 3.4.11），在无人驾驶车辆定位中也担负着相当重要的职责。然而无人驾驶车辆是在复杂的动态环境中行驶，尤其在大城市中，GPS 多路径反射的问题会更加明显，这样得到的 GPS 定位信息会有很大误差。对于在有限宽度道路上高速行驶的汽车，这样的误差很有可能导致交通事故。因此，必须借助其他传感器辅助定位，提高车辆定位的精准度和可信程度。另外，由于 GPS 的更新频率低（10Hz），在车辆快速行驶时很难给出精准的实时定位。惯性传感器（IMU）主要是检测和测量加速度与旋转运动的高频（1KHz）传感器，对惯性传感器数据进行处理后，可以实时得出车辆的位移与转动信息，但是惯性传感器自身也会因偏差与噪声等问题而影响结果精度。通过使用基于卡尔曼滤波的传感器融合技术，我们可以融合 GPS 与惯性传感器数据，各取所长，以达到较好的定位效果。

注意，由于无人驾驶车辆对可靠性和安全性要求非常高，所以基于 GPS 及惯性传感器的定位并非无人驾驶车辆里唯一的定位方式，还可以使用 LiDAR 点与云端的高精地图匹配，以及视觉里程计算法等定位方法，让各种定位法互相验证以达到更精确的定位。

GPS 是当前行车定位不可或缺的技术，在无人驾驶定位中也担负着相当重要的职责。GPS 系统包括太空中的 32 颗 GPS 卫星；地面上 1 个主控站、3 个数据注入站和 5 个监测站及作为用户端的 GPS 接收机。最少状态，只需其中 3 颗卫星，就能迅速确定用户端在地球上所处的位置及海拔高度。现在，民用 GPS 也可以达到 10m 左右的定位精度，GPS 系统使用低频信号，在天气不佳时，仍能保持信号的可用性。

GPS 定位系统是利用卫星基本三角定位原理，GPS 接收装置以量测无线电信号的传输时间来量测距离。由每颗卫星的所在位置，测量每颗卫星至接收器间距离，便可以算出接收器所在位置之三维空间坐标值。使用者只要利用接收装置接收到 3 颗卫星信号，就可以定出使用者所在位置。在实际应用中，GPS 接收装置都是利用 4 个以上卫星信号来定出使用者所在之位置及高度（如图 3.4.11 所示）。

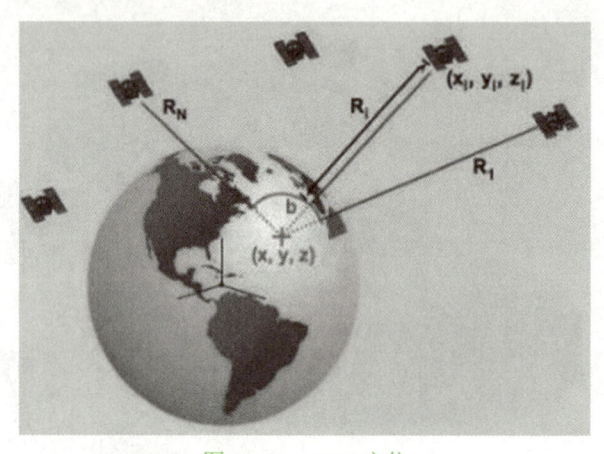

图 3.4.11　GPS 定位

为了解决因 GPS 更新频率低，不能很好地跟踪高速行驶汽车的问题，可以采用 GPS 与各种高频惯性传感器（如陀螺仪）融合进行定位。惯性传感器的误差会随时间的推进而增加，由于无人驾驶对可靠性和安全性的要求很高，所以除 GPS 和惯性传感器融合外，通常还会使用 LiDAR 点云与高精度地图匹配，以及视觉里程计算法等定位方法，让各种定位法相互纠正以达到更精准的定位。

注释：本教材介绍的实例使用美国的 GPS 系统定位。现在中国的北斗卫星定位系统（BDS）已经全部布网完成并开始商用，它的定位精度、稳定性和抗干扰能力等均达到甚至超过 GPS 系统的水平。所以，今后无人驾驶技术中一定会普遍使用中国的北斗定位系统。

2. 识别与跟踪

物体检测技术是无人驾驶感知必不可少的部分。自从 2012 年 CNN（卷积神经网络）在图片分类问题上取得突破性进展后，物体检测问题自然成为 CNN 应用的一个重要领域，使用 CNN 的物体检测算法层出不穷。CNN 在物体识别领域里大行其道之前，通常的做法是类似于 DPM（Deformable Parts Model）这样的解决方案——在图像上抽取局部特征的组合作为模板，比如基于图像的空间梯度的 HOG（方向梯度直方图）特征，为了能够处理形变、遮挡等变化，我们建立一个"弹性"的结构把这些"刚性"的部分组合起来，最后增加一个分类器来判断物体是否出现。这样的算法复杂度一般较高，需要大量的经验，而且改进和优化难度较大。CNN 的到来改变了一切，图 3.4.12 演示了 FastR-CNN 算法原理图。

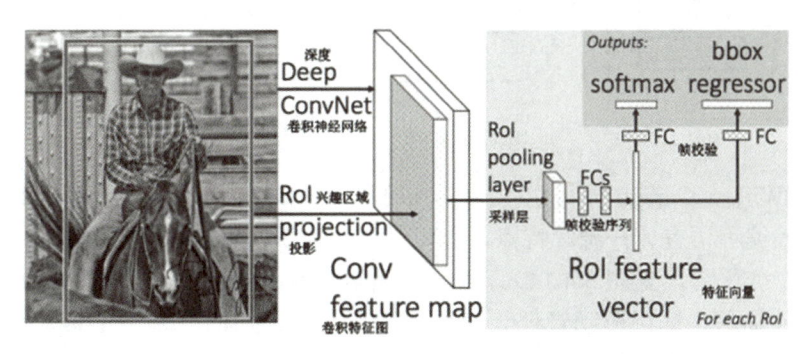

图 3.4.12　FastR-CNN 算法原理图

在无人驾驶感知中，对周围环境的 3D 建模是重要任务。激光雷达能提供高精度的 3D 点云，但密集的 3D 信息就需要摄像头的帮助了。人用两只眼睛获得立体的视觉感受，同样的道理能让"双目摄像头"（或 3D 相机）提供 3D 信息。假设两个摄像头间距为 B，空间中一点 P 到两个摄像头所成图像上的偏移（disparity）为 d，摄像头的焦距为 f，那么我们可以计算 P 点到摄像头的距离 Z_P 为：

$$Z_P = (B/d) \cdot f$$

3. 决策与执行

无人驾驶技术中的人工智能技术主要包含了感知、控制和决策三个方面。

感知是指，如何通过摄像头和其他传感器的输入解析出周围环境的信息。例如，有哪些障碍物、障碍物的速度和距离、道路的宽度和曲率等。这个部分是无人驾驶的基础，是当前无人驾驶技术研究的重要方向。

决策是指，给定感知模块解析出的环境信息如何控制汽车的行为达到驾驶的目标。例如，汽车加速、减速、左转、右转、换道、超车都是决策模块的输出。决策模块不仅需要考虑到汽车的安全性和舒适性，保证尽快达到目标地点，还需要在旁边的车辆恶意驾驶的情况下保证乘客的安全。因此，决策模块一方面需要对行车的计划进行长期规划，另一方面需要对周围车辆和行人的行为进行预测。而且，无人驾驶中的决策模块对安全性和可靠性有严格的要求。

控制是指，当我们有了一个目标，例如右转 30°，如何通过调整汽车的机械参数达到这个目标。

感知、控制和决策三者的实施过程如图 3.4.13 所示。

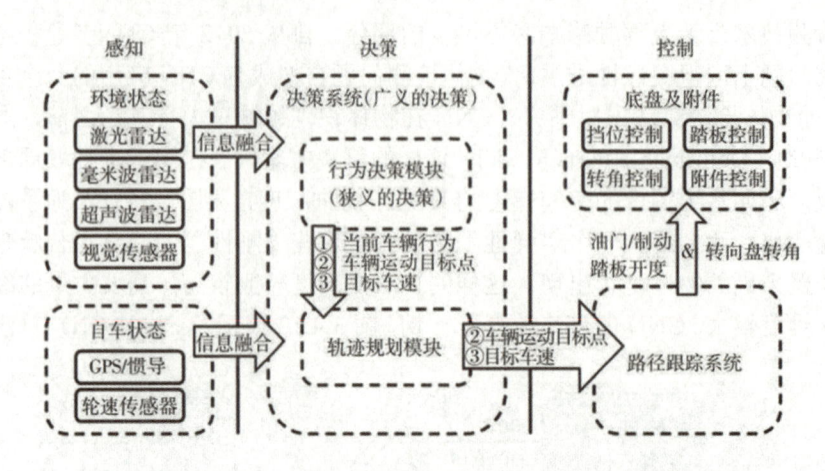

图 3.4.13 无人驾驶过程

ROS 是 Willow Garage 公司 2010 年发布的开源机器人操作系统，由于其具有点对点设计、不依赖编程语言、开源等特点，短短几年时间 ROS 便成了全世界机器人研究的热门仿真开发操作平台（见图 3.4.14）。ROS 之所以被称为操作系统，是因其具有与操作系统类似的硬件抽象、底层驱动管理、消息传递等功能，然而它并不是真正意义上的操作系统，只能算是"中间件"。ROS 具有很强的代码可复用性和硬件抽象性能，采用分布式架构，通过各功能独立的节点（Node）实现消息传递任务的分层次运行，从而减轻实时计算的压力。此外，ROS 是一个强大并且灵活的机器人编程框架，ROS 为常用的机器人和传感器提供了硬件驱动接口。从软件架构角度讲，它是一种基于消息传递通信的、分布式框架。ROS 很早就被机器人行业所采用，很多知名的机器人开源库代码都是开源贡献者基于 ROS 开发的。

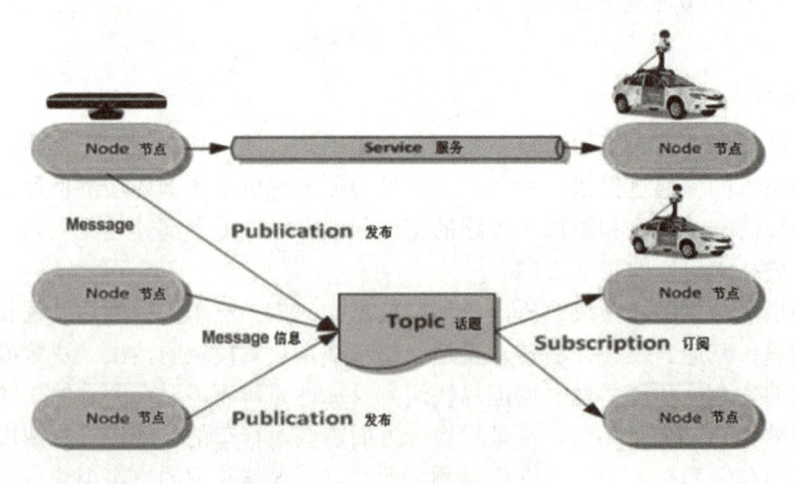

图 3.4.14 ROS 机器人操作系统

无人驾驶技术是多种技术的集成，一个无人驾驶系统包含了多种传感器，包括长距雷达、激光雷达、短距雷达、车载摄像头、超声波、GPS、陀螺仪等。每个传感器在运行时都不断产生数据，而且系统对每个传感器产生的数据都有很强的实时处理要求。例如，摄像头需要达到 60 FPS 的帧率，意味着留给每帧的处理时间只有 16 毫秒，当数据量增大之后，分配系统资源便成了一个难题。例如，当大量的激光雷达点发送的云数据进入系统，占满 CPU 资源，很可能令摄像头的数据不能得到及时处理，导致无人驾驶系统错过交通灯的识别，造成严重后果。因此，合理地选择计算平台完成实时的大规模传感数据处理，进行实时的驾驶预警与决策，对无人驾驶的安全性、可靠性、持续性至关重要。

对无人驾驶系统来说，安全性是至关重要的。但目前针对无人驾驶车辆传感器、操作系统、控制系统、车联网的攻击方法有许多。如何防御这些攻击以保证无人驾驶车辆的安全是个重要的课题。

如果无法确保技术上和防攻击等整体的安全性要求，无人驾驶车辆是不能大规模上路行驶的。目前，针对无人驾驶车辆攻击的方法五花八门，渗透到无人驾驶系统的每个层次，包括传感器、操作系统、控制系统、车联网通信系统等。第一，针对传感器的攻击不需要进入无人驾驶系统内部，这种外部攻击法技术门槛低，既简单又直接。第二，如果黑客侵入无人驾驶操作系统，黑客可以造成系统崩溃导致停车，也可以窃取车辆敏感信息。第三，黑客侵入无人驾驶控制系统，黑客可以直接操控机械部件，劫持无人驾驶车辆制造交通事故、甚至恶意伤人，那将是极其危险的。第四，车联网连接不同的无人驾驶车辆，以及中央云平台系统，黑客侵入甚至劫持联网通信系统会造成大面积、众多车辆的失控或混乱，状况难以想象。无人驾驶车辆需要考虑和解决安全的问题如图 3.4.15 所示。

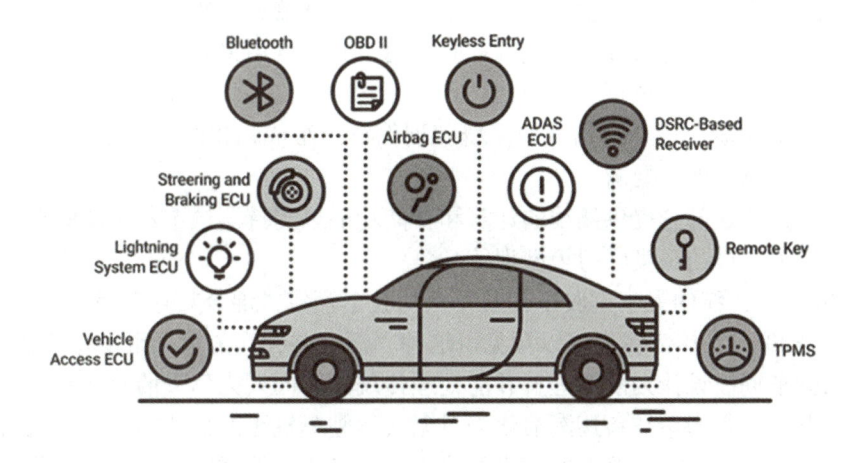

图 3.4.15　无人驾驶车辆的安全控制

另外，高精度电子地图作为无人驾驶发展成熟标志的重要支撑，在前后/左右四个方向上的精确定位、基于车道模型的碰撞避让、障碍物检测和避让、智能调速、转向和引导等方面发挥着重要作用，它们是无人驾驶的核心技术之一。高精度电子地图对无人驾驶车辆的定位、导航与控制，以及无人驾驶的安全至关重要。

我们日常使用的用于导航、查询地理信息的地图都属于"传统电子地图"，其主要服务对象是人类驾驶员。与传统电子地图不同，高精度电子地图（例如图 3.4.16 所示场景）的主要服务对象是无人驾驶系统。

图 3.4.16　高精度电子地图

4. 无人驾驶的未来

如今已有许多人从事无人驾驶车辆的研发，长期积累的科研结果及工程进步都在致力于使无人驾驶车辆能够工业化量产和大规模应用。人工智能技术是无人驾驶技术的核心，但是无人驾驶车辆是一个相当复杂的综合性系统工程，需要众多技术的融合与精确配合，其中包括以下几方面。

（1）算法：算法部分包括传感，用来从采集到的传感器原始数据中提取有意义的信息；定位，用来精确地控制无人驾驶车辆的行驶方向；感知，用来理解车辆的周边环境，并为车辆的出行与到达提供安全可靠的规划。

（2）客户端系统：这部分由操作系统和硬件系统组成，将配合算法部分以满足实时、可靠、安全、绿色节能的要求。

（3）云平台：这部分提供离线的计算和存储功能以支持测试不断更新的算法、产生高精度的地图及大规模的深度学习模型训练。

未来 20 年，传统的人工驾驶车辆及无人驾驶车辆将"混合共存"。考虑到每辆机动车的使用寿命是 10~15 年，我们可以预见，这种"混合共存"的情况至少将持续 20 年。早期的无人驾驶车辆被设计为能够理解并能处理传统的面向人为驾驶的交通系统。随着无人驾驶车辆的普及，交通系统将逐渐演化为对无人驾驶车辆更友好的模式，交通信号灯、车道及停车瞭望等交通设施将遍布非常多的感应器，以更好地辅助无人驾驶。此外，无人驾驶车辆之间的通信量将急剧增加，且通信的时延要求将很苛刻，因此需要更好通信系统保障车辆行驶过程中动态管理与协调。届时，持续产生的大量数据将推进人工智能算法的持续修正与进步。

预计到 2040 年，有望实现所有汽车均转为无人驾驶模式，那时人工驾驶车辆会成为一件鲜有的事，甚至可能由于缺乏足够的安全性而被判定为非法行为。届时，我们将迎来全新的交通生态系统，在这个生态下，所有的车辆都是集中控制模式。基于无人驾驶的自动交通运输将像供电、供水一样，成为日常生活中的基础设施。得益于改进的导航系统及传感器对路面和车辆老化状况的检测，传统车辆行驶中现在的"全球每年超过百万交通事故"将大幅降低甚至接近于零。当然，正是因为无人驾驶驱动的公共交通对资源的有效共享与分配，整个城市的交通系统只需要较少量的汽车便可以正常运行。一方面能源的使用效率将被极大程度地提高，另一方面将大规模地替代使用新能源，因此，传统化石燃料造成的空气污染将被大规模地降低。我们迫切地期待着无人驾驶的到来。

习题与思考

1. 智能寻迹小车是如何实现自动寻迹的？
2. 无人驾驶的过程包括＿＿＿＿＿、＿＿＿＿＿和＿＿＿＿＿。
3. 程序有哪三种基本结构？结合具体事例分析这三种结构的特点和作用。
4. Python 在人工智能编程中具有哪些优势？

学习小结

本模块主要学习内容分为走近人工智能、认知人工智能、熟悉人工智能、体验人工智能四节。

第一节，走近人工智能学习了如下内容：

（1）人工智能的起源，介绍人工智能的原型和人工智能学科的诞生。

（2）人工智能的定义，即"人工智能是关于知识的科学"，所谓"知识的科学"就是研究知识的表示、知识的获取和知识的运用。

（3）人工智能分类，介绍人工智能的三大流派及主要类别。

（4）人工智能的发展趋势，即专业智能向通用智能发展、媒体感知向跨媒体发展、人工智能未来三大发展领域。

（5）人工智能与大数据、云计算技术及物联网的相辅相成的关系。

第二节，认识人工智能学习了如下内容：

（1）知识表示，学习了二进制数制、信息数字化和知识表示方法。

（2）机器感知，机器感知系统的组成和传感器类型。

（3）机器学习，机器学习与机器学习技术的定义、机器学习的发展与算法。

（4）专家系统，专家系统的定义与基本结构、专家系统的工作流程与原理。

（5）神经网络，生物结构与生物神经元、生物神经元工作原理与生物神经网络、神经网络特点与分类、BP 神经网络及结构、深度学习。

第三节，熟悉人工智能学习了如下内容：

自然语言处理技术，自然语言处理概念与发展水平、自然语言的价值与应用、自然语言的发展历史与处理任务。

计算机视觉技术，视觉任务实现、视觉技术应用领域、视觉技术与其他学科的关系、视觉技术的应用。

第四节，体验人工智能学习了如下内容：

（1）人工智能与 Python，Python 编程环境、Python 编程基本语法、Python 智能小车设计。

（2）无人驾驶感知与定位的关键技术、识别与跟踪的关键技术、决策系统与执行原理、无人驾驶技术集合与实现、无人驾驶安全问题与高精度地图、无人驾驶的未来。

模块四

探寻物联网世界

学习目标：

了解物联网技术的起源、定义、分类和发展趋势，掌握 RFID 射频识别技术、传感器技术、短距离无线通信技术及其应用领域，熟悉智慧城市、智能物流、智能农业等物联网典型行业应用。

具备认知新一代物联网信息技术的能力，训练设计思维、应用思维、创新思维能力。

具有团结协作、科学探究的精神。

学习导航：

你家的窗帘、音箱、灯光能自动控制吗？无人驾驶车辆要用到什么关键技术？现代物流非常发达，物联网在其中起了什么作用？"物—物相连"是什么意思？物联网与互联网又有什么区别？本模块将带领大家一一弄清楚这些问题。

在本模块的学习过程中，首先，通过典型的智能家居场景来帮助读者了解物联网的概念、起源与发展、体系结构及主要特点；其次，通过实现智能家居系统需要用到的关键技术来系统地阐述物联网的关键技术及其应用；再次，通过对物联网其他典型行业应用的介绍，让读者形成对物联网的整认知，并进一步激发读者探索物联网世界的浓厚兴趣。

案例引入：

现代建筑中与人们的生活息息相关的一类建筑便是住宅。近年来，在智能建筑基础上，人们针对住宅的智能化、自动化提出了智能家居（或称智能住宅）的概念。与智能家居的含义相近似的表述还有：家庭自动化、电子家庭、数字家园、家庭网络、网络家居，智能

模块四　探寻物联网世界

家庭等，在中国的香港和台湾地区还有数码家庭或数码家居的称谓。

智能家居可以让生活变得轻松。如图 4.0.1 所示，出门在外，可以通过手机、电脑来远程遥控家居的各种智能系统，例如在回家的路上提前打开家中的空调和热水器。到家开门时，借助门磁或红外传感器，系统会自动打开楼道照明灯，同时打开智能门锁，安防设施撤防，开启家中的照明灯具和窗帘迎接主人的归来。回到家中，使用遥控器、手机智能家居APP或智能语音助手（例如百度智能音箱）可以方便地控制房间内各种电器设备。可以通过智能化照明系统选择预设的灯光场景，读书时营造书房柔和适度的照明光线和安静舒适环境。睡觉时调暗灯光、关闭能产生噪声的设备、关好窗户与窗帘、启动空调"睡眠和新风"模式……这一切，都可以通过手机、智能语音助手或一个遥控器简单操控，给浴盆放水并自动加热调节水温，调整窗帘、灯光、音响的状态，启动或关闭扫地机、洗碗机、智能锅具、抽油烟机……在公司上班时，家中的情况可以显示在办公室的电脑或手机上，以备随时查看；门口监控系统有拍照留影功能，家中无人时如果有来访者，系统会拍下照片以便主人回来查询。

智能家居系统是利用先进的计算机技术、网络通信技术、智能云端控制、综合布线技术、医疗电子技术等依照人体工程学原理，融合个性需求，将与家居生活有关的各个子系统如灯光控制、窗帘控制、智能家用电器、场景联动、地板采暖、安防监控等有机地结合在一起，通过网络实施综合智能控制和管理，实现"以人为本"的全新家居生活体验。

图 4.0.1　智能家居系统场景

互联网和人工智能等现代信息技术深刻地改变着人们的生活方式，智能家居是物联网典型应用之一。那么，物联网究竟是什么？请跟我们一起来探寻物联网世界的奥秘，掌握物联网的基本原理和关键技术吧。

— 163 —

4.1 初识物联网

4.1.1 物联网的概念

从早期的电子邮件沟通地球两端的用户，到超文本标记语言（HTML）和万维网（WWW），技术使世界骤然变小，成了"地球村"，再到如今多媒体数据的丰富展现，互联网已不仅仅是一项通信技术，更成就了丰富多彩的信息世界。互联网和信息技术的快速发展，开创了大数据时代，营造了浩瀚的信息空间，更深刻地改变着人们的学习、生活、商业活动和产品的生产与消费方式。

进入 21 世纪以来，随着人工智能感知与识别技术的快速发展，信息从传统的人工生成的"单通道模式"转变为人工生成和自动生成的"双通道模式"。以传感器和识别终端为代表的信息自动生成设备可以实时准确地开展对物理世界的感知、测量和监控。2016 年全球 RFID（Radio Frequency Identification，无线射频识别）技术市场规模约为 100 亿美元。根据法国调研机构 Yole 的预计，随着 5G 技术的发展，到 2022 年，RFID 及相关技术市场有望增长到 227.8 亿美元，6 年复合增速可达 14.5%。目前，世界上有数以亿计的具有通信能力的微处理器和微控制器应用在各种场景，芯片制造成本的持续下降使得可联网终端种类和数量激增，而网络技术使得利用来自物理世界的信息变为可能。与此同时，互联网的触角（网络终端和接入技术）不断延伸，深入到人们生产、生活、娱乐的各个方面。除了传统的个人计算机，各类联网终端层出不穷，智能手机、笔记本电脑等迅速普及。据中国互联网络信息中心（CNNIC）统计，截至 2020 年 3 月的统计数据，我国网民规模达 9.04 亿，互联网普及率达 64.5%，手机网民规模达 8.97 亿，网民使用手机上网的比例达 99.3%，互联网随身化、便携化的趋势十分明显。

物理世界的联网需求和信息世界的扩展需求催生出了一类新型网络——物联网（Internet of Things，IoT），它最初被描述为：物品通过射频识别等信息传感设备与互联网连接起来，实现智能化识别和管理。物联网是在互联网基础上，让所有能够被独立寻址的普通物理对象实现互联互通的网络。通过物联网，可搭建物与物、人与物直接交流的通道。通过配置在物理对象上的感知设备（如标签、传感器、智能设备等），将"用户端"的概念延伸和扩展到了物品与物品之间，通过智能设备完成对物理对象的识别、反馈及其状态获取等操作，从而完成物与物、人与物之间的信息交换、通信及其智能处理。它具有物理对象设备化、自治终端互联化和普适服务智能化三个重要特征。

目前，世界上还没有对物联网的统一定义，我国《2010 年国务院政府工作报告》中对物联网有以下的定义：物联网是指通过信息传感设备按照约定的协议，把任何物品与互联网连接起来，进行信息交换和通信，以实现智能化识别、定位、跟踪、监控和管理的一种网络。它是在互联网基础上延伸和扩展的网络。

在物联网时代，每一件物体均可寻址，每一件物体均可通信，每一件物体均可控制。一个"物物互联"的世界如图 4.1.1 所示。国际电信联盟（ITU）2005 年一份报告曾描绘物联网时代的图景：当司机出现操作失误时汽车会自动报警，公文包会提醒主人忘带了什么东西，衣服会"告诉"洗衣机对洗涤剂和水温的要求等。

毫无疑问，物联网时代的来临将会使人们的日常生活发生翻天覆地的变化。继计算机、互联网和移动通信之后，物联网将成为引领信息产业革命的重要力量之一，将成为未来社会经济发展、社会进步和科技创新的最重要的基础设施，也将深刻影响未来国家基础设施的安全使用。物联网融合了半导体、传感器、计算机、通信网络等多门类技术，物联网的发展将极大地促进电子信息产业的整体发展、进步与提高。

图 4.1.1　物物互联

4.1.2　物联网与互联网的联系与区别

互联网就是我们所熟知的 Internet，它是人与人相互通过网络设备、计算机和手机等进行连接，主要连接形式是人与人之间信息的传输和传递，像我们平时上网、看视频、聊天、收发邮件等，都是人与人之间的信息交流。当前，互联网广泛地应用于在线交流、在线教育和电子商务等领域，它们依托于互联网平台，终端由一系列计算机（或手机）构成，可理解为由许多计算机组成的网络。随着互联网应用的深入，各种需求的增加，人们已经不满足于只使用计算机终端进行交流，因此物联网应运而生。物联网（Internet of Things），从字面上是物体与物体之间的连接，即物物相连。实际上，物联网已经潜移默化地进入了我们的日常生活中，比如变频空调，室温达到设定温度，空调会自动关停；洗衣机会根据衣物的重量调节洗涤、甩干、烘干时间；在语音助手中设定好定时，届时它会自动启动电饭煲去煮米饭……这些都是物联网在家庭中的应用，再如智能交通体系中公交汽车的检票系统和安保系统与交通安全指挥中心互联等。

物联网与互联网不是相互独立的，它们之间存在着一种非常紧密的关系。物联网以互联网为基础，有了互联网，物联网才得以存在和发展，才能实现物体与物体之间的通信，所以物联网是一种建立在互联网上的一种新型网络。同时，物联网的发展又极大扩展了互联网的应用领域和实用价值，使互联网的功效得到更加充分地发挥。因而，物联网与互联网将会相互促进、协同发展，并将会深度融合。互联网与物联网的联系如图 4.1.2 所示。

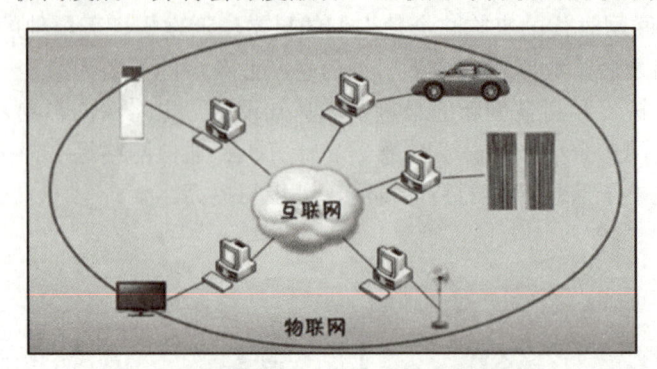

图 4.1.2　互联网与物联网的联系

物联网与互联网之间既密切连接又有所区别，图 4.1.3 所示为互联网和物联网的区别。我们可以从技术、应用和市场等几个关键维度去探讨物联网和互联网的区别：

1. 技术和协议不同。互联网是一个全球网络，基于 TCP/IP 协议，全世界各地的网络终端通过该协议加入互联网络。而物联网有自己的协议，根据应用场景的不同它有多种多样的协议，例如，有基于授权频段的低功耗技术 NB-IoT（窄带物联网协议）；也有非许可频段的技术，例如 Sigfox、LoRa、ZigBee 等。

2. 应用和面向的对象不同。互联网完成计算机、智能手机和终端设备方面的互联，它连接的是其背后的人，是人与人之间的连接。因此，互联网时代网络两端需要通过人的作用才能完成交流。而物联网的联接对象是"物"（即 Things，也译作万物），物联网中相互联接的机器可以自行通信、完成控制或操作，而不必通过人的干预。

3. 市场面向的玩家不同。互联网的玩家是互联网公司，如百度、阿里巴巴、腾讯、京东等信息服务商、电商及生活服务商。而物联网产业玩家更加广泛，有技术提供商、系统集成商、工业互联网平台、具体产品的生产企业或零配件供应企业等。

未来，互联网与物联网的紧密结合，将会让我们的生活会变得更加的便捷、安全和有趣。

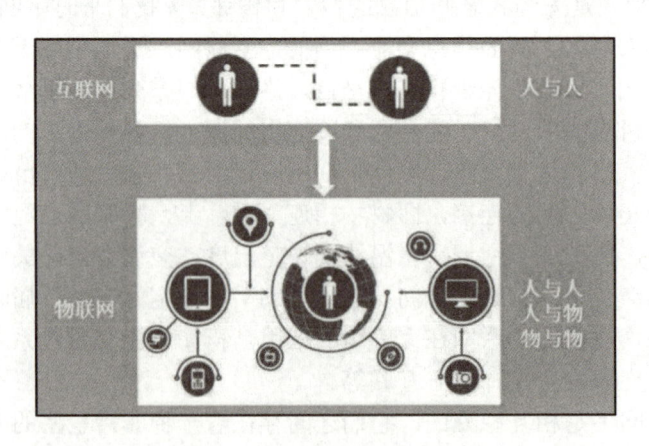

图 4.1.3　互联网和物联网的区别

4.1.3 物联网的起源与发展

针对物联网的起源,业界有不同的说法。其中一种说法是,现代的物联网起源于1990年施乐公司推出的一种在线可乐售卖机,说起来这还是一段"吃货的传奇故事"。故事说道,20世纪80年代后期,卡内基梅隆大学有一群"吃货"程序员,他们喜欢喝加冰可乐,但嫌上下楼太麻烦。有时候满怀希望下楼,想买杯加冰可乐,却因为可乐机内的可乐已经"售空"而沮丧不已。他们希望每次下楼都可以买到透心凉的加冰可乐,于是这帮家伙就发挥程序员的专长,将可乐贩卖机连接到网络上,同时还编写了一套程序监视可乐机内的可乐数量和冰块存量情况,这样下楼之前就可以知道可乐售卖机里有没有可乐?冰块是否足够?受此启发,1990年,施乐公司推出带网络控制的可乐售卖机——Networked Coke Machine,该机运用的就是早期基于"普适计算"概念的物联网技术,图 4.1.4 所示为施乐公司网络可乐贩售机。

图 4.1.4 施乐公司网络可乐贩售机

还有一种说法是,最早的物联网实例是 1991 年在英国剑桥大学诞生的"特洛伊咖啡壶",如图 4.1.5 所示。1991年,剑桥大学特洛伊计算机实验室的科学家们,茶歇时经常要下楼去煮咖啡,还要时刻关注咖啡煮好了没有,既麻烦又耽误工作,于是他们编写了一段程序,在咖啡壶旁边安装了一个便携式摄像头,利用终端计算机的图像捕捉技术,以 3 帧/秒的速率传递图像到实验室的计算机上。这样,工作人员就可以随时查看咖啡是否煮好,这就是物联网最早的雏形。

图 4.1.5 特洛伊咖啡壶

物联网的提法最早出现于比尔·盖茨 1995 年所著的《未来之路》一书中。在该书中，比尔·盖茨已经提及"物物互联"（Internet of Things）的概念，只是当时受限于传感设备、智能设施及网络技术的实际水平，并未得到人们充分的重视。1998 年，美国麻省理工学院（MIT）创造性地提出了当时被称作 EPC（Electronic Product Code，产品电子代码）系统的构想，为后来的物联网做了必要的技术准备。

1999 年，美国麻省理工学院正式提出了"物联网"的概念，这时的物联网是指依托 RFID（Radio Frequency Identification，射频识别）技术和设备，按约定的通信协议与互联网相结合，使物品信息能够智能化识别和管理，实现物品信息互通而形成的网络。

随着技术和应用的发展，物联网的内涵不断扩展。现代意义的物联网可以实现对物的感知、识别、控制，可以实现网络化互联和智能处理的有机统一，从而形成智能决策。

物联网真正引起人们的关注是在进入 21 世纪以后。日本在 2004 年提出了"u-Japan"战略，即建设泛在的物联网，并服务于 u-Japan 及后续的信息化战略。同样在 2004 年，韩国提出为期十年的 u-Korea 战略，目标是："在全球最优的泛在基础设施上，将韩国建设成全球第一个泛在社会。"

2005 年 11 月，在突尼斯举行的信息社会世界峰会（WSIS）上，国际电信联盟（ITU）发布了《ITU 互联网报告 2005：物联网》，引用了"物联网"的概念。报告指出，无所不在的物联网通信时代即将来临，世界上所有的物体从轮胎到牙刷、从房屋到纸巾都可以通过互联网主动进行信息交换，射频识别技术（RFID）、传感器技术、纳米技术、智能嵌入技术将得到更加广泛的应用。

2008 年启动的欧洲智能系统集成技术平台（EPoSS），是一个面向欧洲各国的行业驱动计划，它明确了未来几年研发和创新的需求，以及与智能系统、微型纳米系统集成相关的政策要求，其《物联网 2020》报告中，说明了物联网的重要性，并分析预测了未来物联网的发展。

奥巴马就任美国总统后，2009 年 1 月 28 日与美国工商业和政府人士举行了一次"圆桌会议"，会上，IBM 公司首席执行官彭明盛首次提出"智慧地球"这一概念，建议新政府投资新一代的智慧型基础设施。该建议得到了积极的肯定。

2009 年，欧盟执委会发表题为"*Internet of Things—An action plan for Europe*"的物联网行动方案，描绘了物联网技术的应用前景，并提出要加强对物联网的管理、完善隐私信息和个人数据保护、提高物联网的可信度、推广物联网应用等行动建议。2009 年，韩国通信委员会通过了"基于 IP 的泛在传感器网基础设施构建基本规划"，将物联网确定为韩国重点发展战略。同年，日本政府 IT 战略本部制定了《i-Japan 战略 2015》，希望到 2015 年让数字信息技术如同空气和水一般融入每一个角落，该战略聚焦"电子政务、医疗保健和教育人才"三个领域，希望激发产业活性并建设数字化基础设施。

2010 年 5 月，欧盟提出"欧洲数字计划"，旨在通过物联网等技术抢占数字经济发展的制高点，该计划是"欧洲 2020 年战略"的重要组成部分。2013 年，"谷歌眼镜"正式发布，它成了物联网和可穿戴技术的标志性产品。2017 年，物联网开发广泛普及，自动驾驶车辆不断改进，区块链技术和人工智能开始融入物联网平台，智能手机和宽带网络的普及，使物联网成为"未来风口"。2019 年，全球物联网连接总数达到 120 亿，预计到 2025 年增长 246 亿，年复合增长率预计可达 13%。

我国政府也高度重视物联网的研究、布局和发展。早在 1999 年，中国科学院就启动了传感网络的研究,并在无锡成立了"微纳传感网工程技术研发中心"。2009年11月3日,温家宝总理向首都科技界发表了题为《让科技引领中国可持续发展》的讲话,强调科学选择新兴战略性产业非常重要,并指出要着力突破传感网、物联网等关键技术。2012年,工业和信息化部、科学技术部、住房和城乡建设部等部门再次加大了对物联网和智慧城市方面技术研发与项目实施的支持力度。其后的几年,党中央、国务院重点部署、提出要求,各部委及各省市自治区纷纷制定和落实相关计划、政策、措施,大力推动物联网及其相关信息技术产业创新和发展,为我国科技发展系统布局、全面谋划、重点落实,着力推进我国信息技术的综合创新、深度融合和协同发展。

4.1.4 物联网体系结构

物联网形式多样、结构复杂、技术深入,牵涉面广。通常,物联网被分为三层:感知层、网络层和应用层,如图 4.1.6 所示。下层是用户用来感知数据的感知层,第二层是数据传输的网络层,上层则是具体应用层,下面我们以智能家居系统为例,进行具体说明。

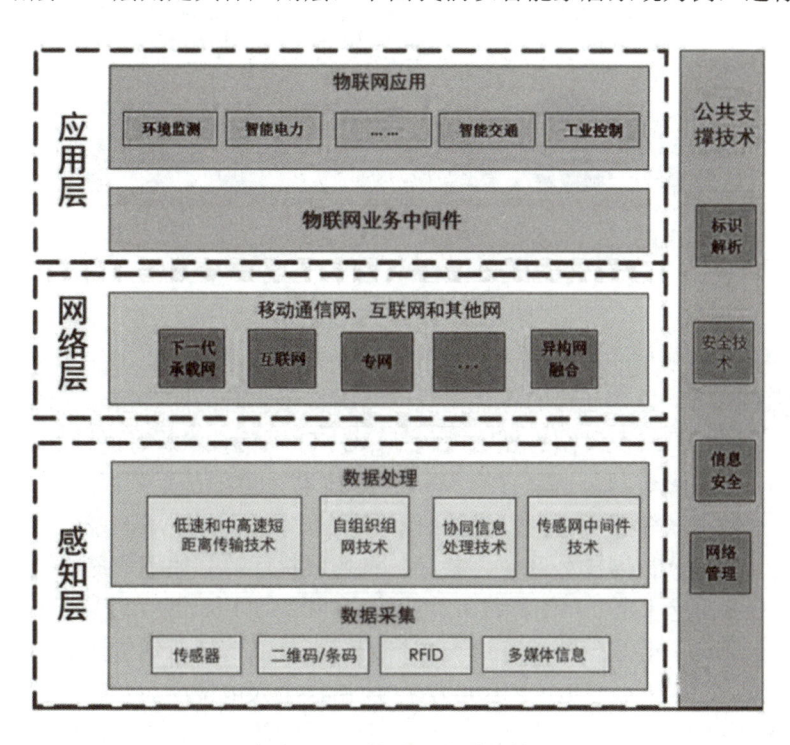

图 4.1.6 物联网体系架构

1. 感知层。感知识别是物联网的核心技术,是联系物理设备和网络环境的纽带。感知层既包括射频识别(RFID),无线传感器等信息自动生成设备,也包括各种智能电子产品中生成信息。RFID 是能够让物品"开口说话"的技术:RFID 标签中存储着符合规范且具互用性的信息,通过无线通信网络把它们自动采集到管理系统,实现被标识物品的识别、管理和信息传输。另外,作为一种新兴技术,无线传感器网络主要通过各种类型的传感器对被标识物品的属性、环境状态、行为模式等信息进行大规模、长期、实时地获取。近些年来，各类可联网电子产品层出不穷，智能手机、个人数字助理、多媒体播放器、平板电脑、笔记本电脑等迅速普及，人们可以随时随地连入互联网，分享信息。信息生成方式多样化是物联网区别于其他网络的重要特征。

在智能家居系统中，感知层主要实现各种家居设备（对象）的信息采集和控制，如图4.1.7所示，它们通常由终端设备和控制设备组成，其中控制设备涉及家庭感知设备、家用电器、多媒体设备、安防报警设备、医疗设备等。终端设备是各类家庭控制设备的控制与管理手段，如手机、平板电脑等。基于这些设备，智能家居系统的感知层通过各种传感器技术、嵌入式技术、自动识别技术等实现对家居对象，包括人们及其所生活的家庭环境、设备和人本身信息的采集和获取，从而实现智能家居状态的"全面感知"。

图 4.1.7 智能家居系统感知层

2. 网络层。网络层的主要作用是把感知层设备接入互联网，供上层服务使用。互联网是物联网的核心网络，处在边缘的各种无线网络则提供实时的网络接入服务。无线广域网包括现有的移动通信网络及其演进技术（包括 3G/4G 通信技术），提供广阔范围内连续的网络接入服务。无线城域网包括现有的 WiMAX 技术（802.16 系列标准），提供城域范围（约 100km）高速数据传输服务。无线局域网包括现在广为流行的 Wi-Fi（802.11 系列标准），为较小区域内（家庭、校园部分区域、餐厅、机场候机厅等）的用户提供网络访问服务。无线个域网络包括蓝牙（802.15.1 标准）、ZigBee（802.15.4 标准）、近场通信（NFC，Near Field Communication）等通信协议。这类网络的特点是低功耗、低传输速率（相比于上述无线宽带网络）、短距离（一般小于 10m），一般用作个人电子产品互联、工业控制设备信号传输等领域。各种不同类型的无线网络适用于不同的环境，合力提供便捷的网络接入，是实现物联网的重要基础设施。

回到智能家居系统的例子，其网络层主要实现家居设备间信息的传输，如图 4.1.8 所示，通过路由器、交换机、串口服务器、基站等网络设备，将感知层采集的各种数据传输到应用层，由于感知层感知设备和控制设备的多样性，智能家居系统通过各种网络接入技术实现信息传输，包括 GPRS/3G/4G 等蜂窝网络、Wi-Fi、ZigBee 等无线局域网或互联网等，从而实现智能家居对象间的智能连接。

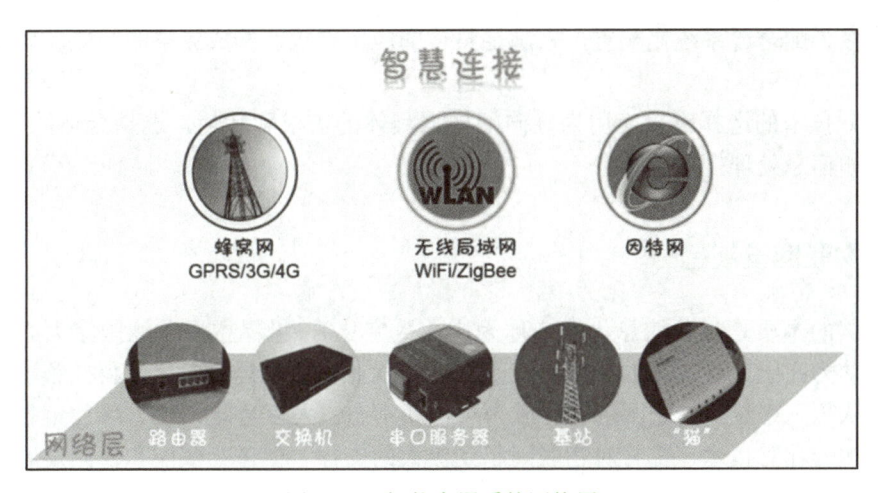

图 4.1.8　智能家居系统网络层

3. 应用层。应用层利用经过分析处理的感知数据,采用海量数据处理、云计算等技术,为用户提供各种智能化服务。物联网的应用可分为监控型（例如智能视频、物流监控、环境感知、人脸识别、车辆识别等）、查询型（例如智能检索、远程抄表）、控制型（例如智能交通、智能家用电器、照明灯光控制）、扫描型（门禁系统、手机钱包、ETC 不停车收费）等。应用层是物联网和用户（包括人、组织和其他系统）的接口,它与行业需求相结合,实现物联网的智能应用,呈现多样化、规模化、行业化等特点。

在智能家居系统中,应用层主要提供各类智能家居应用服务,如图 4.1.9 所示,应用层将从网络层获得的各种数据,在高性能计算平台、海量储存以及管理系统等设施的支撑下,进行综合分析,并根据需求提供各类具体的智能家居服务,如家庭控制（家用电器、智能门锁、照明设备、智能采暖通风设备等）、智能电网、家庭医疗、多媒体娱乐、家庭安防等,从而实现智能家居广泛应用。

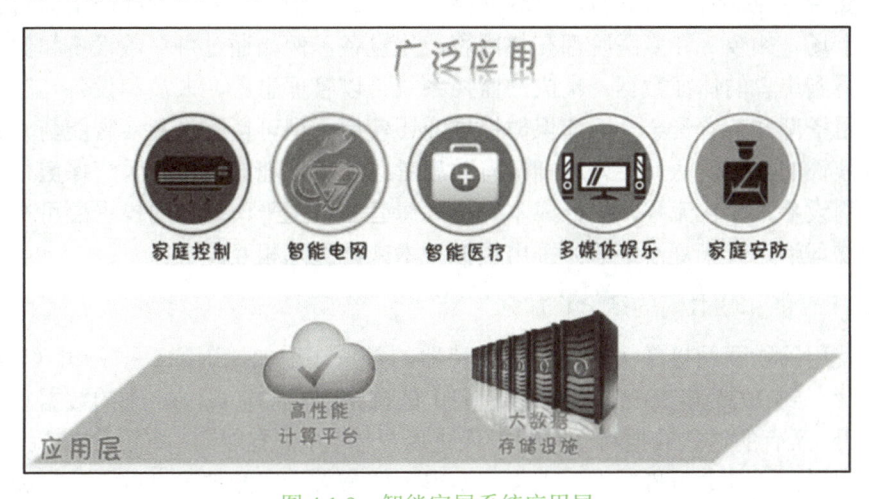

图 4.1.9　智能家居系统应用层

物联网各层之间既相对独立,又紧密联系。在应用层以下,同一层次上的不同技术互为补充,分别适用不同环境,构成该层次技术的管控策略。而不同层次提供的各种技术之间相互连接、配合，系统化配置，来满足整体的应用需求，构成完整的智能家居系统解决方案。

总之，技术的选择应以应用为导向，根据具体的需求和环境，选择合适的感知技术、联网技术和信息处理技术。

4.1.5 物联网发展趋势

物联网的本质是行业信息化（或称为产业数字化），世界主要发达国家大力推动物联网发展的动力在于，寻找新的经济增长点、创造就业机会，提升国家在科技领域的综合竞争能力。从长远来看，物联网可能会成为一种新常态，人工智能、5G、区块链技术，特别是大数据和云计算技术，都将对物联网起到极大的支撑、促进、赋能和协同发展作用。

1. 智能家居设备移至办公室

智能家居物联网设备越来越受欢迎。根据国际产业研究机构的预测，到 2021 年，美国的智能家庭数量预计将达到家庭总数的 28%，其上升趋势主要源于智能设备价格的下降，但是，用户的市场偏好也在发生变化。2000 年以后出生的年轻人更崇尚技术，他们更喜欢将含有更多技术的装置或智能设备安置在家中，如果能节能、环保那就会更受欢迎。现在，这种"风潮"已不再局限于家庭，技术化、智能化的办公环境和生产流程，同样被许多人喜爱和追逐。未来将会有更多的公司将物联网技术用于办公和产品生产。企业所有者可以使用智能照明和传感器来减少每月的电能消耗；智能摄像头和门锁可远程授权送货的人或员工进入企业大门，使企业更安全。智能恒温器可通过了解员工的温度偏好，并以最便宜的加热或冷却时间来减少对能源的消耗。

2. IoT 在医疗保健领域的重大增长

医疗保健行业非常适合于应用物联网技术。这是一个成长中、受到严格监管且深度依赖技术的市场。如今，许多医院都在使用智能化设备，例如通过可穿戴设备和健康传感器可以远程得到患者的体征数据；集成的监控系统可以管理患者、人员和设备。这样可最大限度地利用资源并节省资金。医疗保健提供商还使用小型可摄入设备（智能药丸）传输有关药物有效性的数据，从而更好地制定有关患者医疗和护理的决策。医疗保健行业采用更多的物联网设备来简化流程，降低成本并提高患者服务水平，增加的投资还可推动相关市场（例如物理治疗或康复治疗等）采用类似技术来与医院相互配合。

3. 人工智能和物联网的结合将加强

每年使用的物联网摄像头、设备和传感器的数量在增加，国际数据公司（IDC）的一项预测估计，到 2025 年，一年将有超过 410 亿台联网设备生成 80ZB 的数据。联网设备的价值在于，所有的这些数据将会有助于优化用户体验、节省能源、降低成本或提高效率。所以，在这样的巨量数据规模下，人类将不得不依靠人工智能技术来进行分析和解释。随着一些世界知名互联网公司竞相研发和应用人工智能、机器学习技术，医疗行业、交通运输和制造业会从中获益。这些行业拥有庞大的基础设施和复杂的网络，可推动人工智能与物联网技术的深度融合与应用，创造出极大的社会价值和经济价值。

4. 语音控制功能起飞

随着面向消费者和企业的新应用的出现,语音技术产品将继续增长。新的市场研究估计,到 2023 年,将有 80 亿个数字语音助手被应用,技术的进步使得语音识别结果更加准确,可以实现多个用户通过语音识别使用同一设备;同时,语音识别又是一个相对便宜的功能,从硬件角度来看,制造商仅需要访问设备或在设备上添加麦克风,因此,该技术是几乎所有家庭或办公室小工具的便捷附加功能。随着消费者在家中与语音助手交互变得更加舒适,他们的熟悉程度将促使该技术进入工作环境。

IBM 前首席执行官郭士纳曾提出一个重要的判断,认为"计算模式每隔 15 年发生一次变革"。这一断语似乎与像摩尔定律一样准确,人们把它称为"十五年周期定律":1965 年前后发生的变革以大型计算机为标志,1980 年前后以 PC 个人计算机的普及为标志,而 1995 年前后则发生了互联网革命。每一次这样的技术变革都引起企业间、产业间甚至国家间竞争格局的重大动荡和变化。而今天,物联网的出现打破了人们的传统思维,被业界称为继互联网和移动通信之后的"万亿级产业",被认为是发展经济、保持竞争优势的关键战略。物联网的发展不是一个单纯的技术问题,它涉及政策、法律、经济、文化等方方面面,因此,物联网的发展之路还很漫长。我们要着力发展和推进物联网及其相关技术,使之成为产业发展、产业升级、经济增长的"发动机",让科技引领中国可持续发展。

习题与思考

1. 什么是物联网?举例说明你发现的身边的物联网应用。
2. 简述物联网的体系结构。

4.2 辨识物联网关键技术

导入:上一节我们以智能家居系统为例,介绍了物联网的体系结构,那么实现智能家居系统要用到哪些关键技术呢?

智能家居系统(如图 4.2.1 所示)普遍采用了物联网的 RFID、传感器、短距离通信及智能决策技术,并结合系统集成技术将家居设备和系统有机互联并统一管理,为人们提供一个舒适、便利、安全、节能和环保的家居生活环境。例如,下班回家前就能在办公室启动家中的空调、厨具等设施,到家时就能在舒适的温度中享用晚餐了。一个典型的智能家居系统通常包括家庭无线网关,以及若干个在各种设备上的无线通信的节点。每个节点都能够与家庭网关通过有线或无线通信模块相互连接,并进行相互的数据传送。

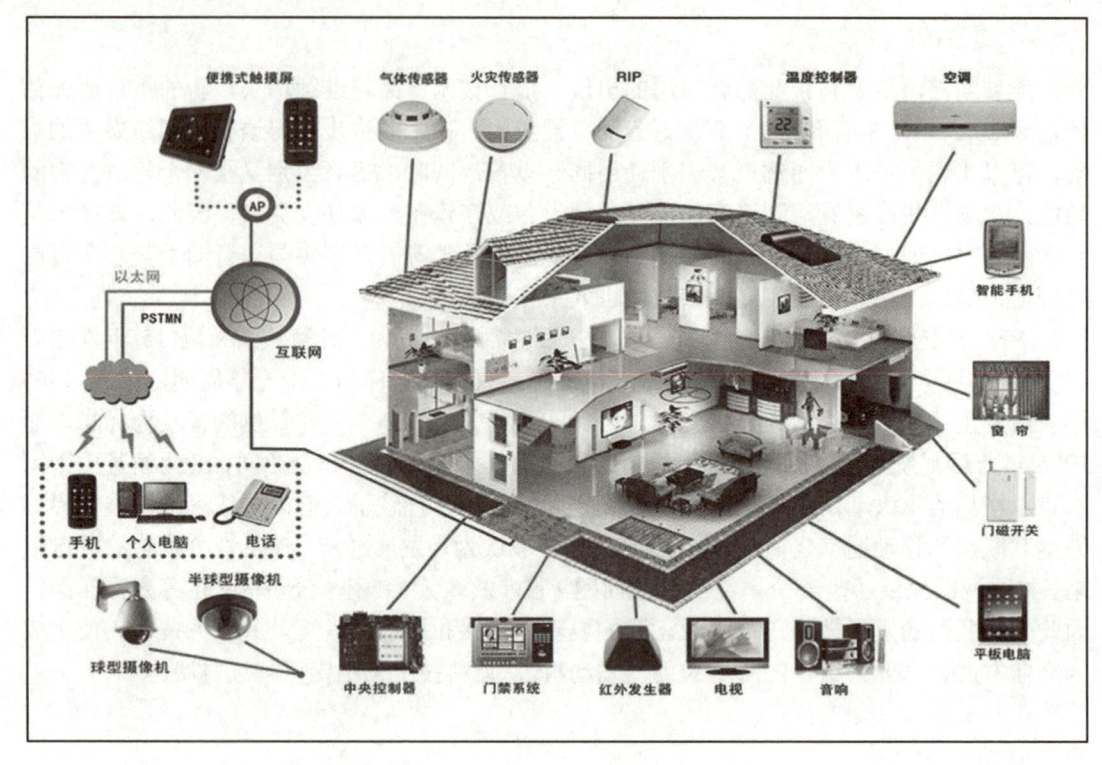

图 4.2.1　智能家居系统的图示

1. 智能化控制中心——家庭智能网关

家庭智能网关就是家庭的一个智能化控制中心,带有嵌入式处理器和操作系统,通过无线模块与网络中的子节点进行通信,实现家用电器控制,并且能够在发生危险情况时通过网络或手机报警。一般用户可通过网关的触摸屏对整个家居环境进行控制,也能够通过互联网或者手机连接到智能网关实现家用电器的远程控制。根据一些预设好的触发条件和智能决策原则,智能网关也可以对一些家具设备进行自动控制。

2. 智能家居通信网络

智能家居通信网络是指家庭内部通过有线或无线的传输方式,将各种电气设备和电气子系统连接起来,采用所需的通信协议,对内实现资源管理和共享,对外通过网关与外部网络互联进行信息交换。主要包括信息网络和控制网络,信息网络是利用计算机网络和软件技术,提供 Internet 访问、电子邮件、电子商务、家居自动化、视频点播等服务,而控制网络主要是利用数据采集和自动化控制技术,实现家居设备管理、安全防范、自动抄表、一卡通等功能。

（1）网络传输技术：包括电话线连网、电力线连网、以太网连网、电力光纤连网等有线传输技术和红外线传输、窄带射频传输、超宽带射频传输等无线传输技术。

（2）控制网络：主要使用了 BACNet 通信协议、LonWorks 技术、EIB 技术、X10 技术和 ZigBee 技术等。

（3）信息网络：主要使用了以太网、Home PNA、HomePlug、蓝牙技术、Wi-Fi 无线网络等有线和无线网络技术。

3. 无线通信子节点

无线通信子节点包括信息采集节点和设备控制节点。

信息采集节点主要是各种类型的传感器，如温度/湿度传感器、光照传感器、空气质量传感器、燃气泄漏传感器、红外防闯入探测器等。这些信息采集节点通过无线连接将居室内的各种环境指标和设备参数实时传回智能网关，让用户实时掌握居室状态及周边环境，并为用户和智能网关提供决策和控制的依据及反馈。

设备控制节点主要接收网关发出的控制信息，并控制相应设备做出响应。智能家居系统能够实现对家庭内各种设备的控制。

（1）照明设备：通过无线遥控开关实现对单个灯具的开关或调光，还能提供情景遥控模式，综合调控室内照明设备，使居室根据需求的不同建立不同的照明环境。

（2）电源控制：通过控制无线智能插座，实现对非遥控电器（如热水器、电风扇等）的电源遥控，不仅为这些电器增加了无线遥控的"开启/关闭"功能，而且还最大限度地节约能源，保障安全。

（3）窗帘控制：通过无线窗帘控制器对窗帘电机进行远程控制，完成窗帘的开合。

（4）家用电器控制：通过家用电器自身的智能控制功能（例如智能空调、智能电视、智能音箱、智能冰箱等）进行直接联网控制，或者联网控制红外发射模块（即遥控器），再通过红外发射模块对家用电器完成遥控（例如遥控电风扇、遥控门窗）。

（5）继电器输出控制：实现电动门窗、燃气阀门、电源保护闸等开关的控制。

4. 智能终端

智能终端是指具备操作系统的移动终端，它支持用户安装和卸载应用程序，并提供应用程序开发接口以供第三方开发应用程序进行管理。通常，智能终端与智能家居应用服务器紧密结合来灵活地获得终端状态或数字内容，帮助智能家居系统与外部保持信息交流畅通。智能终端可以是平板电脑、智能手机，也可以使带语音识别的智能音箱等。

可以看出，实现智能家居系统需要许多技术！接下来通过对物联网底层硬件技术的介绍，让我们对物联网有更深入的了解。

4.2.1 RFID 射频识别技术

自动识别技术就是利用机器识别实体对象。即使用识别装置，通过实体对象之间的交互操作，获取被识别实体对象的相关信息。例如，在我们生活中具备识别功能的应用有许多，例如，超市购物时售货员使用的手持条形码扫描器，手机应用的支付宝或微信等应用的扫码识别功能，以及指纹识别、眼睛虹膜识别等生物认证识别装置，银行卡、交通卡、校园卡等卡片识别机。它们使用的识别技术主要分两大类——图像识别技术和射频识别技术。目前，生活中经常使用的是图像识别技术，主要识别条形码和二维码（如图 4.2.2 所示），这是一种简单易行的识别技术。后面我们重点介绍的是商业领域和工业领用常用的射频识别技术。

图 4.2.2　条形码和二维码

射频识别技术（Radio Frequency Identification，RFID）属于自动识别技术。射频识别设备通过无线射频信号采集和处理实体对象的相关信息，再行识别具体实体。射频识别技术的特点是非接触式、实时快速、高效准确。射频识别通过电子标签来标识实体对象，用 RFID 读写器来接收实体对象的标识数据。RFID 抗干扰能力强，可识别高速移动中的实体对象，也可同时识别多个实体对象目标。RFID 技术最大的特性是，能够提供更细致、更精确的产品供货信息，并能实现货物运输过程的交换、转运、移动的自动化识别与记录，现在已广泛应用于工业、农业、物流、医疗、交通、电网、环保、安防等众多领域。

4.2.1.1　RFID 的起源和发展

RFID 并不是一项新技术，它的历史最早可以追溯到第二次世界大战之时。当时，德国、日本、英国和美国都采用了雷达技术探测正在接近的飞行目标，雷达可以发现敌机、测出飞机与雷达站的距离并可以向本方人员发出预警。而雷达的致命弱点是，当双方飞机均在雷达探测空域，甚至进行空战时，无法分辨敌我双方的飞机。德国人发现，可以通过在返回基地时拉起飞机改变雷达反射信号的波形来辨别本方飞机，这种简单笨拙的方法可被认为是"最早的被动式"RFID 系统的雏形。此时，英国研发出一种能够识别敌我双方飞机的"敌我识别器"（IFF），当接收到雷达信号以后，IFF 会主动广播某个特定信号返回给雷达，从而确认中"这是本方飞机"。这种方法可以被看作是"最早的主动式"RFID 系统，IFF 后来成为现代空中交通管制的重要工具。IFF 技术可以看作 RFID 技术的雏形，其系统组件价格昂贵且体积庞大，只能优先应用在军事和实验室等领域。直到大规模集成电路、可编程控制器、微处理器以及软件技术和编程语言发展起来，RFID 技术才开始逐渐推广、进入民用领域。

20 世纪 60 年代，人类对 RFID 的探索正式拉开了序幕。1964 年，R. F. Harrington 开始研究和 RFID 相关的电磁理论。与此同时，电子物品监控（EAS）的商业应用也逐渐出现，这种早期的商业应用由于标签携带的存储容量有限，只能检测被标识的物品是否存在，主要用于防止物品被偷窃，而当有多个物品存在时，无法区分出被标识物体的差别。

20 世纪 70 年代，许多学者、公司和研究机构等都认识到了 RFID 的巨大潜力，并进行积极研究。其中具有代表性的研究成果是 1975 年由美国 Los Alamos 实验室开发的能够适用于特殊环境且传输距离可达几十米的被动式 RFID 标签原型。

20 世纪 80 年代，更加完善的 RFID 应用开始涌现。世界各个国家对 RFID 的应用兴趣不尽相同，美国 RFID 技术主要应用于运输业和访问控制，欧洲则是将短距离通信的 RFID 技术应用于野生动物监控。

20世纪90年代是RFID发展过程中最为重要的10年,在这期间电子收费系统（ETC）在美国开始大量部署,在北美约有3亿个RFID标签被安装在汽车尾部。1991年,世界第一个高速公路不停车收费系统在美国俄克拉荷马州开始投入使用。1992年,世界第一个电子收费系统和交通管理系统的集成系统在美国休斯敦安装并使用。此时,多个地区和公司开始注意到运行频率和通信协议的标准化问题,只有提供了统一的标准,RFID才能在更广泛的领域得到应用。

21世纪初,零售业巨头（如沃尔玛）及一些政府机构（如美国国防部）都开始推进RFID应用,沃尔玛开始要求他们的供应商在商品上采用此项技术。同时,RFID标准的纷争催生了多个全球性的RFID标准和技术联盟,主要有EPC Global、AIM Global、ISO/IEC、UID、IP-X等,这些组织试图在标签频率、数据标准、传输和接口协议、网络运营和管理、行业应用等方面获得统一平台。RFID技术的发展基本可10年期划分为几个阶段,如表4.2.1所示。

表4.2.1 RFID技术发展历程表

时间	RFID技术发展
1941—1950年	雷达技术催生了RFID技术,1948年奠定了RFID技术的理论基础
1951—1960年	早期RFID技术的探索阶段,主要是实验室的研究和实验
1961—1970年	RFID技术的理论得到进一步发展,开始了一些应用尝试
1971—1980年	RFID技术与产品研发进入高潮期,各种RFID技术测试得到加速,出现了最早的RFID商业应用
1981—1990年	RFID技术及产品进入商业应用阶段,各种规模化应用开始出现
1991—2000年	RFID技术标准化问题日趋得到重视,RFID产品得到广泛应用
2001年至今	标准化问题日趋为人们所重视,RFID产品种类更加丰富,各类标签得到快速发展,标签的成本也不断降低,规模应用行业开始扩张

除此之外,美国的集装箱安全管理、运输物品管理普遍使用RFID；中国公民的二代身份证、中国的火车机车管理系统、日本的手机支付与近场通信等都是业界比较成功的大规模应用案例。中国已经将RFID技术应用于铁路车号识别、身份证和票证管理、动物标识、特种设备与危险品管理、公共交通以及生产过程管理等多个领域,并且正在尝试应用于图书馆、医用血库中的血液管理等领域。

时至今日,RFID的技术理论得到了进一步的丰富和发展,这个时期单芯片电子标签、多电子标签识读、无线可读可写、适应高速移动物体的RFID技术不断发展,并且相关产品也深入到日常的生产、生活。RFID进入广泛应用时期。

4.2.1.2 RFID技术原理

1. RFID系统组成

RFID系统在具体的应用过程中,根据不同的应用目的和应用环境,RFID系统的组成会有所不同,但从RFID系统的工作原理来看,系统一般都由RFID阅读器、发射/接收天线、电子标签三部分组成。

（1）阅读器（Reader）又称为信号接收机,是用来读取（有时也可写入）标签信息的设备。阅读器是RFID系统最重要也最复杂的一个组件,它由发送器、接收仪、控制模块和收发器组成,因其工作模式一般是主动向标签询问标识信息,所以有时又被称为询问器。根据支持的标签类型的不同与功能的不同,阅读器可设计为手持式或固定式,图 4.2.3 给出了几种不同形式的阅读器。阅读器一方面通过标准网口、RS232 串口或 USB 接口同主机相连,另一方面通过天线与 RFID 标签通信。有时为了方便,阅读器和天线以及智能终端设备会集成在一起形成可移动的手持式阅读器。

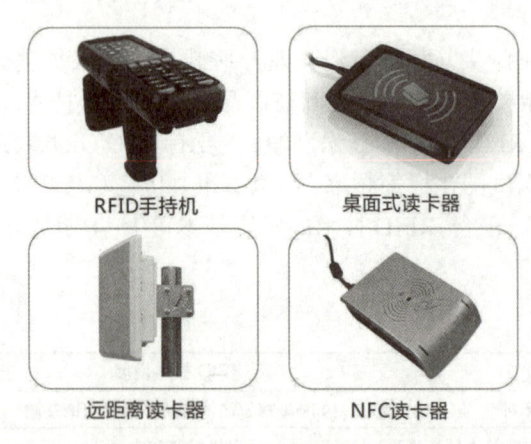

图 4.2.3　RFID 阅读器的几种形式

（2）天线（Antenna）：是阅读器的一部分,用于在标签和阅读器之间传递射频信号。天线是标签与阅读器之间传输数据的发射、接收装置。阅读器可以连接 1 个或多个天线,但每次使用时只能激活一个天线。天线的形状和大小会随着工作频率和功能的不同而不同。在实际应用中,除影响系统功率外,天线的形状和相对位置还会影响数据的发射和接收效果,需要专业人员对系统的天线进行设计、安装。

（3）RFID 标签（Tag）：由耦合元件及芯片组成,每个标签具有唯一的电子编码,附着在物品上,作为唯一的物品标识,且具有存储特定信息的功能。RFID 电子标签一般是带有线圈、天线、存储器与控制系统的低功耗集成电路。标签进入 RFID 阅读器扫描场以后,接收到阅读器发出的射频信号,凭借感应的信号,按约定发送出存储在芯片中的电子编码（被动式标签）,或者主动发送某一频率的信号（主动式标签）,不同形状的 RFID 标签见图 4.2.4 所示。

RFID 标签的原理和条形码相似,但与其相比还具有以下优点：

① 体积小且形状多样。RFID 标签在读取上并不受尺寸大小与形状限制。不像二维码或条形码,为了获取较高的读取精度而需要人为地选择纸张的大小和印刷品质。

② 抗污染性。纸张容易被污染而影响识别,但 RFID 对水、油等物质却有极强的抗污性。另外,即使在黑暗的环境中,RFID 标签也能够正常读取。

③ 可重复使用。标签具有读写功能,电子数据可被反复覆盖,因此可以被回收而重复使用。

④ 穿透性强。标签在被纸张、木材和塑料等非金属或非透明的材质覆盖的情况下也可以进行穿透性通信。

⑤ 数据安全性。标签内的数据通过循环冗余校验的方法,以便来保证标签发送的数据准确性。

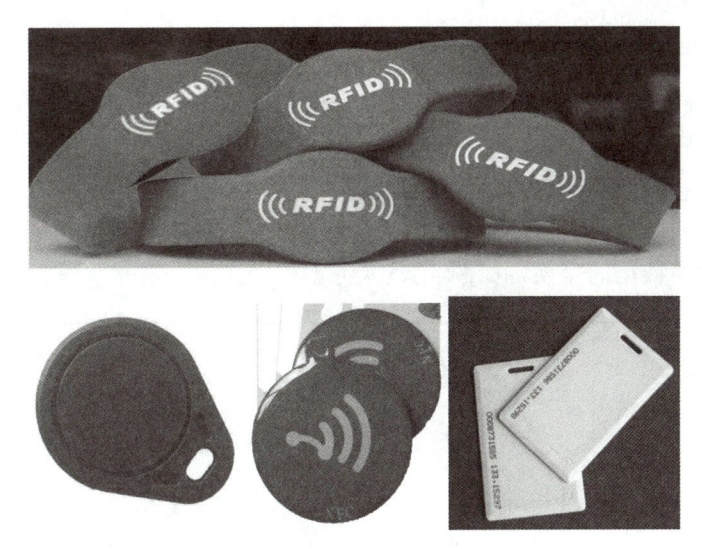

图 4.2.4　三种不同形状的 RFID 标签

RFID 标签根据是否具备内置电源，可以分为三种类型：被动式标签、主动式标签和半主动式标签。

① 被动式标签

被动式标签因内部没有电源装置又被称为"无源标签"。被动式标签内部的集成电路通过接收由阅读器发出的电磁波进行驱动，向阅读器发送数据。此类产品需要近距离接触式识别，比如饭卡、银行卡、公交卡和身份证等，这些卡的类型都是在工作识别时需要近距离接触，其主要工作频率有低频 125KHz、高频 13.56MHz、超高频 433MHz 和 915MHz。这类产品也是我们生活中比较常见，也是应用较早的产品。

② 主动式标签

主动式标签因标签内部带有电源装置又被称为"有源标签"，其中的电源装置及支持电路决定了主动式标签要比被动式标签体积大、价格贵。主动式标签有两种工作模式：一种是主动广播模式，在这种模式下标签主动向四周进行周期性广播，即使没有阅读器存在也会这样做。另一种为唤醒模式，为了节约电能并减小射频信号产生的"噪声"，常规状态下标签处于低能耗的休眠状态。阅读器识别时需先广播一条命令，只有当标签接收到"唤醒"唤醒命令后，才会开始广播自己的编码。主动式标签的产品具有远距离（可达上百米远）自动识别的特性，所以相应地应用到一些大型环境下，比如智能停车场、智慧城市、智慧交通及物联网等领域，它们的主要工作有微波 2.45GHz 和 5.8GHz，超高频 433MHz。

③ 半主动式标签

半主动式标签兼有被动式标签和主动式标签两者的优点，内部带有电池，能够为标签内部操作提供电源。这种标签可以携带传感器，可用于检测环境参数，如温度、湿度、移动性等。和主动式标签不同的是，它们的通信并不需要电池提供能量，而是像被动式标签一样通过阅读器发射的电磁波获取通信能量。它通常在低频 125KHz 频率的触发下，让微波 2.45GHz 频段发挥优势，解决了有源 RFID 产品和无源 RFID 产品各自的缺点。经常用于门禁出入管理、区域定位管理及安防报警等方面的应用，可以完成近距离激活定位、远距离传输数据。

2. RFID 工作原理

RFID 脱胎于雷达技术，所以其工作原理和雷达极为相似。首先，阅读器通过天线发出电子信号；其次，标签接收到信号后发射内部存储的标识信息；再次，阅读器再通过天线接收并识别标签发回的信息；最后，阅读器再将识别结果发送给主机。电子标签与阅读器之间通过耦合元件实现射频信号的空间（无接触）耦合，在耦合通道内，根据时序关系，实现能量的传递和数据的交换，如图 4.2.5 所示。

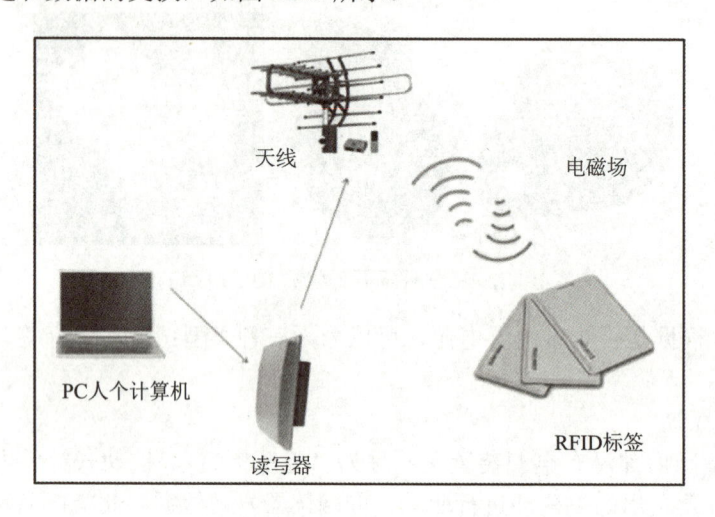

图 4.2.5　RFID 工作方式

（1）读写器通过发射天线发送一定频率的射频信号，当 RFID 标签进入发射天线工作区域时产生感应电流，RFID 标签获得能量被激活；RFID 标签将自身编码等信息通过卡内置发送天线发送出去；

（2）天线接收到从 RFID 标签发送来的载波信号，经天线调节器传送到阅读器（图中为读写器），阅读器对接收的信号进行解调和解码，然后送到后台主机系统（图中 PC 个人计算机）进行相关处理；

（3）主机系统根据逻辑运算判断该 RFID 标签的合法性，然后再根据读出的信息做出相应的处理和控制，发出指令信号控制执行机构动作。

阅读器和 RFID 标签之间的射频信号耦合类型有两种：

一种是电感耦合，它类似于变压器模型，通过空间高频交变磁场的特征实现耦合，其理论依据为电磁感应定律，当 RFID 标签进入解读器有效识别范围内时，接收解读器发出的射频信号，凭借感应电流所获得能量发出存储在芯片中的信息。

另一种是电磁反向散射耦合，它类似于雷达模型，发射出去的电磁波碰到目标后反射，同时携带回目标信息，其理论依据是电磁波在空间的传播特性，由 RFID 标签主动发送某一频率的信号，解读器接收信息并解码后，送至后台主机系统进行相应的处理。

4.2.1.3　RFID 技术与物联网

实现物联网的技术有很多，但是从目前的应用状况来看，RFID 技术是相当重要而且关键的，RFID 技术应用范围非常广泛，如工业制造领域的生产实时监控与产品追踪、物流领域的货物追踪、电子支付领域的移动支付、环境监测领域的实时监控与跟踪、智能家居领域的电子产品互联通信，还有零售、医疗、农业和公共服务领域里都有广泛的应用。这些应用中有些属于物联网的范畴，也有些则属于其他技术领域。

物联网要实现"物物互联"，首先要将物理世界中不具备智能的各种"物"与互联网连接起来。前面我们介绍了"感知识别"是物联网的基础性技术，是联系物理世界和信息世界的纽带，RFID 技术是物联网中的标识技术，属于初级感知技术，用于身份代表及身份识别。在 1999 年，美国麻省理工大学 AutoID 中心提出的第一个物联网设想中，就将 RFID 技术作为"感知识别"技术。在这个物联网雏形中，每件商品贴上一个 RFID 标签，内含该商品的唯一代码，当商品靠近 RFID 阅读器时，将标签中的商品代码读出，通过中介送到服务器，获取与代码相关的信息。

基于 RFID 标签对物体的唯一标识特性，引发了人们对物联网研究的热潮。世界上多个国家积极研究基于 RFID 物联网的应用，日本和韩国在未来的 IT 发展规划中均把 RFID 作为一项关键发展技术。日本政府提出的泛在网络（UN）是通过 IPv6 协议把包括 PC、移动电话、数字电视、信息家电、汽车导航系统、RFID 标签、传感器甚至过去不被当作信息装置的设备进行网络连接和信息交换，从而实现泛在个人服务、泛在商业服务、泛在公共服务和泛在行政服务。韩国提出的泛传感网络（USN）是通过相互连接的各种传感器收集的信息来识别环境，通过网络对覆盖的地区进行控制。RFID 在 UN 和 USN 中均扮演着重要的角色。

早在 20 世纪 90 年代，我国就开始了物联网的相关研究和应用试点探索，国家"金卡工程"非接触式智能卡已广泛地用于不停车收费、路桥管理，铁路机车识别管理，并在电子证照、身份识别等方面均成功地完成试点应用和后期大规模普及。其中的典型应用包括，电信智能卡整合电子钱包功能推出的移动支付，以手机作为 RFID 的读写器开展的食品、药品安全管理与贵重物品的防伪与识别，以及城市的"一卡通"工程等。在 2004 年启动的 RFID 行业应用试点工作主要涉及了农业领域的生猪、肉牛的饲养及食品加工的实时、动态、可追溯的管理。在工业领域，RFID 应用在煤矿安全生产，对作业区和矿工的安全保护，工业生产的托盘管理等环节。在物流领域，RFID 应用在邮政包裹、民航行李、远洋运输集装箱、铁路货车的标识与跟踪。在城市交通、公路、水运等交通管理领域，以及涉及车辆、涉及驾驶的智能交通综合应用等方面，RFID 的应用均获得较好成效。所有这些物联网的典型应用领域的发展与成就，均离不开 RFID 技术的广泛应用。

虽然由于标准、成本、相关法律、技术成熟度等诸多因素，RFID 技术的大规模应用离实现物联网的终极目标还有一段距离，但 RFID 技术在物流、物资管理、物品防伪、快速出入、动植物交易与运输管理等诸多领域的应用已经如火如荼，显示出了其强大的生命力和极为广阔的应用前景。

4.2.1.4 RFID 技术的应用

RFID 技术具有抗干扰性强以及无须人工识别的特点，所以常常被应用在一些需要采集或追踪信息的领域上：

1. 仓库、运输和物资管理。在物品上嵌入 RFID 芯片，存放在仓库、商场，或者物品在物流流转过程中，物品相关信息被读写器自动采集，管理人员可以在系统中迅速查询物品的信息，了解物品的存在及其数量，既可以降低丢弃或者被盗的风险，又可以提高物品交接速度和准确率，可以准确、实时地得到库存情况，还可以防止非法换货或伪造库存物品。

2. 门禁/考勤。在一些公司或者一些重要会议中，需要提前录入员工或参会者的身份或者指纹信息，可以通过门口识别系统进行自行识别、签到，方便、安全、准确而严格。

3. 固定资产管理。像图书馆、艺术馆及博物馆等资产庞大或者物品贵重的一些场所，就需要有完整的管理程序或者严谨的保护措施，当类似重要古籍、图书馆藏品或者贵重物品的存放位置或信息有异常变动时，能第一时间提醒管理员甚至高层领导直接关注和处理。

4. 铁路车辆调度及行李安检。我国铁路的车辆调度系统就是一个典型的应用案例，该系统能自动识别车辆号码，进行行李物品信息的输入，可以节省大量人工统计的时间，并提高精准度。

5. 医疗信息追踪。RFID 技术可以用在患者病例追踪、药品与医疗仪器追踪、医疗垃圾追踪 重点病人的医事及健康档案跟踪等等方面，可以大大提高医院的服务和管理水平。

6. 军事、国防、国家安全领域。在国防工业或军事应用等领域 RFID 和物联网更是大有可为，例如一些重要军事物品、枪支、弹药或者军事车辆的动态都可以利用 RFID 技术进行实时跟踪。

RFID 技术是物联网的关键技术之一，是一种非接触式的自动识别技术，它通过射频信号自动识别目标对象并获取相关数据，识别工作无须人工干扰，可工作于各种恶劣环境，广泛应用于工业、农业、物流、交通、电网、环保、安防、医疗、家居等多个领域。

4.2.2 传感器技术

随着人类对未知领域与空间的拓展，需要的信息来源、种类、数量不断增加，对信息的获取方式提出了更高的要求。在人类历史发展的很长一段时间内，人类是通过自身的感知器官，包括眼、耳、鼻、舌、皮肤，获取视觉、听觉、嗅觉、味觉、触觉来感受的外部世界并接收信息的，接收到的信息传送到大脑进行判断、思维和处理，随后大脑把执行指令发送给肢体、关节和肌肉以指挥人的行为。然而，依靠人类对物理世界的本能感知已远不能满足人类生存和发展需求，比如人类难于感知特别高的温度，难于辨别无色无味的气体，难于尝试有害有毒物品，难于感知特别微弱的信号……

传感器作为连接物理世界与感知信息的重要媒介，在信息化的过程中发挥了关键作用。广义上讲，传感器是一种能将物理或者化学形式的能量转换为另一种形式能量的转换器。我国国家标准（《GB/T 7665—2005 传感器通用术语》）对传感器的定义是："能够感受规定的被测量，并按照一定规律转换成可用输出信号的器件和装置。"

事实上，传感器早已渗透到了人们的日常生活中。只要细心观察，就可以发现日常生活中的各类传感器，如电加热水壶中的温控器、电视机中的红外遥控接收器、空调中的温度/湿度传感器等。此外，传感器也广泛应用到工业、农业、医疗卫生、军事国防、环境保护等领域，传感器的应用大大提高了人类认识世界和改造世界的能力。

4.2.2.1 传感器技术的起源和发展

最早的传感器出现于 1879 年，以德国科学家霍尔在研究金属的导电机制时发现的电磁效应并制作出磁场传感器为标志，距今天已有 140 余年历史了。传感器的种类有很多，根据基本感知功能可分为热敏元件、光敏元件、气敏元件、力敏元件、磁敏元件、湿敏元件、声敏元件、放射线敏感元件、色敏元件和味敏元件等。

传感网是在一定范围内，将大量传感器单元、数据处理装置和通信单元等微小节点通过一定的组织方式构成的网络，通过大量的多种类别的传感器测量周围环境的物体现象信息，如光、热、位置等信息，并将信息发送至互联网或移动通信网等网络中，让物体与网络连接在一起，实现物与人、物与物之间的信息交换。一个传感器和一个传感网络节点的区别就在于，传感单元自身（包括可能的附属部分）是否具备通信能力。

前哈佛大学教授、谷歌研究中心研究员迈特·威尔士在欧盟传感网（EWSN）国际会议大会报告中介绍，最早的无线传感器网络概念性系统在 1967 年"越南战争"期间便有应用。当时建设的无人值守的无线传感网络，用于侦察和监视指定地点的军事活动情况。当时的系统并不能用网络传回数据，而需要专门的移动车载数据收集系统定期收回数据并送到后方去处理。该无线传感网络已经具备了感知、计算与通信结合的特点，但是网络内部的处理能力和低功耗手段存在着明显缺陷。图 4.2.6 所示为 20 世纪 60 年代无线传感网络的使用。

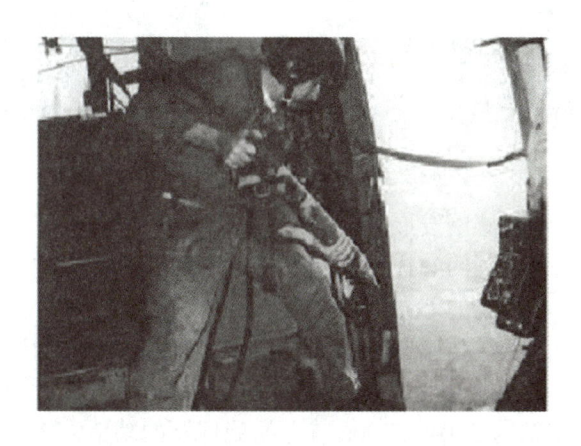

图 4.2.6　20 世纪 60 年代无线传感网络的使用

但更多人认为，无线传感器网络的研究始于 20 世纪 90 年代。1996 年，加州大学洛杉矶分校（UCLA）戴维·卡勒教授带领的研究小组受美国国防部委托，开展低功耗无线传感器设备（LWIM）项目的研究工作，该研究小组将多种传感器、控制和通信芯片集成在一个设备上，开发了 LWIM 节点。1998 年，LWIM 团队和 Rockwell 科学中心合作开发了无线集成网络传感器（WINS）节点。该节点使用 Intel Strong ARM 32 位的处理器（1MB 内存和 4MB 闪存）、100Kbit/s 数据率的通信芯片，具有较强的信息处理能力。在正常和睡眠状态下，处理器的功率分别为 200mW、0.8mW。

同期，加州大学伯克利分校（UC Berkeley）发起了"智慧尘埃"（Smart Dust）项目，旨在开发微型化的传感器节点。1999 年，该校发布了 WeC 节点。该节点使用 8 位 Atmel 微型处理器（512B 内存和 8KB 闪存）。在正常和睡眠状态下，处理器的功率分别仅为 15mW、45μW。之后，该校又发布了一系列微型化、低功耗的节点装置，包括后来被研究者广泛使用的 Mica 系列节点，后者的出现，标志着无线传感器网络的研究进入了低功耗、微体积的先进计算时代。

"智能尘埃"提出，在战场上通过飞机空投或者大炮轰击的方式在交战地区上部署节点，从而获得战场动态。作为"智能尘埃"概念在现有技术条件下的具体实现，"大鸭岛实验"是一个以"智能尘埃"低功耗智能节点为基础，实际工作在野外环境的无线传感器网络，如图 4.2.7 所示。大鸭岛实验是无线传感器网络发展过程中一个里程碑式的应用，它证明了，无线传感器网络的部署与真实场景密切相关，实验室里的结论和成果必须在真实环境里验证和修改。这一点与传统的网络研究存在明显区别，在无线传感网应用中，节点的编程模式和维护需求都发生了本质的变化。

图 4.2.7　大鸭岛实验传感器网络节点和部署环境

有三个主要因素影响传感网发展。

首先是来自感知元件的制约。在线感知和离线感知有着巨大的不同，其复杂度、成本和测量精度之间就存在着巨大的差异。

其次是功耗的制约。无线传感节点一般被部署在野外，不能通过有线供电，其硬件设计必须以节能为重要设计目标。例如，在正常工作模式下，WeC 的处理器的功率为 15mW，Mica 节点的处理器的功率为 8mW，Telos 节点的处理器的功率为 3mW。

此外还有价格和体积的制约。组网时一般会需要大量无线传感节点，以完成设定的功能，其硬件设计必须以廉价为重要的设计目标；在应用场景中，无线传感节点需要易携带、易部署、微型化。体积的大小会严重影响传感器节点的性能。

因此，传感器节点的发展将会更加广泛和多样：一方面，传感器将朝着廉价、微型化的方向发展，将应用到更多的场景中；另一方面，传感器可靠性将更强，管理也将越来越方便，将具备自我诊断和修复的能力。

在现代传感器技术中，计算机技术、电子技术、新材料技术与精密制造技术相结合而形成全新的传感器制造技术，并得到广泛应用。它减少了手工操作对产品质量的人为影响，从而使得传感器的稳定性和可靠性得到极大的提高。为了适应现代测量技术的不断发展，传感器技术从静态向动态发展，测量方式从模拟方式向数字化方式发展，测量参数由单参数向多参数发展。纳米技术的发展使得微型化、集成化、多功能化和智能化成为传感器的新特点和发展趋势，通过传感器与信息技术的融合开发和应用，使得大量复杂信息的处理问题得以解决。大量的可穿戴式设备中含有多种生物以及环境智能传感器，可以采集众多的人体及其周边环境参数，实现对穿戴者的智能管理。随着云计算、5G 网络、大数据、人工智能技术以及物联网技术的普及和应用，智能传感器和智能传感网络将逐渐普及，它将对信息时代的人与物、物与物、物与环境的智能化连接与智能化管理起到极大的推进作用。

4.2.2.2 传感器技术原理

1. 传感器的类型

信息化时代的背景下，传感器的广泛应用已经被人们熟知，传感器有着许多不同的类型，各领域中传感器的应用也会结合领域的实际需要，选择合适的类型、价格、功能和数量。

从采用标准的角度，可将传感器分成不同的类型。例如，按被测物理量的标准进行分类，测量速度的对射式光电传感器，测量压力的电容传感器，以及测量位移的磁致伸缩位移传感器等，诸多的类型在各个领域中都发挥着比较重要的作用。

从传感器工作原理的角度，可将传感器分成电感传感器、电阻传感器、电容传感器和光电传感器，如图 4.2.8 所示。同类型的传感器在实际的使用过程中，也有着不同的工作要求，如电感类型的传感器，采用自感或互感影响磁通变化，从而最终实现非电量检测的目标。再如电阻传感器，是把测量值转换成电阻值的变化——通过非电量检测，在电阻丝在长度或粗细发生变化的时候，通过测量电阻的方式实施非电量的检测，其测量结果可能有多种，如速度以及力等。

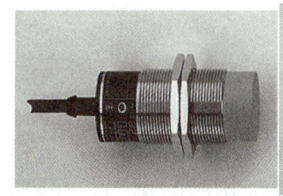

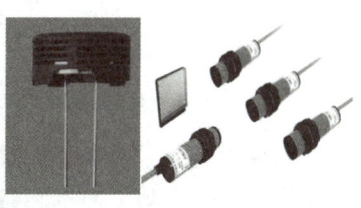

图 4.2.8 各种传感器

从传感器的能力传递的角度，可将传感器分成有源传感器和无源传感器。例如，无源传感器中，主要采用无源元件，如果要将被测量值转换为电压或电流，则需要添加测量电路和辅助电源。而有源传感器的主要采用有源元件，测量压电效应或逆压电效应等都可使用有源传感器。

2. 传感器的原理

应用场景和应用功能需求不同时，会采用不同的传感器。但是传感器的运行原理基本上相似，传感器一般由敏感元件、转换元件和辅助元件（基本电路）组成，如图 4.2.9 所示。敏感元件是指传感器中能直接感受被测物理量的部分，转换元件将敏感元件的输出转换成电路参数（如电压、电感等），辅助元件（基本电路）将电路参数转换成电量输出。

图 4.2.9 传感器组成

传感器作为信息获取的重要手段，与通信技术、计算机技术构成了信息技术的三大支柱。然而，传统传感器的局限性较强，其网络化，智能化的功能有限，即传统传感器数据处理与分析能力极其有限，缺少信息共享的有效渠道。现代科技的进步，特别是微电子机械系统、超大规模集成电路的发展，使得现代传感器走上"微型化"、"智能化"和"网络化"（也称"三化"）的发展路线，以诸如 iMote 系列、MicaZ 系列和 TelosB 系列为典型代表的无线传感器节点（Wireless Sensor Nodes）的出现，标志着无线传感器网络的研究逐渐走向成熟。

"三化"传感器节点与传统传感器不同，不仅包括了传感器部件，而且集成了微型处理器、无线通信芯片和电源模块，能够完成数据采集、数据综合分析处理和无线通信传输，其组成如图 4.2.10 所示。

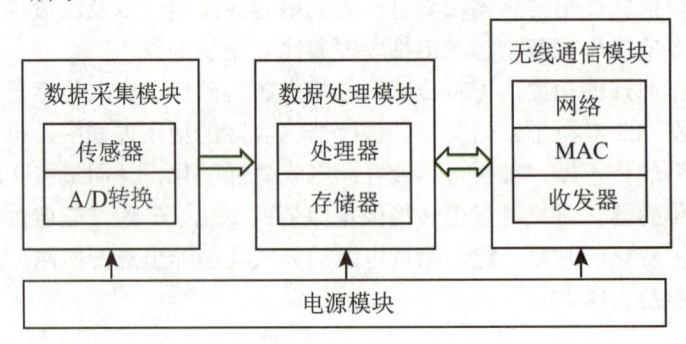

图 4.2.10　无线传感器组成

4.2.2.3　传感器技术与物联网

众所周知，物联网的三层结构中，感知层是物联网体系架构的基础，只有夯实基础，物联网的发展才能有质的突破，而传感器则是感知层中最关键技术之一。在物联网中，获得环境动态变化信息的重要途径是通过传感器来完成采集、处理和传输。由此可见，物联网中传感器技术的研究尤为重要。

物联网主要是面向大众市场、产业应用、公共管理三大应用领域，而对于不同领域，传感器的类型及功能必须与需求相吻合。物联网中传感器的应用，促进了传感器技术的迅速发展，同时传感器技术的进步又反过来推动的物联网的普及和应用。在物联网中，传感器的重要性是显而易见的，物联网系统的正常运行离不开各种各样的传感器。例如，市场中常见的智能窗帘，利用光线传感器（光敏电阻）来识别光照条件，将感应到的光线强弱转化为电信号，通过网络层将电信号输送到控制器或处理中心，进而通过应用层控制器来控制窗帘开启或关闭。

下面介绍一下物联网中的常用的传感器技术。

1. 无线传感器网络（WSN）。大量传感器节点以随机散播或人工放置的方式分布于监测区域内，通过无线通信方式而构建成"多跳自组织网络系统"就是无线传感网络（图4.2.11），其中，传感器、感知对象和观察者是构成无线传感器网络的三个基本要素。无线传感器网络能够实现信息的采集、传输、处理，还具有自组织、部署迅捷、强隐蔽性等优点。因此，很多种情况下，人们可利用无线传感器网络来获取所需信息。无线传感网络也因其广泛的应用而成为物联网的底层网络系统的重要组成部分。

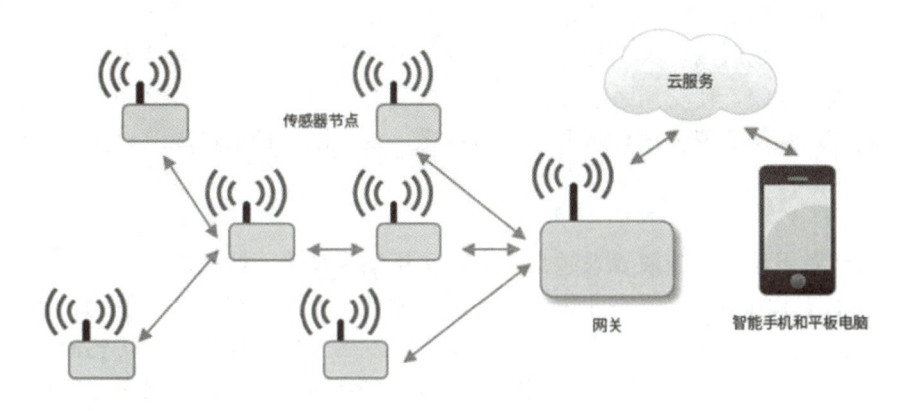

图 4.2.11　典型的无线传感器网络

在无线传感器网络中，分布于现场的传感器节点感知周围区域中的各种信息，经过"多跳路由"传输到达汇聚节点（网关）；而后，汇聚节点对所接收到的数据进行一系列处理与分析，最终把处理分析结果通过卫星网、互联网或无线网络等发送给系统管理节点，用户可通过管理节点对无线传感器网络进行控制管理等反馈式操作，从而进行全面而有效的闭环式监测与控制。

2. 多传感器信息融合（MSIF）。现代化技术的发展，传统的单一传感器显然已经不能满足需求，人们更希望使用快捷、低成本的多传感器信息融合。所谓多传感器信息融合是指，在一定准则下利用计算机技术，将多元化、碎片化的信息和数据进行多层次的分析、优化、综合，以完成多传感器信息融合的感知信息处理（图 4.2.12）。其类似于人类大脑的自动信息采集、互补与处理能力，它有效地减少了由于单个传感器的自身局限而造成的感知信息误差，提高了整个系统的智能化水平。

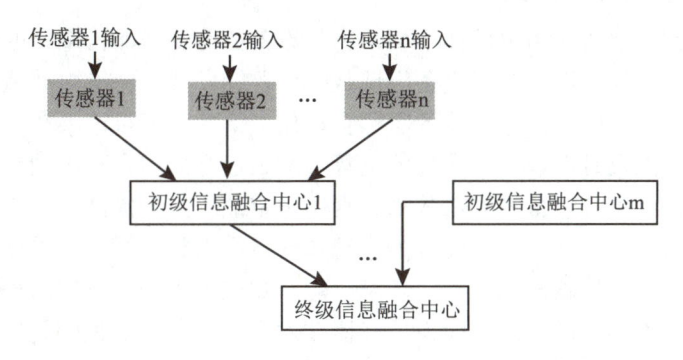

图 4.2.12　多传感器信息融合的感知信息处理

多传感器信息融合技术广泛应用于军事和民用领域。而在智能化方面，多传感器信息融合可应用于智能交通，因而与物联网产生了更加紧密的联系。智能交通系统中一个重要的领域就是物流智能化管理。这一过程中,多传感器融合技术体现在汽车将全球定位系统、RFID 标识检测、雷达检测器等融为一体，综合利用，使得管理人员通过控制器智能化掌握货物运输的信息，实现货物状态的实时管理。而随着现代"网购"的高度普及，物流系统的任务更为艰巨，海量数据的存储和处理等技术难题显现，人们开始将注意力转向具有高效处理信息能力的云计算和大数据等技术，进而在传统智能交通系统的概念上提出智慧交通，即充分利用物联网、人工智能、大数据、云计算、自动控制等技术建立交通领域全方位的智能服务系统，使交通系统在区域、城市甚至全国范围内具备感知、分析、控制的能力，提高交通系统的整体运行效率和管理水平，为公民出行提供高效、安全保障。

4.2.2.2.4 传感器技术的应用

现在人们对于信息的获取要求越来越高，采用纳米技术、微机电一体化和纳米结构相结合的微电子技术将多传感器高度集成在一起，使其朝着卫星化、多功能化、数字化、智能化、系统化和网络化的多功能集成式传感器方向发展，极大地提高了传感器的性能。传感器的多功能、网络化是通过计算机互联网来实现更多感知、更广泛互联互通的核心技术，传感器网络是由多种传感器节点组成的网络来实现对物理世界协同感知的，因此传感器网络应用可以在包括智能电网、环境监测、精细农业、节能减排等各个方面得到广泛应用。

传感器在机器人领域中的应用。机器人能够准确快速地执行操作，大部分都是在传感器的辅助测试及机器人大脑控制下完成的，机器人能准确感知自身以及操作对象和环境的实际状态，从而按照要求精确完成动作。例如，在流水线生产中的机器人，为流水线的加工、检测及加工操作带来极大的便利，可显著提升生产效率和产品优良率。

传感器在汽车领域中的应用也非常普及，其典型主要有两个类型，一类是让司机（包括汽车控制系统）对汽车各部分状态进行了解和显示的传感器，例如油箱燃油量、车内与车外温度、汽车水箱温度等；还有一类就是控制汽车运行状态的控制传感器，例如发动机转速、汽车行驶速度、车辆四周与外界障碍物距离等。不同的传感器在应用中，发挥不同的作用，传感器和汽车已经成为完全不可分割的组成部分。可以说没有传感器也就没有了现代汽车，传感器的应用情况、传感器的技术水准、传感器数量和传感器的智能化程度甚至决定了汽车本身的性能和售价。

电力系统中的传感器应用也同样重要，电气设备的监测是非常重要的管理工作，而传统的管理方法效率比较低下，电气设备出现故障后才会发现，会给生产造成直接影响，通过传感器技术，能实现电网及电气设备监测自动化，许多故障可消灭在未发生前。在传感器的应用过程中，能及时获取电气设备的运行温度、运行的声音和震动参数，及时进行故障分析，有助于排除电气设备的潜在故障、准确确定故障点并提高故障修复效率。

总之，传感器的应用和发展已经成为带动社会生产力整体发展的重要因素，我们需要从各个方面，全面提升传感器的研究、开发、生产和应用水平，发挥新型传感器的整体优势，加强传感器技术的基础层面，助力传感器技术产业的发展，积极促进我国生产力水平的提升。

4.2.3 短距离无线通信技术

传输层是物联网技术中连接感知层和应用层的重要层面，其中包含了多种通信技术，作为物联网提供信息传输和服务支撑的基础通道，无线通信技术可以保障信息的安全、可靠传送。物联网领域的无线通信技术包括 Wi-Fi、蓝牙、ZigBee 等短距离通信技术，以及 3G/4G/5G 通信网络等广域网通信技术，本节重点介绍部分短距离无线通信技术，短距离无线通信技术中的 Wi-Fi 技术和广域网通信技术将在移动互联网章节做详细讲解。

4.2.3.1 蓝牙技术

蓝牙技术（Bluetooth，简称蓝牙）是一种支持设备短距离通信（一般在 10m 内）的无线电技术，能在包括移动电话、PDA、无线耳机、笔记本电脑、家用电器及相关设备之间进行无线信息交换。利用"蓝牙"技术，能够有效地简化移动通信终端设备之间的通信，也能够成功地简化设备与互联网之间的通信，从而使数据传输变得更加迅速高效，为无线通信拓宽道路。蓝牙图标如图 4.2.13 所示。

图 4.2.13　蓝牙图标

蓝牙作为一种小范围无线连接技术，能在设备间实现方便快捷、灵活安全、低成本、低功耗的数据通信和语音通信，因此它是目前实现无线网络通信的主流技术之一。蓝牙标准是一种面向无线数据与语音通信的开放性全球规范标准，能够让各种数字化设备实现无线通信，是无线网络传输技术的一种，与其他网络相连接可以带来更广泛的应用。

1. 蓝牙技术的原理

蓝牙是一种无线技术标准，以低成本的近距离无线连接为基础，可实现固定设备、移动设备和楼宇内个域网之间的短距离数据交换。蓝牙可连接多个设备，它克服了不同设备之间数据同步的难题。蓝牙工作在全球通用的 2.4GHz ISM（即工业、科学、医学）频段（2.4～2.485GHz 的 ISM 波段的 UHF 无线电波），使用 IEEE 802.15 协议。

蓝牙技术是由世界 5 家知名公司爱立信、诺基亚、东芝、IBM 和英特尔于 1998 年 5 月联合宣布的一种无线通信新技术。蓝牙设备是蓝牙技术的主要载体，常见蓝牙设备比如笔记本电脑、手机、小型音响、蓝牙无线耳机等。蓝牙设备必须加装蓝牙模块，支持蓝牙无线电连接与软件应用。蓝牙设备连接必须在一定范围内进行配对，这种配对搜索称之为"短程临时网络模式"，也称之为微微网（Piconet），可以同时容纳不超过 8 台设备。蓝牙设备连接成功，主设备只有一台，从设备可有 1～7 台。蓝牙技术具备射频特性，采用了 TDMA 结构与网络多层次结构，在技术上应用了跳频技术、无线技术等，具有传输效率高、安全性好等优势，所以被各行各业所应用。

2. 蓝牙技术的特点

蓝牙技术及蓝牙产品的特点主要有：

（1）适用设备多，无须电缆，通过无线通信技术与电脑或其他设备进行通信。

（2）工作频段全球通用，适用于全球范围内用户无界限地使用，破解了蜂窝式移动电话的"国界"障碍。蓝牙技术产品使用方便，利用蓝牙设备可以搜索到其他蓝牙技术产品，迅速建立起两个或多个设备之间的联系，在控制软件的作用下，可以自由传输数据。

（3）安全性和抗干扰能力强，由于蓝牙技术具有跳频的功能，有效避免了 ISM 频段遇到的干扰问题。蓝牙技术的兼容性较好，目前，蓝牙技术已经能够发展成为独立于操作系统的一项技术，实现了不同操作系统间良好的兼容性能。

（4）传输距离较短。现阶段，蓝牙技术的主要工作范围在 10m 以内，经过增加射频功率后的蓝牙技术可以在 100m 的范围正常工作，这样可保证蓝牙在传播时的工作质量与效率、提高蓝牙的传播速度。

（5）通过跳频技术进行传播。蓝牙技术在实际应用时，原有的频点可以进行划分、转化，如果采用一些跳频速度较快的蓝牙技术，整个蓝牙系统中的主单元都会通过自动跳频的形式避开冲突从而保证通信质量。

3. 蓝牙技术的应用

（1）在汽车领域的应用

① 蓝牙免提通信。将蓝牙技术应用到车载免提系统中，是常见的汽车蓝牙应用技术。利用手机作为网关，打开手机蓝牙功能与车载免提系统，只要手机在距离车载免提系统的10m 之内，都可以自动连接，控制车内的麦克风与音响系统，从而实现全双工免提通话。

② 车载蓝牙娱乐系统。车载蓝牙娱乐系统，主要包括 USB 技术、音频解码技术、蓝牙技术等，将上述技术相融合，利用蓝牙与汽车内部麦克风、音响等连接，直接播放手机或平板电脑中的音乐，或者播放储存在 U 盘中的各种音频，还可以在汽车操作屏幕上显示手机通信录等资源，还增添了流行音乐等播放功能。以车载网络数据传输系统（CAN）为基础，实现车载信息娱乐系统的运行。同时也为系统保留了可扩展性。

③ 蓝牙车辆远程状况诊断。依靠蓝牙远程技术，车载诊断系统可以及时对车辆状态进行监测或故障排除，尤其对汽车发动机等关键设施进行实时监测，帮助车辆监测主要功能模块的运行情况，一旦发现系统运行不正常，利用设定好的计算方法准确判断出现故障的原因与故障类型，将故障诊断代码上传到车载运行系统存储器中。

④ 汽车蓝牙防盗技术。随着技术的逐渐成熟，蓝牙在应用广泛性、使用安全性、传输可靠性、传输高效性等方面会有更进一步的改善。尤其是蓝牙防盗器的应用，如果汽车处于"防盗"状态，蓝牙感应功能将会自动连接汽车车主手机，一旦车辆状态出现变化或者遭遇盗窃，将会自动报警，蓝牙防盗技术的应用，为汽车的使用提供了更安全的环境。

（2）在工业生产中的应用

① 技术人员对数控机床的无线监控。在数控机床中，蓝牙技术的应用主要体现在无线监控方面，利用蓝牙技术安装相应的监控装置，为数控机床生产提供方便，同时也可维护数控机床生产的安全。技术人员根据数控机床上的蓝牙监控装置，随时监控与管理机床运行，发现数控机床生产问题及时处置。尤其是无线数据链路下实现的自动监控能力，可以适当干预机床运行，比如暂停主轴或者系统停机等。

② 零部件磨损程度的检测。蓝牙检测功能还体现在工业零部件磨损监测方面，利用蓝牙检测软件结合磨损检测材料进行实验研究，可以分析材料的耐磨性，利用蓝牙无线传输将磨损程度检测数据及时传输到相关设备中，相关设备进行智能分析，并将结果告知技术人员。

③ 功率输出标准化。蓝牙技术在工业生产的功率输出方面也十分重要。调整设备利用蓝牙技术传输生产功率变化，将其与标准运行功率进行对比，如果出现功率变化异常可及时调整，并上传调整数据。

④ 蓝牙监控系统可完成对数控系统运行状态的实时监控和完整记录。蓝牙传输设备作为监控系统主要组成部分，可随时记录数控系统的运行状态，并且将数控系统运行期间的任何波动情况传输到存储设备中，利用通信端口上传信息，为数控生产管理人员提供更

多参考资料。

（3）在医疗系统中的应用

① 医院监护系统和医疗会诊系统在实际应用过程中存在一些困难，例如当前对重症病人的监护设备多采用有线连接，当病人有活动需求时难免会影响监控仪器的正常运行，蓝牙技术可以有效改善上述情况。不仅如此，蓝牙技术还以将医疗仪器的诊断结果传输与病房监护方面起到重要作用。

② 病房监护。蓝牙技术可帮助实现病床终端设备与病房控制器之间的连接，利用主控计算机，上传病床终端设备编号以及病人基本住院信息，为住院病人配备病床终端设备，一旦病人有什么突发状况，利用病床终端设备发出信号，以蓝牙无线传送的方式将其传输到病房控制器中。如果传输信息较多，会自动根据信号模式划分传输登记，为医院病房管理提供了极大的便利。

4.2.3.2 ZigBee 技术

ZigBee 技术是一种近距离、低复杂度、低功耗、低速率、低成本的双向无线通信技术。主要用于距离短、功耗低、低传输速率的各种电子设备之间进行数据传输以及典型的周期性数据、间歇性数据和低反应时间数据传输的应用。

研发 ZigBee 技术的灵感来源于蜜蜂。蜜蜂在发现花丛后会通过一种特殊的肢体语言来告知同伴——新发现的食物源位置等信息，这种"肢体语言"类似 ZigZag 舞蹈，是蜜蜂之间一种简单传达信息的方式。借此意义，ZigBee 成为了新一代无线通信技术的名字。在此之前，ZigBee 也被称为"HomeRF Lite"、"RF- EasyLink"或"FireFly"，现统称为 ZigBee。

简单地说，ZigBee 是一种高可靠的无线数据传输网络，类似于 CDMA 和 GSM 网络。ZigBee 数据传输模块，如图 4.2.14（右图）所示，类似于移动网络基站，通讯距离从标准的 75m 到几百米、几千米，并且支持无限扩展。与移动通信的 CDMA 或 GSM 网络不同的是，ZigBee 网络主要是为工业现场自动化控制数据传输而建立。因而，它必须具有简单、使用方便、工作可靠、价格低廉的特点。移动通信网主要是为数字通信用途而建立，每个基站价值一般都在百万元人民币以上，而每个 ZigBee "基站"却不到 1000 元人民币。

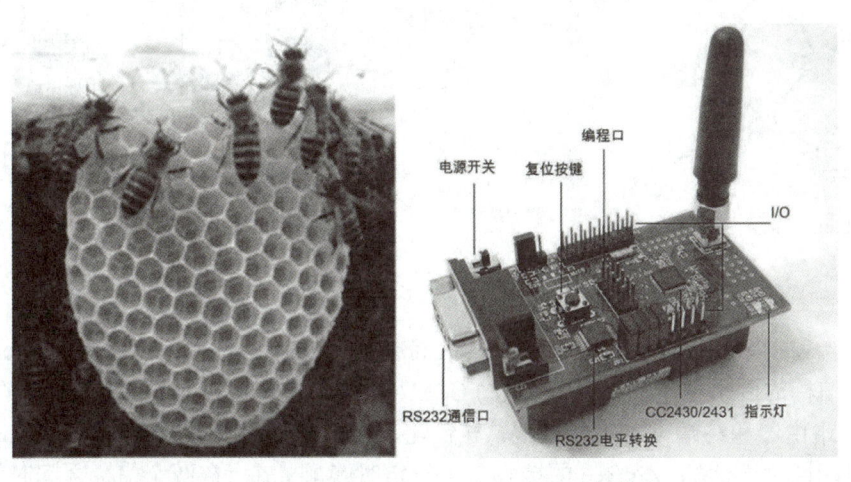

图 4.2.14 ZigBee 的灵感来源（左）及数据传输模块（右）

1. ZigBee 技术的原理

ZigBee 是由可多到 65535 个无线数传模块组成的一个无线数传网络平台，可工作在 2.4GHz（全球流行）、868MHz（欧洲流行）和 915 MHz（美国流行）3 个频段上，分别具有最高 250kbit/s、20kbit/s 和 40kbit/s 的传输速率，每个 ZigBee 网络数传模块之间可以相互通信，它的传输距离在 10～75m 的范围内，并可以继续扩展。

每个 ZigBee 网络节点（FFD）不仅本身可以作为监控装置，例如，其所连接的传感器直接进行数据采集和监控，还可以自动中转别的网络节点传过来的数据资料。除此之外，每一个 ZigBee 网络节点还可在自己信号覆盖的范围内，和多个不承担网络信息中转任务的孤立的子节点（RFD）建立无线连接。每个 ZigBee 网络节点（FFD 和 RFD）可以可支持多到 31 个的传感器和受控设备，每一个传感器和受控终端设备可以有 8 种不同的接口方式。可以采集和传输数字量和模拟量。

（1）ZigBee 有三种设备类型，如图 4.2.15 所示。

ZC（ZigBee Coordinator，简称协调器）：它是 ZigBee 中功能最强的设备，协调器构成网络树的根，可以连接到其他网络。每个网络中只有一个 ZigBee 协调器，因为它是最初启动网络的设备。它存储有关网络的信息，包括充当安全密钥的信任中心和存储库。

ZR（ZigBee Routers，简称路由器）：除了运行应用程序功能外，它还可以充当中间路由器，传递来自其他设备的数据。

ZED（ZigBee End Devices，简称终端设备或终端）：它包含与父节点（协调器或路由器）通信的相关功能，但不能帮助其他设备中继数据。这种关系允许节点在相当长的时间内处于休眠状态，从而延长电池寿命。终端设备需要的内存最少，因此，它的制造成本比路由器或协调器要低。

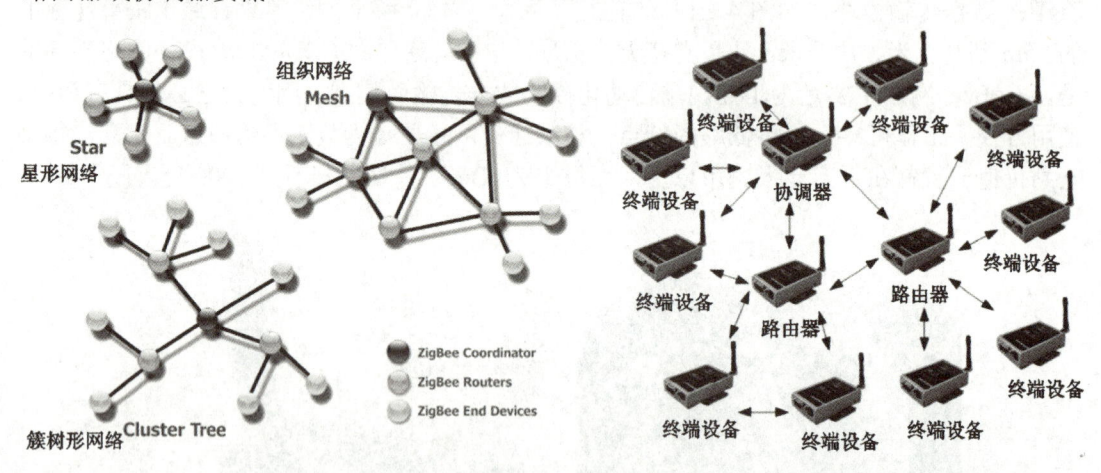

图 4.2.15 ZigBee 网络模型

（2）当前的 ZigBee 网络里有两种模式，带信标（Beacon）的和不带信标的（non-Beacon），在未启用信标的网络中，使用不带时隙的 CSMA/CA 信道访问机制。在这种类型的网络中，ZigBee 的路由器和终端设备不能休眠，导致耗电量大。在启用信标的网络中，ZigBee 路由器节点周期性发送信标，ZigBee 的接收节点将定时唤醒。节点在两个信标之间时间内睡眠，从而降低其占空比并延长其电池寿命。信标间隔取决于数据速率，它们在 250kbit/s 时为

15.36ms～251.65824s；在 40 kbit/s 时为 24ms～393.216s；在 20 kbit/s 时为 48ms～786.432s。

（3）ZigBee 可以自组织网络并跳转、传输数据。在自组织网络（Mesh）下，任何一个节点故障都不会影响通信，节点会自动地寻找合适的路径进行通信，如图 4.2.16 所示。

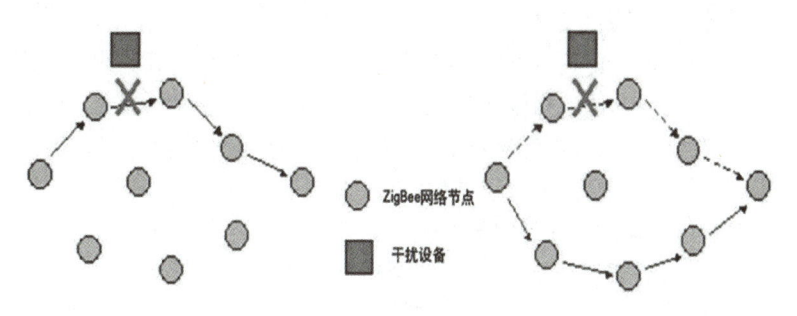

ZigBee 网络受到外部干扰　　　　　通过更换路径（图中实线）避开干扰

图 4.2.16　ZigBee 自组织网络

2. ZigBee 技术的特点

作为一种无线通信技术，ZigBee 具有如下特点：

（1）低功耗。由于 ZigBee 的传输速率低，发射功率仅为 1mW，而且采用了休眠模式，因此 ZigBee 设备非常省电、功耗低。据估算，ZigBee 设备仅靠两节 5 号电池就可以维持长达 3 个月到 2 年左右的使用时间，这是其他无线设备望尘莫及的。

（2）低成本。ZigBee 模块的初始成本在 6 美元左右，估计很快就能降到 1.5～2.5 美元，并且 ZigBee 协议是免专利费的。低成本对于 ZigBee 也是一个关键的因素。

（3）时延短。ZigBee 的通信时间，以及从休眠状态到激活的时延都非常短，典型的搜索设备时延为 30ms，"休眠到激活"的时延为 15ms，活动设备信道接入时延为 15ms。因此，ZigBee 技术适用于对时延要求苛刻的无线控制（如工业控制场合等）应用。

（4）网络容量大。一个星形结构的 ZigBee 网络最多可以容纳一个主设备和 254 个从设备，一个区域内可以同时存在最多 100 个 ZigBee 网络，而且网络组成方式非常灵活。

（5）可靠性。采取了"避免碰撞"策略，同时为需要固定带宽的通信业务预留了专用时隙，避开了发送数据的竞争和冲突。MAC（介质访问层）采用了"完全确认"的数据传输模式，每个发送的数据包都必须等待接收方的确认信息。如果传输过程中出现问题，则要进行重发。

（6）安全性。ZigBee 提供了基于循环冗余校验（CRC）的数据包完整性检查功能，支持鉴权和认证，采用了 AES-128 加密算法，各个应用可以灵活确定其安全属性。

3. ZigBee 技术的应用

作为一种低速率的短距离无线通信技术，ZigBee 特点鲜明，因此有许多为它量身定制的应用，尽管在某些应用可能和其他技术重叠。ZigBee 的应用，包括智能家居、工业控制、自动抄表、医疗监护、传感器网络应用和电信应用。

① 智能家居。智能家居家包含很多家用电器和电子设备，如电灯、电视机、冰箱、洗衣机、空调等，以及烟雾感应、报警器和摄像头等设备，以前主要是进行点对点的控制。

使用ZigBee技术,可以将这些家用电器和电子设备组成一个网络,通过网关连接到Internet,用户可以在任何地方控制相关设备。

② 工业控制。工厂环境当中有大量的传感器和控制器,利用ZigBee技术进行组网监控,可以加强作业管理,降低成本。

③ 自动抄表。以前,很多地方的燃气表、电表、水表的抄表收费采用人工方式,逐家逐户地敲门访问,很不方便。利用传感器把表的读数转化为数字信号,通过ZigBee网络把读数直接发送到提供燃气公司或电力公司。燃气公司或电力公司也可以通过ZigBee网络直接把信息发送给用户,还可以和节能相结合,发现能源使用过多时设法节约能源。

④ 医疗监护。电子医疗监护是最近的一个研究热点。在人体身上佩戴传感器,如测量脉搏、血压,监测健康状况。还可以在住院病房周围环境放置一些监视器和报警器,实时监测患者的生理状况,一旦发生问题,通知医院的值班人员及时知晓和做出处理。上述传感器、监视器和报警器,可以通过ZigBee技术组成一个监测的网络,由于是无线技术,传感器之间不需要有线连接,被监护的人也可以比较自由地行动,非常方便。

⑤ 传感器网络应用。传感器网络也是最近的一个研究热点,像货物跟踪、建筑物监测、环境保护等方面都有很好的应用前景。传感器网络要求节点低成本、低功耗,并且能够自动组网、易于维护、可靠性高。ZigBee在组网和低功耗方面的优势使得它成为传感器网络应用的一个很好的技术选择。

4. ZigBee 与 Wi-Fi 技术的区别

ZigBee 与 Wi-Fi 技术都是使用 2.4GHz 频段、采用 DSSS(Direct Sequence Spread Spectrum,直接序列扩频)技术的短距离的无线通信技术,它们之间的区别如下:

(1)传输速率不同。ZigBee的传输速率不高(<250Kbit/s),但是功耗很低,使用电池供电一般能用3个月以上。Wi-Fi,即无线局域网速率约为(11Mbit/s),功耗也较大,一般需要外接电源。

(2)应用场合不同。ZigBee用于低速率、低功耗场合,比如无线传感器网络,适用于工业控制、环境监测、智能家居控制等领域。Wi-Fi 一般是用于覆盖一定范围(100m左右)的无线网络技术,表现形式就是我们常用的无线路由器。

(3)市场现状不同。ZigBee作为一种新兴技术,自2004年发布第一个版本的标准以来,正处在高速发展和推广当中;目前因为成本、可靠性方面的原因,还尚未得到大规模推广。Wi-Fi 的技术已经非常成熟,应用非常普及。总体上说,二者的市场定位不同,相互之间的竞争不是很大,只不过二者在技术上有共同点,二者的相互干扰还是比较大的,尤其是Wi-Fi对于ZigBee的干扰。

表4.2.2 给出了 ZigBee 与 Wi-Fi 相关技术参数对比。

表 4.2.2　ZigBee 与 Wi-Fi 相关技术参数对比

技术参数	ZigBee	Wi-Fi	结论
硬件内存需求	32~64KB 或更多	1MB 以上	ZigBee 硬件需求低
电池供电上电可持续时间	100~1000 天	1~5 天	ZigBee 功耗低
传输距离(普通应用环境,无大功率天线发射装置)	1~1000m	1~100m	ZigBee 传输距离长
网络带宽	20~250Kbit/s	11Mbit/s	ZigBee 带宽低,传输慢

4.2.3.3 NFC 技术

NFC（Near-Field Communication，近场通信）技术可以提供短距离无线连接，实现电子设备间的双向通信。NFC 技术由 RFID（射频识别）技术演变而来，但 NFC 有特定的国际标准集，确保所有具备 NFC 功能的设备可进行通信。NFC 在单一芯片上集成了感应式读卡器、感应式卡片和点对点通信的功能，可用于移动支付、电子票务、门禁、移动身份识别、身份防伪等（如图 4.2.17 所示）。

图 4.2.17　NFC 技术

1. NFC 技术原理

NFC 是一种短距高频的无线电技术，NFCIP-1 标准规定，NFC 的通信距离为 10cm 以内，电磁场频率是 13.56MHz，该载波频段是全球范围内无须许可证便可使用的波段。NFC 传输速率有 106Kbit/s、212Kbit/s 和 424Kbit/s 三种。NFCIP-1 标准详细规定了 NFC 设备的传输速度、编码与解码方式、调制方案以及射频接口的帧格式，此标准中还定义了 NFC 的传输协议，其中包括启动协议和数据交换方法等。

NFC 工作模式分为被动模式和主动模式。被动模式中，NFC 发起设备（也称为主设备）需要供电设备，主设备利用供电设备的能量来提供射频场，并将数据发送到 NFC 目标设备（也称为从设备），传输速率需在 106Kbit/s、212Kbit/s 或 424Kbit/s 中选择其中一种。从设备不产生射频场，所以无需供电设备，而是利用主设备产生的射频场转换为电能，为从设备的电路供电，它接收主设备发送的数据，并且利用负载调制（Load Modulation）技术，以相同的速度将从设备数据传回主设备。因为此工作模式下，从设备被动接收主设备产生的射频场，所以被称作被动模式。在被动模式下，NFC 主设备可以检测非接触式卡或 NFC 目标设备，并与之建立连接。

主动模式中，通信发起设备和目标设备之间发送数据时，都必须主动产生射频场，故而称之为主动模式，它们都需要供电设备来提供产生射频场的能量。这种通信模式是"对等网络"通信的标准模式，可以获得非常快速的连接速率。

2. NFC 技术的特点

（1）距离近、带宽高、能耗低。由于 NFC 采取了独特的信号衰减控制技术，通信距离一般在 10cm 以内，所以耗能低。

（2）安全性：NFC 是一种私密性通信方式，加上距离近、射频范围小的特点，其通信更加安全。

（3）与现有非接触智能卡技术兼容。目前已经成为越来越多主要厂商支持的正式标准。

（4）传输速率低。NFC 最高传输速率仅为 424kbit/s，不适合诸如音频等需要较高带宽要求的应用。

3. NFC 技术的应用

NFC 作为一种近场通信技术，其应用十分广泛：

（1）支付应用。NFC 支付是指，将带有 NFC 功能的手机虚拟成银行卡、一卡通等的应用。NFC 虚拟成银行卡的应用，称为开环应用。理想状态下是带有 NFC 功能的手机可以视为一张银行卡在超市、商场的 POS 机上进行"刷手机"消费。但目前在国内还无法完全实现，主要原因是，作为开环应用下的 NFC 支付有着烦冗的产业链，背后的卡商、方案商的利益和产业格局博弈十分复杂。NFC 开环支付应用已经错过了在支付宝和微信支付等移动支付普及之前的最佳时机，如果尝试寻求和支付宝和微信等支付手段进行衔接和捆绑，作为支付宝或微信支付的身份认证手段，尚有可能在未来的移动支付中占有一席之地。

NFC 虚拟成一卡通卡的应用，称为闭环应用。目前 NFC 的闭环应用在国内的发展也不太理想，虽然在有些城市的公交系统已经开放了手机的 NFC 功能，但应用普及度不甚理想。随着 NFC 手机的普及技术的不断成熟，一卡通系统会逐渐支持 NFC 手机的应用。

（2）安防应用。NFC 安防的应用主要是将手机虚拟成门禁卡、电子门票等。NFC 虚拟门禁卡将现有的门禁卡数据写入手机的 NFC，无须使用智能卡，使用手机就可以实现门禁的开关和登记功能，不仅是门禁的配置、监控和修改等十分方便，而且可以实现远程修改和配置。NFC 虚拟电子门票的应用是，售票系统将用户购买的门票信息发送给手机，带有 NFC 功能的手机可以把门票信息虚拟成电子门票，在检票口直接刷手机即可。NFC 在安防系统的应用是今后 NFC 应用的重要领域，前景十分广阔，它可以直接降低使用成本，还可以提高自动化程度，降低人员成本并提升效率。

（3）标签应用。在一个 NFC 标签内写入一些信息，用户只需用 NFC 手机在 NFC 标签上轻轻一挥就可以立即获得相关的信息。例如，商家可以把含有海报、促销信息、广告的 NFC 标签放在店门口，用户可以根据自己的需要用，用手机的 NFC 功能获取相关的信息，并可以登录社交网络，与朋友分享。虽然 NFC 标签在应用上十分便捷，成本也很低，但在目前移动网络的普及和二维码的流行，使 NFC 标签的应用前景不容乐观。因为和 NFC 标签相比，二维码只需要生成和印刷成一个小图片，几乎可忽略成本，二维码提供的信息和 NFC 一样丰富，很容易替代 NFC 标签的应用。

4. NFC 与其他技术的比较

短距离无线通信技术除 NFC 外，主要还包括 RFID、蓝牙、ZigBee、红外、Wi-Fi 等技术。以上各项技术都有各自的特点和优点，表 4.2.3 给出了 NFC 和其他几种短距离无线通信技术的比较。

表 4.2.3　NFC 与其他技术性能对比

名称	NFC	RFID	ZigBee	蓝牙	红外	Wi-Fi
传输速率	424kbit/s	2Mbit/s	100kbit/s	1Mbit/s	115kbit/s	11～54Mbit/s
传输距离	1～20cm	<3	2～20m	10～200m	1m	10～200m
频段	13.56MHz	2.4GHz	2.4GHz	2.4GHz	980mm 红外光	2.4GHz
功耗	10mA	低	5mA	20mA	低	10～50mA
安全性	极高	中等	中等	高	无	低
成本	低	中	中	中	低	高

习题与思考

1. 射频标签可以分为哪几类？
2. 简述你身边看到的 RFID 的应用。
3. 传感器的分类有哪些？
4. 什么是无线传感器网？
5. 目前常见的短距离无线通信技术有哪些？
6. 比较蓝牙、ZigBee、NFC、Wi-Fi 的优缺点，适用于哪些物联网应用场景？

4.3　认识物联网其他典型应用

　　物联网可以广泛地应用于社会的各个领域，为生产力、生产方式和生活方式创新、变革和普及应用助力。物联网会成为践行社会创新、协调、绿色、开放、共享发展理念，促进社会可持续发展的重要基础设施和技术支撑。

　　物联网可应用于农业生产、农作物管理、农副产品加工及销售等领域，打造信息化农业产业链，从而实现农业的现代化。物联网的工业应用可以持续优化工业产业布局、提升智能制造水平、提升工业品生产、库存、销售和服务的一体化综合管理水平，实现柔性制造、绿色制造、智能制造和精益生产，推动工业转型升级。物联网应用于零售、物流、金融等服务业，将大大促进服务产品、服务模式和产业形态的创新和现代化，成为服务业发展创新和现代化升级的强大动力。物联网在电网、交通、公共安全、气象预报、遥感勘测和环境保护等国家基础设施领域的应用，将有力地推动基础设施的智能化升级，实现能源资源环境的科学利用和科学管理。物联网应用于教育、医疗卫生、生活家居、旅游等社会生活领域，可扩展服务范围、创新服务形式、提升服务水平，有力推进基本公共服务的均等化，不断提高人民生活质量和水平。物联网可广泛应用于国防和军事应用领域，例如军事侦察、定位、通信、计算、指挥等方面，这将有效提升信息化条件下的国家的国防与军事的综合实力。

由于篇幅所限，本节重点选取智能物流和智能交通两个方向讨论物联网在具体行业中的应用，从社会实际需求入手，分析应用环节的特点和要求，综合集成前面章节所述的技术方案，介绍典型的系统案例。

4.3.1 智能物流

目前，我们足不出户就可以在几小时或几天内收到网上购买的商品，也可以在几十分钟内就收到网上预定的美食、餐饮，这些商品和外卖的快速到达与智能物流都是分不开的。智能物流是指，利用物联网技术实现物品从供应者向需求者的智能移动过程，包括智能包装、智能装卸、智能运输、智能仓储、智能配送，以及智能信息的获取、加工和处理等多项基本活动，为供需双方提供最佳服务和体验，同时也尽可能地减少对自然资源和社会资源的消耗，最大限度地保护好生态环境，从而形成完备的智能物流生态体系。

基于物联网的智能供应链技术是对现有信息网和物流体系的有效补充，该技术充分利用互联网和无线射频识别等网络设施，支撑整个物流体系的高速运转，从而使物流行业发生颠覆性的变化，可以使客户以便捷、高效、可靠、低价的方式享受到现代化的智能物流服务。

4.3.1.1 物流的起源和发展

物流，英文为"Logistics"，原意是运筹、计算的意思。物流的起源可以回溯到早期的人类社会，人类文明的进步、商品经济的逐渐丰富、社会发展水平的不断提升，使得物流活动从简单的商品等价交换，商品的规模化运输、转送，再到社会化物流体系的完善和运营，物流的概念和作用，不断地成长、扩充、完善和丰富。至今，物流已经形成社会生活的重要组成部分。伴随着社会经济的发展，物品的交换和运输行日益增多，特别是专业化生产和现代商业的发展，商品的运输、储存及包装、装卸等构成了完整的物流商业链。

美国物流管理协会对物流的定义是"物流是以满足客户需要为目的，从物品的源点到最终消费点，为有效的物品流通和存储，服务及相关信息而进行企划、执行与控制的过程。"

在 20 世纪中后期，运输行业对货物运输、装卸、搬运、仓储的需要催生了物流业，因此有物流即运输的说法。随着第二次世界大战后世界经济的发展，物流学的研究也逐渐地由零散到系统，由无序到有序。简单来讲，现代物流的发展经历了四个阶段：粗放型物流、系统化物流、电子化物流、智能化物流。

第一，粗放型物流属于现代物流的雏形阶段。第二次世界大战后，世界经济迅速复苏，以美国为代表的发达资本主义国家进入了经济发展的黄金时期。以制造业为核心的经济发展模式给西方等发达资本主义国家带来大量的财富，刺激消费大规模增长，像家乐福、沃尔玛等大型百货商店和超级市场如雨后春笋般出现，在大规模生产和消费的初始阶段，由于经济的快速增长和市场需求旺盛，企业的重心放在生产上，对流通领域中的物流关注度不高，追求产量的最大化造成了大量的库存。

例如，在 20 世纪 60 年代，美国销售企业备货日期达到 30 天。同时，企业中的物流活动分散，各部门配合度不高。例如，销售部门只负责销售的数量和库存，运输部门负责管理商品的运送，分散式管理造成物流成本高，效率低下。这一时期，专业型的物流企业很少，大部分企业都是自成体系，没有行业协作或"大物流"的意识。20世纪70年代的两次石油危机严重地打击了世界经济，物价上涨造成的消费能力萎缩迫使企业放弃原来的"大规模生产、大规模消费"的经营模式，转而从降低成本、提升效率上做文章。从20世纪70年代末到80年代初，世界经济出现国际化趋势，企业对物流的理解从简单分散的运输、保管、库存管理等具体功能，上升到原料采购到产品销售整个过程的统一管理。物流行业也逐渐从分散、粗放式的管理进入系统管理的时代。

第二，系统化物流是现代物流的发展阶段。系统化物流得益于企业对物流行业重要性的认识，以及新技术和新模式的出现。这一时期，许多企业和研究机构已经把物流作为一门综合性的学科来看待，系统工程学、市场运筹学、市政工程学、会计学等学科的专家开始关注物流并试图用自己领域的知识来研究物流的规律。同时，企业的经营决策和发展战略也开始注重物流的成本和效益。不同于粗放型物流单纯提高产量的模式，这一时期的物流行业关注削减库存以降低运营成本，并引入了"物流总成本"的概念。新型物流技术的应用也迎合这股潮流，如实时生产系统和集装箱运输等。另外，新兴物流业务的出现也丰富了物流行业的服务模式。例如，航空快递服务在20世纪70年代早期出现。这些新兴的思想、技术、服务成为物流行业变革的契机和动力。尽管这个时候信息技术革命尚在酝酿中，但物流行业里已经开始闪耀出现代技术的火花，计算机辅助管理、模拟仿真系统、线性规划算法等开始运用到物流系统中。

第三，电子化物流是现代物流的成熟阶段。信息技术的大规模应用，将物流行业带入了电子化物流时期。信息技术成为物流行业发展的利器，并成为持续推动物流行业飞速发展的最关键动力。在这个阶段里，最为典型的两项信息化技术是条形码和EDI。

条形码技术是伴随计算机应用产生并发展起来的一种识别技术，条形码是由一组规则排列的"条、空及其组合"形成标记，这个标记可以表示特定的信息。当使用专门的条形码识别设备，如手持式条形码扫描器，扫描这些条形码时，其中包含的信息就可以转换成计算机可以识别的数据。经过几十年的发展，条形码已被广泛应用于各行各业，相比较手工输入方式而言，它具有速度快、精度高、成本低、可靠性强等优点，在自动识别技术中占有重要的地位。

20世纪中期电子技术出现后，人们一直在追求实现更快捷、更方便的通信技术。电报、电话、传真相继被广泛地运用到商业中，它们最初只是为了辅助纸质为主的贸易手段，大量的商业活动还是需要通过纸质文件来完成。计算机和网络的出现，真正让商业进入了电子化时代。电子数据交换（EDI，Electronic Data Interchange）作为最初的电子化商业时代的代表性技术，助力了电子商务的发端。

EDI于20世纪60年代末期出现在美国。在当时，不同公司之间进行贸易的时候，需要交互报价、产品信息、用户需求、合同等大量的信息，而格式的不统一给贸易带来了大量工作负担。例如，从A公司的计算机系统中产生的文件发送到B公司，需要重新输入一次才能在B公司的计算机系统中进行处理，这种重复输入浪费了大量资源，影响了效率。EDI可以提供一套统一的标准进行数据交互和处理，减少了纸张票据，因此，人们也形象地称EDI为"无纸贸易"模式，如图4.3.1所示。

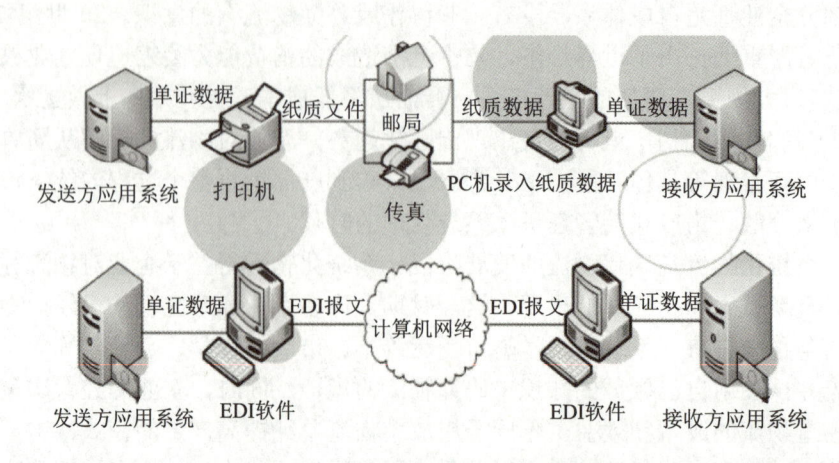

图 4.3.1　传统物流和 EDI 物流系统

  EDI 的应用范围可以覆盖物流的各主要环节，如在线订货、库存管理、发送货管理、报关、支付等。有了标准化 EDI 的信息格式和处理方法，配合以条形码等技术，物流企业可以提高效率、减少差错、降低成本。同时，条形码技术还可以应用自动控制的部分环节，如仓储和运输系统可以使用条形码更精确地管理物品的存放位置与物品的提取。EDI 和条形码的配合，也帮助企业做到了对物流流程进行实时的数据收集、显示和控制。

  但电子化物流也存在着难以逾越的障碍，尤其是第三方物流、精益物流等新物流模式的不断出现，客观上要求现有的信息技术可以提供更加智能、更加精准、互通互联物品状态和存量等信息。而现有的电子物流平台，无论是已经普及的条形码技术，还是已经大量运用的 EDI 技术，都无法满足目前的需要。具体的冲突和矛盾表现在：一是标准不完全统一、计算机系统和网络的异构性造成企业间互联互通不充分；二是感知不及时、不彻底，无法实现全环节实时掌握物品的状态和信息；三是缺少智慧型计算技术的支持与服务，不能综合利用各种智能化设备满足用户各种定制化、个性化的需求，同时物流企业系统各自为政，行业协同性不足、资源整合度不够。

  第四，现代化物流的未来是智能化物流。在物联网技术的支持下，现代物流正在经历翻天覆地的变化。随着物联网的出现，物流行业也迎来了新的发展契机。为了克服电子化物流的缺点，现代物流系统希望利用信息生成设备，如无线射频识别设备、传感器或全球定位系统等种种装置，与互联网结合起来形成一个巨大网络，并能够在这个"物联化"的物流网络中实现智能化的物流管理。

  智能物流的发展呈现出了精准化、智能化、协同化的特点。精准化物流的要求是成本最小化和零浪费，具体来讲，在未来的智能物流系统中，由于智能物流系统和智能设备的普遍运用，物流企业的管理者希望实现采购、入库、出库、调拨、装配、运输等环节的精确管理，将库存、运输、制造等成本降至最低，同时把各环节可能产生的浪费缩减至零。除了实现减少成本和降低浪费的基本目标之外，智能物流系统需要智能化地采集实时信息，并利用物联网进行系统处理，为最终用户提供优质的信息和咨询服务，为物流企业提供最佳策略支持。

  需要说明的是，物联网为智能物流的智能处理提供了多层面的支持，除利用已有的

ERP 等商业软件进行集成式的规划、管理和决策支持之外，未来的智能物流更应该注重利用物联网进行更多的智能化服务。可以设想，未来的物联网设备不应该只提供标识识别和信息采集的功能，同时也能承担更为广泛的处理功能。有了智能物流，物流企业可以优化资源配置和业务流程，并为最终用户提供增值性物流服务，拓宽业务范围，最终实现利润最大化。毫无疑问，物联网将是物流企业实现协同发展的最佳平台，有了这个平台的协助，物流企业能够实现上下游企业之间的无缝连接，真正实现资金流、物流、信息流的三流合一。

4.3.1.2 智能物流中的物联网技术

1. 感知技术

物流行业中，物流的作业对象是各种"物品"，这些"物品"不仅品种繁多、形状各异，而且还处在动态的移动、交换过程中，因此智能物流在感知层采用的感知技术有很多，在智能物流中目前常用的物联网感知技术为传感技术、RFID 技术、GPS 技术、视频识别和监控技术及智能嵌入技术等，如表 4.3.1 所示。

表 4.3.1　智能物流使用的感知技术

序　号	物流活动	物联网技术
1	物品识别、追溯	RFID 技术、条形码自动识别技术
2	物品分类、拣选、计数	RFID 技术、激光技术、红外技术、条形码技术
3	物品定位、追踪	GPS 卫星定位技术、GIS 地理信息系统技术、RFID 技术、车载视频技术等
4	物品监控	视频识别技术、RFID 技术、GPS 技术等

2. 通信技术和网络技术

为了使移动或存储中形态各异的"物品"能够联网，物流企业最常采用的网络技术是局域网技术、无线局域网技术、现场总线技术、传感网技术和无线通信技术等。

（1）局域网技术。目前局域网技术已成为智能物流企业内容信息传递必不可少的网络技术，它的接入稳定、带宽高的特性是其他网络技术无法替代的。

（2）无线局域网技术。相对于有线以太网物理端口的接入稳定性、管理软件丰富而言，其可移动性却得不到满足，无线技术作为一种补充手段，其越来越完善的管理和安全特性也促使其有能力充当网络的一部分。

（3）现场总线技术。现场总线是近年来自动化领域中发展很快的互联通信网络，具有协议简单、开放、容错能力强、实时性高、安全性好、成本低、适于频繁交换等特点。智能物流设备集传感、控制、信息处理、人工智能和网络通信于一体，其功能日益强大、结构日趋复杂，其所装备的各种传感器和执行器数量不断增加。而现场总线作为工业控制现场的底层网络，一方面面向生产现场的各种设备，可以使单个分散的现场机器人设备连接成能够相互通信和协作的网络式控制系统，另一方面又可通过企业内部局域网实现生产数据的全厂传输和共享。目前，基于现场总线技术而建立的网络控制系统正成为我国大中型物流企业实现以物流信息化带动现代化的主要解决方案。

（4）传感网技术。智慧物流正是通过遍布在各个角落和物品上的形形色色的传感器节点以及由它们组成的传感网络（WSN）来感知物质世界的。

（5）无线通信技术。目前，有诸如 2G、3G、4G、5G 移动通信网，无线局域网，企业无线专用网等多种无线通信技术可供智慧物流作为核心承载网络选择使用。

（6）下一代互联网技术。IPv6 作为下一代 IP 网络协议，具有丰富的地址资源，能够支持动态路由机制，可以满足智能物流对网络通信在地址、网络自组织及扩展性方面的要求。

3. 智能技术

智能物流常引用的智能技术有智能分析与控制技术、云计算技术、移动计算技术、ERP 技术、数据挖掘技术等。在企业的生产现场区域常采用的智能技术有 ERP 系统、自动控制技术、专家系统等；在大范围的社会物流运输系统，常采用的智能技术包括数据挖掘、智能调度、优化运筹技术等；在以仓储为核心的智能物流中心，常采用的智能技术包括自动控制技术、智能机器人技术、信息管理系统、移动计算技术、数据挖掘等；以物流为核心的智能供应链综合系统、物流公共信息平台等领域，常采用的智能技术则包括智能计算技术、云计算技术、数据挖掘技术、专家系统技术等智能技术。

4.3.1.3 智能物流的应用

1. EPC（电子产品代码）

在智能物流中，物体标识或者用户身份是最为重要的信息之一。通俗地讲，一件商品在物流中，首先要解决一个"我是谁"的问题。业界人士也早已意识到这一点，如新的 IPv6 协议理论上可以给地球上每一颗尘埃赋予一个 IP 地址。既然下一代物联网的信息平台核心网络将是互联网，那么物联网中的每一个物体、成员的身份，是否也可以像 IP 地址那样，建立统一的数据格式、完整的解析架构、全面的覆盖地域呢？这看上去"造福全人类"而且商业市场广阔的工作让很多企业家、研究者和组织孜孜以求。其中最著名的组织是 EPCGlobal，它定义并大力推广的电子产品码（EPC）是物联网中有代表性的自动标识系统；另一个是 ISO 及其标准系列 ISO 18000。

EPC 的前身是 Auto-ID 中心，1999 年由美国麻省理工学院、英国剑桥大学和澳大利亚阿得雷德大学联合创建，可口可乐、吉列、宝洁、沃尔玛等世界知名企业也陆续参与了该中心的研究。2003 年 10 月，Auto-ID 分拆为 EPCGlobal 和 Auto-ID 实验室，EPCGlobal 由欧洲物品编码协会（EAN）和美国统一编码协会（UCC）合资组建，负责具体的 EPC 物联网标准的制定及其推广，而 Auto-ID 实验室主要负责技术研究工作。

EPC 的设计初衷是打算构建物流系统中的"互联网地址系统"。简言之，如果能使物流系统中所有的物品或电子设备都可互联互通，则每个物品或电子设备便都可作为一个节点，每个节点有一个独立的代码（标记）。同时，它们之间的信息交互采用统一的格式，不管在世界的哪个角落，任何公司都可以读取任何物品的标记，并可以解读或获取这个载体包含的信息，承载物品标记和信息的载体则是 RFID 标签、传感器等低成本或嵌入式的设备。这种方式将把全球的物流领域连成一个大网，每一件产品均可以在全球的范围内被识别、定位、追踪，称之为"EPC 物联网"。EPC 的梦想是，所有的物流企业都加入这个网络，并使用统一的格式交互信息，将物品流和信息流结合起来，实现全球统一的 EPC 物品电子代码的标准化。

2. 食品物流

食品物流的核心是安全问题。现代社会，人们对食品安全的关注度越来越高。近些年国际、国内出现了一些与食品安全相关的问题，给物流行业提出了很高的要求。不同于一般性物品的物流要求，食品物流，特别是生鲜食品的物流有着较强的特殊性。一般来说，部分生鲜食品，如蔬菜、水果，需要严格的保鲜处理。而肉类、海鲜产品等，需要在生产、加工、储藏、包装、运输、销售等过程中保持低温状态，最大限度地保持其新鲜程度，这类在特定低温条件下的物流模式，称为冷链物流。另外一类特殊的家禽、淡水养殖类产品等，需要在物流运输中保持合适的温度、卫生、通风环境，保证产品的鲜活，称为活体物流。除了在途安全之外，食品物流还要求建立一套严格的安全回溯机制，即一旦发现问题，可以通过可溯源性信息逆向追踪，查找出现问题的关节，保障食品安全，建立所谓"从源头到餐桌"的整体化回溯体系。

食品物流本身就属于技术密集型行业，建立智能食品物流是一项系统工程。以冷链物流为例，包含和涉及的技术主要有冷藏技术、保鲜技术、包装技术、节能技术等。为了满足人们对食品安全的需求，同时又要提高效率，降低成本，建立智能食品物流系统势在必行。

我们从物联网的视角出发，主要讨论与智能物流相关的信息技术。物联网的部分装置在食品物流中承担着重要的角色。首先，物联网装置的使用满足了食品物流中的识别和跟踪的初步需要。传感器可以收集食品物流中需要监测的多项参数，对物流设备或运输工具进行监控，条形码和 RFID 标签可以对各种货物进行跟踪，并为食品溯源提供记录和证据。例如，全聚德烤鸭店的每只烤鸭都被赋予一个唯一的编号，并贴可以追踪溯源的条形码，食品安全系统会对每只鸭子的产地、养殖过程、饲料成分/用量、生长环境、是否打过防疫针、销售服务商等进行详细记录。这些记录与条形码绑定，提供公开查询。比方说，客户用餐之后，店家会赠送一个包含条形码的精美明信片，告知客户"您享用的是全聚德的第 XXXX 只烤鸭，编号为 XXXXX"。客户可以通过电话、短信、网站等方式将这只鸭子的整个历史追溯出来，客户可以知道自己吃的鸭子来自哪个养殖场，由哪家销售服务商提供，最后由哪位厨师烹制。一旦在某个环节出现质量问题，就可根据原始记录准确查到相关责任人。这样一来，食品安全追溯变得准确而方便。

相似的例子还有国内输送至香港地区的食品。目前，每只输送至香港地区的活猪都会外植一个包含 RFID 标签的电子耳标，养猪场将活猪的饲养、免疫、转栏等养殖信息记录录入计算机系统中，根据 RFID 电子耳标可以查验活猪的饲养历史记录。这个系统的最重要作用之一就是快速报关，在出口报关及检验检疫过程中，工作人员通过识读电子耳标调出每只活猪的生长档案和辅助检疫记录，大大提高了边境口岸及检疫部门的工作效率。这个系统的另一个特点是跨地域特色，不但在国内活猪的生长及运输过程可以全程监控，在香港地区的入港口岸、屠宰场等环节也可以利用电子耳标实现自动查验，明显提高了查验效率及准确性。

新一代信息技术基础

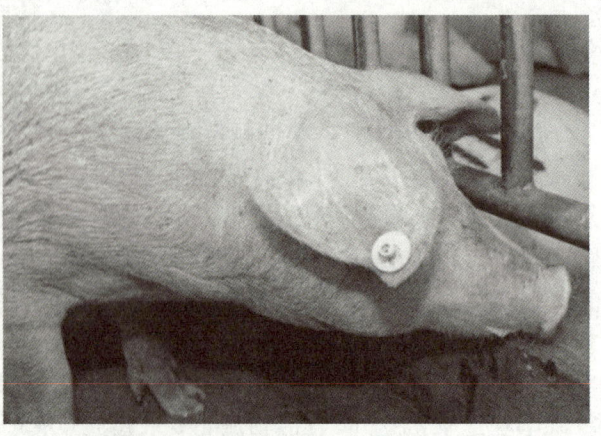

图 4.3.2　全聚德烤鸭条形码和活猪的 RFID 电子耳标

然而，现有的技术还不能充分支持智能化的食品物流。食品工业中的各种鲜活食品有不同的环境要求，对某些特殊环境参数的感知和检测十分重要，如农药残留、食品添加剂、污染物、微生物、细菌含量等参数。目前，物联网设备中对此类参数的监测、感知技术还不健全或者难于大规模实施，一般来说，光照、湿度、温度等常规的环境参数易于实现感知和监测，对复杂的食品物流环境还缺乏有效的感知和监测手段。另外，物联网设备的智能化程度还不高，传感器等设备大多还停留在"数据采集器水平"。而其他物流设备，如保鲜器具、运输车辆、仓储设备等的配合和协同还有待加强。

3. 智能物流配送机器人在医院手术室自动物流管理中的应用

目前，医院现有的物流体系工作效率仍较低且运营成本较高。据统计，国内大约有接近半数的医院会按年度制定院内物流及其相关事项的预算，其中27%花费在耗材设备的采购，19%用于人力劳动的花费。有关研究还显示，医院护士将每日工作时间的10%会用于运输耗材物资，而不是做医护专业工作。医院手术室及各科室医疗耗材的有序供应是保障医院日常医疗工作正常开展的重要工作之一。例如，为保障医院手术耗材的正常供应，多数医院在手术耗材供应过程中依靠手术室护士前往手术耗材库领取耗材，库房管理人员借助医院资源规划（HRP）系统扫码发放，护士完成领用工作，实现了医院手术耗材的发放及溯源管理。但目前手术耗材库因缺乏相关系统以及智能化设备配送的支持，难以进一步实现手术耗材的全过程自动配送和精细化管理，造成耗材领用耗时长，影响手术开台时间。如果手术前领用大量耗材，易造成耗材积压或遗失；如果减少耗材备货、随用随领，又会大量浪费手术室的人力资源，极端情况，还有可能造成细菌或病毒污染手术耗材等问题。

随着智能物联网产业的迅速发展，相关产品日益丰富，将医院物联网与智能化设备进行有效的结合，能够提高医院智能化、自动化水平，提升医院的服务质量，强化医院的品牌影响力。智能物联网技术对于提高院内精细化管理、减少运营成本以及提高医疗服务质量具有重要的作用。

基于医院资源规划（HRP）系统的支持，手术室智能物流配送机器人可协助完成自动物流管理。例如，以手术间为单位，建立手术间与手术室库房的自动物流配送通道，将手术室库房现有的 HRP 系统与智能物流配送机器人（如图 4.3.3 所示）配送系统及每个手术间操作终端进行系统对接，实现数据的实时交换、手术进行期间的远程下单、手术室库房接单并指令智能物流配送机器人送至指定手术间，手术间护士领取耗材后，智能物流配送机器人自动返回手术室库房……从而，完整地建立耗材自动化物流管理和配送体系。自动物流配送流程如图 4.3.4 所示。

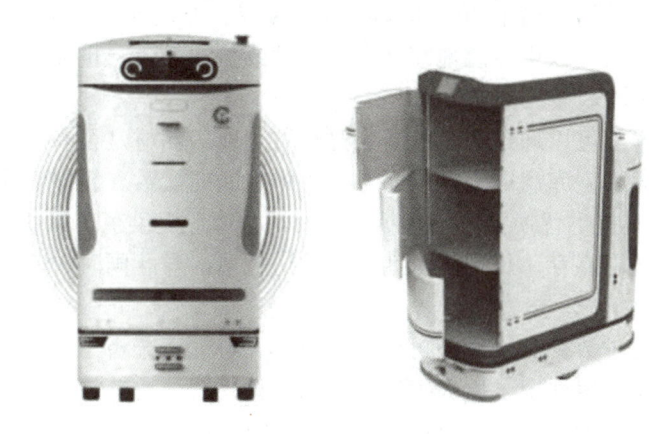

图 4.3.3　柜式智能物流配送机器人

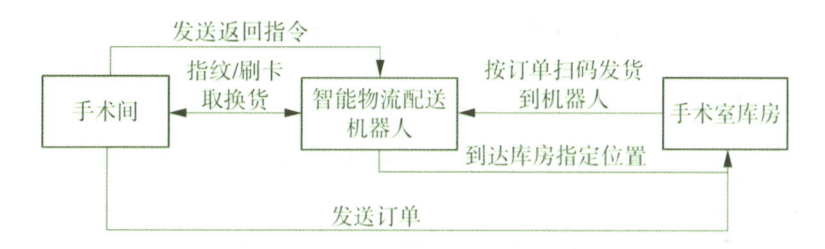

图 4.3.4　自动物流配送流程

① 手术间的医护人员通过操作台终端浏览库房耗材实时库存，发送订单申请本次手术所需耗材；

② 手术室库房的工作人员实时接收订单，同时调度智能物流配送机器人到指定装货地点；

③ 手术室库房工作人员将所需耗材放进物流机器人柜体内并下达配送指令；

④ 智能物流配送机器人按照指令到达手术间，手术间终端机器自动播报提醒医护人员；

⑤ 医护人员通过指纹识别或刷卡打开物流机器人柜体，取出相应耗材（或者取换货），物流机器人完成本次任务后，自动离开继续执行下一个任务。

手术间终端下单系统与智能物流配送机器人系统及库房 HRP 系统相连通，实现了数据的网络自动交互，完善了手术室物流信息化的建设，抛弃了以往手工领用的"纸笔和电话"方式，物流需求形成了数字化痕迹，便于耗材领用的追溯，物流数据的分析也将为智慧物流和智慧医院的建设打下基础。智能物流配送机器人的应用，实现了手术室耗材精细化的闭环管理，耗材从手术室库房送到手术间并验收，领用、使用和计费的流程周期可追溯，最终实现降本增效。柜式智能物流配送机器人通过封闭货柜装货，保证了在物流配送过程中不会被污染，能够有效降低感染或疾病传播的危险性。手术间护士通过指纹或刷卡的便捷身份认证体系，可以实现全流程参与者的身份跟踪，货柜自带扫码器，在满足不同安全等级货物跟踪要求的同时，加强了医院感染管理控制。

借助智能物流配送机器人，手术间护士无须来往于手术间及手术室库房之间，减少了工作量。每天每个手术间节约了 20～40 min 人工领取、退还耗材的时间，缩短了 2～3 km 的路程，使手术室护士可以更专注地配合医生手术或护理患者，也便于手术室护士长优化手术室护士的人员配置。

手术医生在手术间可以通过终端机器实时查看到库房耗材是否有库存余量，减少了以往因手术护士往返手术室库房取用耗材而导致手术中断的次数。智能物流配送机器人系统对接 HRP 系统，为其提供优质的物流数据，且为耗材管理提供了可靠的监管手段：手术医生可实时查看库房耗材库存，使用手术间终端发送订单；与此同时，库房也可以监管每个手术间实时领用耗材情况。

医院管理人员通过数据分析模块可以自动收集、整理、分析手术及其耗材的状态，包含每个手术医生耗材领用情况，大大缩短了数据收集、统计、分析的时间与成本，可随时查看分析结果。对于手术间而言，可以降低科室耗材占比，有效地减少了耗材"缺货"次数或等待时间，同时也能够避免积压耗材，降低医院资金的占用。对于医院管理而言，可以科学有效地管理手术耗材，提升医用耗材精细化管理水平。

4.3.1.4 智能物流的发展

随着人工智能、大数据、云计算、物联网、5G 等技术的综合应用，智慧物流将快速进步，并将成为现代物流发展的主要方向。在智慧物流体系引领之下，物流行业在迎来巨大的发展机遇的同时，也吸引了越来越多各行各业用户的关注。智能感知技术使物流企业从被动走向主动，实现物流过程中主动地感知、获取和分析信息；智能传输技术应用于企业内部和外部的数据传输，实现整个供应链管理的智能化；智能处理技术应用于企业内容决策，通过大量数据分析，对客户的需求、商品库存等做出决策；智能应用技术在物流管理的优化、预测、决策支持、建模和仿真、全球化管理等方面应用，使企业的决策更加准确和科学。

4.3.2 智能交通

交通设施是国家的最重要的基础设施之一，交通系统事关国家的政治、经济、军事、环境和民生等各个方面，也影响着每一个人的日常生活。道路是交通的动脉，四通八达的道路维持着城乡的交流和活力，但是堵塞的交通则可能导致出行效率低下、大小事故多发、空气污染增加、废气排放积累，造成的结果是浪费时间、消耗资源、损坏环境、甚至危害生命。因此，人们迫切希望缓解交通压力，提升交通管理水平，用人类的智力创造一个高效、快捷、合理、共享、环保的交通系统——也就是人们憧憬的智能交通系统（图 4.3.5 也许是其中的一角）。

图 4.3.5　关于智能交通的想象图景

2012 年 9 月的一天，时任加利福尼亚州州长的杰瑞·布朗乘坐 Google 的无人驾驶车辆到达 Google 总部，签署了允许 Google 无人驾驶车合法上路的议案。该无人驾驶汽车依靠视频摄像头、雷达传感器、激光传感器、GPS 及数据库等信息源，已经在无人驾驶的状态下行驶了 30 万英里……

随着物联网和智能交通技术的发展，更多智能交通的设施和技术应用到日常交通活动中。目前，在大城市里，人们每天都会经过计算机系统控制的交通信号灯（即红绿灯）；人们通过路边的大型屏幕或手机导航应用了解实时的交通路况。在高速公路入口、出口，车辆无需停留，利用不停车收费系统（ETC）快速完成高速路路段计费、收费手续。在杭州等城市，打开 APP 可以随时找到最近的可用停车位，进入、计时、收费 APP 自动"代劳"。利用汽车操作系统（例如 AliOS）相邻的汽车自动知晓彼此的位置，智能找到要去的购物中心，车上的人员不用手机也可以自由通话。今后，更多的时间，车辆都交给智能系统来自动驾驶，而乘客可以在行驶过程中看书、听音乐、玩线上游戏……这些都是智能交通给人们带来的安全、快捷、舒适的出行方式，有的已经广泛应用，有的已经成为现实，有的将发生在不久的将来。

智能交通系统（ITS，Intelligent Traffic System）是将先进的信息技术、数据通信传输技术、电子传感技术及云计算技术等有效地集成运用于整个地面交通管理系统而建立的一种在大范围、全方位的高效、便捷、安全、环保、舒适、实时、准确的综合交通运输管理系统。智能交通系统是一种实时、准确、高效交通运输综合管理和控制系统。

4.3.2.1　智能交通的起源和发展

如 2008 年的智能交通系统世界大会上所说的原则：Save time，Save life!（节省时间、节约生命！）发展智能交通系统的初衷是为了应对日益严重的交通拥堵和交通事故问题。由于汽车工业的迅速发展、城市化进程的加快、人类经济活动范围和频度的高速扩展和生活交际圈的扩大与延伸，交通堵塞已经成为世界性的难题之一（如图 4.3.6 所示）。

交通拥堵严重时，车辆在道路上的平均时速为 15km/h 以下，纽约的长岛高速公路曾被调侃为"世界上最长的停车场"。据统计，美国每年因交通堵塞造成的燃料损失能装满 58 艘超大型油轮，费用损失高达 780 亿美元。根据中国交通部发表的数据显示，交通拥堵带来的经济损失占城市人口可支配收入的 20%，相当于每年国内生产总值 GDP 损失 5%～8%，每年可达 2500 亿元或更高。交通拥堵已经严重影响了城市的运转效率和人们的正常生活，增加了燃料消耗和大气污染。除了堵车之外，频发的交通事故也严重危害到人们的

新一代信息技术基础

生命安全,据世界卫生组织提供的报告显示,全世界每年交通事故的死亡人数超过 120 万人,受伤者上千万人。严重的道路堵塞和严峻交通安全现状都对智能交通系统的发展提出了迫切的需求……此外,降低驾驶人员的劳动强度、提高汽车驾驶的舒适度和愉悦度,也是对智能交通的重要需求。

图 4.3.6　交通拥堵

车联网(IOV, Internet Of Vehicles)或称车辆自组网(VANET, Vehicular Ad-hoc NETworks)是智能交通系统的重要组成部分,它的发展为智能交通的应用奠定了坚实的基础。

车联网作为车辆自组网的一个子类或典型应用,它不完全依赖基础通信设施,而是结合多种短距离通信技术将行驶的车辆构成一个小规模的移动通信网络。通过车辆之间的通信以及车辆与道路设施之间的通信,为行驶中车辆和驾驶员以及交通管理机构提供实时和全景的交通信息,为车辆提供更加合理、有效和灵活的导航服务,为乘车人员提供多元化的信息获取和交互方式,以构建更安全、高效、低耗的道路交通,也为乘车人员带来更加舒适和愉快的出行体验。

1999 年,美国联邦通信委员会将 5.9GHz 的 75MHz 带宽供 DSRC(Dedicated Short Range Communication,专用短程通信)使用。使 DSRC 成为车辆和基础设施通信的重要通信技术。2002 年,DSRC 技术的标准化促进了短程移动通信网络,尤其是车联网的研究和应用。2004 年美国电气和电子工程师协会(IEEE)开始基于 ASTM 标准对 802.11p 进行修订并开始 WAVE 标准的制订。2004 年美国计算机协会(ACM)第一个关于车辆自组网的国际研讨会在美国费城召开,并创造出车辆自组网"VANET"这个词。

随着物联网技术的发展,相较于传统的车联网(IOV),智能交通则是将关注点从车辆的通信扩展到了与交通系统相关的方方面面。现在的智能交通并非简单的智能车辆、车辆网络或交通管理网络,而是将人、车辆、道路设施、通信设施有机结合,进行信息交互,从而实现车辆管理、交通管理、驾驶管理、电子收费、紧急救援等功能,并构建起先进的驾驶操作辅助系统、公共交通系统、货运管理系统的超大型、综合型的智能交通系统——这也很可能是中国的智能交通系统与国外同类系统的不同之处。

美国、欧洲和日本的智能交通发展较早,从 20 世纪 80 年代开始到目前为止已经诞生了各种各样的交通工程,旨在实现有效的智能交通系统。

美国是智能交通系统应用较早的国家。早期的智能通道示范工程于 1987—1992 年在加利福尼亚州南部完成,该项目集成了交通传感器、计算机、通信链路为驾驶员提供交通信息。该项工程每年为该区域行驶车辆节省了共380~530万"行驶小时",让车辆行驶平均速度从25~55公里/小时提高到65~80公里/小时,减少了130万加仑(约合420万升)的燃料消耗和30万千克碳氢化合物、400万千克一氧化碳的排放,每年节省约2400万美元。另一个有名的项目则是1986年在加利福尼亚州开始的PATH项目,该项目包括了道路电气化、高速公路自动化、交通管理和驾驶信息以及导航辅助。目前,美国智能交通的普及率已经超过了80%,美国的智能交通应用较为广泛,其中常见的包含出行安全系统、应急管理系统、车辆控制系统等。

欧洲属于全球经济最为发达的区域之一,也非常关注智能交通系统的发展。Prometheus是1986年由欧洲汽车制造商启动的7亿美元的智能交通系统项目,希望利用先进的通信、电子和自动化技术改善运输系统,降低交通危害。该项目同时由19个欧洲国家和40个车辆相关的研究机构提供研究支持,研究领域涉及信息技术和车辆移动通信,还得到了欧洲的电子产业、交通工程机构和远距离通信机构的支持。项目包括了7个子项目,包括汽车监控和智能汽车电子辅助系统、汽车间的通信网络、汽车和道路设施的通信系统以及交通控制系统、信息系统的微电子开发、人工智能的需求分类、通信系统的架构和标准进行定义、分析交通情景等,其中3个应用型子项目都在汽车制造公司的指导下展开。此外,欧洲的智能交通项目还包括DRIVE计划,该计划主要面向智能交通基础设施的构建,通过改善运输效率和安全、减少车辆的环境污染推动欧洲统一的道路运输环境。

日本在1973年全球首次提出"动态路径诱导系统",日本政府非常关注汽车驾驶安全以及为人们带来的舒适性,提出的VICS系统被公认是非常成功的道路交通信息系统。另外,日本相关部门非常关注交通畅通率,为民众提供更多的便利,其智能交通应用范围很广。

我国在智能交通方面的发展起步较晚。在20世纪80年代前后,主要进行了城市交通信号控制的一些基础性研究。20世纪90年代开始,国内一线城市如北京、上海和深圳等纷纷研究、学习国外先进技术,并在学习的基础上进行开拓性的创新研究。"十一五"期间(2006—2010年),智能交通在关键技术上取得了项目性突破,并建立电子收费系统、交通管理系统等一些示范点,我国的智能交通系统开始进入推广应用和改进的阶段,但与国外先进国家相比,总体技术和应用水平还有较大差距,对解决日益严重的交通供需矛盾效果有限。

2006—2015年,国家对智能交通系统的投资逐步加大,从15亿元增长到总投资千亿元,致力于智能交通系统研究、开发和智能化建设,国内的智能交通企业也随之发展,投入大量资金进行智能交通的研发和普及。这些都为智能交通的发展创造了有利的条件。

目前,与发达国家相比,中国智能交通整体发展水平仍显落后。以ETC系统为例,美国、日本、新加坡、韩国等发达国家均达到了很高的普及程度,例如,日本的ETC用户规模在7200万户以上。新加坡的停车场ETC普及率已经达到了90%以上。未来20~30年,我国智能交通系统建设将在达到甚至超过发达国家的水平,利用我们的"后发优势"和"市场优势",中国智能交通技术和市场的发展将呈现出巨大效果,将会取得巨大进步。

4.3.2.2 智能交通中的物联网技术

物联网技术的发展为智能交通提供了更透彻的感知、更全面的互联互通和更深入的智能化。道路设施中的传感器和车载传感设备能够实时监控交通流量和车辆状态,通过泛在移动通信网络(例如4G和5G网络)将信息传送至交通管理中心;遍布于路边的交通基础设施和车辆中的无线与有线通信技术有机融合，为行驶中的车辆提供泛在的网络服务；通过智能的交通管理和调度机制充分发挥道路设施的效能，最大化交通网络信息流并提高安全性，优化人们的出行体验。

1. 感知技术

信息技术、微芯片、RFID 以及廉价的智能信标感应等技术的发展及其在智能交通系统中的广泛应用，为车辆驾驶员提供了种种便利。智能交通系统中的感知技术是基于车辆和道路设施的网络系统，被广泛用于车辆状态监测、道路与天气状况监测、交通情况监测、车辆巡航控制、倒车监控、自动泊车、停车位管理、车辆动态称重等。单一的传感器无法满足智能交通系统的需求，因此需要多类别传感器互补融合，使用智能交通技术的车辆通常部署了温度、湿度、氧气、速度、加速度、红外、胎压、质流等多种车载传感器，在道路或者道路周边设施（如建筑）中也嵌入了雷达、弱磁、重量、摄像头等各种传感和监控装置。车辆感知系统包括了"道路设施—车辆""车辆—车辆"电子标签的相互识别通信，同时利用闭路电视技术和车牌号码自动识别技术进行违章车辆监测识别和对热点区域的可疑车辆进行持续监控。

2. 通信和网络技术

目前已经有多种无线通信解决方案可以应用在智能交通系统当中。UHF 和 VHF 频段上的无线调制解调器通信被广泛用于智能交通系统中的短距离和长距离通信。

专用短程通信（DSRC）常被用来进行车辆之间和车辆与道路设施之间的信息交换，DSRC 可以通过 IEEE 802.11 系列协议实现。美国智能交通协会以及美国交通部主推 WAVE（IEEE 802.11p）和 DSRC 两套标准。理论上，这些协议的通信距离可以利用移动 Ad-hoc 网络和 Mesh 自组网扩展。长距离通信常被用来为车辆提供互联网接入，方便车辆得到相关服务，同时车内人员可以娱乐或信息查询等线上服务。目前提出的长距离无线通信方案是通过电信网络来实现的，如 4G 或 5G 网络。

目前，车辆已经能够通过多种无线通信方式与北斗卫系统星、移动通信设备、移动电话网络、道路设施、周围车辆等进行通信，如图 4.3.7 所示，并且利用广泛部署的 Wi-Fi、移动电话网络等途径接入互联网。

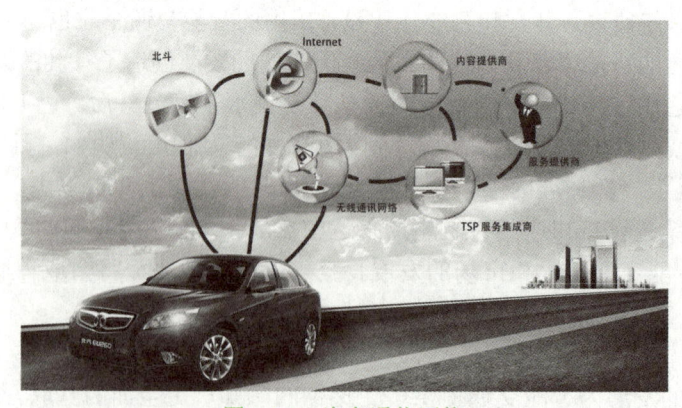

图 4.3.7　汽车通信网络

3. 计算技术

目前，普通汽车的电子设施成本约占轿车成本的30%，在高档车中这个比重最高者达到了60%。根据汽车电子领域的最新进展，未来车辆中将配备功能更强大的处理器。2000年前后，一辆普通的汽车拥有20~100个联网的微控制器或可编程逻辑控制模块，使用非实时的操作系统。2020年以后趋势是，将使用更强大的微处理器模块、更多的内存，将使用汽车实时操作系统。同时新的嵌入式系统平台将支持更加复杂的软件应用，包括基于模型的过程控制、人工智能和普适计算，其中人工智能技术的广泛应用将有望为智能交通系统带来质的飞跃。

智能交通需要大量的信息处理和计算决策，综合当前的车辆和道路情况为驾驶人员提供辅助信息，甚至替代驾驶人员完成车辆的自动驾驶。因此，除了传统的数据分析处理，智能交通也对数据和逻辑处理提出了更高的要求：对传感器信号进行处理，如需要区分危险或常规障碍物，预测其他车辆可能的行为。对驾驶过程中存在的威胁进行评估，在无法确认威胁的情况下做出明智的决策等，智能交通系统需要在各种情况下保证人员和车辆的安全。

4. 定位技术

车辆定位是大部分智能交通服务（如车辆导航、按行驶里程收费等）的基础。车辆中配备的嵌入式GPS接收器能够接收多个不同卫星的信号并计算出车辆当前所在的位置，定位的误差一般是几米。GPS信号接收需要车辆具有卫星的视野，因此在城市中心区域可能由于建筑物的遮挡而使该技术的使用受到限制。GPS是很多车内导航系统的核心技术，很多国家已经或者计划利用车载卫星GPS设备来记录车辆行驶的里程并据此进行收费。此外GPS定位的精确度并不能满足一部分智能交通服务，如智能驾驶需要对车辆行驶的车道、前后车的间距等进行精确到厘米级的测量，因此还产生了各种基于道旁基础设施和车辆相对位置的定位方式，对车辆进行更加精准的定位。

注释：上段文字利用美国的GPS说明定位系统的作用、工作方式和定位精度。我国的北斗系统BDS已于2020年投入商用，BDS在定位导航、室内覆盖和定位精度等等方面高于GPS，未来BDS定位系统将成为中国国产手机和国产汽车（包括进入国内市场的进口汽车）的标准配置。所以，中国的BDS将为中国的智能交通做出突出的贡献。

5. 视频监测识别

利用视频摄像设备进行交通流量监测和事故检测属于"车辆监测"的范畴。视频监测识别系统（如自动车牌号码识别）和其他感知技术相比具有很大优势，它们并不需要在路面或者路基中部署任何设备，因此也被称为"非植入式"交通监控。当有车辆经过的时候，黑白或者彩色摄像机捕捉到的视频将会输入到处理器中进行分析以找出视频图像特性的变化。摄像机通常固定在车道上方架杆上或立交桥等建筑物上，大部分的视频监测识别系统需要一些初始化的配置来"教会"处理器分析当前道路环境的基础背景图像。该过程通常包括输入已知的测量数据，例如车道线间距和摄像机到路面的高度。根据不同的产品型号，单个的视频监测处理器能够同时处理1~8个摄像机的视频数据。视频监测系统的典型输出结果是每条车道的车辆速度、车辆数量和车道占用情况。某些系统还提供了一些附加输出包括违停车辆检测、人脸识别、错误行驶车辆警报等。

4.3.2.3 智能交通的应用

随着物联网技术的发展和完善，其在智能交通中的应用也将越来越广泛、越深入，在世界各地都出现了很多成功应用物联网技术提高交通系统性能的实例。

1. 交通监测与管理

（1）智能交通监测

智能交通中非常重要的一个方面是，路面交通情况的实时监测，为驾驶人员和交通管理系统提供及时、全面、准确的交通信息，如道路拥堵情况、交通事故、道路修整工程、车辆交通违章等情况。这些信息一方面帮助驾驶人员选择最优的路径，绕开交通拥堵、不畅的路段，另一方面也让交通管理系统智能地根据当前的情况对交通流量进行协调和管理。

常见的智能交通监测应用包括车流监控和电子警察系统。车流监控系统通过道路流量视频监控系统、铺设在道路上传感器等设备，可以实时监控和报告交通流量情况，将道路流量状况信息以最快的速度提供给驾驶人员和交通管理人员。例如，百度地图、高德地图等手机应用能接收实时道路交通流量信息，并自动生成1～3条建议行驶路线方案供驾驶员选择。大城市道路旁设置许多大型显示牌也能实时显示当前周边道路的流量情况。"电子警察"系统通过车载监控、捕获设备或路旁监控设施来发现车辆的交通违法行为。例如，利用摄像头、雷达、路边磁力感应装置等方式来发现超速车辆，并利用图像识别等技术来识别车牌，如图4.3.8所示。

图4.3.8 "电子警察"监控车辆行驶状况

（2）智能交通管理

智能交通管理利用信息技术综合道路周边的传感装置、路边设施、车辆探测器、摄像机、照相机、信息标志牌和其他设备所收集到信息进行综合分析、智能决策，并动态对交通情况进行判断、处理和协调，遇到突发事件或紧急情况，派出交通警察或支援、救援人员及设备进行现场处置。常见的智能交通管理应用包括（但不限于）以下5项。

① 自适应交通信号灯管理系统。自适应的交通信号灯控制技术能够对信号灯进行动态控制，智能调整信号灯的开启、关闭和转换间隔时间。智能交通系统通过采集各个路口的车辆和行人的交通流量情况，合理控制信号灯的变换，根据不同时间段的车流量调整信号灯的变换间隔，如图 4.3.9 所示。城市智能交通管理系统可监控各个路口交通信号灯的实时运行情况，并可根据实际需要对路口的交通信号灯配时进行干预或微调，确保路口车辆通行有序。除了自适应调节信号灯时间外，还可以通过相邻信号灯之间的系统化协调，保障车流方向上"驶入/驶出流量"的平衡合理、交通畅通。对于道路上的突发性事件进行自动处理，例如结合 BDS/GPS 系统为救护车、消防车等紧急车辆提前设置通行信号，防止交叉方向车辆干扰等，为特殊救援车辆争取宝贵时间。

图 4.3.9　自适应交通信号灯系统

② 可变限速标志。在很多城市的主干道上，都可以看到"可变限速牌"的身影，如图 4.3.10 所示。它可以根据交通流量情况或天气状况计算出最佳的限速，给出限速要求，从而保证车辆安全，提高车辆有序通行能力、减少拥堵。这些装置不仅能显著加快高峰期间车流速度，减少车祸发生，同时还能节约车能能耗，减少有害尾气排放。

图 4.3.10　可变限速标志

③ 人行道信号灯自动触发装置管理。当行人进入铺设了自动触发装置的人行道时，事先安装好的信号灯就会亮起。在方便行人看清楚路面交通状态的同时，对行人和车辆平面交叉路口的交通安全管理大有裨益。

④ 可变车道。可动态调整的车道，可以灵活地根据不同时段的交通状况对车道的使

用情况进行协调，提高道路利用率和交通效率。可变车道的一个应用是对高承载率车辆车道数量的动态调整。高承载率车（HOV，High-Occupancy Vehicle）是指公共汽车、乘坐两人（含）以上的小客车，以及出现紧急事件的车辆，而专供 HOV 车辆行驶的车道称为 HOV 车道，如图 4.3.11 所示。可以根据车流量以及天气、交通状况，随时增加 HOV 车道的数目，鼓励大家拼车出行，利用有限的道路空间运输更多乘客，提高道路利用率。可变车道的另一个应用是可变向单行道。一般来说，在上班时段，车流大都是从城外往城里行驶；而下班时段则刚好相反。因此，一些大城市设立了可变车道，在上下班时间作为 HOV 车道使用，提高通行效率，减少拥堵和环境污染。

图 4.3.11　HOV 车道

⑤ 智能匝道流量控制。智能的匝道流量控制也能够为交通管理带来一些收益。引路调节灯是高速公路入口匝道的信号装置，负责引导车辆分流进入高速公路，降低了高速公路上车流断开的情况并能提高车流合并的安全性。

此外，利用物联网的智能控制系统还可以控制道路照明系统，对路灯进行远程控制，实现"按需照明"。综合各种物联网技术，可以形成一整套交通智能监测、管理、服务系统，改善道路通行能力，提高车辆出行的安全性和舒适度。例如，我国上海已建立起一套覆盖全市主要道路，具有实时、准确、高效、智能等特点，融交通引导和管控、治安监控和管理等功能于一体的综合性智能交通应用系统。

2. 电子收费系统

电子收费系统（ETC）是智能交通系统的服务功能之一，它特别适合在高速公路或交通繁忙的大桥、长距离隧道环境下使用，还可以作为公共停车场的管理收费工具。目前高速公路收费处，有专门的 ETC 收费通道，车主只要在车辆前挡风玻璃上端安装 ETC 感应器并与银行卡正常绑定，通过收费站时便可实现自动缴费，无须停车，如图 4.3.12 所示。当车辆穿过车道的识别器（一般在入口左侧）区域时，便自动对车辆进行识别，高速通行费将从银行卡中自动扣除，实现自动收费。这种收费系统每车收费耗时低，其单收费通道的通行能力是人工收费通道的 5~10 倍。使用 ETC 收费系统，可实现公路收费的智能化、无纸化、无现金化管理。

图 4.3.12　ETC 通道

目前 ETC 收费系统在世界各地已经广泛部署应用。例如，挪威政府启用 AUTOPASS 项目实现"开放式收费"，在挪威境内的几个大城市周边，在专门的车道和收费站采用 DSRC 技术对车辆进行识别，并利用视频图像抓拍技术对没有安装 ETC 感应器或非法逃费的车辆追讨通行费，车辆通过速度可达 60km/h。而德国的高速公路则启用"卫星卡车"收费系统，通过在卡车上装配车上记录器（OBU）记录卡车行驶情况并实现自动缴费，此外该系统部署了 300 余个高架桥的红外线监视器，用于阅读车牌号码，同时有大量带有监视器和装置有计算机的监控车巡逻。新加坡的城市道路电子动态收费系统（ERP）1998 年就已经正式投入使用，该系统不仅通过收费路段基础设置中的装置和车载单元通信进行收费，还能通过车载单元对高速公路上的车辆进行跟踪以了解目前道路上车辆的平均时速，并据此判断出目前道路的拥堵状况，动态调整收费的费率。

在我国，ETC 收费系统也得到了大力推广。2019 年 5 月，国务院办公厅为贯彻落实党中央、国务院决策部署，进一步深化收费公路制度改革，加快取消全国高速公路省界收费站，实现不停车快捷收费，印发了《深化收费公路制度改革取消高速公路省界收费站实施方案》，截止至 2019 年 6 月，河北、广西、安徽等 29 个省区市已制订了 ETC 电子不停车快捷收费系统推广方案，目前我国大部分省份已经实现 ETC 联网运行，不同省市自治区交界道路的"一口通行"工作已全面落实，ETC 感应器的安装数量已经过亿，相信 ETC 的应用普及会对智能交通起到重要的促进作用。

3. 智能停车管理

近年来，机动车辆的增长速度超过城市停车场等交通基础设施的增长速度。物联网技术的引入使得城市停车管理及引导系统能够实现精确、高效、全时段和全方位的城市车位管理。城市智能停车引导系统通过超声波、弱磁等传感器节点对车位进行实时监测，通过无线通信网络将车位信息进行实时汇聚、存储至云端；通过传统的电子引导牌或者智能手机、车载 BDS/GPS、自组网定位技术等方式帮助驾驶人员寻找附近合适的空闲停车位，帮助驾驶人员解决"停车难问题"。驾驶员返回停车点时，反向"寻车系统"将帮助驾驶员定位和寻找车辆暂停点，并且根据系统提示的最佳取车路径快速取车，让车主不会因为不熟悉停车点环境而找车困难。配套的停车收费系统针对经营性停车位，支持智能移动终端网上预订、智能计费和绑卡终端自动缴费等等。目前在我国的许多城市、许多停车场，应用了自动寻找空闲停车位、智能寻车、取车自动交费等智能系统。

4. 辅助驾驶

对驾驶员和乘客的人身安全的重视和对出行舒适度的考虑促进了辅助驾驶的迅速发展。辅助驾驶系统通过车辆上的视频摄像头、雷达、GPS 等设备和车辆与路边设施的通信，采集道路和车辆信息，辅助驾驶人员做出操作决策。常见的辅助驾驶系统包括防碰撞成像仪、车道感应与探测装置、行车记录仪、夜视系统、自适应巡航控制和自动驾驶等。大部分辅助驾驶应用都需要具备对大量的图像和数据进行高速处理的功能。

例如，中国第一汽车集团公司和国防科技大学合作研发了中国第一辆自动驾驶的红旗轿车，完成了从长沙到武汉的高速全程无人驾驶实验，平均速度达到了 87 千米/小时。2017 年 4 月，百度宣布了"Apollo（阿波罗）计划"，这是一个开放的、安全的平台，将帮助汽车行业及自动驾驶领域的合作伙伴结合车辆和硬件系统，快速搭建自动驾驶系统。2016 年下半年，腾讯成立自动驾驶实验室，2017 年 5 月与上海国际汽车城签约，将其无人驾驶车辆路测项目组落户上海。2018 年，阿里巴巴发布了汽车操作系统 AliOS 2.0 版该系统在感知、交互、应用、平台、安全五个领域具有长足的进步，在汽车 AI 场景引擎、跨车辆组队、全天候地图、AR 辅助驾驶等方面具备领先优势。2020 年 6 月，"滴滴"宣布在上海开放自动驾驶试乘体验，乘客可在 APP 内预约体验，申请成功并通过审核后，即可在规定区域内，免费呼叫自动驾驶车辆进行试乘体验，如图 4.3.13 所示。

图 4.3.13　滴滴自动驾驶网约车在路面上试验行驶

除了道路行驶，智能驾驶技术还被大量使用在危险区域的非人工驾驶，例如大型露天矿石的超重型矿石运输车辆、放射性材料运输车辆等；还有用于非城市道路的轻量级载客车辆，例如游览景区顾客游览车。虽然自动驾驶技术研发时日已久，许多技术已日趋成熟，但是自动驾驶涉及人的生命安全，涉及路网中行人、车辆、路况变化等复杂情况，自动驾驶技术的全面落地还有很长的路要走。需要高精度的传感器，并对各种不同的感知数据进行采集和融合，实现全面的车辆和交通状况监测；需要在不同环境下大量部署和测试以保证系统的容错性并达到软件的安全性，特别是要防止黑客或邪恶技术的恶意攻击；需要大量基础设施建设的支持。此外，还需要解决解决无人驾驶车辆交通事故的责任认定、责任归属及法律赔偿等一系列涉及法律、伦理和人权方面的问题。

5. 智能行驶

在大量智能交通应用中，通常将人或车作为信息采集者和决策者，一方面依靠驾驶人员对道路、车辆、行人和环境进行观察，另一方面由车辆采集、感知各种数据，最终由驾驶人员或车辆的智能模块做出控制判断。但是由于驾驶人员感官单一、视野局限、反应速度有限，并且受到客观环境的干扰，因此很难科学、全面、准确地把握瞬时出现的交通状况并做出正确的判断和反应，而单一车辆能感知和处理的信息通常也很有限，如前方路段是否有事故、障碍、天气异常等信息也很难提前获得。从我国交通事故统计数据可以看出，由于人为失误造成的交通事故占全部事故的90%左右。智能道路和智能行驶则是将道路作为信息的收集者、分发者和决策者来直接指导车辆行驶。在智能道路上，路面和路旁将大量布设各种信息感知、处理和通信单元。信息感知单元会实时采集道路的各种状态，如路面情况（道路是否在进行维修、是否有落石、是否结冰或积雪、是否有积水等）、天气状况（是否有雾、下雨、下雪等状况），车辆状况（平均车速、车距、车流量等）和各种紧急事件（行人通过、动物出现等）。由信息处理单元对当前状态进行综合判断并对可能出现的危险进行预测，再通过信息通信单元将管理信息及时反馈给车辆，控制车辆正确行驶。例如，及时监测到前方路段有雾，或者发生交通事故等情况，提前发送减速、停车等警告信号。

6. 其他应用

除上述应用外，智能交通还有大量安全应用，如紧急情况自动警报，车道变更时旁边车道有无车辆及其距离远近，路口情况和交通信号等提醒，路面特殊情况提醒及存在路障提醒等。现代交通也对出行舒适度也提出了要求，因此产生了大量利用现代物联网技术提高乘车人员舒适度和出行质量的应用，如车内的互联网访问服务以及音乐电影的下载和在线观看，通过短距离通信技术进行车辆之间聊天或者互动游戏，沿途的景点、饭店、商店等信息的介绍和查询，自动对车内温度、湿度进行调节等。

4.3.2.4 智能交通的发展

纵观智能交通发展，欧美发达国家和地区已进行了多年的研究，车联网技术和智能服务功能已经进入实用化的阶段。大数据技术、人工智能技术、云计算技术、VR/AR技术、自动驾驶等技术与智慧交通应用相互渗透融合、相互促进、共同发展。

我国智能交通起步较晚，智能交通作为缓解城市交通压力，降低交通事故的重要手段，其行业需求增长明确且发展空间广阔，目前得到了政府部门和相关企业的充分重视，相关的行业技术标准也正在加紧制订中，我国的智能交通行业将迎来快速发展期。2017年，国务院颁发了《"十三五"现代综合交通运输体系发展规划》，该规划指出，"十三五"期间智能交通发展趋势主要在于积极提升交通发展的智能化水平，促进交通绿色化发展、推动加强安全应急保障体系建设。将信息化智能化发展贯穿于建设、服务、运营、监管等各个环节，大力推动大数据、云计算、移动互联等技术与交通运输行业的深度融合，全面提升运输效率与服务水平。智能运输系统将通过各种先进技术手段的综合利用，优化汽车出行线路，增强车流引导从而提高车辆出行效率，减轻道路承受压力，节能减排。同时加强对于重污染车辆的监管控制，积极研究并大力发展新能源汽车，加强公共交通的建设，提升服务质量。逐步将人们日常出行方式转变成更加绿色低碳的方式。交通运行的首要任务是保证驾驶环境的安全，新一代的智能运输系统重视对于车辆行驶状态、道路状态的监控与管理，切实保障驾驶人的安全。加强消防、公安、气象部门与交通运输部门的深入合作，实现信息及时共享和协调联系，加快对紧急事件的快速反应，提高交通事故的处理效率，不断提高安全服务水平。

从区域发展情况来看，我国中西部地区的智能交通系统应用主要还集中在高速公路收费系统，城市内部的智能交通系统有待于继续建设和完善。随着城市化进程的深入，中西部地区的智能交通行业将进入重点开拓阶段。而北京、上海、广州等经济发达城市和东部沿海城市的智能交通建设已经初具规模，其智能交通软硬件系统已逐渐趋于成熟，面向公众的智能交通服务蓝海市场将逐渐浮现。

从智能交通行业的发展来看，我国智能交通行业自 21 世纪初以来，获得了快速的发展。未来智能交通作为物联网的典型应用，它的高速发展和普及化将极大便利人们的日常交通，并为人们提供更加舒适和安全的出行体验。

最后，让我们描述一幅未来的交通场景作为本节的结束：所有的车辆都能够预先知道并避开交通拥堵，选择最快捷的路线到达目的地，车辆的污染排放大幅减低，空气质量提升。车辆可以准确了解实时的交通和天气状况，能够随时找到最近的空闲停车位，在大部分的时间内车辆可以自动驾驶而乘客们可以在旅途中看书、休息或玩在线游戏。

➡ 习题与思考

主题汇报：上网查找物联网的其他典型行业应用资料，分小组进行汇报。

📄 学习小结

本模块主要介绍了物联网的概念、体系构架等知识，讲解了 RFID 射频识别技术、传感器技术、短距离无线通信技术等物联网关键技术的原理和应用，通过对智能物流和智能交通物联网典型行业应用的介绍，让读者对物联网有一个宏观的认识，激发读者对物联网的兴趣。

模块五

身边的移动互联网

学习目标：

了解移动互联网的发展历程和世界各国目前的发展状况。熟悉移动互联网的基本要素、主要构成、核心技术、特征及应用。

具备使用移动互联网的知识和手段，更好、更方便地为学习、生活与未来就业服务。

具有较高的修养和良好的情操，能在使用移动互联网时，明辨是非，遵纪守法，共同建设方便、健康、安全的移动互联网世界。

学习导航：

移动互联网就是手机上网吗？4G已经过时了吗？5G时代到底有什么特点？什么是移动互联网？互联网和移动互联网有什么不同？手机就是计算机？移动互联网会带给我们什么呢？全球移动互联网飞速发展，年轻一代要想跟上时代步伐，就必须学好和用好移动互联网，要认真探索移动互联网的知识、技术、应用，利用移动互联网去创造更好的生活。

本模块首先从移动互联网的发展、内涵要素、主要特征、社会影响开始带领读者认识移动互联网，然后简要介绍移动互联网的终端技术、网络技术、应用技术等关键技术，最后通过电子商务与位置服务两个典型案例让读者进一步了解移动互联网的应用。

新一代信息技术基础

> **案例引入：**
>
> 在公交车上、地铁上、咖啡厅里，你常常会见到许多人低头摆弄着手机，人们将其形象地称为"低头族"，如果问他们在干什么，最可能的回答之一是"我在上网！"这个"网"就是"移动互联网"。

5.1 认识移动互联网

5.1.1 移动互联网的发展简史

1969 年，互联网前身阿帕网 ARPANET 诞生了，美国国防部国防高级研究计划署资助建立了一个名为 ARPANET（即"阿帕网"）的网络，这个网络把位于的加利福尼亚州三地的加州大学洛杉矶分校、加州大学圣芭芭拉分校、斯坦福大学，以及位于盐湖城的犹他州立大学的计算机主机连接起来，位于各个节点的大型计算机采用分组交换技术，通过专门的通信交换机和专用通信线路相互连接。这个 ARPANET 网就是互联网（Internet）最早的雏形。

互联网的诞生是人类通信与网络技术的一次革命，它给世界带来了翻天覆地的变化。1981 年，IBM PC 个人计算机问世，之后 PC 个人计算机的普及，使计算机进入了家庭，而个人计算机与互联网的结合，开创了互联网时代。进入到 21 世纪之后，智能手机的大面积普及，手机与互联网紧密地结合在了一起，人们创造性地将移动通信和互联网二者结合起来，移动互联网就此诞生。

移动互联网是互联网发展的必然产物，是移动通信和互联网二者的结合，是互联网的技术、平台、商业模式和应用与移动通信技术结合并实践的活动的总称。移动互联网继承了移动终端的"随时、随地、随身"和互联网"开放、分享、互动"的优势，是一个广域的、以宽带 IP（网际互联协议）为基础技术，可同时提供语音、数字、图像、多媒体等高品质电信服务的新一代开放的电信网络。移动互联网由电信运营商提供无线接入，互联网企业提供各种成熟应用。

通过移动互联网，人们可以使用手机、平板电脑等移动终端设备浏览新闻，还可以使用各种移动互联网应用，例如在线搜索、在线聊天、移动购物、手机电视、在线阅读、收听或下载音乐、观看网络直播、完成在线教育课程、个人事项管理和申报、上班打卡和扫码支付等等。因为手机本身的隐私性和独立性，所以移动互联网将个人与互联网，甚至与社会紧密地联系在一起。移动互联网支持的信息获取、社媒交往、网络购物、社会服务、学习活动、职业工作、消费娱乐等门类是其主流应用。毫无疑问，移动互联网是未来十年内最有创新活力和最具市场发展潜力的应用领域，移动互联网是全世界各行各业最为关注的领域。

目前，移动互联网已经深刻渗透到人们生活、学习、工作的各个方面，微信、支付宝、

— 220 —

位置服务等丰富多彩的移动应用迅猛发展，正在深刻改变信息时代的社会生活。近几年，移动通信网络实现了从 3G 经 4G 到 5G 的跨越式发展，全球覆盖的无线网络信号，使得中国北京的摄影机构可以和非洲大沙漠中实地拍摄的摄影师实时联络、传递照片和视频，世界各地的人们，可随时随地保持连接与沟通。

移动互联网的发展过程可以大致归纳为四个阶段，即萌芽阶段、培育成长阶段、高速发展阶段和全面发展阶段。

1. 萌芽阶段（2000—2007 年）

移动互联网萌芽阶段的移动应用终端主要是基于 WAP（无线应用协议）的应用模式。WAP 应用把 Internet 网上 HTML 的信息转换成用 WML 描述的信息，显示在移动电话的显示屏上。由于 WAP 只要求移动电话和 WAP 代理服务器的支持，而不要求现有的移动通信网络协议做任何改动，因而被广泛地应用于 GSM、CDMA、TDMA 等多种通信网络标准中。在移动互联网萌芽阶段，利用手机自带的支持 WAP 协议的浏览器访问企业 WAP 门户网站是当时移动互联网发展的主要形式。2000 年 12 月中国移动正式推出了移动互联网业务品牌"移动梦网"。当时颇受欢迎的移动梦网就像一个大超市，包括了短信、彩信、手机上网、百宝箱（手机游戏）等各种多元化信息服务。在移动梦网技术支撑下，当时涌现了"雷霆万钧""空中网"等一批基于移动梦网的服务提供商（Service Provider，简称 SP），用户通过短信、彩信、手机上网等模式享受移动互联网服务。由于技术方面的限制，移动梦网模式的网络访问速度相对不高且收费较高，甚至有个别不法企业未经用户允许违规扣费等，致使当时的用户数量和服务使用率均较低。

2. 培育成长阶段（2008—2011 年）

2009 年 1 月 7 日，工业和信息化部为中国移动、中国电信和中国联通发放了 3 张第三代移动通信（3G）牌照，此举标志着中国正式进入 3G 时代，3G 移动网络建设掀开了中国移动互联网发展新篇章。随着 3G 移动网络的部署和智能手机的出现，移动网速的大幅提升，初步破解了手机上网带宽瓶颈，移动智能终端丰富的应用软件让移动上网的娱乐性得到大幅提升。同时，我国在 3G 移动通信协议中制定的 TD SCDMA 协议得到了国际的认可和应用。

3. 高速发展阶段（2012—2013 年）

随着手机操作系统生态圈的全面发展，智能手机规模化应用促进了移动互联网快速发展，触摸屏智能手机的大规模普及应用，解决了传统键盘机上网的众多不便，苹果 iOS 手机操作系统和安卓手机操作系统的使用及手机"应用商店"的出现，极大地丰富了手机上网功能，移动互联网应用开始暴发式快速增长。进入 2012 年之后，由于移动上网需求大增，传统功能的手机进入了一个升级换代高峰期，许多手机厂商纷纷效仿苹果模式，普遍推出了触摸屏智能手机和手机应用商店，由于触摸屏智能手机上网浏览、游戏、操作更加方便，移动应用极大地丰富，移动互联网大面积普及使手机成了许多人的"必需品"。同时，手机厂商之间竞争激烈，智能手机价格快速下降，千元以下的智能手机大规模量产，推动了智能手机在中低收入人群的大规模普及应用。

4. 全面发展阶段（2014 年至今）

2013 年 12 月 4 日工业和信息化部正式向中国移动、中国电信和中国联通三大运营商发放了 4G 牌照，中国 4G 网络正式大规模铺开。由于网速提升、上网便捷性好、手机应用丰富，移动互联网发展的外在环境变得越来越好，移动互联网应用开始全面发展。桌面互联网时代，企业网站是企业开展业务的流行方式，其访问和应用多依赖于传统的个人计算机。移动互联网时代，手机 APP 应用是企业管理与应用的标配……4G 网络的普及催生了许多公司利用移动互联网开展业务。特别是由于 4G 网速大大提高，促进了实时性要求较高、流量较大、需求较高的移动应用快速发展，许多手机应用开始大力推广移动视频和视频直播方面的应用。

2017 年 2 月 9 日，国际移动通信标准组织"第三代合作伙伴计划"（3GPP）宣布了"5G"的官方 Logo。5G 移动网络与早期的 2G、3G 和 4G 移动网络一样，属于数字蜂窝网络。2017 年 11 月下旬，中国正式启动 5G 技术研发试验第三阶段工作。2019 年 6 月，工业和信息化部正式向中国电信、中国移动、中国联通、中国广电四家通信服务机构发放了 5G 商用牌照，中国正式进入 5G 商用时代，同年 10 月，工业和信息化部批准 5G 基站入网并颁发了国内首个 5G 无线电通信设备入网许可证，标志着 5G 基站设备将正式接入公用电信商用网络。2019 年 10 月 31 日，三大运营商公布 5G 商用套餐，并于 11 月 1 日正式上线 5G 商用套餐。

针对移动通信领域，在 1G 时代，中国通信业的商业活动几乎为空白状态。进入 2G 时代，中国通信业跟随国外厂商的核心技术和标准。3G 时代来临，中国通信业推出自主研发的标准 TD-SCDMA 标准，但使用范围基本仅限于国内用户。来到 4G 时代，尽管国内牌照发放依然晚于国外的技术领先国家，但中国移动主导的 TD-LTE 标准已走出国门并成为全球两大主流标准之一。跨入 5G 时代，2016 年中国移动牵头 5G 系统设计，华为公司主导推动 Polar Code 成为 5G 标准，中国成为全球 5G 标准制定与发展的积极参与者和引领者。2020 年 3 月 4 日，中共中央政治局常务委员会召开会议提出，加快 5G 网络、数据中心等新型基础设施建设的进度。2020 年 5 月 22 日，《2020 年国务院政府工作报告》提出，重点支持"两新一重"（新型基础设施建设，新型城镇化建设，交通、水利等重大工程建设）建设。5G 作为移动通信领域的重要技术，是当前新型基础设施建设（简称"新基建"，主要包括 5G 基建、特高压、城际高速铁路和城市轨道交通、新能源汽车充电桩、大数据中心、人工智能、工业互联网七大领域）的重要组成部分。2020 年 4 月份，中国 5G 用户增加了 700 多万户，累计已超过了 3600 万户，5G 基站超过 20 万个。不管是从未来的传统产业变革，还是对新兴产业创新所起的技术作用来看，5G 都是值得非常期待的。

5.1.2 内涵要素

移动互联网是融合了电子信息多个领域丰富成果的一个全新的网络和业务形态，主要有网络、终端和应用三大要素，网络和终端是应用的基础，并为应用提供服务，而应用直接服务于用户，新应用的不断推出也带来了用户对网络和终端不断升级的需要。

1. 网络

确保覆盖范围与传输速率。移动互联网是建立在移动网基础上的互联网，它与传统互联网最大的区别在于通信运营商的控制力。在传统互联网中，ISP（Internet Service Provider，即互联网服务提供商）对用户的控制力较弱，用户可以通过多种手段接入互联网，获得基本相同的服务。ISP 基本不掌握用户信息。而移动通信运营商则具备资源优势，手中掌握了用户的基本信息。在商业上，移动通信运营商手中还有一个"杀手锏"就是代收费，移动通信运营商直接服务用户。移动互联网极大地推动了互联网技术的发展。比如 IPv6 技术，标准制定了多年以后，实际实施过程一直比较缓慢，移动互联网使用户数量大大增加，特别是"永远在线"功能需要消耗大量的 IP 地址，IPv6 的普及逐渐展开。

2. 终端

移动互联网能够满足易用性、便携性及应用的紧密性。对传统的互联网来说，访问终端多为个人计算机，因而不是瓶颈问题。但对移动网来说，由于受到终端电源使用时间和体积的限制。终端的功能和性能是实现各种业务的关键因素。终端的每个层面都至关重要，大体上可分为如下六个方面。

① 终端形态，未来的移动互联网绝对不仅仅是为了支持现在意义上的手机，各种电子书阅读器、平板电脑、汽车显示屏、家电触控屏等都属于移动互联网的终端类型。

② 终端的物理特性，如 CPU 类型与速度、内存大小、网络信号强弱及网速快慢、电池容量、屏幕大小等均会影响终端的性能。

③ 终端附加的各种硬件功能，如 GPS、运动传感器、触摸屏等对实现各种业务也有非常关键的影响。

④ 终端使用的操作系统，比如 iOS 系统、Android 系统等，不同操作系统各有特色，相互之间的软件不兼容，给业务开发带来了一定的限制。

⑤ 终端所用的中间件开发平台，比如 Java 平台、Brew 平台、Widget 平台等等。

⑥ 各种应用商店，各个运营商都有自己的应用商店，各个主要的手机开发商也有自己的应用商店，除了知名的 Apple、华为以外，许多手机生产商或终端设备商均开发了自己的"应用商店"，它一定程度上决定了终端的普及性及其应用方便性。

3. 平台+应用

移动互联网平台提供基于移动互联网的创新应用。移动通信技术发展这么多年，一直在寻找"杀手级"业务。其实"杀手级"业务不可能是唯一的。多姿多彩的业务类型才是移动互联网发展的基础。通过合理的价格实现多方共赢，例如设备价格、网络服务价格、应用价格等。

5.1.3 主要特征

移动互联网是在传统互联网基础上发展起来的，因此二者具有很多共性，但由于移动通信技术和移动终端的特点不同，因而它又具备许多传统互联网没有的特性。

1. 交互性

用户可以随身携带并随时使用移动终端，在移动状态下接入和使用移动互联网应用服务，一般而言，人们使用移动互联网应用最集中的时间往往是在上下班途中。从智能手机到平板电脑，我们随处可以体会到这些终端发挥的强大功能。当人们需要沟通交流的时候，随时随地可以用语音、文字、图片或者视频解决，通过移动互联网大大提高了用户间、用户与应用间的交互性。

2. 便携性

相对于个人计算机，移动终端小巧轻便、可随身携带，人们可以把它装入随身携带的书包、手袋、衣兜中，并可以在任意场合接入网络。除了睡眠时间，移动设备寸步不离其身。这个特点决定了使用移动终端设备上网，可以带来个人计算机上网无可比拟的优越性，即沟通或获取信息获取远比个人计算机方便。用户能够随时随地获取娱乐、生活、商务相关的信息，可随时进行支付、查找周边位置等操作，使得移动应用可以进入人们的日常生活，满足衣食住行、吃喝玩乐等需求。

3. 隐私性

移动终端设备涉及的个人隐私信息远多于计算机等设备。由于移动性和便携性的特点，移动互联网的信息保护程度较高。通常，不需要考虑通信运营商与设备商在技术上如何实现它，高隐私性决定了移动互联网终端应用的特点，数据共享时既要保障认证客户信息的有效性，也要保证信息的安全性。这不同于传统互联网公开、透明、开放的特点。传统互联网中，PC 个人计算机系统的用户信息是容易被搜集的，而移动互联网用户因为无须共享自己设备上的信息，从而在一定程度上确保了移动互联网的隐私性。

4. 定位性

移动互联网有别于传统互联网的典型应用是位置服务应用，它可以提供以下几个服务：位置签到、位置分享及基于位置的社交应用；基于用户位置的监控信息及消息通知服务；生活导航及优惠券集成服务；基于位置的娱乐和电子商务应用；基于位置的用户换机上下文感知及信息服务。

5. 娱乐性

移动互联网上的应用非常丰富，如图片分享、视频播放、音乐欣赏、电子邮件、在线游戏或实况转播等，为用户的工作、生活带来更多的便利和乐趣。

6. 局限性

移动互联网应用服务在便捷的同时，也受到了来自网络性能和终端硬件功能方面的限制。在网络性能方面，受到无线网络传输环境、用户应用密度及位置等因素的限制；在终端硬件功能方面，受到终端屏幕大小、CPU 处理能力、内存容量及闪存容量、电池容量等的限制。移动互联网各个部分相互联系，相互作用并相互制约，任何一部分的滞后都会影响到用户应用的效果，甚至延缓移动互联网发展的步伐。

7. 强关联性

由于移动互联网业务受到了网络及终端性能的限制，因此，其业务内容和形式也需要匹配特定的网络技术规格和终端类型，具有强关联性。移动互联网通信技术与移动应用平台的发展紧密关联，没有足够的带宽就会影响在线视频、视频电话、移动网游等应用的扩展。同时，根据移动终端设备的特点，也会有许多移动互联网专用的应用服务，这些在传统互联网中不存在或不适用。

8. 身份统一性

这里所说的"身份统一性"是指，移动互联用户的自然身份、社会身份、交易身份、支付身份通过移动互联网平台得以统一。人的身份信息本来是分散到各处的，随着移动互联网的发展及基础平台逐步完善，人的各种身份信息逐步得到统一。例如，在网上银行办理了手机号与银行卡号绑定后，验证了手机号就直接从银行卡完成支付，而不会出现错误。

5.1.4 社会影响

我国的移动互联网的高速发展，许多方面已经走在了世界的前列，这不仅给信息传播生态和信息产业格局带来了变革，也引发经济、政治、社会、文化、教育、就业、新闻传播等众多领域的变化，给中国社会带来了全方位的深刻影响，其影响主要体现在以下七个方面。

- 对国家发展，加速社会转型，增添发展动力；
- 对经济生活，构建智慧网络，转变营销观念；
- 对政治生活，可以快速得到政府发布的信息，随时随地"参政议政"；
- 对个人生活，改变生活方式，提升生活品质；
- 对新闻传播，加快传播模式转变，改变媒体产业格局；
- 对文化生活，无限的学习与创作空间，丰富的文化消费与享受；
- 对文明开放，它促进更为透明、开放的信息化社会的来临。

无现金支付成为现实，无论在商场、餐厅、超市，甚至是报摊、菜市场，人们只需要掏出手机扫个二维码就可以完成付款，这种无现金支付的方式免去了出门带钱、带卡的烦琐，给人们的生活带来了极大便利。

移动办公，启动了人们的工作和学习的新方式，近年来，我国利用移动互联网办公的人数呈现逐年增加的态势，人们使用各种通信软件如腾讯会议、QQ、钉钉、Zoom云视频等应用在网上召开网络视频会议，进行网络教学、文件传输、邮件发送等等。未来，移动办公必将成为日常工作的一部分，将引发工作方式的革命。

网络社区的发展为人们提供了相互交流的空间，借助博客、微博、微信等平台，既可以加强人们与现实生活圈子的交往，也为人们的社会交往提供了多种社区平台，使人们可以通过一台手机就可以完成跨时空、跨地域的沟通，可以随时、随地、随心分享生活、工作、心得和经验。移动互联网为我们的生活带来了难以想象的变革，未来随着移动互联网的发展，它必将逐渐成为我们生活的主体。

➡ 习题与思考

1. 什么是移动互联网？
2. 移动互联网有什么特点？

5.2 移动互联网的技术

5.2.1 移动互联网架构

移动互联网是互联网技术、互联网平台、商业模式和应用与移动通信技术结合的总称（见图 5.2.1），它包括三大部分：分别是移动互联网终端、移动互联网通信网络和移动互联网应用。

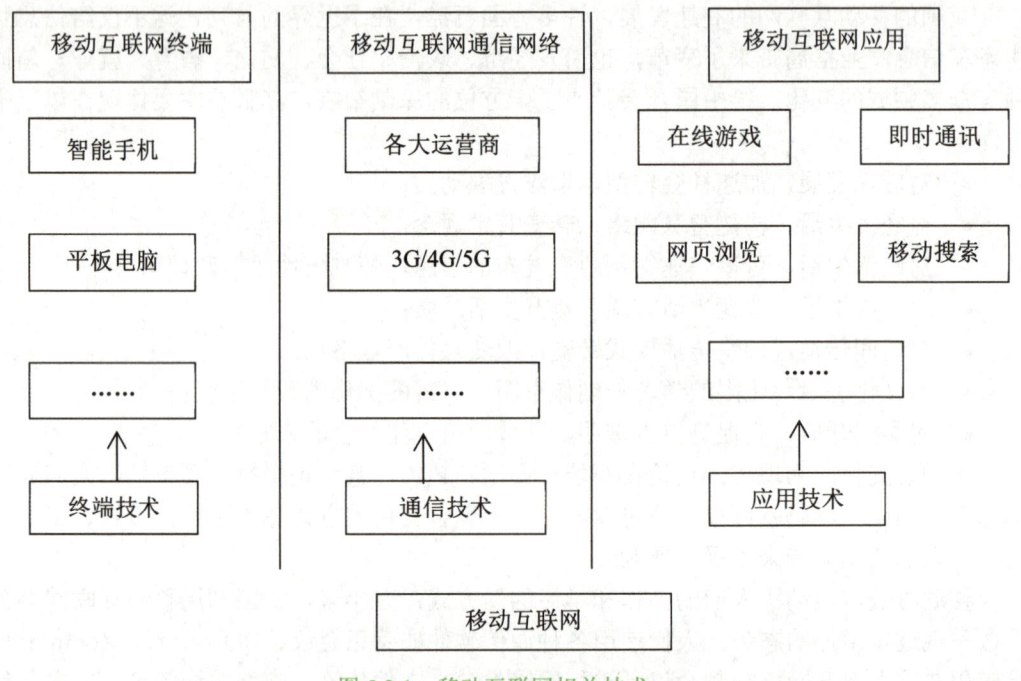

图 5.2.1 移动互联网相关技术

下面从业务体系和技术体系两个方面介绍移动互联网的架构。

1. 业务体系

目前，移动互联网的业务体系主要包括如图 5.2.2 所示三大类：互联网业务，移动互联网业务，移动通信业务。

（1）桌面互联网的业务向移动终端的复制，从而实现移动互联网与传统互联网相似的业务体验，这是移动互联网业务的基础。

（2）移动通信业务的互联网化，打造移动虚拟运营商，应用互联网的人工智能、数据分析与挖掘等技术，升级传统的移动通信业务。

（3）结合移动通信与互联网功能而进行的有别于传统互联网的业务创新，这是移动互联网业务的发展方向。移动互联网业务创新的关键是，如何将移动通信的网络能力与传统互联网及其应用能力进行聚合，从而创新和发展移动互联网业务。

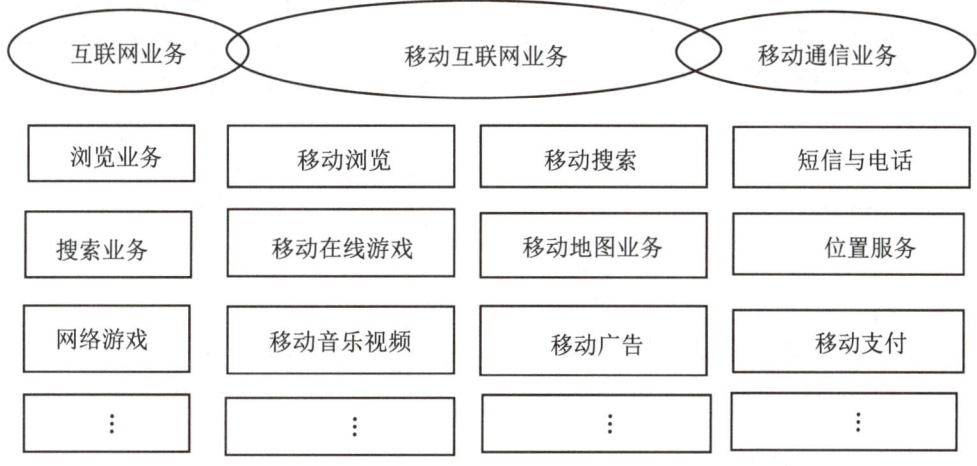

图 5.2.2　移动互联网的业务体系

2. 技术体系

移动互联网作为当前的热点发展领域，与众多技术领域和大部分产业相关联，纵览当前移动互联网业务和技术的发展，主要涵盖如图 5.2.3 所示的六个技术领域。

（1）移动互联网应用服务平台技术；
（2）面向移动互联网的网络平台技术；
（3）移动智能终端软件平台技术；
（4）移动智能终端硬件平台技术；
（5）移动智能终端原材料及元器件技术；
（6）移动互联网安全控制技术。

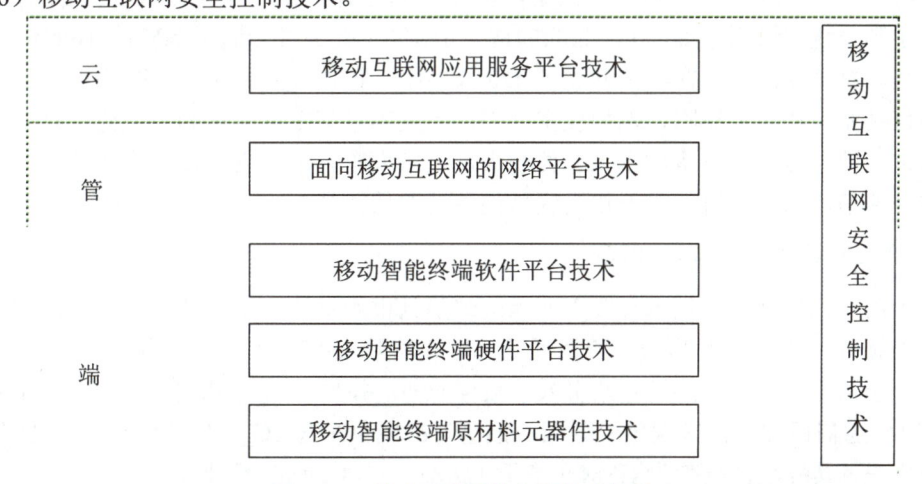

图 5.2.3　移动互联网的主要技术体系

5.2.2 移动通信技术发展

从 20 世纪 80 年代初移动通信技术诞生，至今已经走过了 40 多个年头，大约每 10 年就经历标志性的一代技术变革。20 世纪 80 年代初诞生蜂窝移动电话系统，1991 年 GSM 开始商用（第二代数字移动通信技术），2001 年 WCDMA 商用（第三代数字多媒体移动通信技术），2011 年第三代合作伙伴计划（3GPP）发布了 LTE-Advanced 技术标准（第四代宽带数据移动互联网通信技术）。移动通信系统的每一次变革，都以标志性的技术创新作为支撑，见表 5.2.1。

表 5.2.1 移动通信的核心技术

移动通信	核心技术
1G	频分多址 FDMA
2G	时分多址 TDMA
3G	码分多址 CDMA
4G	正交频分复用 OFDM 和多入多出 MIMO

1. 第一代移动通信技术（1G）

作为移动通信技术的鼻祖，其类比系统，是以模拟技术为基础的蜂窝移动通信系统。1G 系统采用频分多址（FDMA）的模拟调制方式，将介于 300Hz～3400Hz 的语音音频信号转换到高频的载波频率 MHz 上（一般在 150MHz 或以上）。20 世纪 70 年代由美国贝尔实验室等单位提出"蜂窝系统"的概念和理论，但是受到硬件的限制，十年后才成功产业化。移动通信的变革在北美、欧洲和日本几乎同时进行，但在不同区域采用的标准是不同的。

1971 年 12 月，美国 AT&T 公司向美国联邦通信委员会（FCC）提交了蜂窝移动服务提案；1978 年，美国贝尔试验室研制成功全球首个移动蜂窝电话系统 AMPS；1982 年，AMPS 获 FCC 批准，分配了 824～894MHz 频谱，并正式投入商业运营。1979 年，日本 NET 在东京开通了第一个商业蜂窝网络，它使用了日本电报电话（NTT）的技术标准，后来发展了高系统容量版本 Hicap。北欧的瑞典于 1981 年 9 月开通了 NMT（Nordic 移动电话）系统。接着欧洲先后在英国开通了 TACS 系统，在德国开通了 C-450 系统等。第一代移动通信技术存在许多缺陷，例如保密性差、系统容量有限、频率利用率低、只能进行通信无法进行数据传输、设备成本高、体积大、重量大等。由于受到传输带宽的限制，不能进行移动通信的长途漫游，只能作为区域性移动通信工具。

2. 第二代移动通信技术（2G）

由于第一代移动通信技术存在着明显的缺陷且市场对移动通信的需求巨大，所以很快进入了"2G 时代"——开启数字蜂窝通信，摆脱模拟技术的缺陷，有了跨时代的提升，虽然仍定位于语音业务，但已经开始引入了数据业务。并且，2G 手机可以发短信、上网。对于 2G 时代通信标准，也呈现出"分派、抱团"的现象，与 1G 时代通信标准的乱象相比，稍显有序——其标准被分割为 GSM（基于 TDMA）与 CDMA 两种形式。

随着移动通信用户数的增加，TDMA 依靠大力压缩信道带宽的方案显现出了明显的弊端。同期，美国高通公司进行了 CDMA 的研发，结果证实 CDMA 蜂窝通信的容量大、频率利用率高、抗干扰能力强，所以应用前景也被看好。后来，CDMA 取得了优势。

3. 第三代移动通信技术（3G）

2G 时代通信技术在发展后期暴露出来的局限性，让通信厂商找到了 3G 研发的方向。3G 移动网络必须要面对新的频谱、新的标准、更快的数据传输速率。而 CDMA 系统以其频率规划简单、系统容量大、频率复用系数高、抗多径能力强、通信质量好、软容量、软切换等特点显示出巨大的发展潜力。于是国际电信联盟（ITU）发布了官方第三代移动通信技术标准 IMT-2000（国际移动通信 2000 标准）。并在 2000 年 5 月确定 WCDMA、CDMA 2000、TD-SCDMA 三个主流无线接口标准。2007 年，再把美国的 WiMAX 列为 3G 的第四个标准。可见，3G 标准虽然依旧有多家，但几乎成了 CDMA 的"家族产品"。WiMAX 定位是取代 Wi-Fi 的一种新的无线传输方式，但后来发现 WiMAX 定位比较像 3.5G 一样，提供终端使用者任意网络连接，这些功能 3.5G/LTE 都可以达到。

4. 第四代移动通信技术（4G）

第三代移动通信技术是高速 IP 数据网络，虽然上网已经变成不是什么奢侈的事情，但是仍不能满足人们的需求。所以在 3G 普及率未达高峰时，第四代移动通信技术（4G）的研发就已经上路了。4G 技术可称为广带接入和分布网络，它将 3G 移动技术的上网速度提高了 50 倍以上，可实现三维图像高质量传输。4G 有多种叫法，国际电信联盟称其为 IMT-Advanced 技术，其他的叫法包括 B3G、Beyond IMT-2000 等。

2009 年初，ITU 在全世界范围内征集 IMT-Advanced 候选技术方案。至 2009 年 10 月，ITU 共计征集到了 6 个候选技术方案。这 6 个技术方案基本上可以分为两大类：其一是基于 3GPP 的 LTE 的技术。其二是基于 IEEE 802.16m 的技术。LTE 改进并增强了 3G 技术标准中的"空中接入技术"，采用正交频分复用（OFDM）和多入多出（MIMO）作为其无线网络技术方案的唯一标准。

5. 第四代移动通信技术（5G）

第五代移动通信技术（5th Generation Mobile Networks 或 5th Generation Wireless Systems、5th-Generation，简称 5G）是新一代蜂窝移动通信技术，也是 4G（LTE-A、WiMAX）、3G（UMTS、LTE）和 2G（GSM）系统的延伸。5G 的性能目标是高频率、高带宽、低时延、节省能源、高可靠和海量连接。

与此前 2G 实现数字语音通信、3G 及 4G 实现移动宽带连接不同的是，5G 彻底突破了"满足人与人之间信息传递"的思路，并全面覆盖人与人、人与物、物与物之间万物互联（IoT）场景。换言之，5G 将使得移动通信技术成为一种通用技术，除了满足更高清晰度的视频传输、VR/AR（虚拟现实/增强现实）应用等增强移动宽带体验之外，还将支持包括海量物联网终端的连接，支持车辆自动驾驶、工业互联网等对低时延、高可靠有更高要求的业务类型。5G 在峰值速率、连接密度、端到端时延等指标方面表现均远远优于目前广泛使用的 4G 网络，频谱效率提升 5～15 倍，能源效率及成本效率均提升百倍以上。

5G 的变革不仅仅在于高传输速率、高连接密度、低时延、低功耗等指标层面的全面超越，更在于以超强的性能指标为支撑，以具体的业务场景为导向，从而按需提供组合服务的能力。换言之，5G 将在未来成为通用型的基础设施和服务平台，支撑更多应用场景，除了在原有公众通信领域提供更好的场景覆盖服务之外，还将面向物联网、车联网以及工业实时控制等创新领域提供服务（图 5.2.4 显示了移动通信技术演变及其应用场景）。

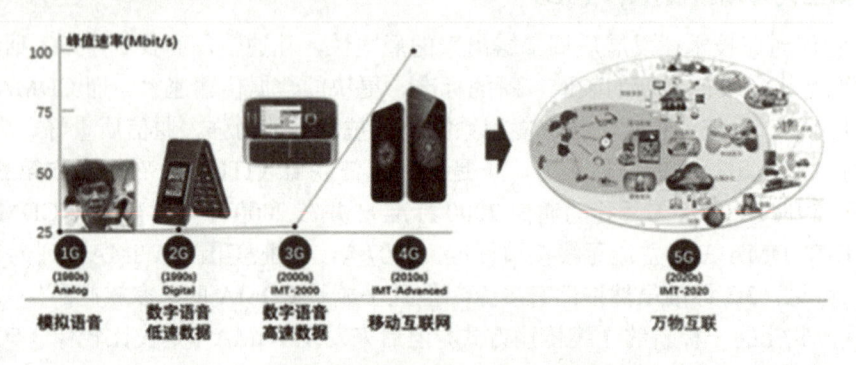

图 5.2.4　移动通信技术演变及其应用场景

5G 网络正朝着网络多元化、宽带化、综合化、智能化的方向发展。随着各种智能终端的普及，今后，移动数据流量将呈现爆炸式增长。在 5G 网络中，减小区域半径，增加低功率节点数量，是保证未来 5G 网络支持高流量增长的核心工作之一。因此，超密集异构网络将成为未来 5G 网络提高数据流量的关键技术。

6. 移动互联网新技术

目前，互联网行业的发展已经进入到一个新阶段，移动互联网技术的发展和应用已经较为成熟，大家都已经习惯于运用移动互联网技术和思维来拓展新业务或新方向。无论是传统的互联网企业还是新的移动互联网企业，想要发挥移动互联网的种种优势和潜力，则需掌握广泛的移动互联网新技术和新技能，蓝牙技术、Wi-Fi、RFID 射频识别技术、NFC 近场通信技术、UWB 超宽带技术、ZigBee 双向无线通信技术等都是目前应用广、迅速发展的通信技术，其中蓝牙、RFID、NFC、ZigBee 在本书"模块四"进行了较为详细的介绍，下面简单介绍 Wi-Fi 和 UWB 两种技术。

（1）Wi-Fi 技术。"Wi-Fi"常被写成"Wi-Fi"或"Wi-Fi"，是"Wi-Fi 联盟制造商"的注册商标，是一种创建于 IEEE 802.11 标准的无线局域网技术。Wi-Fi 与蓝牙技术相似，同属于短距离无线通信技术，是一种网络传输标准，通过无线电波来建立连接。常见的是使用无线 Wi-Fi 路由器，完成有线网络信号与无线信号的相互转换，从而完成个人计算机、手机、平板电脑等设备的联网功能。虽然由 Wi-Fi 技术传输的无线通信质量不是很好，数据安全性能比蓝牙差一些，传输质量也有待改进，但其传输速度非常快，符合个人和社会信息化的需求。在日常生活中，它早已得到普遍应用，并给人们带来极大的方便，人们在星巴克咖啡店中浏览网页、记者在会议现场发送新闻稿件、在家中随心所欲地使用多个手机和笔记本电脑无线上网，这些都离不开 Wi-Fi。Wi-Fi 最主要的优势在于不需要布线——可以不受布线条件的限制，非常适合移动办公或家庭办公用户的需要，并且由于发射信号功率低于 100mw，比手机发射功率还低，所以 Wi-Fi 上网相对也是健康和安全的。

（2）UWB（Ultra-Wide Band，超宽带）技术。UWB 是一种无载波通信技术，它不采用正弦载波，而是利用纳秒至微微秒级的非正弦波窄脉冲来传输数据，因此其所支持的频谱范围很宽。UWB 可在非常宽的带宽上传输信号，美国 FCC 为 UWB 提供了在 3.1GHz～10.6GHz 频段，带宽为 500MHz 以上。

由于 UWB 可以利用低功耗、低复杂度的发射/接收机实现高速数据传输，近年来发展迅速。在非常宽的频谱范围内，UWB 采用低功率脉冲传送数据，而不会对常规窄带无线通信系统造成干扰，并可充分利用频谱资源。基于 UWB 技术而构建的高速率数据收发机有着广泛的用途，从无线局域网到 Ad-Hoc 网络，从移动 IP 计算到集中式多媒体应用等。UWB 技术具有系统复杂度低，发射信号功率谱密度低，对信道衰落不敏感，难以被截获，定位精度高等优点，尤其适用于室内等密集多径场所的高速无线接入，非常适于建立一个高效的无线局域网或无线个域网（WPAN）。

5.2.3 移动互联网终端技术

移动互联网的终端技术主要包括硬件设备相关技术和移动操作系统的开发技术。无论对于智能手机还是平板电脑来说，都需要移动操作系统的支持。在移动互联网时代，用户体验已经逐渐成为移动操作系统发展的主要追求。

严格地说，移动通信终端包括手机、平板电脑和笔记本电脑等，但由于笔记本电脑多采用个人计算机操作系统，因此人们在提及移动通信终端时，一般仅指手机和平板电脑，而把智能手机和平板电脑称为移动智能终端。"老式手机"以通话和短信功能为核心，多采用按键输入和小屏显示的方式。目前，除部分老年人用户或有特殊需要的用户还使用老式手机外，智能手机几乎全面替代了传统手机。

智能手机具备普通手机的几乎全部功能，能够进行正常通话和短信收发，但是从系统结构来看，智能手机已经是完整意义上的计算机，其处理能力和功能的丰富程度远远超过了传统个人计算机。可以说，智能手机是传统的通信终端"计算机化"的结果，也可以换个角度说，智能手机是网络化、移动化后的个人计算机。平板电脑是笔记本电脑的便携化产物，它不仅采用了与智能手机大体相同的结构，而且还装有类似的操作系统。目前，智能手机的一个发展趋势是屏幕越来越大，手机与平板电脑存在趋同的趋势。

移动智能终端的智能性主要体现在四个方面：
- 操作系统的开放性，支持应用程序的灵活开发、安装和运行；
- 具有高速的互联网接入能力，具备个人计算机级别的处理能力，支持桌面互联网主流应用的移动化迁移；
- 人机交互界面丰富，支持可视化输入、3D 显示、语音识别、图像识别、触摸控制与输入等多种交互方式；
- 各种应用极其丰富并且快速、连续地增加或升级，包括个人信息管理、日程记事、任务安排、多媒体应用、网页浏览、游戏娱乐等，并且还具有多任务窗口之间的复制/粘贴功能。

移动通信终端涉及的技术非常多，包括操作系统和应用软件，微电子技术与屏幕显示技术，语音识别与手写识别等人机交互技术，新型金属和高精度玻璃等原材料技术，以及整机设计和制造技术，这些技术分支十分庞杂，主要可分为四大核心领域。

1. 移动芯片技术

集成电路（简称芯片）是移动通信终端的核心器件，一般来说，传统终端芯片包含了基带芯片、射频芯片、内存芯片、电源管理芯片和闪存芯片。其中，基带芯片相当于传统手机的 CPU，能够实现通信信号处理功能，射频芯片负责信号的收发，内存芯片负责数据和应用程序的存储，电源管理芯片负责电力模块控制和充电管理等，通常与基带芯片同时设置，闪存芯片则作为外部存储器。随着手机的智能化技术的不断进步，支持操作系统、应用软件以及音视频等功能的应用处理芯片的重要性日益提升，它已经与基带芯片一起构成智能手机的内核处理器芯片，有些系统采用"单片内核处理器"（新型号手机多采用此结构）。有的内核采用两个芯片完成其功能。这种内核处理器芯片（单片或两片）也是当今移动智能终端中最重要和发展最迅速的核心硬件。

2. 系统软件技术

操作系统是移动智能终端软件的核心，向下适配硬件系统，向上支撑应用软件，决定用户最终体验。目前，系统开源成了该类操作系统的主旋律，开源模式聚集众多开发者的集体智慧，实现成果共享和协同创新，打造了完备的业务生态系统，这其中 Android 系统是一个典型代表。苹果公司未采用开源方式，而是采用"专用系统方案"，但通过"苹果商店"的标准规范及和开发规则严格统一，同样获得了极大的成功。

开源成为移动智能终端操作系统的主要模式，它极大地降低第三方进入门槛、提升了产业链上下游支持效率，共享软件资源的方式调动了全球技术高手的开发积极性。其中，Android 是开源模式的典范，为了兼顾运行效率和开发效率，Android 选择 Java 作为开发工具，提供了非常好的跨平台应用特性。Android 系统可以运行在不同型号的智能手机中，可以运行在平板电脑、家用 LED 电视、智能家用电器中……但 Java 工具对硬件的要求稍高；另外不同厂家 Android 的实现细节和使用方式也有所不同，有时还会给用户造成困惑。

3. 移动互联网操作系统

移动智能设备上的操作系统，主要是指苹果公司的 iOS 系统和谷歌公司的安卓 Android 系统。iOS 系统，只能在苹果自己发布的手机（iPhone）和平板电脑（iPad）上运行。苹果公司的 iPhone 手机近年发展非常迅速，从第一代 iPhone，到现在的第十三代 iPhone SE2，iOS 最新系统版本已经是 iOS 13.7（截至 2020 年 8 月）了。其他厂家的手机和平板电脑，多采用安卓系统。安卓系统由谷歌 Google 开发完成，之后发布了其系统代码，称为开源系统，也是目前应用普及率最高的操作系统。

4. 人机交互技术

人机交互技术是当今移动终端技术体系中最基本的要求，也是最有发展潜力的技术。与着力提升计算性能的应用开发技术不同，人机交互技术的目的很简单——让移动终端有更好的使用体验。人机交互技术包括：①显示技术；②多模态交互技术；③无处不在的普适交互环境；④支持特殊应用的交互技术。其中，③和④与智能空间、"人脑—机器"交互等学科相关性较强，属于未来技术发展方向，当前商用领域的人机交互技术集中体现在①和②两项技术。

显示技术是移动终端中最基本的人机交互技术，与高精度芯片、生物电池相比，它的用户感官更直接、更被关注，实现创新也相对容易，目前 OLED、3D 显示、电子纸等热门技术相继商用，大幅提升了用户视觉体验。在多模态交互技术领域，近年来随着语音识别、图像识别、多点触控等技术的应用，传统的交互手段将得到大大加强，键盘、屏幕界面等传统的人机交互手段在移动通信设备上的用户体验也明显好于计算机的传统设备。

5.2.4 移动互联网网络技术

互联网是全世界数以亿计的计算机和智能手机相互联接而成的世界上最大的网络。而且，这个网络目前仍在不断扩大之中，不仅新的计算机和智能手机持续加入，而且各种新的终端也涌跃入网。移动互联网正是以这个互联网体系为基础衍生和发展起来的，并且移动互联网的发展和进步也反过来推动互联网系统更紧密地连接到个人、连接到物品、连接到世界万物。

1973 年，卡恩和瑟夫以包切换理论为基础，开始研究一种对各种操作系统普遍适用的协议，这个协议即 TCP/IP（Transmission Control Protocol/Internet Protocol，传输控制协议/网际互连协议）。TCP 负责发现控制信息传输，遇到问题时会发出信号，要求重新传输，直到所有数据安全正确地传输到目的地；而 IP 负责网络上不同子网之间的互连。

1. OSI 模型

（1）OSI 模型的结构

要理解 TCP/IP 协议，最好先理解 OSI 模型。OSI 模型的全称是"开放系统互连参考模型"（Open System Interconnection/Reference Model，OSI/RM），它由国际标准化组织（International Standard Organization，ISO）提出，用于网络系统互连。OSI 参考模型细致全面但实现较难，该模型发布后没有形成实际的产品，但是它成为包括 TCP/IP 协议在内的很多重要网络协议的思想基础。理解 TCP/IP 的运作机制对于互联网工作人员而言必不可少。OSI 模型采用层次式结构，它把网络通信过程所要完成的工作分成多个层面，称为层。每个层都完成该层特定的工作，如物理层实现物理信号的收发，网络层实现连网等。OSI 参考模型如图 5.2.5 所示。

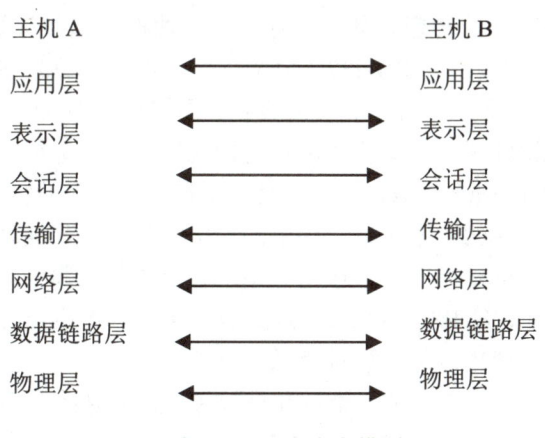

主机 A		主机 B
应用层	←→	应用层
表示层	←→	表示层
会话层	←→	会话层
传输层	←→	传输层
网络层	←→	网络层
数据链路层	←→	数据链路层
物理层	←→	物理层

图 5.2.5 OSI 参考模型

每一层都为上一层提供服务，并为上一层提供一个访问接口或界面。不同主机之间的相同层被称为"对等层"，如主机 A 中的表示层和主机 B 中的表示层互为对等层，主机 A 中的会话层和主机 B 中的会话层互为对等层……对等层之间互相通信需要遵守确定的"规则"，如通信的格式、通信的方式等，这些"规则"就是协议的内容。OSI 参考模型通过将协议划分为不同的层，规范了网络通信任务分解、分析、处理过程，也规范了网络系统设计的相关细节。在 OSI 参考模型中，从下至上，每一层完成不同的、目标明确的功能。

（2）OSI 模型数据封装

数据要在网络上传输，必须具有"固定格式"，使通信双方能够按照"固定格式"来理解或识别数据的各个部分，并能进行有效控制。这种赋予数据固定格式的工作称为"数据封装"。当一台主机需要传送用户数据时，数据首先通过应用层接口进入应用层，在应用层，用户数据被加上应用层报头（Application Header，AH），形成应用层协议数据单元（Protocol Data Unit，PDU），然后被递交到下一层表示层。表示层并不关心应用层数据具体内容是什么，而是把整个应用层数据看成是一个整体进行"封装"，即加上表示层的报头（Presentation Header，PH），然后把它递交到下一层会话层。以此类推，会话层、传输层、网络层、数据链路层也都要分别为上层递交下来的数据加上本层报头，分别是会话层报头（Session Header，SH）、传输层报头（Transport Header，TH）、网络层报头（Network Header，NH）和数据链路层报头（Data Link Header，DH）。其中，数据链路层还要给网络层数据加上数据链路层报尾（Data Link Termination，DT），形成最终的"一帧数据"。当一帧数据通过物理层传送到目标主机的物理层时，目标主机的物理层会把它递交到上层数据链路层。数据链路层负责去掉数据帧的报头 DH 和报尾 DT，同时还会进行数据校验。如果数据没有出错，则递交到上层网络层。同样地，网络层、传输层、会话层、表示层、应用层也依次完成类似"去报头+数据校验"工作。最终，原始数据通过应用层被递交到目标主机的应用程序中。

（3）各分层的功能

① 物理层（Physical Layer）：物理层规定了激活、维持、关闭通信端点之间的机械特性、电气特性、功能特性以及过程特性。例如，指定电压值高低、线路速率和电缆的引脚数。简单地说，物理层确保原始数据可以在各种物理媒体上传输并被正确理解。该层为上层协议提供了一个传输数据的物理媒体。在这一层，数据的单位称为比特（bit）。属于物理层定义的典型规范包括 EIA/TIARS-232、EIA/TIARS-449、V.35、RJ-45 等。物理层的设备包括 RJ-45、各种电缆、串口、并口、接线设备、网络接口卡（NIC）等。物理层也可以包括低层网络软件，该软件用于定义将"串行比特流"分解成数据包的方式。

② 数据链路层（Data Link Layer）：数据链路层在"不可靠的物理介质"（及不严格限定线路的质量）上提供可靠的数据传输。该层的作用包括：物理地址寻址、数据的成帧、流量控制、数据的检错、重发等机制。在这一层，数据的单位称为帧（Frame），数据链路层协议的代表包括 SDLC、HDLC、PPP、STP、帧中继等。数据链路层将数据包组合为字节，再将字节组合成帧，使用 MAC 地址提供对介质的访问。其主要功能包括：在两个网络实体之间提供数据链路连接的建立、维持和释放管理；构成数据链路数据单元（帧），并对帧定界、同步、收发顺序进行控制；在传输过程中，进行流量控制、差错检测（Error Detection）和差错控制（Error Control）等，它只提供导线的一端到另一端的数据传输。数

据链路层典型的协议有 ATM、IEEE 802.2、帧中继、HDLC 等。

③ 网络层（Network Layer）：网络层为传输层的数据传输提供建立、维护和终止网络连接的手段，它把从上层来的数据组织成数据包（也称打包或成包）在节点之间进行交换传送，并且负责路由控制和拥塞控制。它还提供逻辑寻址，以便进行路由选择。网络层提供路由和寻址功能，使两个终端系统能够互连，并且具有一定的拥塞控制和流量控制的能力。在这一层，数据的单位称为数据包（Packet）。典型的网络层协议的代表包括 IP、IPX、RIP、OSPF 等。

④ 传输层（Transport Layer）：传输层负责将上层数据分段并提供端到端的、可靠的或不可靠的传输，处理端到端的差错控制和流量控制。传输层数据的单位称为数据段（Segment），传输层的协议有 TCP、UDP、SPX、NetBIOS 等。

⑤ 会话层（Session Layer）：会话层管理主机之间的会话进程，即负责建立、管理、终止进程之间的会话。会话层还利用在数据中插入校验点的方法来实现数据的同步。

⑥ 表示层（Presentation Layer）：表示层对上层数据或信息进行变换，以保证一个主机应用层信息可以被另一个主机的应用程序理解。表示层的数据转换包括数据的加密、压缩、格式转换等。表示层的协议包括 ASCII、ASN.1、JPEG、MPEG 等。

⑦ 应用层（Application Layer）：应用层为操作系统或网络应用程序提供访问网络服务接口及用户接口。应用层协议的包括 Telnet、FTP（File Transfer Protocol）、HTTP（Hyper Text Transfer Protocol）、SNMP 等。

2. TCP/IP 模型

（1）TCP/IP 模型的层次结构

OSI 模型提出的目标是为解决不同层、不同结构的网络之间互联时可能遇到的不兼容性问题，但是该模型过于复杂，阻碍了它的实际应用。相比之下，由技术人员自己开发的 TCP/IP 协议则更简单而实用，它成功应用于互联网，也因此成为事实上的网络通信标准。TCP/IP 模型也是层次结构模型，但它简化了 OSI 的七层模型，改为四个层次：应用层、传输层、网络层和网络接口层。TCP/IP 模型去掉了 OSI 模型中的会话层和表示层，这两层的功能被合并到应用层，同时将 OSI 模型中的数据链路层和物理层合并为网络接口层，当前在用的部分协议在 TCP/IP 模型中的位置如图 5.2.6 所示。

层次名称	发送方协议			接收方协议
应用层	FTP、HTTP、Telnet			SNMP、TFTP、NTP
传输层	TCP			UDP
网络层	（ICMP、IGMP）		IP	（ARP、RARP、RIP）
网络接口层	以太网	令牌环网	IEEE 802.2	HDLC、PPP、帧中继
			IEEE 802.3	EIA/TIARS-232、V.35 等

图 5.2.6　TCP/IP 的四层模型

① 网络接口层：实际上，TCP/IP 模型没有真正描述这一层如何实现，只是要求能够提供给其上层网络一个访问接口，以便在其上传递 IP 分组（分组与"数据包"含义相同）。由于这一层未被定义，所以其具体的实现方法随着网络类型的不同而不同。

② 网络层：网络层又称为网络互连层或网络互联层（表述不同，含义一致），它是整个 TCP/IP 协议的核心，其功能是把分组发往目标网络或主机。同时，为了尽快发送分组，可能需要沿不同的路径同时进行分组传递。因此，分组到达的顺序和发送的顺序可能不同，这就需要上层对分组进行排序了。网络层除了需要完成路由的功能外，也可以实现不同类型的网络（异构网）互连的任务。

网络层定义了分组格式和协议，即 IP 协议。TCP/IP 协议中的网络层功能由 IP 协议规定和实现，故又称 IP 层。这一层的协议还包括：ICMP 控制报文协议、ARP 地址解析协议、RARP 反向地址解析协议、RIP 协议等。这一层的典型设备有路由器、三层交换机等（有路由功能的交换机）。

③ 传输层：在 TCP/IP 模型中，传输层的功能是使源主机和目标主机进行"对等实体"会话。传输层定义了两种服务质量不同的协议，即 TCP（传输控制协议）和 UDP（用户数据报协议）。TCP 协议是一个面向连接的、可靠的协议。它将一台主机发出的字节流无差错地发往互联网上的其他主机。在发送端，它负责把上层传送下来的字节流分成报文段并传递给下层；在接收端，它负责对收到的报文进行重组，然后递交给上层。TCP 协议还要处理端到端的流量控制，以避免缓慢接收的接收方没有足够的缓冲区接收发送方发送的大量数据。UDP 协议是"一个不可靠的、无连接协议"（不强制要求传输的可靠性、不面向连接），主要适用于不需要对报文进行排序和流量控制的场合。

④ 应用层：TCP/IP 模型将 OSI 参考模型中的会话层和表示层的功能合并到应用层实现。应用层面向不同的网络应用引入了不同的应用层协议。其中，有基于 TCP 协议的，如文件传输协议（FTP）、虚拟终端协议（Telnet）、超文本链接协议（HTTP），也有基于 UDP 协议的。

（2）IP 报文格式

IP 协议是 TCP/IP 协议族中的核心协议，所有的 TCP、UDP、ICMP、IGMP 数据都被封装在 IP 数据报中传送。IP 数据报除数据部分之外，最重要的是 IP 报头，其格式如图 5.2.7 所示。

0			15 16	31
版本 （4 位）	头部长度 （3 位）	服务类型 （8 位）	总长度 （16 位）	
标识符 （16 位）			标志 （3 位）	偏移量 （13 位）
生存时间 TTL （8 位）		协议 （8 位）	头部校验和 （16 位）	
源 IP 地址 （32 位）				
目的 IP 地址 （32 位）				
可选项 （32 位，如果有）				
数据				

图 5.2.7　IP 报头格式

IP 报头各字段的长度和内容分别为：

版本：字段长度 4 位，用以表明 IP 协议的版本号，当前一般为 IPv4，即 0100；IPv6 为 1100。

报头长度：字段长度 4 位，用以指明头部占"32 位字"的数目，包括"可选项"的部分。由于它是固定的 4bit 字段，因此头部最大长度为 60（Byte）。通常，IP 头部始终是 32bit 的整数倍。**IP 数据报报头的最小长度为 20（Byte），这也是最常用的 IP 报头长度**（不含填充字段和 IP 可选项字段）。

服务类型：字段长度 8 位，用于指定数据报所要求的服务质量（TOS）。

总长度：字段长度 16 位，指整个 IP 数据报的长度，以 Byte 为单位。由于该字段长 16bit，所以 IP 数据报最长可达 65535（Byte）。"总长度"字段是 IP 头部中必要的内容（数据长度=总长-报头长度）。

标识符：字段长度 16 位，每个数据报都必须由唯一的标识符来标识，以便使接收主机能重装被分段的数据分组。

标志：字段长度 3 位，用于分段控制，其中第 0 位为预留位。

段偏移量：字段长度 13 位。如果一份数据报要求分段的话，此字段指明该段距原始数据报起始位置的偏移量。

生存时间：字段长度 8 位，用来设置数据报最多可以经过的路由器数目。由发送数据的源主机设置，通常为 32、64、128 等。每经过一个路由器，其值减 1，当减到 0 时，该数据报被丢弃。

协议：字段长度 8 位，指明 IP 层所封装的上层协议类型，如 ICMP(1)、IGMP(2)、TCP(6)、UDP(17) 等。

头部校验和：字段长度 16 位，内容是根据 IP 头部计算得到的校验和码。计算方法是：对头部中每个 16 位进行二进制"反码求和"（与 ICMP、IGMP、TCP、UDP 不同，IP 不对头部后的数据进行校验）。

源 IP 地址、目标 IP 地址：各占 32 位，分别用来标明发送 IP 数据报文的源主机地址和接收 IP 报文的目标主机地址。

可选项：占 32 位。用来定义一些可选项，例如记录路径、时间戳等。这些选项很少被使用，同时并不是所有主机和路由器都支持这些选项。

（3）TCP 数据段格式

TCP 是一种可靠的、面向连接的字节流服务。源主机在传送数据前需要先和目标主机建立连接。然后，在此连接上，被编号的数据段按序收发。同时，要求对每一个数据段进行确认，保证可靠性。如果在指定的时间内没有收到目标主机对所发数据段的确认，源主机将重新发送该数据段。

源端口号、目标端口号：字段长度均为 16 位，TCP 协议通过使用所谓"端口"来标识源端口和目标端的应用进程。端口号可以使用 0 到 65535 之间的任何数字。在收到服务请求时，操作系统动态地为客户端的应用程序分配端口号。在服务器端，每种服务在特定端口为用户提供服务，例如 Web 服务默认端口为 80，FTP 为 21。

顺序号：字段长度 32 位，用来标识从 TCP 源端口向 TCP 目标端口发送的数据字节流，它表示在这个报文段中的第一个数据字节。

确认号：字段长度 32 位，只有 ACK 标志为 1 时，确认号字段才有效。它包含目标端所期望收到源端的下一个数据字节。

头部长度：字段长度 4 位，给出头部占 32 位字的数目，最小的（也是最常用的）TCP 头部长度为 20（Byte）；TCP 头部最大可有 60（Byte）。

标志位：字段长度 6 位，其中每个比特的含义分别为：URG（紧急指针有效）、ACK（确认序号有效）、PSH（接收方应该尽快将这个报文段交给应用层）、RST（重建连接）、SYN（发起一个链接）、FIN（释放一个连接）。

窗口大小：字段长度 16 位，用来进行流量控制，单位为字节数，这个值是本机期望一次接收的字节数。

TCP 校验和：字段长度 16 位，该字段对整个 TCP 报文段进行校验和计算，并由目标端进行验证。

紧急指针：字段长度 16 位，它是一个偏移量值，和序号字段中的值相加表示紧急数据最后一个字节的序号。

可选项：字段长度 32 位，包括"窗口扩大因子"和"时间戳"等选项。

（4）UDP 数据段格式

UDP 是一种不可靠的、无连接的数据报服务。源主机在传送数据前不需要和目标主机建立连接。数据被冠以源、目标端口号等 UDP 报头字段后直接发往目的主机。这时，每个数据段的可靠性依靠上层协议来保证。在传送数据较少、较小的情况下，UDP 比 TCP 更加高效。

源端口号、目标端口号：字段长度 16 位，用来标识源端口号和目标端口号的应用进程。

长度：字段长度 16 位，用来表示 UDP 头部和 UDP 数据的总长度字节。

校验和：字段长度 16 位，用来对 UDP 头部和 UDP 数据进行校验。与 TCP 不同的是，对 UDP 来说，此字段是可选项，而 TCP 数据段中的校验和字段是必须有的。

（5）套接字

在每个 TCP、UDP 数据段中都包含源端口字段和目标端口字段。通常把一个 IP 地址和一个端口号合称为一个套接字（Socket），而一个套接字对（Socket Pair）可以唯一地确定互联网络中每个连接的双方（客户 IP 地址+客户端口号、服务器 IP 地址+服务器端口号）。

需要注意的是，不同的应用层协议可能基于不同的传输层协议，如 FTP、Telnet、SMTP 等协议基于可靠的 TCP 协议，而 TFTP、SNMP、RIP 基于不可靠的 UDP 协议。同时，有些应用层协议占用了两个不同的端口号，如 FTP 占用 20、21 端口，SNMP 占用 161、162 端口。这些应用层协议在不同的端口提供不同的功能。如 FTP 21 端口用来侦听用户的连接请求，而 20 端口用来传送用户的文件数据。再如，SNMP 161 端口用于 SNMP 管理进程获取 SNMP 代理的数据，而 162 端口用于 SNMP 代理主动向 SNMP 管理进程发送数据。还有一些协议使用了传输层的不同协议提供的服务。如 DNS 协议同时使用了 TCP 53 端口和 UDP 53 端口，DNS 协议在 UDP 53 端口提供域名解析服务，而 TCP 53 端口提供 DNS 区域文件传输服务。

（6）TCP 连接建立、释放时的握手过程

理解 TCP 连接建立、释放时的握手过程，对于开发基于 TCP/IP 协议的通信程序是十

分重要的。一个 TCP 连接的建立需要三次握手过程，三次握手的目标是，使数据段的发送和接收同步，同时也向其他主机声明其一次可接收的数据量（即窗口大小）并建立逻辑连接。这三次握手的过程分别为：

第一次握手：源主机发送一个同步标志位（SYN）置 1 的 TCP 数据段。此段中同时标明初始序号（ISN），ISN 是一个随时间变化的随机值。

第二次握手：目标主机发回确认数据段，此段中的同步标志位（SYN）同样被置 1，且确认标志位（ACK）也置 1，同时在确认序号字段表明"目标主机期待收到源主机下一个数据段的序号"（即说明前一个数据段已收到并且没有错误）。此外，此段中还包含目标主机的段初始序号。

第三次握手：源主机再回送一个数据段，同样带有递增的发送序号和确认序号。这样，TCP 会话的三次握手完成。

接下来，源主机和目标主机可以互相发送/接收数据。数据传输结束后，通信的双方都可释放连接，这个过程需要四次握手过程。

第一次握手：源主机发送一个释放连接标志位"FIN=1，seq=u"给目标主机，意思是"请求结束会话，等待目标主机确认"。

第二次握手：目标主机发送"ACK=1，seq=v，ack=u+1"给源主机。从源主机到目标主机这个方向的连接就释放了，TCP 连接处于"半关闭"状态，目标主机若发送数据，源主机仍要接收。

第三次握手：目标主机发送"FIN=1，ACK=1，seq=w，ack=u+1"给源主机，表示"目标主机已经没有再向源主机发送的数据"。

第四次握手：源主机发送"ACK=1，seq=u+1，ack=w+1"给目标主机，表示"已经收到连接释放报文段"，这时双方的连接被完整地释放。

（7）IPv4 与 IPv6

IPv4 是第一个被广泛使用的 IP 协议版本，也是到目前为止互联网设备和应用采用的最主要协议。按照 TCP/IP 协议的约定，每个连接到互联网上的主机都应该有一个唯一的地址，这个地址作为该主机的识别标志，叫作 IP 地址。

为了方便使用，人们把这 32 位地址分为 4 段，每段 8 位，用十进制数字表示，每段数字范围为 0~255，段与段之间用句点隔开。比如，IP 地址可以表示 10.0.0.1。在实际应用过程中，数量众多的主机不是各自独立地接入互联网的。数量不一的主机先是组成一个相对独立的网络，称 IP 子网，然后再通过统一的网关设备（主要是路由器）接入互联网。大的 IP 子网下又可以分更小的子网。

与互联网这一网络结构相对应，32 位的 IP 地址由两部分组成：一部分称为网络地址，也就是该子网的编号；另一部分为主机地址，代表主机在该子网中的编号。为了便于 IP 地址的分配和使用，管理机构又把 IPv4 的 IP 地址分为 A、B、C、D、E 共 5 类，其中 A、B、C 三类由 NIC 在全球范围内统一分配，D、E 类为特殊地址。

A 类地址第一个字节为网络地址，后三个字节为主机地址；

B 类地址的前两个字节为网络地址，后两个字节为主机地址；

C 类地址的前三个字节为网络地址，最后一个字节为主机地址。

随着互联网规模的不断扩大，主机数量呈指数量级增加，IPv4 协议提供的地址面临枯竭，而移动互联网的普及和物联网的发展，对 IP 地址的需求暴发式增长。为了解决这一问题，人们加快了部署 IPv6 协议的步伐。IPv6 是用于替代现行版本 IPv4 的 IP 协议的第六个版本。与 IPv4 相比，IPv6 具有以下几个优势：

① IPv6 具有超大的地址空间。IPv4 中规定 IP 地址长度为 32，即有 2^{32} 个地址；而 IPv6 中 IP 地址的长度为 128，即有 2^{128} 个地址。

② IPv6 使用更小的路由表。IPv6 的地址分配一开始就遵循"聚类"的原则，这使得路由器能在路由表中用一条记录表示一片子网，大大减小了路由器中路由表的长度，提高了路由器转发数据包的速度。

③ IPv6 增加了增强的组播支持以及对流的控制，这使得网络上的多媒体应用有了更好应用的机会，为服务质量控制提供了良好的网络平台。

④ IPv6 加入了对自动配置的支持。这是对 DHCP 协议的改进和扩张，使得网络的管理更加方便和快捷。

⑤ IPv6 具有较高的安全性。在使用 IPv6 网络时，用户可以对网络层的数据进行加密并对报文进行校验，极大地增强了网络的安全性。

我国互联网规模庞大，而申请到的 IP 地址总数相对较少，IP 地址紧缺的矛盾尤为突出。因此，在 IPv6 的推动方面，我国一直走在前面，并且我国 IPv6 网络的应用已经展开，很多新建的网络和大型互联网平台已经同时支持 IPv4 和 IPv6 协议。例如工商银行、阿里巴巴等网站及其手机应用已正式使用 IPv6 协议。

4. C/S 模式与 B/S 模式

互联网最大的特点是，通过网络实现了全世界范围信息的共享。信息共享主要通过 B/S 模式或者 C/S 模式实现，而目前又以 B/S 模式最为普遍。

（1）C/S 模式

C/S 是 Client/Server 的缩写，即客户机/服务器模式（也称客户/服务器）。在客户机/服务器模式中，服务器是网络数据与计算资源的提供方，而客户机是数据与计算资源的消费者，客户机通过服务器获得所需要的网络资源。这里客户机和服务器都是指通信中所涉及的进程，是运行着的客户机软件和服务器软件，使用计算机的人是计算机的"用户"，而不是这里所指的"客户或客户机"。但在国内外很多技术文献中，也经常把运行服务器程序的机器称为服务器，实际的含义要根据上下文的内容进行区分。

服务器进程启动后，会持续侦听特定的 TCP 端口，比如 FTP 默认为 21 端口，Web 默认为 80 端口，接收这一端口的请求信息。如果客户甲，需要查询某个学生的个人信息时，他就通过客户机向服务器发出请求（a），告知学生编号及要查询信息的内容。服务器进程侦听到这一请求后，启动一个线程，该线程从关联的数据库中搜索到该学生的信息，经过相关处理后，把结果（b）返回客户机，进而交给客户甲。如果客户乙、客户丙也需要查询其他学生的个人信息，那么服务器分别启动另外两个线程，处理两个客户机的请求。以此类推，如果有 N 个客户机发出请求，服务器进程就启动 N 个线程处理客户机的请求。由于计算机的 CPU 和内存等资源是有限的，因此，N 的大小是受到限制的。一般把 N 叫作该服务器能够处理的最大并发用户数。C/S 是一种系统体系结构，通过它可以充分利用服务器和客户机两方的硬件资源，将任务合理分配到服务器和客户机，从而降低系统的开销。

（2）B/S 模式

B/S（Browser/Server，即浏览器/服务器结构）是一种特殊的 C/S 结构，它在普通 C/S 的基础上，对服务器和客户机都进行了重定义和规范。客户机就是我们熟知的 Web 浏览器，如 IE、Firefox 和 Chrome 等，服务器如 IIS、Apache 或专门开发的应用软件系统等。任何一种 Web 浏览器（客户机）都可以访问任何一种（软件系统）服务器。这种模式统一了客户机和服务器，将系统核心功能的实现集中到服务器上，简化了系统的开发、维护和使用。

在技术文献中，人们经常把 C/S 结构和 B/S 结构并列起来，似乎 B/S 结构和 C/S 结构分属不同的两种结构，这样当然是不准确的。但是由于人们经常这样说以至于成为业界习惯，因而当出现这样的说法时，我们应该把 C/S 理解为是"除 B/S 结构外的 C/S 结构"。

在 B/S 模式下，服务器软件启动后，其进程就常驻内存中，持续地侦听设定的 TCP 端口，一般是 80 端口、8080 端口（或应用系统指定的端口）。一旦侦听到发到端口的请求，服务器进程响应请求，从本地文件目录或相关资源库中读取 HTML 网页文件发送给请求者。大部分浏览器也支持许多 HTML 以外的文件格式，例如 JPEG、PNG 和 GIF 图像格式，还可以利用插件来支持更多文件类型。网页设计者便可以把图像、动画、视频、声音和流媒体包含在网页中，或让人们通过网页而取得它们。浏览器和服务器之间的通信采用 HTTP（HyperText Transport Protocol，超文本传送协议），当需要更高的安全性时，可以采用 HTTPS（HyperText Transfer Protocol over Secure Socket Layer）。HTTPS 是 HTTP 带安全支持的版本，它在 HTTP 下加入 SSL 层安全机制，支持对文件内容的加密，但 HTTPS 的默认端口与 HTTP 不同（HTTPS 默认端口为 443）。

（3）B/S 模式与 C/S 模式的优劣势比较

① B/S 模式比 C/S 模式维护和升级更简单

在 C/S 模式下，软件系统的维护包括服务器和所有客户机。由于每个客户机都由不同的人员使用，不仅计算机里面一般有多种其他的应用软件，而且由于系统或使用者的原因，可能会被病毒、木马软件等侵入，影响客户机软件的运行。而客户机软件因为是专用的，都需要专门维护，系统管理人员有可能需要在几百甚至上千部计算机之间来回奔跑或委托多人完成，效率低、工作量大、效果不佳。

另一方面，实际使用的软件系统经常需要改进和升级，频繁的升级也成为 C/S 模式软件一项不堪重负的工作。而 B/S 模式则明显体现出来更为方便的特性，只需要对服务器软件进行修改和升级，所有的客户端只是通用浏览器，不需要做任何的维护。因此无论用户规模有多大，有多少分支机构都不会增加任何维护升级的工作量。如果是异地办公或远程联网，还可以实现远程升级和共享。"瘦"客户机（功能尽可能少）和"胖"服务器（应用系统功能集中于此）已经成为业界的主流，这对人力、物力、时间和费用的节省可以说是革命性的。

② B/S 模式比 C/S 模式成本更低

在 C/S 模式下，软件不具有通用性，无论是服务器软件还是客户机软件，都需要软件提供商进行全面开发。而在 B/S 模式下，客户机是通用的浏览器软件，一般无须开发，个别情况下只需要安装一个插件即可；服务器软件有成熟系统或专用软件，基本的通信功能

— 241 —

和管理功能已经基本完善，因而开发成本要低得多。

③ B/S 模式服务器负载更重

由于 B/S 模式下绝大多数任务都要服务器端完成，因而服务器负载压力很大。主要体现在，主机的计算量和网络的通信带宽。一旦服务器发生网络拥塞或者因 CPU 或内存占用过度而瘫痪，将严重影响整个系统的使用。因此，通常情况下要采取一些防范措施，如采用双机热备份、网络存储服务器、服务器集群或租用云服务器等。

④ B/S 模式客户机不如 C/S 模式功能强大

B/S 模式下客户机软件采用 Web 浏览器，带来的方便性和低成本，在一定程度上是以牺牲了客户机的功能为代价的，尽管在 Web 浏览器上可以运行诸如 JavaScript、VBScript 等脚本程序，但这些程序对客户机资源的访问是受到严格限制的，因此很多和硬件以及本地文件系统资源相关的功能并不能实现。

⑤ B/S 模式与 C/S 模式在实际中的使用现状

由于上述 B/S 模式与 C/S 模式各自的优劣势特点，绝大多数应用系统采用了 B/S 模式。目前，不仅互联网上广泛采用 B/S 模式，而且在绝大多数企业内部网上也采用了 B/S 模式，比如公司内部 OA 系统、专用业务管理系统等，但是，由于 B/S 模式在本地资源访问方面的限制，在一些特殊情况下还需要采用 C/S 模式。

5.2.5 移动互联网应用技术

移动互联网应用技术包括服务器端技术、浏览器技术和移动互联网安全技术。

互联网（Web）具有技术开放、标准相对统一、应用开发门槛低等优点，是被业界普遍看好应用开发平台，也是移动终端操作系统必然关注的重点领域。Web 开发的核心技术是 Web 引擎，它提供了应用程序运行、解析、显示等基础支撑，轻量级高效 WebKit 开源浏览器引擎便是移动互联网开发应用平台发展趋势的一个例证，而决定 Web 解析速度的 JavaScript 引擎也主流厂商追逐的热点。得益于 HTML5 同时支持传统网页和智能终端网页的技术，Web 为移动智能终端应用开发提供了更加强大的工具。

通过 API（Application Program Interface，应用程序接口），应用程序可方便地获取、操作硬件资源而无需实际编程控制硬件系统，同时 API 丰富的软件功能又减少了应用程序开发工作。当前，面向第三方开发者的开放终端、网络、云服务等服务也为移动互联网应用开发提供了极大的方便。移动互联网已经深刻改变了移动智能终端的操作系统、应用开发接口和应用开发模式，过去面向具体设备的传统开发模式已经淘汰，面向开发者的开放 API 接口并由用户自行安装应用开发新模式成为主流。应用开发技术通过协同创新方式，以较小力量调用庞大的开源资源，开发创新应用，再将开发成果开源化共享，形成创新资源再集聚，创造了"我利人人、人人为我"的乘数效应。

1. 移动互联网应用技术架构 iOS

苹果公司的 iOS 系统脱胎于古老的 UNIX 操作系统，它结合了卡内基梅隆大学 Mach 和加州大学伯克利分校的 BSD 系统之长处，而 Mach 和 BSD 是两款著名的 UNIX 系统的内核体系，iOS 系统的改进和再开发使它成为远超过 Mach、BSD 和 UNIX 的成功系统。

iOS 系统的技术架构可以分成四层。第一层（最底层）核心操作系统层（Core OS）包括内存管理、文件系统、电源管理以及一些其他的操作系统任务，可以直接和硬件设备进行交互；第二层是核心服务层（Core Services），可通过它访问 iOS 核心服务如通讯录、网络；第三层为媒体层（Media），可通过它访问媒体文件，进行音频与视频的录制，图形的绘制，以及制作基础的动画效果；第四层（最上层）为应用框架层（Cocoa Touch），可为应用程序开发提供各种有用的框架，大部分与用户界面有关，本质上来说它负责用户在 iOS 设备上的交互操作。

2. 移动互联网应用技术架构 Android

Android 是一款在 Linux 的操作系统基础上开发的操作系统。又一次地，Linux 也脱胎于 UNIX 系统，两者的系统架构和控制方式很接近，Linux 是一群开源思想支持者不满"UNIX 付费政策"而开发的开源操作系统。Android 系统最初由美国加州的 Android 公司为移动设备（如智能手机）而开发，系统非常成功。Android 公司于 2003 年创立，2005 年被 Google 公司收购，现在 Android 系统归属于 Google。图 5.2.8 演示了 Android 系统的基本架构。

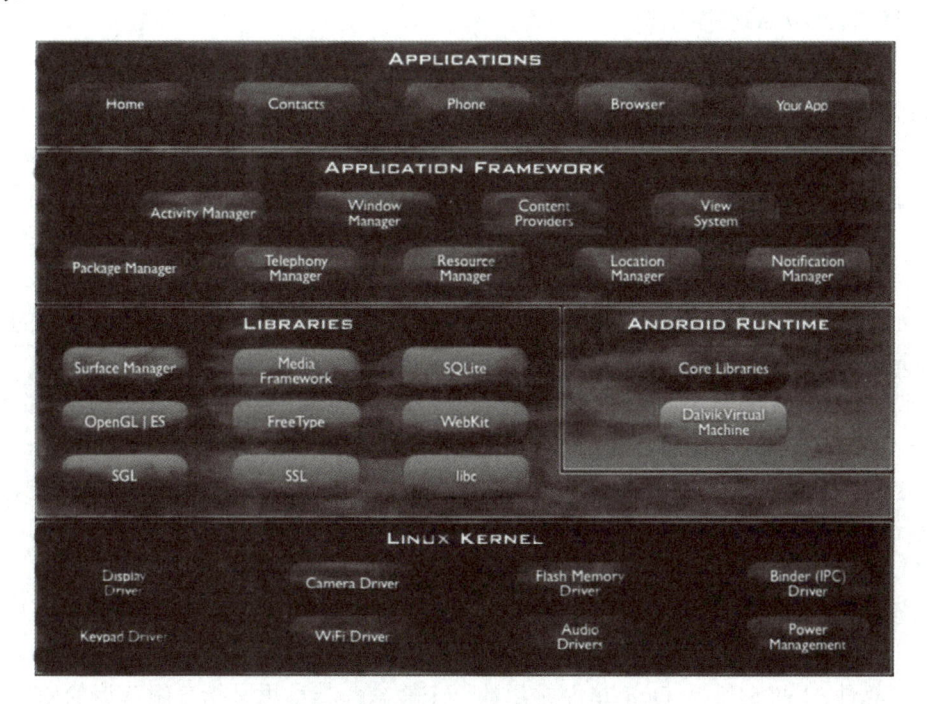

图 5.2.8　Android 系统的基本架构

Android OS 可以被看作一个四层的软件栈式结构，每层都包含一组系统组件——包括操作系统、中间件和核心应用。每层都为上层提供服务，层次分明，各层相互协同。

（1）内核（Linux Kernel）。最下面这一层是 Linux 内核。Android 系统是基于 Linux 2.6 内核发展而来（Android 4.0 版本以上的版本则基于 Linux 3.x），Linux 内核负责硬件控制及交互，包含基本的硬件驱动程序。另外 Linux 内核还充当硬件层和其他软件层之间的抽象层。Android 使用 Linux 完成核心功能，如内存管理、进程管理、网络协议栈、电源管理、安全设置等。正因为 Android 构建在 Linux 内核上，Linux 内核本身便具备强大的硬件移植性，因此 Android 内核也非常健壮。

（2）库（Libraries）。第二层是 Android 的库程序。这一层帮助设备处理各类数据。这些库是用 C 语言或者 C++语言编辑，因而处理效率非常高。第二层与硬件特性密切相关。

（3）应用框架（Application Framework）。这一层直接和我们的应用程序交互，负责电话设备管理、资源管理、应用生命周期管理、屏幕显示管理、应用包管理、系统定位管理等。

（4）应用程序（Applications）。应用程序在架构的最上层，负责与用户进行直接交互，本层是用 Java 语言进行开发的。Java Framework（应用框架层）为开发人员提供了可以开发应用程序所需要的 API，我们平常开发应用程序都是调用这一层所提供的 API，当然也包括系统的应用。开发商的应用程序就在这里，有一些标准预装程序如短信息（SMS）、拨号（Dialer）、浏览器、联系人、电子邮件、短信、日历、地图等等，这些便是用户在 Android 系统桌面看到的"系统 Apps"。

3. 移动互联网的性能指标

（1）传输速率

传输速率是移动互联网中最重要的一个性能指标，以波特率（bps，bit/s）为单位，其含义是每秒钟传输的二进制数的位数，影响传输速率的因素主要有带宽、网络延时和丢包率。传输速率是指 MODEM 理论上能达到的最高传输速率，即每秒钟传送的数据量大小，以 bps（bit per second，bit/s，比特/秒）为单位。

传输速率是衡量系统传输能力的主要指标，有三种表示方法。

码元传输速率：携带数据信息的信号的单元叫作码元，每秒钟通过信道传输的码元数称为码元传输速率，记作 rs，单位是波特（Baud）。码元传输速率又称调制速率。

比特传输速率：每秒钟通过信道传输的 bit（位）的数量，称为比特传输速率，记作 rb。单位是比特/秒（bit/s），简称比特率。

消息传输速率：每秒钟从信息源发出的数据比特数（或字节数）称为消息传输速率，单位是比特/秒（或字节/秒），简称消息率，记作 rm。

（2）服务质量

服务质量（QoS）是一种质量评价体系，属于系统安全评价机制。正常情况下并不需要 QoS。当网络过载或拥塞时，QoS 值能显示"业务量会不会被延时和丢弃"，即显示出网络的可靠性。"抖动"是 QoS 里面常用的一个概念，其意思是指分组延迟的变化程度，抖动对于实时性的传输将会是一个重要参数，如 VOIP 模拟信号（Voice over IP）数字化、视频等。在正常情况下，如果网络只用于特定的"非时间敏感"的应用系统，并不需要 QoS 保障机制，比如 Web 应用或 E-mail 设置等。但是对关键应用和多媒体应用就十分必要。当网络过载或拥塞时，QoS 保障系统能确保重要业务量不受延迟或丢弃，同时保证网络的高效运行。ITU 将服务质量定义为决定用户对服务的满意程度的一组服务性能指标。从另一角度来说，QoS 参数也是流媒体传输的性能指标。

(3) 网络延时

网络延时是指一个数据包（或称数据分组）从用户的计算机发送到网站服务器，然后再从网站服务器返回用户计算机的来回时间。通常使用网络工具"ping"来测量网络延时。影响网络延时的主要因素是"路由跳数"和网络传输的即时流量。

(4) 丢包率

丢包率是一个比率，网络中数据的传输是以发送和接收数据包的形式传输的，理想状态下是，发送了多少数据包就能接收到多少数据包，但是由于信号衰减、网络拥塞或发送碰撞等原因的影响，并不会出现理想状态的结果，就是不会发多少数据包就能接收多少。丢包率主要与从用户计算机到网站服务器之间路由的网络拥塞程度有关。网络拥塞发生后经常会发生"丢包率累积提升"的现象，和公路上"道路越堵车辆越多"的情况十分相似。

➡ 习题与思考

1. 通过上网查询资料，简述你了解的 5G 有什么特点？
2. 移动互联网技术体系主要涵盖哪些主要技术？

5.3 移动互联网的应用

由于智能手机和无线网络的快速普及，中国移动互联网市场来蓬勃发展。2019 年 8 月 30 日，中国互联网络信息中心发布第 44 次《中国互联网络发展状况统计报告》，报告显示，截至 2019 年 6 月，中国网民规模为 8.54 亿，其中，手机网民规模达 8.47 亿，较 2018 年底增长 2984 万。虽然中国移动互联网市场还处于发展阶段，但是庞大的移动用户群和积极的政策环境为其应用产品的发展提供了良好机遇。截至 2019 年 6 月，我国网络购物用户规模达到 6.39 亿，较 2018 年底增长 2871 万，占网民整体的 74.8%；手机网络购物用户规模达到 6.22 亿，较 2018 年底增长 2989 万，占手机网民的 73.4%，我国网上外卖用户规模达到 4.21 亿，较 2018 年底增长 1516 万，占网民整体的 49.3%，手机网上外卖用户规模达到 4.17 亿，较 2018 年底增长 2037 万，占手机网民的 49.3%。

当我们随时随地接入移动网络时，运用最多的就是手机应用。大量新奇的各类应用，逐渐渗透到人们生活、工作的各个领域，进一步推动着移动互联网的蓬勃发展。丰富多彩的移动互联网应用发展迅猛，正在深刻改变信息时代的社会生活，移动互联网正在迎来新的发展高潮。

5.3.1 电子商务

移动互联网的电子商务是指将互联网、移动通信技术、短距离通信技术及其信息处理技术完美结合，使人们可以在任何时间、任何地点进行各种商贸活动，实现随时随地、线上线下的购物与交易、在线电子支付，以及各种交易活动、商务活动、金融活动和相关的综合服务活动等。2013 年是中国移动互联网飞速发展的一年，购物、支付、旅游、休闲娱乐、生活服务、订餐、酒店等大量传统互联网业务被移至移动端，用户消费习惯移动化，移动电商的快速崛起成为当时的"盛景"。

伴随着智能手机的快速推广和普及，移动电商应运而生，凭借着便捷和碎片化购物方式，移动电商持续火热，用户逐渐从桌面系统向移动端倾斜。伴随着电子商务行业的逐步完善，消费者消费习惯的逐渐养成，推动了中国电子商务的发展。在 2019 年"双十一"网络购物节活动中，全网成交额为 4101 亿元，较 2018 年"双十一"交易额的 3143 亿元，同比增长 30.1%，同比增速也好于 2018 年的 24%。

1. 电子商务的特点

（1）便捷性和灵活性

移动电子商务的最大优势就是，移动用户可随时、随地获取所需的服务，具有"灵活"和"个性化"的特点，可以方便地浏览、访问、货比多家，也可灵活地选择各种支付方式，还可以设置个性化的商品信息推送、订阅或订购服务。手机从通信工具变成了"移动 POS 机"，用户可以在网店、地面店、服务场所、个人之间"扫码付费"或"扫码转账"。

传统的电子商务让人们感受到了网络所带来的便利和快乐，但它的局限在于必须使用电脑并接入网络。而移动电子商务则可以弥补传统电子商务的这种缺憾。移动接入是移动电子商务的一个重要特性，也是实现移动电子商务便捷性和灵活性的基础。移动网络的覆盖面广、使用方便，用户可以随时、随地方便地进行电子商务交易。移动支付是移动电子商务需要完成的一项重要任务，用户可以随时随地完成必要的电子支付业务。移动支付的分类方式有多种，其中比较典型的分类包括：按照支付的数额可以分为微支付、小额支付、宏支付等；按照交易对象所处的位置可以分为远程支付、面对面支付、家庭支付等；按照支付发生的时间可以分为预支付、在线即时支付、离线信用支付等。这些支付业务可以让人们随时随地下订金、预付款、结账，感受独特的商务体验。

（2）开放性和包容性

移动电子商务使手机用户可以无障碍地进入电子商务平台，从而使网络应用范围更广阔、更开放；同时，移动电子商务使网络虚拟功能带有现实性，更具有包容性。

对传统电子商务而言，用户的消费信用问题一直是影响其发展的问题之一，而移动电子商务在这方面显然具有明显的优势。SIM 卡号是全球唯一的，SIM 卡与用户实名制绑定，这使得 SIM 卡成为移动用户的天然可信的身份识别工具。利用 SIM 卡绑定用户的银行账号、CA 证书，还可以绑定用户身份证件，此外还可以用来实现数字签名、加密算法、公钥认证等，这些高度隐私性、法律性和唯一性标示使手机 SIM 卡成为"最真实、可靠、全面的用户辨识工具"，这给了电子商务领域"远超必要性"的真实保障，有了这种真实性保障，商家或服务商完全不用担心"找不到人或收不到钱"。无形之中，移动电子商务完成了的商家与客户之间信用体系与支付体系，甚至包括安全体系的完整构建，网上商务活动变得更简单可信了。

（3）潜在性和机遇性

从消费用户群体来看，手机用户包含了各年龄层的用户，而传统电子商务的用户以年轻人为主。由此不难看出，以手机为载体的移动电子商务不论在用户规模上，还是在用户消费能力上，都优于传统电子商务，会给商家或服务提供者带来更多商机。

移动电子商务易于推广使用。移动通信所具有的灵活、便捷的特点，决定了移动电子商务更适合大众化的个人消费领域。手机支付功能覆盖了自动售货机、停车场计时收费、商店收银机、出租车计价收费、日常生活收费（水、电、燃气、电话费）等等。移动支付的影响远远超出了移动电子商务的范畴，它是社会交易支付系统的一次革命性变革。

移动电子商务领域更易于技术创新的特点也为移动电子商务的应用带来了更大的机遇。移动电子商务领域因涉及 IT 技术、无线通信、软件应用开发等技术，因而在此领域内很容易产生技术的变革与创新。随着我国 4G 网络的普及和未来 5G 网络的广泛应用，这些新兴技术将转化成更好的产品和服务，所以移动电子商务领域将是下一个技术创新的高发领域。

2. 电子商务典型案例

移动电子商务是对传统电子商务的延伸，它与传统电商的基本经营方式重合；差异之处在于，购物终端的不同、购物应用软件的不同。与此相对应衍生的移动支付手段变化，带来了巨大的商机和市场。在众多成功的案例中，天猫商城和支付宝无疑是其中的佼佼者。

（1）天猫商城

在 2019 年"双十一"活动中，天猫当日销售额为 2684 亿，占淘宝网的 65.5%，排名第一，同比增长 25.71%，物流订单量达到创纪录的 12.92 亿单。

与网页版天猫浏览器界面不同，"天猫商城"手机客户端（下简称"天猫商城"）的设计更人性化，更适合用户操作和理解。

① 主题化精品推荐

"天猫商城"以主题化的形式在首页向用户推荐商品，帮助用户发现并收藏感兴趣的"宝贝"，其主题往往与时下热点紧密相连。吸引用户的同时也增加了用户"逛店"的乐趣。此外，"天猫商城"开辟了"关注"模块，展示近期的人气店铺、实时优惠信息，以引起用户的关注，增强了商家和用户之间的互动，并提高了用户购物的可能性。

② 方便的类目导航和精准搜索功能

"天猫商城"突出搜索和导航功能，它为用户提供了便捷的"类目"导航和精准搜索、筛选功能，以便用户在海量商品中选到心仪的商品。

③ 随心管理，随时掌控

"购物车"帮助用户可随心所欲地管理待购商品；"收藏夹""关注店铺"可分别记录用户中意的商品和店铺；订单管理、收货地址管理等功能帮助用户随时随地查看订单状态、管理收货地址等等。

（2）支付宝

近些年来，随着移动互联网的发展，移动支付成为我国"新四大发明"之一。而且随着智能手机和移动互联网的普及，移动支付普及全国，在全球范围内中国也是移动支付普及率最高的国家，以支付宝、微信为代表的第三方支付方式在社会经济活动中起到了重要作用。

① 设置手势密码，提高安全性

设置一个打开支付宝应用的手势密码，使用户在无网络情况下依然可以快捷地打开软件、完成支付，并提升了支付的安全指数。

② 提供转账、还款和缴费功能，渗透日常生活，提高用户黏性

支付宝应用支持生活类缴费功能，免去烦琐的水、电、燃气等社会缴费的烦琐流程，为用户提供了便捷的平台，扩大了支付宝应用的受众群体，优化了用户体验。

③ 收付款

收付款是一种利用二维码技术、完成面对面扫码的支付方式，在支付宝应用首页中，集成了"付钱、收钱"功能，更简单直观地满足了大众需求，使手机终端成为"虚拟钱包"。

④ 余额宝

余额宝是 2013 年 6 月由阿里巴巴集团上线的存款业务。通过余额宝，用户不仅能够得到较高的收益，还能随时消费支付和转出。截至 2019 年 6 月 30 日，共有 6.19 亿个用户持有余额宝，余额宝总份额 1.03 万亿份，2019 年上半年共为客户赚了 123.68 亿元。

⑤ 公众服务平台

在支付宝中，用户可以根据需求添加公众号，享受公众号提供的便捷服务，以圆通速递为例，你可以在支付宝生活号的圆通速递公众号中进行寄件、查询服务等操作。

5.3.2 位置服务

随着第四代移动通信网络的普及和智能手机的普及，移动互联网在中国高速增长，位置服务在整个移动互联网产业链中起着基础、核心的作用。位置服务是基于 LBS（Location Based Service，LBS）的移动通信系统的应用型服务。通过电信运营商的无线电通信网络（如 GSM 网、CDMA 网、TD-LTE）或卫星定位系统（如 GPS 和 BDS）获取手机用户的位置信息（地理坐标或大地坐标），在地理信息系统（Geographic Information System，GIS）平台或类似系统的支持下，为用户提供位置服务的一种增值服务。

位置服务是推动移动通信领域革命的驱动因素之一。2012 年，位置服务在"地图导航"应用发挥重要作用的同时，由 Foursquare 公司开发的"签到应用"引发了位置服务的转型与扩展。位置服务开始慢慢渗透到各种类型应用服务中，并逐渐转变为后台基础服务，在用户行为分析和提升移动用户体验等方面，起到了重要作用。

1. 位置服务的特点

由于手机所具有的移动性、便携性和即时性特点，以及用户对空间信息使用方式的特殊性，其特点主要体现在以下 4 个方面。

（1）实效性

随时、随地、实时的交互性是移动互联网区别于传统互联网的关键特性，这与"随时（Anytime）、随地（Anywhere）、为所有人（Anybody）、为所有事（Anything）提供个性化

信息服务"的宗旨是天然吻合的。由于用户处于可移动状态，位置应用对空间信息的实效性要求较高，需达到所见即所得、所得即所需的实时性目标，如果不能及时给用户提供实时的信息，位置服务就失去了意义。利用这一类应用业务，用户可以方便地获知自己目前所处的准确位置，并查询或接收其附近服务场所的信息。该服务的巨大魅力在于，能在正确的时间、正确的地点把正确的信息发送给正确的人。

（2）多样性和连续性

位置服务能够给用户提供多样化的空间信息表现形式，包括矢量数据、栅格数据及文本数据。同时，依托后台强大的地理空间信息数据库支持，位置服务突破了空间上的局限性，向用户提供覆盖面广、信息量大且具有相对连续性的空间信息，满足用户空间定位的需求。同时它还可以对用户当前位置进行定位，并对指定目标（例如车辆或人员)的位置进行实时监测或跟踪，将定位对象显示在电子地图上，准确且直观。

（3）社会化

近年来，通过位置与人聊天互动的"交友类"应用流行，置入了位置信息社交网站可以将虚拟的网络关系转换为线下与地理位置相关的真实关系，这也为商家提供了商机。目前主流的移动社交化平台都已经具备了"发送位置""位置分享""签到""位置标识"等位置服务等功能。例如，"新浪微博"通过博友的位置签到，在签到处有哪些好友、用户所关注的对象是不是常来……都可以很容易地获知。再如，朋友相约见面，利用微信"发送位置"，朋友可以方便地找到约会地点……有了基于位置的服务后，社交就变得更加方便、有趣了。

社交网络与位置服务的结合有其必然性。首先，用户的位置可以反映社交的社会属性，进一步丰富了网络社交的层次。其次，基于位置的兴趣点或热点事件常常会形成社交话题，丰富了社交的内容。再次，位置服务连接了虚拟空间与现实空间，促成了社会活动线上与线下的虚实空间互动。

（4）本地化

位置服务的另一个发展倾向是，通过定位服务和基本位置的社会感知，使客户服务本地化。本地信息是用户获取信息服务的主要兴趣指向之一。围绕这些应用，将生活的各个方面汇集、互联、互通，使百姓生活方便快捷。当前，诸多位置服务已经实现了诸如"周边兴趣点推荐及其评价信息"推送，周边商品售卖信息推送等功能。位置服务与用户自身环境相适应，形成对用户的个性化服务。

事实上，较早以前，以平面媒体为代表的信息服务商就已经重视本地化信息。在互联网时代，门户网站通过 IP 地址的分布信息，已经能够自动识别用户所在的城市等初级位置信息，从而向不同城市的用户提供不同的"本地门户网站"访问服务。随着移动互联网时代的来临，移动定位精度不断提高，隐伏区（如室内）定位的各种解决方案也开始投入应用，服务的本地化将呈现从城市到米级（甚至更高精度）多种精细化服务。

随着移动互联网性能的不断增强和定位精度的不断提高，用户请求服务的本地信息也经常发生变化。对于一部分信息服务而言，即便是同一类型的服务，用户在不同时刻、不同地点对服务内容的期望也是不同的。因此，本地化深层含义是指，服务与用户自身环境相适应，形成针对用户的个性化服务。通过社会感知手段获得用户当前所处环境，位置服务自动适应用户位置变化，预测其请求服务时的真实需求，是当前位置服务发展的一个研究课题。

2. 位置服务典型案例

（1）高德地图导航

手机地图应用正在个人生活中扮演着越来越重要的角色，人们通过手机电子地图应用可以完成自我定位，公交路线查询，驾车、骑行、步行路线导航，目标地点查询，周围餐馆、加油站、电影院和商铺查询等等。高德地图作为国内较早推出的地图应用之一，有超过 10 年的地理位置服务经验，并逐步通过手机地图和手机导航提供基于地图的位置服务。深厚的专业基础、广泛的数据累积和对产业链的率先布局，使高德地图在手机地图市场上获得较大竞争优势。

① 专业的地图导航

高德地图导航支持多种方式一键定位，提供最基本的查询、定位和导航功能，具有友好的用户界面。

② 全面的生活信息

高德地图为用户提供了多种常用的地点类别，如餐饮、住宿、加油站和购物等，将现实的商家店铺及场所搬至虚拟的地图上，每个地理位置对应一个兴趣点，导航界面清楚。

③ 智能化的出行指南

高德地图根据用户需求能够自动生成"最短""最快""最省钱"等多种路线规划以供用户选择最优出行路线。高德地图提供了公交和自驾车两种乘车方式，按照不同用户的不同需求，公交方式具有"速度较快""换乘较少""步行较少""舒适优先"的方案；自驾车方案则具有"最短时间""最少费用""最短路线"和"少走高速" 4 种方式，基本上满足了驾驶员的需求，出行路线界面清楚明白。

高德地图目前已涵盖了包括叫车、驾车、公交、骑行、步行、火车、客车、货车等众多出行方式，极大地方便了用户出行。高德地图在驾车、公交路线规划的基础上，升级或新增了步行导航、骑行导航、跑步模式、组队出行等众多新功能；为 3000 万货车司机上线了专业货车导航；为残障人士、老人、孕妇等行动不便人群上线了多个城市的地铁无障碍电梯等设施的标注；在众多知名景区中上线了旅游路线、语音导游、导览等智慧景区服务。

（2）滴滴出行

打车软件是针对中国出租车市场需求而产生的位置服务类应用软件，它能够方便地匹配用户或司机的需求，减少车辆的空载率，提高运营效率。

滴滴出行（原嘀嘀打车）是由腾讯集团投资、北京小桔科技公司研发的出行服务软件。从 2013 年开始，滴滴出行发展迅速，特别是在 2014 年宣布独家进入微信支持，通过微信实现叫车和支付后，用户数量猛增，处于行业的领先地位。

滴滴出行最大的优势是，能够提供车辆及旅客双方的定位。将司机和乘客之间的交流顺畅、及时。通过提供位置服务，乘客可实时掌握提供服务的车辆位置，司机对乘客所在地点也一目了然，双方可以无障碍地交流信息，避免了借助第三方传递而导致的信息丢失或联系不畅。

习题与思考

1. 你和朋友平时购物时去商场多还是网上购物多？你主要通过哪些平台进行网购？
2. 移动支付的分类方式有多种，比较典型的分类有哪些？

5.4 移动互联网的发展趋势

被誉为 20 世纪最伟大发明的互联网与先进的移动通信技术激情碰撞，创就了生动、方便、活力无限移动互联网世界。移动互联网让人们把互联网握在手中，24 小时如影随形。信息时代给了人类最大的恩惠——随时、随地、随身享受查找信息、处理公务、知识获取、友人沟通、购物消费、阅读聆听、欢愉游戏……甚至哪些未曾设想的场景均已变成现实。正如早年中国移动公司一句难忘的广告语所言："移动改变生活。"移动互联网给人们的学习、工作、生活和娱乐方式带来翻天覆地的变化。越来越多人的下一件要做的事情是："拿出手机准备、查找、整理思路，然后开始……"数以亿计的用户每天面对手机屏幕，半小时、两小时甚至更长，这些被移动互联网"魔化的生活"改变了人们的习惯，变换出数不清的商业机会，使得移动互联网成为当前推动科技乃至经济社会发展的强有力的技术力量。

移动互联网的浪潮正在席卷到社会的方方面面，人们的日常生活被投射到手机屏幕上，在苹果和安卓商店的下载量已达到上万亿次，移动用户的总数量也远远超过了个人计算机用户数量。这使得没有一家企业会忽视移动互联网，探索、了解、应用、研究和开发移动互联网应用成为的企业的"必选动作"，因此企业级移动互联网应用市场的发展趋势空间宏巨、大有可为。

移动互联网目前仍处于发展时期，创新是其主要趋势，未来将有以下六大发展趋势。

1. 移动互联网超越传统互联网，引领发展新潮流

传统互联网是互联网的早期形态，移动互联网是互联网的未来。个人计算机只是互联网的终端之一，智能手机、平板电脑、可穿戴智能设备、智能家电、物联网终端都将是互联网的接入设备。移动互联网在未来智能技术方面发展潜力巨大。

2. 移动互联网和传统行业融合，催生产业互联网

在移动互联网、云计算、物联网、大数据和人工智能等新技术的推动下，传统行业与互联网的融合是必然趋势，人们称之为产业互联网，产业互联网的平台、技术和模式都将发生深刻的变革改变。产业互联网将互联网与产业生产、生活服务紧密地结合起来，它体现在食品、餐饮、娱乐、航空、汽车、金融、家电等各传统行业，产业互联网也将重构移动端的服务模式，如医疗、教育、旅游、交通、传媒等。总之，发生在移动互联网的奇迹将会在产业互联网重演或"更新"。

3. 不同终端的用户体验更受重视，助力移动业务普及扎根

2011 年，主流的智能手机屏幕是 3.5～4.3 英寸，2012 年发展到 4.7～5.0 英寸，2015 年手机屏幕达到了 6 英寸（甚至更大），更大的折叠式、纸张式屏幕正在研发中。屏幕大小的不同，带给了用户不同的体验。适应"小屏幕"的智能手机的网页应该轻便、轻质化，它承载的广告也必须适应这一要求。而目前，大量互联网业务迁移到手机上，为适应平板电脑、智能手机及不同操作系统，开发了不同的 APP，HTML5 的自适应性能较好地解决了阅读体验问题，但是，还远未实现轻便、轻质、人性化，缺乏良好的用户体验。

4. 移动互联网商业模式多样化，细分市场继续发力

随着移动互联网发展进入快车道，网络、终端、用户等方面已经打好了坚实的基础，产业盈利模式也已开始改变，移动互联网已融入日常生活与商业社会，移动互联商业成熟期已经到来。移动游戏、移动广告、移动电子商务、移动视频等业务需求量快速提升。

5. 用户期盼跨平台互通互联，HTML5 技术让人充满期待

目前形成的 iOS、Android 两大系统各自独立，相对封闭、难通，许多应用开发需要进行"双平台"适配开发，这种"隔绝现象"有违"互通、互联、开放、共享"的"互联网精神"。不同品牌的智能手机，甚至不同品牌、类型的移动终端都能互联互通，是用户的期待，也是今后的发展趋势。

6. 大数据挖掘成蓝海，精准营销潜力凸显

随着移动带宽技术的迅速提升，更多的传感设备、物化终端、智能终端将随时随地地接入互联网，加之 5G 网络、云计算、物联网、大数据、人工智能等技术的加持，中国移动互联网也将进入现代技术"融合发展"时期。目前的移动互联网领域，仍然是以位置的精准营销为主，但未来随着大数据及相关技术的融合，人们对数据挖掘的不断深入，针对用户个性化定制的应用服务和营销方式将成为发展趋势，它将是移动互联网的另一片"蓝海"。

移动互联网方兴未艾，在如今智能化浪潮下将大有可为。凭借国家政策的引领，凭借科学技术生产力的支撑，依托已有互联网企业的成功经验和技术基础，依托创新、转型企业的助力和协作，融合中国和世界的广泛市场需求，抓住空前机遇、紧跟时代潮流，加快科技创新，强化应用和普及，互联网的明天灿烂辉煌。

习题与思考

1. 请你畅想一下，10 年后互联网的应用情景，及其对我们的生活、学习、工作将会带来怎样的影响？

学习小结

本章从移动互联网的基本含义出发,详细阐述了移动互联的发展历程、基本要素、主要特征、社会影响及国内外发展趋势等各个方面;深入解析移动互联网的体系结构,重点讲解了移动互联网的核心技术、移动互联网的终端技术、移动互联网的网络技术及移动互联网的应用技术;最后,再以行业热点应用为例,分析了移动互联网技术在各个方面的应用并预测了移动互联网的美好前景。

参考文献

[1] 安俊秀，王鹏. Hadoop 大数据处理技术基础与实践[M]. 北京：人民邮电出版社，2015.

[2] 杨正洪. 智慧城市大数据、物联网和云计算之应用[M]. 北京：清华大学出版社，2014.

[3] 时允田、林雪纲. Hadoop 大数据开发案例教程与项目实战[M]. 北京：人民邮电出版社，2015.

[4] [英] 维克托·迈尔·舍恩伯格，[英]肯尼思·库克耶. 大数据时代[M]. 浙江：浙江人民出版社，2012.

[5] 林子雨. 大数据技术原理与应用[M]. 2 版. 北京：人民邮电出版社，2017.

[6] Tom White. Hadoop 权威指南：大数据的存储与分析[M]. 4 版. 北京：清华大学出版社，2017.

[7] 国家工业信息安全发展研究中心. 大数据优秀产品、服务和应用解决方案案例集[M]. 北京：电子工业出版社，2017.

[8] 国家信息中心. 一带一路大数据报告（2018）[M]. 北京：商务印书馆，2019.

[9] 陈亚威，蒋迪. 虚拟化技术应用与实践[M]. 北京：人民邮电出版社，2019.

[10] 伍志学. 云计算导论[M]. 北京：人民邮电出版社，2016.

[11] 王鹏，李俊杰. 云计算和大数据技术[M]. 北京：人民邮电出版社，2016.

[12] 桑·穆鲁吉桑. 云计算百科全书[M]. 北京：电子工业出版社，2018.

[13] 戴志学，赵阳. 云存储系统[M]. 北京：人民邮电出版社，2015.

[14] 潘虎. 云计算理论与实践[M]. 北京：电子工业出版社，2016.

[15] 敖志刚. 网络虚拟化技术完全指南[M]. 北京：电子工业出版社，2015.

[16] 邢利荣，何晓龙. 从虚拟化到云计算[M]. 北京：电子工业出版社，2013.

[17] 广小明，胡杰. 虚拟化技术原理与实现[M]. 北京：电子工业出版社，2012.

[18] 王良明. 云计算通俗讲义[M]. 北京：电子工业出版社，2015.Donald J. Norris 著

[19] 沈益冉，潘海为，高琳琳译. 人工智能入门与实践[M]. 北京：清华大学出版社，2018.

[20] 李德毅. 人工智能导论[M]. 北京：中国科学技术出版社，2018.

[21] 智能相对论. 人工智能十万个为什么[M]. 北京：电子工业出版社，2019.

[22] 刘少山等. 第一本无人驾驶技术[M]. 北京：电子工业出版社，2017.

[23] 涂铭，刘祥，刘树春. Python 自然语言处理实战[M]. 北京：电子工业出版社，2018.

[24] 张重生. 刷脸背后[M]. 北京：电子工业出版社，2017.

[25] 刘云浩. 物联网导论[M]. 2 版. 北京：科学出版社，2013.

[26] 张翼英，杨巨成，李晓卉. 物联网导论[M]. 北京：中国水利水电出版社，2012.

[27] 袁明，钟燕华.物联网技术入门与实践[M]. 北京：清华大学出版社，2018.

[28] 刘建，班超，吴晓东. 智能物流机器人在医院手术室自动物流管理中的应用[J]. 医疗卫生装备，2020，2.

[29] 詹国华，陈翔. 物联网概论[M]. 北京：清华大学出版社，2016.

[30] 张普宁. 移动互联网关键技术与应用[M]. 北京：电子工业出版社，2019.

[31] 苏广文. 移动互联网应用新技术[M]. 西安：电子科技大学出版社，2019.

[32] 叶健明. 移动电子商务应用与发展趋势探究. 中国高新区，2017.

[33] 黎芳萍. 面向物联网的跨平台移动应用设计与实现[M]. 海南大学，2017.

反侵权盗版声明

电子工业出版社依法对本作品享有专有出版权。任何未经权利人书面许可，复制、销售或通过信息网络传播本作品的行为；歪曲、篡改、剽窃本作品的行为，均违反《中华人民共和国著作权法》，其行为人应承担相应的民事责任和行政责任，构成犯罪的，将被依法追究刑事责任。

为了维护市场秩序，保护权利人的合法权益，我社将依法查处和打击侵权盗版的单位和个人。欢迎社会各界人士积极举报侵权盗版行为，本社将奖励举报有功人员，并保证举报人的信息不被泄露。

举报电话：（010）88254396；（010）88258888

传　　真：（010）88254397

E-mail：dbqq@phei.com.cn

通信地址：北京市万寿路南口金家村 288 号华信大厦

　　　　　电子工业出版社总编办公室

邮　　编：100036